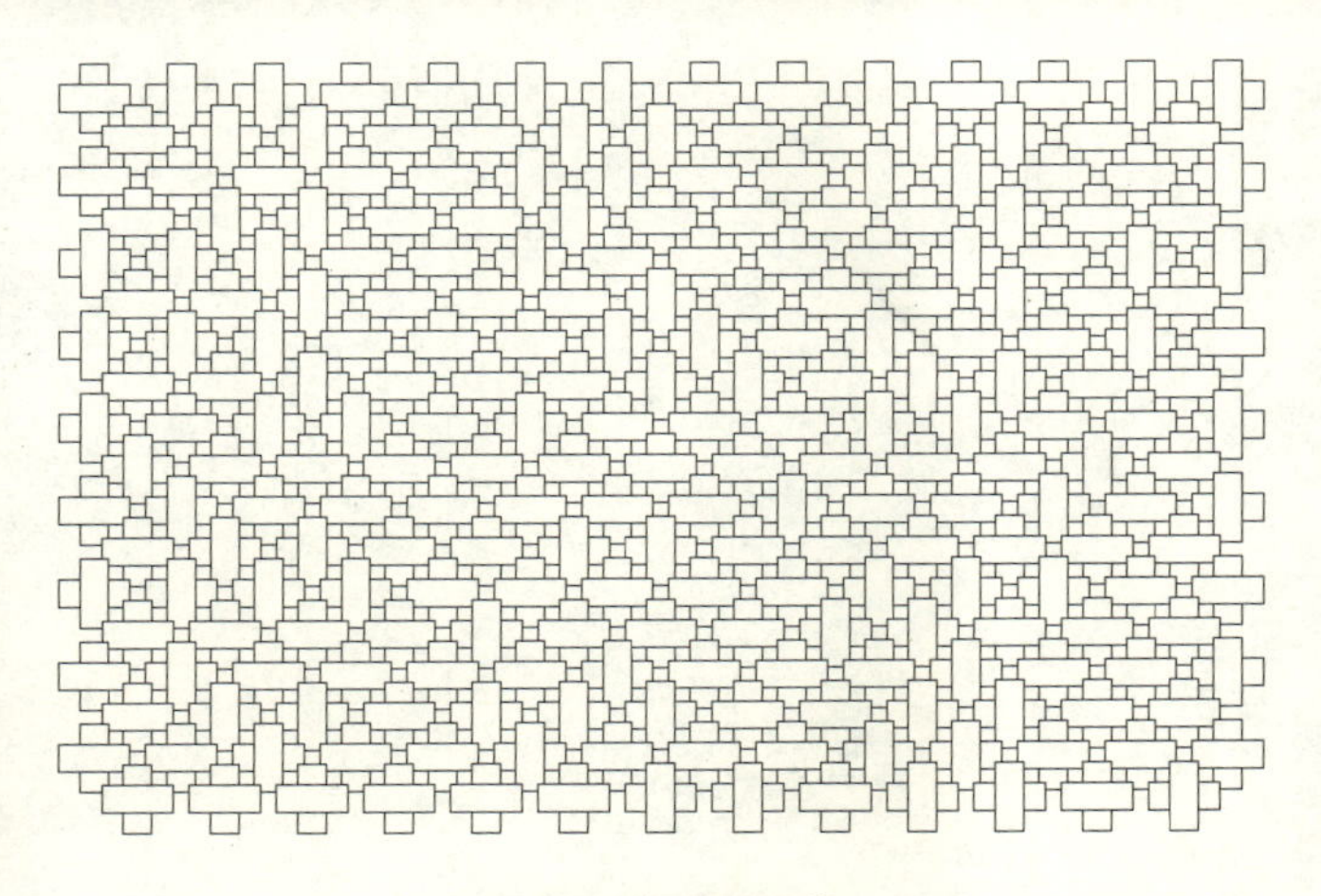

真説 毛沢東 ㊤

ユン・チアン＋ジョン・ハリデイ 土屋京子＝訳

講談社＋α文庫
プラスアルファ

1)1893年12月26日、毛沢東（マオツオートン）はこの部屋で生まれた。湖南（フーナン）省、韶山冲（シヤオシヤンチヨン）（村）。

2)毛沢東（右端）が母親と一緒に写した唯一の写真。長沙（チヤンシヤー）で1919年に撮影されたもので、このあとまもなく母親は死去している。25歳の毛沢東は学者風の長衫（チヤンシヤン）を着ているが、弟たち(左から毛沢覃（マオツオータン）、毛沢民（マオツオーミン）)は、まだ農民の服装をしている。

3）毛沢東（右端）が腕に喪章を巻いているのは、少し前に母親が死去したため。一緒に写っているのは、毛沢東の父親（左から２人目）、父方の伯父（右から2人目）、末弟の毛沢覃（マオツオータン）。長沙にて、1919年11月13日撮影。

4）毛沢東の2人目の妻、楊開慧（ヤンカイホイ）、長男毛岸英（マオアンイン）（右、2歳）、次男毛岸青（マオアンチン）（1歳）。1924年、上海にて。楊開慧はこのあとまもなく毛沢東に捨てられ、毛沢東が原因で国民党に処刑された。楊開慧は毛沢東を愛していたものの、共産主義や毛沢東に対する幻滅をつづった痛切な文章を残した。

中国で活動したソ連の大物情報員たち。5)グレゴリ・ヴォイティンスキーは、1920年に中国共産党を創設した。6)オランダ人アジテーターのマーリンは、1921年に上海で開かれた中国共産党第1回党大会をヴォイティンスキーとともに主宰した。マーリンはのちにモスクワと決裂し、ナチスに処刑された。7)ミハイル・ボロディン(右端)は1923年から27年にかけて国民党と共産党の両方を操った。この写真は1925年に広州(コワンチヨウ)で撮影されたもの。一緒に写っているのは、このあとまもなく国民党指導者となった蔣介石(チアンチエシー)(ボロディンのとなり)と、国民党内における毛沢東の後ろ楯でのちに日本の傀儡政権の首班となった汪精衛(ワンチンウエイ)(前列)。

8)瑞金(ロイチン)にて、1931年11月7日。中国で初めて中華ソビエト共和国が設立され、毛沢東(右から2人目)が「主席」となった日の写真。毛沢東から見て左側に立っているのは王稼祥(ワンチアシアン)、右側には項英(シアンイン)、鄧発(トンフアー)、軍事委員会主席の朱徳(チユートー)、任弼時(レンピーシー)、顧作霖(クーツオリン)。

9)1931年12月1日、中華ソビエト共和国中央執行委員会は、初の正式会議を開いた。カメラに背を向けて立っているのが毛沢東。その右側に見えるのは朱徳。中華ソビエト共和国は1934年10月に崩壊し、長征が始まった。

10）大渡河（タートウー）にかかる鉄鎖吊橋、瀘定橋（ルーテイン）。長征最大の「神話」が作られた場所。1935年にこの橋をめぐって熾烈な戦闘がおこなわれたという共産党の主張は作り話である。

11）1937年9月、長征後の根拠地延安の司令部にて。左から3人目に立っているオスカー・ワイルド風の人物が毛沢東。「農民のリーダー毛沢東」という神話を確立することになった1927年の「秋収蜂起」参加者とともに。右端に立っているのは、毛沢東の3人目の妻賀 子珍。

12）共産党軍の司令官たちと。着席している左から2人目が毛沢東。朱徳（着席、左から3人目）、毛沢東に最も近い腹心林彪（着席、左から4人目）も写っている。1937年、延安にて。

13)

14)

著者は、この4人の冬眠スパイたちが国民党を破滅へ導いたと考えている。13)邵力子（シヤオリーツー）は、1925年に蔣介石（チアンチエシー）の息子蔣経国（チアンチンクオ）をモスクワへ連れ出した。蔣経国は10年以上にわたってスターリンの人質にされ、蔣介石は息子を取り戻すために長征中の共産党軍に対する攻撃を手加減した。14)張治中（チヤンチーチヨン）将軍は1937年に抗日戦争を全面戦争に拡大させ、日本の矛先を中国中心部へ向けさせてソ連から遠ざけた。15)胡宗南（フーツオンナン）将軍は、1947年から48年にかけて、国民党軍を次々に全滅させた。16)「百勝将軍」衛立煌（ウエイリーホワン）(中央の人物)は、50万を超す蔣介石の精鋭部隊と中国東北を1948年に毛沢東に差し出した。この写真は『ライフ』誌のために撮影されたもの。

16)

15)

17）蔣介石（チアンチエシー）大総統（前列右）と「少帥」張学良（チヤンシユエリアン）。元東北軍閥の張学良は、1936年12月に西安（シーアン）で蔣介石を監禁した。この事件には、毛沢東も関与していた。西安事件の結果、それまで「共匪」扱いされていた共産党が国民党と対等に交渉できる立場を得た。蔣介石と張学良の背後に立っているのは、蔣介石の義兄で腹心の孔祥熙（コンシアンシー）。

共産党内における毛沢東の主要なライバルたち。18)張国燾と毛沢東、延安にて、1937年。長征のあいだ、毛沢東は自分が指揮する中央紅軍よりはるかに大きい張国燾の第四方面軍を痛めつけたうえ、残りの半数を中国西北の砂漠地帯へ派遣して壊滅させ、最後に生き残った兵士たちを生き埋めにした。張国燾は1938年に共産党と訣別し、国外へ逃れた。19)モスクワから帰国したばかりの王明と毛沢東、延安にて、1937年末。王明は、中国共産党に積極的な抗日戦を求めるスターリンの命令を携えて帰国した。蔣介石を打ち破るための手段として日本軍の侵攻を歓迎する考えだった毛沢東は、王明の存在を脅威と見て毒殺を謀った。

抗日戦回避の方針を掲げる毛沢東は政治局内で少数派だったが、1938年秋に延安で開かれた政治局会議で策を弄して政治的立場を逆転させた。20)フランシスコ会大聖堂前に整列した政治局会議の出席者たち。左から毛沢東、彭徳懐、王稼祥、洛甫、朱徳、(長征の際に毛沢東を瑞金に置いていこうとした)博古、王明、康生、項英、劉少奇、陳雲、周恩来。

21)1937年1月、延安に入城する紅軍部隊。延安はこのときから10年にわたって毛沢東の根拠地となった。

22)延安。毛沢東が正式に党最高実力者の地位に就いた中国共産党第7回全国代表大会（1945年）に合わせて特別に建設された中央大講堂。背後に見えるのは、柔らかな黄土丘陵に掘られた窰洞(ヤオトン)。

23)スペインのフランシスコ会が延安に建造した大聖堂。1935年に竣工したこの大聖堂は、地元の共産党指導者劉志丹(リウチータン)によって接収された。劉志丹はその後まもなく毛沢東によって排除された。毛沢東の命運を逆転させた政治局会議を含めて、多くの重要な会議がこの大聖堂で開かれた。

24)延安の毛沢東旧居前で地元農民に話を聞く著者ユン・チアン。この農夫の母親は、毛沢東の洗濯係をしていた。

25)延安郊外の人里離れた谷間(たにあい)に残る教会風の講堂の廃墟に立つ著者ジョン・ハリデイ。この建物は党の会議用に建てられたが、一度も使われなかった。すぐ近くに毛沢東の秘密の住居があり、毛沢東がこの周辺一帯に人の立入りを禁じたためである。

26)毛沢東の秘密の住居は、今日までほとんど知られていない。毛沢東は右側の窰洞(ヤオトン)に住んでおり、丘には抜け穴が掘られていた。窰洞の入り口は日よけで覆われていた。「隣人」は、厳重に監視された数千人の囚人だけだった。

27)毛沢東と3人目の妻賀子珍、延安にて、1937年。賀子珍はこのあとまもなく毛沢東のもとを去り、ソ連へ行った。その後、賀子珍は生涯にわたって精神的に不安定な状態が続いた。

28)毛沢東の息子のうち、生き残った2人。モスクワ郊外イワノボにある外国共産党指導者子弟の学校にて。中列中央の背の高い少年が、長男の毛岸英。毛沢東の肖像の上に張られた横断幕には、「労働者の勝利に向け闘争を組織するコミンテルン万歳！」とある。

29)スターリンお抱えの映画監督ローマン・カルメンがドキュメンタリー製作のため延安を訪れた際に、住居の外でスターリンの著書を読むポーズを取る毛沢東、1939年。狙いどおり、ソ連に帰国したカルメンは毛沢東のスターリンに対する「傾倒」ぶりを報告した。

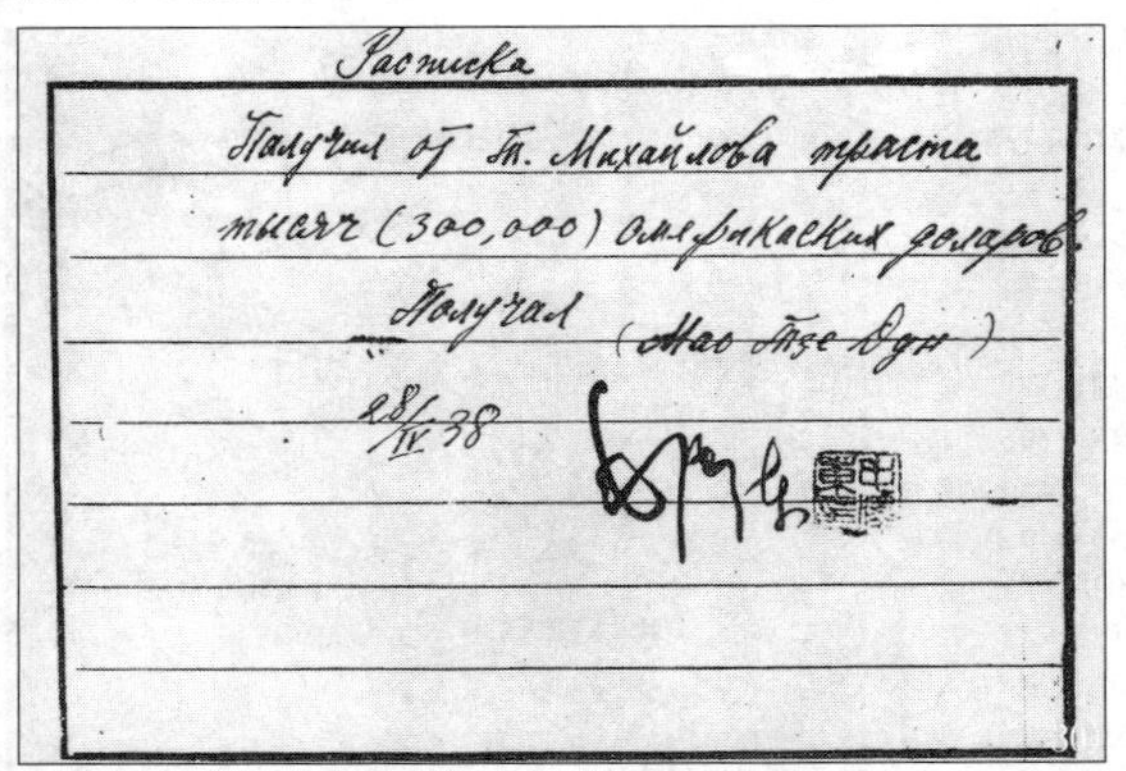

Расписка

Получил от т. Михайлова триста тысяч (300,000) американских долларов.

Получал (Мао Тсе Дун)

28/IV 38

30)毛沢東がサインした額面30万米ドル(2005年の価値で約400万米ドル相当)の領収書。資金は1938年４月28日付でミハイロフという名のソ連人から受け取った。

1945年8月に日本の降伏を受け、スターリンは毛沢東に対して重慶へ赴いて蔣介石との和平交渉に臨む演技を見せるよう命じた。

31)トーピー帽をかぶった毛沢東、アメリカ大使パトリック・ハーレー(中央)とともに重慶に降り立ったところ。ハーレーの右側は周恩来。

32)内戦が激化し、毛沢東が敗北寸前まで追いつめられたとき、はからずも毛沢東を救うことになったのが、仲裁役として介入したアメリカのジョージ・C・マーシャル将軍だった。この写真は、1946年3月5日、毛沢東の4人目の夫人でのちに悪名を馳せた江青の見送りを受けて延安を離れるマーシャル将軍。この日は、まもなく「ファースト・レディ」となる江青のデビューでもあった。

33）1949年に中国本土を離れる前、最後に蔣家代々の宗廟を訪れた傷心の蔣介石。息子で後継者の蔣経国（チアンチンクオ）（蔣介石の左側、帽子をかぶった人物）とともに。

34）あきらかに冷淡な民衆に迎えられて南京に入城する人民解放軍、1949年。共産党はのちに都市部攻略を再現した映画を撮影し、実際に起こったことのように見せた。

35）天安門楼上から中華人民共和国の成立を宣言する毛沢東、1949年10月1日。

36）37）毛沢東が新国家成立後最初におこなった政治運動は、群衆を動員しての大量公開処刑だった。「これが適切に実行されてはじめて、われわれの政権が安定する」と、毛沢東は言明した。壇上に引き出された人々の首には「地主」や「特務（スパイ）」と書かれた札がかけられている。

真説　毛沢東——誰も知らなかった実像　上

日本語版によせて

この毛沢東伝は、十余年にわたる調査と数百人におよぶ関係者へのインタビューにもとづいて書き上げたものです。インタビューに応じてくださった方々は、中国はもちろんのこと、日本を含む世界各国に及んでいます。

わたくしたちが新しく入手した情報は、多くが原資料によるものです。これによって毛沢東に関する新しい理解が得られ、また、毛沢東の重要な決定や政策を新しい角度から読み解くことができました。こうした情報のもとになった資料は、すべて注釈と参考文献一覧（講談社ホームページに掲載、URLは目次に記載）に示してあります。

わたくしたちが目にした文書の中には、毛沢東の二番目の妻（楊開慧）が毛沢東との関係をつづった一連の文章が含まれています。これは、いままで知られていなかった資料です。また、ロシアの公文書館に保管されていた毛沢東とスターリンの未発表通信文もあります。ヨーロッパにおける中国の同盟国兼衛星国アルバニアの公文書館で閲覧できた資料も使われています。

中国国内では、毛沢東の親族、秘書、通訳、護衛、医療関係者、家政担当者、愛人、そして若いころの友人など、毛沢東のすぐ近くにいた一〇〇人ほどの人々にインタビューしました。政権の上層部にいた人々や、毛沢東の同僚だった人々の家族も、インタビューに応じてくれました。その多くは、これまで一度も口を開いたことのなかった人々です。わたくしたちは、毛沢東に関係する重要な場所すべてに足を運び、五〇ヵ所以上にのぼる秘密の別荘のうち十数ヵ所を実際に見ました。中国以外の国々でも、毛沢東と興味深い関係を持ち、いまなお存命中の方々に、多数インタビューしました。

わたくしたちが発見した事実の中には、一九三七年から一九四五年までの毛沢東の対日戦略も含まれています。この時期、毛沢東は抗日に熱心だったと信じられていますが、事実はまったく逆で、毛沢東は日本が中国を広範に占領する展開を歓迎していました。日本軍が自分に代わってライバルの国民党指導者蔣介石を打ち負かしてくれればいい、と考えていたのです。後年、毛沢東は、国民党政府の戦時首都であった重慶まで日本軍が攻め込む展開を望んでいた、と語っています。毛沢東は、後ろ盾であるスターリンが中国に干渉して日本とソ連で中国を分割する、という状況を作り出そうと画策しました。

この思惑は実現しませんでしたが、日本による侵略が毛沢東の政権奪取を助けたのは確かです。一九二三年の時点で毛沢東はすでに、中国において共産主義を成功させるにはソ連の侵攻による以外にない、と発言していました。一九四五年、スターリンはこれを口実に終戦直前に対日参戦し、中国北部を広範囲にわたって占領しました。ソ連が中国に軍隊を駐留させ、武器や軍事訓練を提供したからこそ、毛沢東は中国を征服することができたのです。

二〇〇五年一〇月

ユン・チアン
ジョン・ハリデイ

目次

第一部
信念のあやふやな男

第二部

党の覇権をめざして

第三部
権力基盤を築く

第四部

中国の覇者へ

※注釈、参考文献一覧および翻訳引用文献一覧は講談社ＢＯＯＫ倶楽部サイトからダウンロードできます。
URL http://nf.kodansha.jp/honyaku/

下／目次

口絵写真リスト

1 毛沢東が生まれた部屋。
2 毛沢東、母親、弟たち。一九一九年。
3 毛沢東、父親、父方の伯父、弟沢覃。一九一九年。
4 毛沢東の二人目の妻楊開慧、長男、次男。一九二四年。
5 グレゴリ・ヴォイティンスキー。
6 マーリン。
7 ミハイル・ボロディン、蔣介石、汪精衛。
8 初めて「毛主席」になった日の毛沢東。一九三一年。
9 中華ソビエト共和国最初の中央執行委員会会議、一九三一年。
10 大渡河にかかる瀘定橋。
11 延安での毛沢東、「秋収蜂起」参加者と。一九三七年。
12 毛沢東、朱徳、林彪、ほか共産党軍司令官たち。一九三七年。
13 邵力子。
14 張治中将軍。
15 胡宗南将軍。
16 衛立煌将軍。
17 蔣介石と「少帥」張学良。
18 毛沢東と張国燾。一九三七年。
19 毛沢東と王明。
20 政治局会議の出席者、延安にて。一九三八年。
21 延安に入城する紅軍部隊。一九三七年。

22 延安の中央大講堂と窰洞。
23 スペイン・フランシスコ会の大聖堂、延安。
24 ユン・チアン、延安の毛沢東旧居前にて。
25 ジョン・ハリデイ、延安にて。
26 延安郊外に作られた毛沢東の秘密の住居。
27 毛沢東と三人目の妻賀子珍。一九三七年。
28 毛沢東の息子たち、ソ連の学校にて。
29 スターリンの著書を読む毛沢東。一九三九年。
30 ソ連人から受領した資金に対する領収書、毛沢東の署名。
31 毛沢東とアメリカ大使パトリック・ハーレー。一九四五年。
32 毛沢東の四人目の妻江青、ジョージ・C・マーシャル将軍と。一九四六年。
33 蔣家代々の宗廟を最後に訪れた蔣介石。一九四九年。
34 人民解放軍の南京入城。一九四九年。
35 中華人民共和国の成立を宣言する毛沢東。一九四九年一〇月一日。
36 37 動員された群衆の前でおこなわれた大量公開処刑。

地図
36、37ページ　中国
38ページ　毛沢東の活動地域（一九二七～三四年）
39ページ　長征（一九三四年一〇月～一九三五年一〇月）

地図デザイン　ＭＬデザイン、ロンドン

バイカル湖
ソ連
ハバロフスク
ウスリー川
クーツク
チタ
黒龍江省
ダマンスキー
(珍宝)島
チチハル
ターチン
ハルビン
ウランバートル
ウンドゥルハーン
吉林省
ンゴル
内モンゴル自治区
長春
吉林
ウラジオストク
四平
瀋陽
日本海
ゴビ砂漠
遼寧省
鞍山
錦州
営口
朝鮮民主主義
人民共和国
承徳
張家口
山海関
丹東
38度線
包頭
北京
秦皇島
北戴河
ピョンヤン
黄河
ホフホト
大連
ソウル
平型関
唐山
旅順
インチョン
佳県
天津
煙台
大韓民国
楊家溝
郝家坡
西柏坡
河北省
太原
プサン
黄海
王家湾
三交
石家荘
済南
青島
蟠龍
羊馬河
寧夏回族自治区
保安
延安
青化砭
上党
山東省
蘭州
宜川
山西省
日本
黄土高原
陝西省
徐州
鄭州
洛陽
江蘇省
西安
河南省
南京
蘇州
上海
川省
湖北省
安徽省
嘉興
東シナ海
長江
成都
武漢
黄山▲
杭州
寧波
廬山
重慶
南昌
浙江省
長沙
道義
萍郷
韶山
福建省
馬祖列島
湖南省
江西省
貴陽
福州
台北
贛州
台湾海峡
貴州省
桂林
龍岩
広東省
台湾
広西壮族自治区
汕頭
金門島
武宣
広東(広州)
太平洋
厦門
香港
南寧
ベトナム
マカオ
珠江
漳州
ホン川
フィリピン
湛江
ハノイ
ハイフォン
南シナ海
ルアンプラバン
海口
ラオス
海南省
↓西沙(パラセル)諸島

万里の長城
国境
省境
鉄道
500キロメートル
300マイル
ソビエト連邦
ウルムチ
ロプノール
甘粛省
酒泉
新疆ウイグル自治区
崑崙山脈
イスラマバード
パキスタン
青海省
チベット(西蔵)自治区
ラサ
チンプー
ブータン
バングラディシュ
(1971年まで東パキスタン)
ダッカ
チッタゴン
マンダレー
ビルマ
(ミャンマー)
タイ
ソ連
モンゴル
黒龍江
吉林
チャハル
熱河
遼寧
新疆
綏遠
寧夏
河北
朝鮮
山西
山東
青海
甘粛
江蘇
チベット
陝西
河南
安徽
西康
四川
湖北
浙江
江西
湖南
福建
貴州
台湾
雲南
広西
広東
インド
フィリピン
海南
1945年以前の各省

毛沢東の活動地域（1927-34年）

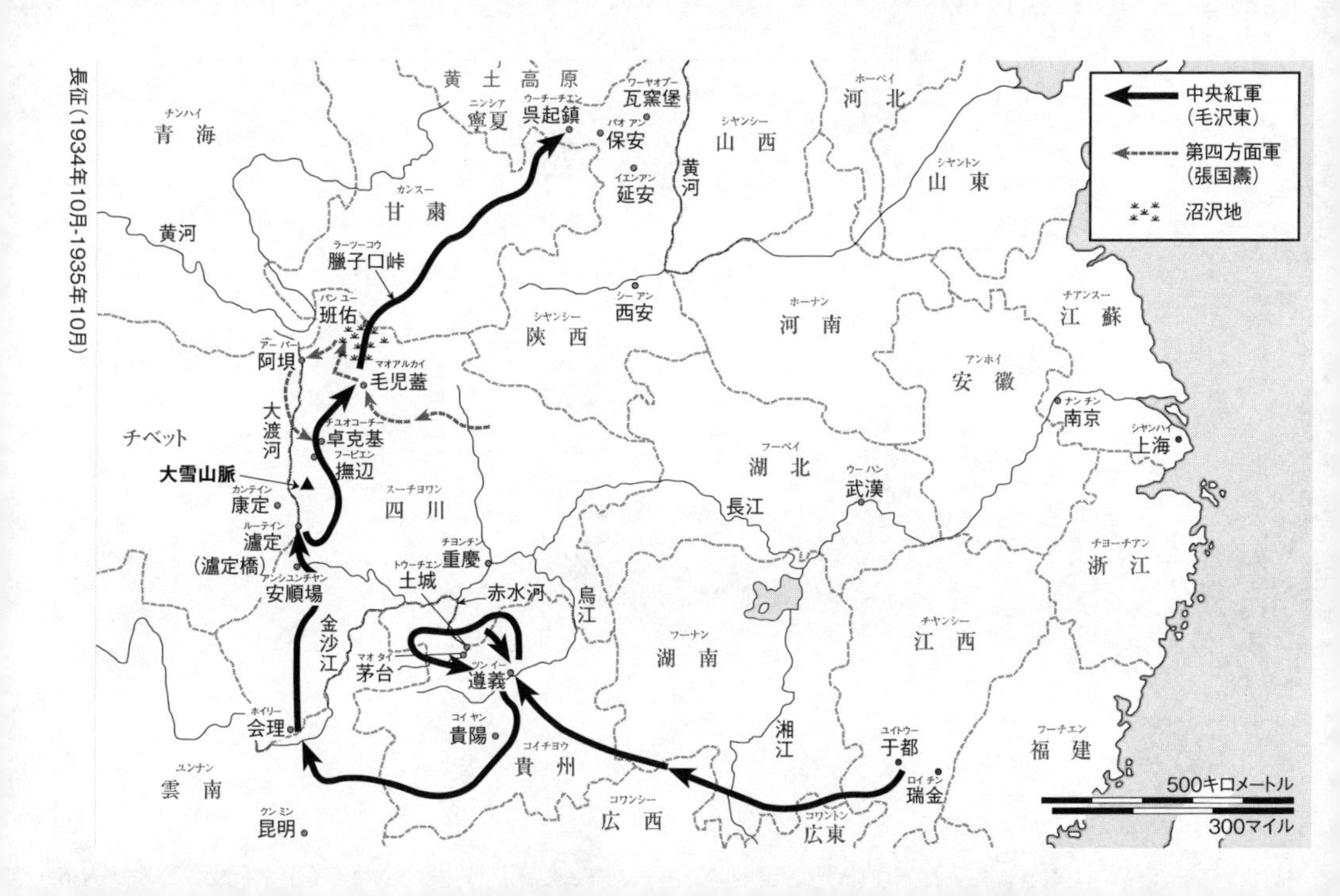

長征（1934年10月-1935年10月）

第一部

信念のあやふやな男

第一章

故郷韶山を出る

一八九三～一九一一年★毛沢東誕生～一七歳

毛沢東（マオツオートン／もうたくとう）――世界人口の四分の一を占める中国人民を数十年にわたって絶対的に支配し、二〇世紀指導者の誰よりも多い七〇〇〇万有余という数の国民を平時において死に追いやった人物――は、一八九三年一二月二六日、中国の中央部湖南（フーナン）省のゆるやかな丘陵に囲まれた韶山冲（シャオシャンチョン）（村）で小作農の息子として生まれた。毛（マオ）一族は、先祖代々五〇〇年にわたってこの地に暮らしてきた。

ここは昔ながらの美しく温暖湿潤な土地で、もやのたちこめる丘陵地には新石器時代から人が住み着いていた。仏教が伝来した唐代（六一八～九〇六年）に建立された寺がいまだに人々の信仰を集めているような村だった。一帯の丘陵はカエデ、クスノキ、メタセコイア、稀少種のイチョウなど三〇〇種類近い木々に覆われ、トラやヒョウヤイノシシなどが棲息していた（トラが絶滅したのは一九五七年）。道路はなく、船が航行できる河川もなく、丘陵に囲まれた村には外界とは隔絶した時間が流れていた。二〇世紀初頭においてさえ、一九〇八年の光緒帝（こうしょてい）死去のような重大ニュースがこの村まで届くことはなく、毛沢東がその事実を知ったのは二年後に韶山を出てからであった。

韶山は長さ約五キロ、幅約三・五キロ。六〇〇余りの世帯は米、茶、竹などを栽培し、水牛を使って水田を耕していた。日々の暮らしは、古代から変わらぬ営みのくりかえしだった。毛沢東の父毛貽昌（マオイーチャン）は、一八七〇年に生まれた。一〇歳のとき、毛貽昌は一〇キロほど離れた村に住む一三歳の娘と婚約した。韶山からその村までは、トラが日なたぼっこをするところから虎歇坪（フーシエピン）（虎が休む峠）と名付けられた峠を越えて行くのだが、当時はわずかこれだけの距離でも、二つの村では話す言葉がほとんど通じないほどだった。毛沢東の母親は女性ゆえに名前を与えられず、文（ウエン）家の七番目の女児という意味で、単に「文七妹（ウエンチーメイ）」と呼ばれていた。何世紀も昔からの風習に従って、文七妹の両足は骨を砕いたのち布できつく縛られ、女性の美しさを表す典型とされる「三寸金蓮（サンツンチンリエン）」、すなわち十数センチの小さな纏足（てんそく）であった。

文七妹と毛貽昌の縁談は昔からの慣習に従って親どうしが決めたもので、実用的な理由があった。文七妹（ウエンチーメイ）の祖父の墓が韶山（シヤオシヤン）にあり、定期的に墓の手入れが必要なため、韶山に親類があれば便利だろう、というのである。文七妹は婚約を機に毛家に移り住み、一八歳になった一八八五年に一五歳の毛貽昌（マオイーチヤン）と結婚した。

結婚してまもなく、毛貽昌は家の借金を返済するため兵隊になった。借金は数年で返すことができた。中国の農民は農奴ではなく自由農民であり、まったくの経済的理由から兵隊になる例は珍しくなかった。幸運なことに、毛貽昌は一度も戦争に巻き込まれずにすんだ。かわりに、毛貽昌は多少の見聞を広め、事業の発想を得た。大多数の村人とちがって、毛貽昌は帳簿を付けられる程度の読み書きができた。兵隊から戻った毛貽昌は養豚業を始め、米を最高級品に加工して近隣の市場町で売った。そして、父親が質に入れた土地を買い戻し、さらに土地を買い増して、村で指折りの金持ちになった。

比較的裕福ではあったが、毛貽昌は一生を通じて非常に勤勉で倹約な生活を貫いた。一家の住まいは大きな茅葺（かやぶ）きの家を二つに分けた片側を使い、六つの部屋があった。のちに毛貽昌は屋根を思いきって瓦葺きに改装したが、床はあいかわらず土間のまま、壁も土壁のままだった。窓にはガラスがなく――ガラスは当時まだかなりの贅沢品だった――四角い開口部に木製の桟（さん）を渡しただけのしつらえで、夜には木の板でふさぐようになっていた（この地方では、気温が零度を下回ることは稀だった）。家具は質素で、木製の寝台があり、白木のテーブルと長椅子があるだけだった。このような簡素な部屋に藍色の蚊帳（かや）を吊り、手織りの綿布を刺し子に縫った薄藍色の掛け布団に包まれて、毛沢東は育った。

毛沢東は三人目の男児だったが、上の二人は赤ん坊のうちに死んでいる。仏教徒だった母親は、毛沢東が無事に育つよう以前にも増して熱心に仏に願をかけた。毛沢東の名前のうち、「輝きを与える」という意味を持つ「沢（ツォー）」の字は一族の同世代全員に与えられる字排（じはい）で、族譜（ぞくふ）が最初に書かれた一八世紀にすでに幾世代も先まで定められていた字である。「東（トン）」は東方を意味するから、毛沢東の名前は「東方に輝きを与える」という意味になる。一八九六年と一九〇五年に生まれた二人の弟たちには、それぞれ「沢民（ツォーミン）」と「沢覃（ツォータン）」（湖南（フーナン）省の都市「湘潭（シアンタン）」県から取った字かもしれない）という名が与えられた。

名前には、息子の栄達にかける中国農民の強い願望と期待が込められている。学問さえ積めば、高い地位は万人に開かれていた。そして、学問とは、何世紀も昔から儒学の古典に関する教養を意味した。成績が優秀ならば、出身にかかわらず科挙（かきょ）に合格して官人に登用された。その頂点は、一国の宰相である。出世とは官吏になることであり、毛沢東や弟たちの名前にも親の期待が込められていた。

　しかし、りっぱな名前は重荷にもなり、天の不興を招くおそれもあるから、大多数の子供にはわざと粗末な幼名あるいは丈夫に育ちそうな幼名が付けられた。毛沢東には「石三伢子（シーサンヤーツー）」（石の三番目の子）という幼名が付けられた。この二回目の「命名」に際して、母親は高さ二・四メートルほどの巨石を祀（まつ）った廟（びょう）へ息子を連れていった。下から泉が湧き出る巨石に向かって深々と拝礼し叩頭（こうとう）する儀式を経て、毛沢東はこの石の養子ということになった。毛沢東はこの幼名を非常に気に入っていて、成人後も使いつづけた。一九五九年、韶山（シャオシャン）に帰省――中国の最高指導者となって最初で最後の帰郷――した毛沢東は、村人たちを招いた夕食の席で、こんな軽口を飛ばした。「皆、そろったね。いないのは、わが石の母上様だけだ。おいでになるまで待とうか？」

　毛沢東は実母に対して、ほかの誰にも見せなかったほどの強い愛情を示した。毛沢東の母親は優しく寛容な性格で、毛沢東の記憶するかぎり、息子に向かって声を荒らげたことは一度もなかった。毛沢東のふっくらとした顔、肉感的な唇、沈着冷静な瞳は、母親から受けついだものだ。毛沢東は生涯を通じて、母親のことを愛情あふれる口調で語った。幼少年期に仏教を信じていたのも、母親に倣（なら）ってのことだった。後年、毛沢東は側近に、「わたしは母親を敬愛していた……どこでも母親の後をついて歩いたものだ……お寺の縁日に行き、線香を焚いて紙のお金を燃やし、菩薩（ぼさつ）をおがんだ……母親が仏教を信じていたから、わたしも信じた」と語っている。しかし、毛沢東は一〇代半ばで仏教の信仰を捨てた。

　母親が自分の身内と住むことを望んだため、毛沢東は八歳になるまで母方の文（ウエン）一族が住む村で、母方の親族に囲まれて自由気ままな幼年時代を過ごした。母方の祖母は、毛沢東を溺愛した。二人の伯父とその妻たちも毛沢東をわが子のようにかわいがり、伯父の一人は毛沢東の「干父（カンフー）」（義理の父）となった。毛沢東は、ブタの餌を集めたり、芭蕉（ばしょう）が葉陰をさしかける池の端に広がる油茶（ゆちゃ）（アブラツバキ）の畑へ水牛を散歩に引いていったり、といった軽い農作業を手伝った。後年、毛沢東はこの牧歌的な時代をしばしば愛惜をこめて回顧した。伯母たちがランプの下で糸を紡ぎ針を運ぶかたわらで、毛沢東は字を読むことをおぼえていった。

　一九〇二年の春、八歳になった毛沢東は、教育を受けるために韶山へ戻った。当時の教育は、教師の家に通う私塾の形だった。教育内容は大半が儒学の古典で、子供には理解不能なため、もっぱら暗記中心だった。毛沢東は並はずれて記憶力が良く、優秀な生徒だった。当時の同級生は、難解な字句の暗誦（あんしょう）だけでなく書写にも秀でていた勉強熱心な毛少年をよく覚えている。毛沢東は中国語や中国史の基礎も身につけ、作文や書道や詩作に才能を見せはじめた。儒学においては、詩作は非常に重視される。毛沢東は熱心に書物を読んだ。ふつう農民はランプの油を節約するために日暮れとともに床にはいるものだったが、毛沢東は蚊帳（かや）の外の長椅子に置いたランプの光で夜遅くまで本を読みふけった。後年、中国の最高指導者になってからも、毛沢東は巨大な寝台の片側に三〇センチもの高さに古典を積み上げてくりかえし読み、演説や著作に古典からの引用をふんだんにちりばめている。ただし、詩才のほうは、やがて輝きを失っていった。

毛沢東はたびたび教師と衝突した。初めて私塾を辞めたのは一〇歳のときで、教師が規則に厳しすぎる、という理由だった。その後も、強情であるとか反抗的であるという理由で、毛沢東は少なくとも三つの私塾を放校になったり「退学を求められ」たりした。母親は毛沢東のしたいようにさせていたが、父親は息子の行状に不満で、毛（マオ）沢東が次々と私塾を移ることは父と息子のあいだに緊張関係を生む原因となった。毛貽昌（イーチャン）が息子の学費を出したのは、せめて家の帳簿をつける程度の仕事を手伝ってほしいと願ったからだったが、毛沢東はこの仕事を嫌った。一生を通じて毛沢東は数字が苦手で、救いがたい経済音痴だった。厳しい肉体労働も嫌った。農民の境遇を脱すると早々に、毛沢東は肉体労働から遠ざかっている。

父親は怠惰な息子に我慢がならなかった。起きているかぎり寸暇を惜しんで働いてきた毛貽昌は、息子にも同じように勤勉な労働を要求し、言いつけに従わない息子を殴った。毛沢東は父親を憎悪した。政敵に対する大規模な復讐をおこなっていた一九六八年、毛沢東は拷問係に向かって、自分の父親にもこういう容赦ない扱いをしてやりたかった、「わたしの父親はひどい人間だった。いま生きていたら、『噴気式』（ジェット式）にしてやるべきだと思う」と語った。「ジェット式」というのは、迫害される人の両腕を背後へねじ上げ、頭をむりやり下げさせて、ジェット機のような姿勢を取らせる虐待のことだ。

毛沢東は父親から一方的に殴られていたわけではなく、父親に反論し言い負かすことも少なくなかった。毛沢東は父親に向かって、父親は年上なのだから年少の自分より多く働くのが当たり前だ、というような理屈を主張した。中国人の常識からすれば、とても考えられない無礼な口のきき方である。ある日、毛沢東によれば、父と息子は客人の前で口論になったという。「父は客たちの前で、私を怠け者で、役立たずだとけなしたのです。これは私を憤慨させ、私は父を罵って、家を出ました……父もまた追いかけてきて、罵りながら同時に家に帰れと命じたのです。私は池の畔（ほとり）までいって、父がそれ以上近づけば飛び込んでしまうとおどかしました……父は私に謝って……」。別の機会にこの話をふたたび語ったとき、毛沢東は笑いながら、こう付け加えた。「ああいう年寄りは息子に死なれては困るわけで、そこが連中の弱点だ。わたしはその弱点を攻撃して、勝利したわけだ！」

父親にとって、唯一の武器は金の力だった。一九〇七年に毛沢東が四つめの私塾から追われたあと、父親は息子の学費を支払うことを拒み、一三歳の毛沢東は朝から晩まで野良で働かざるをえなくなった。が、まもなく、毛沢東は野良から逃れて書物の世界へ戻る方法を見つけた。結婚である。毛貽昌（マオイーチャン）は、息子を早く結婚させたがっていた。そうすれば落ち着いて責任ある行動を取るようになるだろう、と考えたのである。ちょうど姪に毛沢東より四歳年上の適齢期の娘がおり、この娘と結婚したら勉学を続けさせてやろうという父親の話に、毛沢東は同意した。

結婚は一九〇八年、毛沢東が一四歳で花嫁が一八歳であった。花嫁は羅（ルオ）という姓であったが、きちんとした名はなく、単に「羅氏（ルオシー）」（羅家の女）と呼ばれていた。毛沢東が彼女に言及した言葉として唯一知られているのは、一九三六年にアメリカ人ジャーナリスト、エドガー・スノーのインタビューに答えたときの話だ。このとき、毛沢東は驚くほど軽蔑的な口調で、四歳の年齢差を六歳に誇張して、「両親は私が一四歳のとき、二〇歳の女性と結婚させましたが、彼女と一緒に暮らしたことはまったくなく……私は彼女を自分の妻とは思わず……彼女のことは殆(ほと)んど考えませんでした」と語っている。当時羅氏がすでに故人となっていたことを、毛沢東はほのめかしてもいない。実際には、羅氏は結婚して一年余を経た一九一〇年に亡くなっている。

この若いときの結婚によって、毛沢東は親が決める結婚に強く反対する考えを持つようになった。九年後、毛沢東は封建的な結婚を痛烈に批判する論文を書いている。「西洋の家族においては、父母は子女の自由意志を承認する。しかし、中国においては、父母の命令は子女の意志と完全に対立する……これは一種の『間接強姦』である。中国の父母は、自分たちの子女を間接的に強姦しつづけてきた……」

羅氏が亡くなるとすぐ、一六歳で男やもめとなった毛沢東は、韶山(シャオシャン)から出してほしいと要求した。父親は息子を湘潭(シアンタン)県の米屋に徒弟奉公させたいと考えていたが、毛沢東は二五キロほど離れた地に新しい学校ができたことを聞いていた。科挙(かきょ)が廃止されたことも知っていた。かわりに、いまでは近代的な学校ができ、自然科学、世界史、世界地理、外国語などを教えるようになっていた。毛沢東のような多くの少年にとって、農村から外への扉を開いてくれたのは、こうした学校であった。

一九世紀後半、中国社会は劇的に変質しはじめ、一六四四年以来中国を支配してきた清朝のもとで古代から近代へ移行しようとしていた。諸外国が門戸開放を求めて来訪するようになり、一八三九年から四二年の阿片(あへん)戦争でイギリスに負けたのを始まりにヨーロッパ列強や日本に次々と大敗を重ねていたことも変化を加速させる要因となった。清朝の宮廷から知識人にいたるまで、中国が生きのびるためには変化する以外にないという認識で共通していた。多くの根本的改革が導入され、そのうちのひとつがまったく新しい教育制度の制定であった。鉄道の建設も始まった。近代産業や通商は最優先された。政治団体の結成も認められた。新聞も初めて発行された。自然科学を学ぶために学生が外国に留学し、民主主義や議会制度を学ぶために上級官吏が外国へ派遣された。一九〇八年、清朝政府は九年後に立憲君主制へ移行する計画を発表した。

毛沢東の育った湖南(フーナン)省は人口が約三〇〇〇万であったが、中国で最も進歩的かつ刺激的な地方のひとつになった。湖南省は内陸ではあるが、航行可能な河川で沿岸部とつながっており、省都長沙(チャンシャー)は一九〇四年に「開港場」となった。外国から貿易業者や宣教師が大勢流入し、西欧の習慣や制度を持ち込んだ。毛沢東が近代学校の話を耳にしたころには、中国の他のどの地方よりも多い一〇〇以上の近代学校が長沙に設立され、その中には女学校も多く含まれていた。

そうした近代学校が、毛沢東の近くにもあった。母方の文（ウエン）一族が住む湘郷（シアンシアン）県の東山（トンシャン）にできた学校である。授業料も寄宿料もかなり高額だったが、毛沢東は文一族をはじめ親戚一同に働きかけて父親を説得してもらい、不承不承ながら五ヵ月分の学費を出してもらえることになった。母方のいとこの妻は、近代的な学校に合うようにと、毛沢東が使っていた古い手織りの藍色の蚊帳（かや）の代わりに機械織りの白いモスリンでできた蚊帳を用意してくれた。

新しい学校は、毛沢東にとって目をみはるようなことばかりだった。授業科目には体育、音楽、英語などが含まれ、講読の教材にはナポレオン、ウェリントン、ピョートル大帝、ルソー、リンカーンなどの伝記の要約版が使われた。毛沢東は生まれて初めてアメリカやヨーロッパの話を聞き、外国へ行ったことのある人間を見た。日本に留学したことのある教師で、生徒たちから「仮洋鬼子」（偽の外国人）のあだ名で呼ばれていた人物である。数十年後になっても、毛沢東はこの教師から教わった日本語の歌をおぼえていた。一九〇五年に日露戦争勝利を祝って作られた軍歌である。

毛沢東が東山高等小学堂に在学したのはわずか数ヵ月間だったが、新しい方向を見つけるには十分だった。当時、省都長沙(チャンシャー)に、母方の郷里である湘郷(シアンシアン)出身者のための学校があった。毛沢東は厳密には湘郷出身ではなかったが、教師を説得して入学を認めてもらった。一九一一年春に長沙に到着したときの気持ちを、毛沢東は「非常に興奮していた」と述懐している。一七歳で、毛沢東は農民生活に永久に別れを告げたのである。

後年、毛沢東は、韶山(シヤオシヤン)で過ごした少年時代に自分は貧しい農民の暮らしを見て心を痛めていた、と発言している。が、それを裏付ける証拠はない。毛自身は、韶山に住んでいたころ地元農民の蜂起を指導して捕まり斬首された「石臼作りの龐(パン)」という人物から影響を受けた、と述べているが、党の歴史学者たちが徹底的に調査してもこの英雄の足跡をつきとめることはできなかった。

農家の生まれだからといって毛沢東が農民にとくに社会的関心を抱いていた形跡はなく、不公平に対する義憤を感じていたと考える根拠もない。この時代に毛沢東が通った学校の教師であった楊昌済(ヤンチャンチー)は、一九一五年四月五日付の日記に、「学生の毛沢東君は、その話によると……同族のものが集まり住み、農家がほとんどである。富を築く、の、が、容易で、……」［傍点は著者による］と書いている。毛沢東が農民に対して特別な同情を示した形跡はない。

一九二五年末、毛沢東が三〇代にはいり、共産党員となって五年を経たころまでの著作や会話をすべて調べても、毛沢東が農民に言及している部分はほんの数ヵ所しかない。たしかに一九一七年八月に書いた手紙には農民に言及した箇所があるが、農民に対して同情を示すどころか、中国史上最大の農民叛乱「太平天国」（一八五〇～六四）を「収拾し、しかも完全無欠」であった曾国藩（ツオンクオファン）を「尊敬します」と書いている。その二年後、一九一九年七月に、毛沢東はさまざまな職業に従事する人々――当然、農民も含まれる――に呼びかけた「民衆の大連合」を書いたが、農民に関して毛沢東が挙げた論点はごく一般的で、論調もあきらかに中立で淡々としたものだった。学生の生活を「苦海」と表現した熱意に比べると、農民に関する記述には熱意が目立って欠如していた。その年の九月に毛沢東がまとめた問題研究一覧には七一もの項目が挙げられていたが、労働に関する項目はひとつだけ（第一〇項）であり、第一〇項を構成する一五の小見出しの中で農民に言及したものは、「労農干政問題」（労働者農民が政治に関与する問題）という一項目だけだった。共産党の活動に加わるようになった一九二〇年末以降、毛沢東は「労働者と農民」「無産階級」といった言葉を使いはじめたが、それらはまだ義務的に使っている言葉でしかなかった。

数十年後、毛沢東は、自分が韶山（シャオシャン）にいたころは飢餓に苦しむ人々にたいへん心を痛めていた、と語っている。しかし、そのような事実を示す記録はない。一九二一年の飢饉（ききん）のとき、毛沢東は長沙（チャンシャー）にいた。毛沢東の友人の一人は、日記に、「乞食が非常に多い――一日に一〇〇人以上見たと思う……大多数は骸骨に黄色い皮をかぶせたように痩せ細り、少し風が吹けば飛ばされてしまいそうだ」「自分たちの地域を襲った飢饉から逃れようとして……長沙へやってきた人々があまりにたくさん死ぬので、［棺を作るための］厚板を提供していた人々も厚板がなくなってしまった、と聞いた」などと書いている。しかし、毛沢東の当時の著作にはこの飢饉に対する言及は皆無で、彼がこの問題に関心を寄せた形跡もまったく見られない。

農家の生まれであったにもかかわらず、毛沢東の中には中国農民の苦境を改善しようという理想は育たなかった。

第二章　共産党員となる

一九一一〜二〇年★毛沢東一七〜二六歳

毛沢東が長沙へ出てきたのは一九一一年春、二〇〇〇年以上にわたる歴代王朝支配に終止符を打つことになる辛亥（しんがい）革命の前夜である。一〇年後に長沙を訪れた英国人の哲学者バートランド・ラッセルは、この街を「道は狭く……交通手段といえば轎（かご）と人力車しかなく」「まるで中世の都市のようである」と評したが、長沙は新しい思想や潮流に洗われ、共和国樹立を求める勢いに躍動していた。

清朝は立憲君主制への移行を約束したが、革命勢力は清朝による支配を完全に排斥する方向へ動いていた。人口の大半（約九四パーセント）を占める漢民族にとって、満州族の清朝による支配は「外国」統治だったのである。革命勢力は、この一〇年ほどのあいだに中国全土で出版されるようになったさまざまな新聞や雑誌を通じて世論を刺激し、それまで表だって声を上げることのなかった中国社会に公開討論というまったく新しい習慣を持ち込んで大衆を啓蒙した。革命勢力は組織を結成し、結果的には失敗に終わったものの数件の暴動を起こした。

毛沢東は一七歳で初めて新聞を読むようになり（毛沢東の新聞中毒はこのあと一生続く）、こうした動きをいちはやく知った。そして、内容的にはかなり混乱が認められるものの、共和革命への支持を表明した生涯初の政治的小論を書き、当時最新の流行に従って学校の壁に掲示した。毛沢東は、他の学生仲間と示し合わせて辮髪（べんぱつ）を切り落とした。辮髪は満州族の習俗で、清朝支配への服従を表す象徴的な髪形だった。自分の辮髪を落としたあと、毛沢東は友人と二人で他の学生を不意打ちし、十余人の辮髪をはさみでむりやり切り落としてしまった。

その夏も、長沙（チャンシャー）は非常に蒸し暑かった。学生たちは清朝の転覆計画を熱っぽく論じあった。ある日、白熱した議論の最中に、一人の青年がとつぜん着ていた長衫（チャンシャン）を引き裂いて床に投げ捨て、「軍事訓練をやって、［清朝に対する］戦争に備えよう！」と叫んだこともあった。

一〇月、となりの湖北（フーペイ）省で武昌（ウーチャン）（武漢（ウーハン））蜂起が起こり、辛亥革命の火ぶたが切られた。二六〇年余りにわたって中国を支配してきた清朝が崩壊し、一九一二年一月一日に中華民国の樹立が宣言された。翌月、清朝の幼帝溥儀が退位した。

臨時大総統孫文の後継として、北洋軍閥の袁世凱が中華民国大総統に就任した。各省は袁世凱に忠誠を誓う軍の実力者が治めていた。一九一六年に袁世凱が死去すると、北京の中央政府は弱体化し、地方の実力者が実権を握ってなかば独立した軍閥となった。それから一〇年、軍閥どうしのあいだで散発的な戦闘が続き、戦場となった地域では民衆の生活が混乱した。しかし、戦場以外で軍閥が民衆に危害を加えることはほとんどなかった。むしろ、新生共和国の比較的緩やかな統治のもとで、あらゆる職業の選択が可能になった。若き毛沢東の前には、工業、商業、法律、行政、教育、ジャーナリズム、文化、軍隊など、目移りするほどの選択肢が広がっていた。最初、毛沢東は革命軍の一軍隊に志願した。が、兵隊は数ヵ月でやめた。訓練も嫌だったし、調理用の水運びなどの雑用も嫌だったからだ。毛沢東は、自分で水を運ぶかわりに水行商に金を払って水を運ばせるような兵隊だった。兵隊をやめて学校へ戻ることに決めた毛沢東は、新聞広告に目を走らせた（色鮮やかで洗練された広告も、中国社会に新しく登場したものだった）。警察学校、法律学校、石鹸製造学校など、六つの学校が毛沢東の関心を引いたが、結局、毛沢東は省立第一中学校に入学することに決め、六ヵ月ほど通った。しかし、やがてこれにも飽きて、地元の図書館で独学するようになった。

ここで、毛沢東はようやく好きなことを見つけた。毛沢東は一日じゅう図書館にこもり、西洋の翻訳書を含む新刊本をつぎからつぎへと読みあさった。当時の自分は野菜畑に突進して作物を片っ端からむさぼり食う水牛のようだった、と、のちに毛沢東は語っている。この時期の読書は、毛沢東の精神を伝統の束縛から解放するのに役立った。

しかし、父親からきちんとした学校に通わなければ送金を打ち切ると脅されたため、毛沢東は師範学校に入学した。師範学校は授業料が不要で、賄い（まかない）付きの寄宿料も安かった。当時の中国では、教育普及をめざす努力の一環として、師範学校がこのように優遇されていた。

ときは一九一三年春、毛沢東は一九歳だった。師範学校には進取の気象があふれていた。校舎もロマネスク風のアーチと太い柱が連なる堂々たる洋館で、「洋楼（ヤンロウ）」と呼ばれた。教室の床はりっぱな板張りで、窓にはガラスがはいっていた。学生たちはさまざまな革新的思想に触れ、自由な思考を身につけ、勉強会を結成した。学生の手で無政府主義、民族主義、マルクス主義などに関する出版物も発行された。学校の講堂にマルクスの肖像画がかかっていた時期もあった。毛沢東は「社会主義」という言葉は以前に新聞で読んで知っていたが、「共産主義」という言葉に出会ったのは初めてだった。当時はまさに「百花斉放」の時代だった——のちに毛沢東は中国の統治者として同じ言葉を使ったが、そこには毛自身が青年時代に享受した百花斉放の自由は一片もなかった。

毛沢東は単独で行動するタイプではなく、世の学生の例にもれず友人たちと長時間にわたって熱心に議論を戦わせる日々を送った。師範学校は湖南省最大の川、湘江の近くにあった。湘江での水泳から想を得て、毛沢東は一九一七年にかなり凝った詩を作っている。夕暮れになると学生たちは連れだって川岸へ出かけ、ミカンの樹が繁る橘子洲（オレンジ島）のそばを行き交う平底舟を眺めながら、長い散策を楽しんだ。夏の宵には学寮の裏手の丘に登り、コオロギが鳴きホタルが舞う草むらに腰を下ろして、消灯ラッパも気にせず夜遅くまで話しこんだ。

毛沢東は学友とともに各地を「遊学」した。当時は移動に対する制限がいっさいなく、身分を証明する書類も不要だった。一九一七年の夏休み、毛沢東は友人と二人づれで一ヵ月かけて湖南省各地を放浪した。農家の戸口を飾る対聯を揮毫し、それとひきかえに一宿一飯を得る旅だった。友人二人と連れだって出かけた別の旅では、毛沢東ら三人は新しく敷設された鉄道の線路に沿って歩き、夕闇が迫るころ、湘江を見下ろす丘の上に建つ僧院の扉をたたいた。僧院は若者たちに宿を提供してくれた。夕食後、三人は石段づたいに川へ下りて泳ぎ、そのあと砂浜に腰を下ろして、岸辺を洗う波の音を聞きながら意見を戦わせた。宿坊にはベランダがあり、三人は夜の静寂に包まれてなおも話しつづけた。友人の一人は静謐（せいひつ）な夜の美しさに感動して、修道僧になりたい、と言った。

こうした折々の会話において、毛沢東は同胞の中国国民について、「この国の人間は本質的に怠惰である。彼らは偽善を崇拝し、奴隷的境遇に甘んじ、狭量である」と、軽蔑口調で語った。当時、教養のある人々がこうした思いを吐露することはよくあった。なぜ中国がこれほどふがいなく諸外国に敗北し、近代世界に遅れを取っているのか、中国の人々は説明を模索していた。とはいえ、毛沢東の次の発言は、度を超した過激な内容と言えるだろう。「毛君は、唐・宋以降の散文や詩をひとまとめに焼いてしまえ、とも提案した」と、友人が日記に書いている。

これは、記録に残っているかぎり、毛沢東時代の代表的テーマ——中国文化の破壊——が初めて毛沢東の口から発せられた場面である。月光に照らされた修道院で毛沢東がこの考えを口にしたとき、それは、さほど突飛（とっぴ）な思想には聞こえなかった。当時の中国社会は個人的にも思想的にも史上まれに見る自由な時代であり、それまで当然とされてきたことすべてが問い直され、誤りとされてきたことが正当化される時代だった。国家は必要なのか？　家族は必要なのか？　結婚制度は？　私有財産は？　法外なことも、衝撃的なことも、口外が憚(はばか)られることも、タブーはいっさい存在しない時代だった。

こうした環境のもとで、毛沢東の倫理観は形成された。一九一七年から一八年にかけての冬、いまだ学生のまま二四歳を迎えた毛沢東は、一九世紀後半のさほど有名でないドイツ人哲学者フリードリヒ・パウルゼンの著書『倫理学大系』に注釈を加えた長大な論文を書いた。この論文には毛沢東の人格の中心的要素が表れており、それはその後六〇年の人生において終始変わることなく毛沢東の統治を特徴づけることになった。

毛沢東の倫理観の核心はただひとつ、「我」があらゆるものに優先する、という概念だ。「道徳の価値は他人の利害を行為の動機と為すことにあると考える人もいるが、吾(われ)はそのようには思わない……吾人(ごじん)（われら）は……心ゆくまで満足を得たいと欲し、そうすることでおのずから最も有益な道徳律を持つに至る。もちろんこの世界には人間がおり物事があるが、それらはすべて我のために存在するのである」

毛沢東は責任や義務といった束縛をことごとく斥けて、「吾人は自己に対してのみ義務を負うのであって、他人に対する義務はない」「吾は吾の知る現実に対してのみ責任を負う」「そしてそれ以外に対してはいっさい責任を負わぬ。過去は吾の関せざるところであり、未来も吾の関せざるところである。それらは吾の一身には何ら関係がない」と書いている。また、将来の世代に対しても責任を明確に否定して、「人間は歴史に対して責任を負う、と言う人もいる。吾はそうは思わない。吾はただ自己の陶冶にのみ関心を抱き……自己の欲求を抱き、それに則って行動する。吾は誰に対しても責任を負うものではない」と書いている。

毛沢東は、自分に個人的利益をもたらすもの以外いっさい何も信じなかった。死後の名声など「吾に何ら喜悦をもたらすものではない。それは後世に属するものであって、吾の現実に属するものではないからだ」と述べている。「吾人は後世に遺すために功業を立てるものではない」。毛沢東にとって、死後のことなどどうでもよかったのである。

自分の衝動と軋轢を生じる場合には良心など顧みる必要もない、とも書いている。

この二者は、まったく同一であるべきだ。吾人の行動はすべて……衝動によるものであり、あらゆる場合に賢明なる良心がこれに伴う。ときには……良心が過度な食欲や性欲といった衝動を抑制する場合もある。しかし、良心は衝動を抑制するのみで阻止するものではない。そして、抑制は衝動のより満足すべき成就をもたらすためにある。

良心とはつねに他者への配慮を意味し、快楽主義が自然に行き着くところではないから、毛沢東はこの概念を拒絶したのである。毛沢東は、「吾はこれら［「殺すなかれ」「盗むなかれ」「中傷するなかれ」といった戒め］が良心に由来するものとは考えない。これらは自衛を求める利害の観念から生じたものにすぎないと考える」と主張し、すべての配慮は「純粋に自己のための計算にもとづくべきものであって、断固として外的な道徳律やいわゆる責任感にもとづくものであってはならない……」と述べている。

毛沢東の倫理観は、絶対的な自己中心性と無責任が中核を成していた。

こうしたものの考え方は「英雄豪傑」だけに許されるのであり、その中に自分自身も含まれる、というのが毛沢東の主張であった。

制限や抑制といった彼らの本質外のものは、すべて、彼らの本質の大いなる力によって一掃されねばならぬ……英雄豪傑がおのれの衝動を存分に発揮するとき、彼らはとてつもなく強力で激烈で無敵の存在となる。彼らの力は深い渓谷から巻き上がる旋風のごとく、色情に駆られ愛人を求めてさまよう者のごとく……彼らを押しとどめる方法はない。

毛沢東の人格において、もうひとつ明らかに見えてきた要素は、動乱と破壊に対する嗜好（しこう）である。毛沢東は、「天地があるかぎり大戦は続き、終息することはないだろう……孔子のいう大同（タートン）（だいどう）の理想社会は錯誤である」と書いている。これは単なる悲観論ではなく、毛沢東にとっては不可欠な前提であり、毛沢東は民衆もそれを望んでいると主張した。

長期にわたる平和は人間にとって耐えがたいものであり、平時においては潮汐のごとく騒乱の波を起こす必要がある……歴史を眺めるとき、吾人は劇的状況が次々に展開する時代を好む……ここにこそ歴史を読む醍醐味がある。平和と繁栄の時代に至ると、退屈してしまう……人間の本性は激動の変化を好むのである。

毛沢東は、動乱の物語を本で読むことと現実に動乱の時代を生きることとの区別を、いとも簡単に取り払ってしまった。大多数の民衆にとって戦乱は受難を意味するという事実を、毛沢東は無視した。

毛沢東は、死に対してさえ無頓着な姿勢を表明している。

人間には好奇心が備わっている。なぜ、死だけを特別扱いする必要があろう？　吾人は未知なる経験を望むのではないか？　死は最も未知なるものであり、生きているかぎりけっして経験できないものである……その変化があまりに激烈であるがゆえに、死を恐れる者もいる。だが、吾（われ）は死を最もすばらしいものだと思う。これほど奇想天外で激烈な変化をもたらすものが、この世に他にあるだろうか？

毛沢東は臆面もなく「吾人（ごじん）（われら）」という主語を使って、「吾人は動乱の海を航海することを好む。生から死への変化は、最大の動乱を経験することである。すばらしいことではないか！」と続けている。あまりにも現実ばなれした理屈だと思われるかもしれないが、後年、自らの統治下で何千万という中国人民が飢えて死んだとき、毛沢東は指導部内で、人民が死ぬことは問題ではない、むしろ祝うべきことである、と発言している。例によって、こうした発言は自分以外の人々に向けたもので、毛沢東自身には適用されなかった。毛自身は一生を通じて死を避ける方策に執拗なまでに心を砕き、自身の身辺警護と医療の充実に万全を期していた。

「[中国を]どのように変革するか?」という問題に対しては、毛沢東は破壊を何よりも強調し、「国家は……破壊され再建されなければならない」という路線を中国のみならず世界全体、果ては宇宙にまで拡大した。「国家かくの如し、民族また然(しか)り、人類また然り……宇宙の破壊も、また然り……吾人(ごじん)は破壊を強く望む。旧(ふる)い宇宙を破壊することによって新しい社会が得られるからである。そのほうが良いではないか!」

二四歳の毛沢東がはっきりと表明したこれらの見解は、生涯を通じて毛沢東思想の核心に存在しつづけた。一九一八年の時点では毛沢東にはこうした見解を実現できる見通しもなく、過激な発言は何の影響力も持たなかった。ただし、毛沢東は他人に強い印象を与える人間であったらしく、毛沢東の恩師楊昌済(ヤンチャンチー)は一九一五年四月五日の日記に次のように書いている。「学生の毛沢東君は、その話によると……農業に従事していた父親は、いまでは商売に転じている……にもかかわらず、かくも俊秀な資質をもっているのは、まことに得難い……農家からは卓抜な人物がでると、［彼を］激励した……」。しかし、毛沢東にはリーダーとしての天分はなかったらしい。別の教師は、学生時代の毛沢東が「特筆すべきリーダーシップを見せたことはなかった」と述べている。毛沢東が一種の学友組織を作ろうとしてメンバーを募集したとき、集まったのはわずか数人で、組織は実現しなかった。一九一八年四月に一〇人余りの学生が集まって「新民学会」を発足させたとき、毛沢東はリーダーに選ばれなかった。

毛沢東は一九一八年六月に師範学校を卒業したが、働き口は見つからなかった。当時、大学を卒業した青年のあいだでは外国留学が珍しくなかった。毛沢東のように家庭が裕福でなく留学費用を出してもらえない学生には、「勤工倹学（きんこうけんがく）」運動でフランスへ留学するという手があった。フランスは第一次世界大戦で若い男性が数多く戦死し、働き手を求めていたのである（中国人労働者に与えられた仕事のひとつは、戦場から遺体を回収する作業だった）。

学友の中にはフランスへ留学した者もいたが、毛沢東は行かなかった。肉体労働のことを考えると、気が進まなかったのである。もうひとつ、別の理由もあったと思われる――フランス語を習得しなければならない、という条件である。毛沢東は語学が苦手で、死ぬまで生まれ故郷の方言しか話せず、毛沢東政権下で標準語とされた「普通話（プートンホワ）」さえ話すことができなかった。一九二〇年当時はソ連留学が流行していて、毛沢東も留学を考えた（当時の恋人に、ソ連留学を考えると「私の頭は愉快と希望でいっぱいだ」と語っている）が、ロシア語の勉強が障壁になった。毛沢東はロシア語を習ってみようとしてロシア人亡命者（でスパイ）のセルゲイ・ポレヴォイのもとへ通った。が、ポレヴォイによると、毛沢東はロシア語のアルファベットさえ覚えられないことを他の学生にからかわれ、怒って出ていってしまったという。のちに中国共産党の指導的立場に就いた人々の大半を含めて、当時の急進派の多くがフランスかソ連に留学したが、毛沢東はどちらにも行かなかった。

そのかわり、師範学校を卒業した毛沢東は金を借り、好機を求めて首都北京へ出た。一九一八年の北京は世界で最も美しい都市のひとつで、壮大な紫禁城を背景に駱駝（らくだ）が街路を歩く風景が見られた。毛沢東の下宿からほど近いところに、当時一般に公開されたばかりの「御花園」があった。冬になると、毛沢東と友人たち——みな南方育ちで、雪や氷はほとんど見たことがなかった——は全面結氷した湖に目をみはり、つららの重みに枝垂（しだ）れる湖畔の楊柳や満開の梅の花をめでた。

しかし、北京での生活は厳しいものだった。近代化は中国に多大な自由と機会をもたらしたものの、物質的利益はほとんどもたらさず、国民の大半は依然として極貧状態にあった。毛沢東は七人の仲間とともに狭い三部屋に下宿していた。ひとつの炕（レンガでできたオンドル式の寝台）に四人がくっつきあって横になり、一枚のふとんをかぶって寝た。あまりに狭くて、寝返りを打つときには両隣に寝ている人間に声をかけなければならなかった。仲間八人に外套は二着しかなく、それを融通しあって交代で外出した。図書館は暖房がしてあったので、毛沢東は毎晩図書館に通って本を読んだ。

北京に出たものの、毛沢東は何の成果も得ることができなかった。しばらくのあいだ、毛沢東は図書館で助手として働き、月額わずか八元の俸給を得た。図書館での仕事のひとつは、新聞を読みに来た人々の氏名を記録することだった。多くは毛沢東も知っている当時の一流知識人だったが、彼らから見れば毛沢東はとりたてて印象に残る存在ではなく、誰も相手にしなかった。毛沢東は知識人たちから冷遇されたと感じ、強い恨みを抱いた。後年、毛沢東はエドガー・スノーに、「大半の人びとは私を人間扱いしませんでした」と語っている。北京へ出てきて半年もたたないうちに、毛沢東はこの都会を離れることになった。ほとんど無一文に近かったので、故郷へ帰るまでに何度も金を借りなければならなかった。途中、上海でフランスへ留学する友人たちを見送ったあと、毛沢東は一九一九年四月に長沙(チャンシャー)へ戻った。国際都市北京で知識人や政治家の生活をしばし垣間見たものの、結局、毛沢東は故郷に戻って小学校で臨時雇いの歴史教師というつまらない仕事に就くしかなかった。

毛沢東は模範的教師ではなかった。いつも髪はぼさぼさ、服も着たきりだった。生徒たちの記憶に残る毛沢東は、穴のあいた靴下と分解寸前の布靴をはいた服装に無頓着な教師だった。それでも、当時はまだ最低限の身だしなみを守っていたと言うべきかもしれない。二年後、別の学校で教師をしていたとき、上半身裸で教場に現れる毛沢東に対して苦情が出た。もう少し身なりに気を配ってほしいと言われた毛沢東は、「わたしが一糸まとわぬ姿だったとして、何が悪いか。そうでないだけでもありがたいと思え」と言い返している。

毛沢東が長沙に戻ったのは、歴史的にきわめて重要な時期だった。当時、中国国内には列強の租界がいくつも存在した。租界では治外法権が認められ、列強の砲艦が自国民保護を理由に近くに停泊していることも珍しくなかった。新しく目覚めた中国の世論は、事実上の植民地とも言うべき租界の返還を求めた。しかし、第一次世界大戦の戦後処理を決定する一九一九年のパリ講和会議では、中国代表団も出席していながら、戦争中に日本がドイツから奪った山東(シャントン)権益がそのまま認められる結果となり、中国の民族感情を刺激した。一九一九年五月四日、北京で史上初めて大規模なデモが起こり、自国政府の「売国行為」を非難するとともに、中国の領土を手放さない日本に対する抗議が強まった。こうした動きは中国全土に広がり、各地で日本商品が焼かれ、日本の商品を売る店が襲撃された。清朝にかわって中華民国が成立したものの、列国との交渉で何ら前進が見出せなかったことに多くの国民が失望し、さらに過激な行動を求める感情が高まっていった。

長沙には諸外国の権益が集中し、日本やアメリカやイギリスが領事館を設けるまでになっていたが、ここでも戦闘的な学生運動が始まり、教師たちもこれに参加した。毛沢東は、雑誌『湘江(シアンチアン)評論』の編集長として積極的に運動にかかわった。『湘江評論』創刊号で、毛沢東は、「疑わなかったことを疑い、取りえなかった方法を取り……」と、急進的な立場を表明している。『湘江評論』は活動資金に困窮していたため、息詰まる猛暑の中、枕がわりに積み上げた中国古典文学の線装本の上を南京虫が這い回るような環境で、毛沢東編集長は記事の大半を自ら執筆した。街頭に立って雑誌を売るのも、編集長の仕事だった。『湘江評論』の発行は第五号で打ち切られた。

その後も、毛沢東は折にふれて他の新聞に寄稿した。その中には、女性や家族についての小論も一〇編あった。毛沢東は女性の自立、自由恋愛、男女平等などを唱道した。当時の急進派には珍しくない主張である。これらの小論が次々と書かれた背景には、愛する母親の死去（一九一九年一〇月五日）があったと思われる。毛沢東の母親はジフテリアと瘰癧（るいれき）を患っており、毛は母親に薬を送ってやったり、長沙（チャンシャー）へ呼び寄せて治療を受けさせたりした。その年の春、長沙に出てきた母親は、生涯でただ一枚の写真を撮ってもらった。写真の中で、五二歳の母親は三人の息子に囲まれ、心から穏やかな表情をしている。毛沢東は静かな決意を秘め、どこか超然とした表情を浮かべている。弟たちは野良着を着て無骨な農民の風情だが、毛沢東は学者や郷紳（きょうしん）が着る長衫（チャンシャン）に身を包み、文人の雰囲気を漂わせている。

毛沢東と母親の関係においては、母親が息子を無条件に愛し甘やかしたのに対して、息子の母親に対する態度には強い愛情と自分本位な理屈が共存していた。後年、毛沢東は側近の一人にその本質をうかがわせるエピソードを語っている。「母の死が近くなったとき、わたしは母にこう言った。苦しむ母上をこれ以上見ているのは忍び難い、わたしは母上の美しい印象を持ちつづけたいので、しばらく遠くにいさせてください、と。母は非常に物分かりのよい人で、それを許してくれた。だから、わたしの中にある母は、今日までずっと美しく健康な母なのだ」。母親の臨終に際してさえ、毛沢東の中で最も優先されるべき人間は、母親ではなく自分自身だったのである。しかも、毛はそれを躊躇（ちゅうちょ）することなく口に出した。

　これに比べれば驚くに足りないが、死期を迎えた父親に対して、毛沢東は冷たかった。毛貽昌（マオイーチャン）は腸チフスのため一九二〇年一月二三日に死去したが、死ぬ前に長男の顔を見たいと切望した。しかし、毛沢東は帰郷せず、父親の死に際して何ら悲しみの感情を表さなかった。

　母親の死去からまもない一九一九年一一月二一日に書かれた小論「女子の自立の問題」の中で、毛沢東は、「女性は男性と同じだけの肉体労働ができる。産前産後に肉体労働ができない、というだけのことだ」と主張している。「女子の自立」に対する毛沢東の結論は、「女性は自活できるよう結婚前に……十分な備えをしておくべき」であり、さらに「女性は産後に必要な生活費を自ら備えておくべき」である、という主旨だった。あきらかに、男として、毛沢東は女性の面倒を見ることを嫌がり、女性に対して責任を負うことを嫌ったのである。さらに、女性は男性と同等の肉体労働が可能である、という毛沢東の主張（あきらかに現実に反している）は、女性に対する思いやりの欠如を示している。権力の座に就いたあとの毛沢東の女性政策は、女性に重い肉体労働を課すことが主眼となった。一九五一年に毛沢東が初めて婦女節（婦人の日）に寄せた言葉は、「団結して生産に参加しよう……」であった。

一九一九年末、湖南省の急進派学生や教師が湖南省を支配する軍閥張敬尭の罷免を要求する運動を起こした。毛沢東は代表団の一員として中央政府に働きかけるために北京へ行き、宿を取ったチベット寺院の祭壇を机がわりにして請願書やパンフレットを書いた。代表団は目的を達することができなかったが、毛沢東は湖南省の急進派指導者として、進歩派の第一人者胡適や著名なマルクス主義者李大釗などの重要人物に面識を得た。

が、毛沢東の人生を変えることになる決定的な出会いがあったのは、帰路に立ち寄った上海でのことだった。一九二〇年六月、毛沢東は陳独秀を訪ねた。陳教授は当時中国で最も中心的なマルクス主義知識人で、中国共産党の結成に動いていた。毛沢東は長大な論文の中で、陳独秀を「思想界の明星」と呼んだ。当時四〇歳の陳独秀は、文句なしに中国におけるマルクス主義の指導者であり、確固たる政治的信念とカリスマ性を持ち、気性の激しい人物だった。

中国に共産党を作ろうという考えは陳独秀が発想したものではなく、他の中国人が発想したものでもない。これはモスクワから出た動きであった。一九一九年、新生ソビエト政府は、世界各国で革命を助長しモスクワの利益に添った政治的影響力を行使する目的で、第三インターナショナルすなわちコミンテルンを設立した。八月、モスクワは中国における活動および政権転覆に関する大がかりな極秘計画を策定し、三〇年にわたる資金・人材・武器の支援を始めた。これが一九四九年に毛沢東率いる共産党勢力の政権獲得という形で結実し、ソビエト外交における最も永続的な勝利となるのである。

一九二〇年一月、ボルシェビキはシベリア中央部を支配下に収め、中国とのあいだに陸路の連絡ルートを確保した。四月、コミンテルンは代表としてグレゴリ・ヴォイティンスキーを中国へ派遣した。五月、コミンテルンは上海に拠点を設立した。別の工作員がモスクワへ報告した表現を借りれば、「中国の党を建設する」ためである。続いて、ヴォイティンスキーは陳独秀に共産党の創立を提案した。六月には、ヴォイティンスキーから本国政府に対して、陳独秀が党書記（すなわち党のトップ）に選ばれる予定で「さまざまな都市の革命家」と接触している、と報告している。

まさにこの時期に、毛沢東は陳独秀の前に現れた。偶然にも、中国共産党が誕生しようとしている場に居合わせたのである。毛沢東は、創立メンバーには招かれなかった。近く中国共産党が創立されることも聞かされていなかったようだ。八人ほどの創設メンバーは全員が著名なマルクス主義者であり、毛沢東はこの時点でまだマルクス主義への信念を表明してもいなかった。中国共産党は八月に創立された。毛沢東が上海を離れたあとのことである。★

★これは毛沢東および後継政権にとって長らく微妙な点であり、公式な党史は中国共産党の創立を一九二一年としている。毛沢東が初めて党の会合すなわち第一回党大会に出席した事実を立証できるのがこの年だからである。党の公式見解に従って、上海の中国共産党第一次全国代表大会会址記念館でも、毛沢東が中国共産党の創立メンバーであったという「神話」にもとづいた展示をおこなっている。しかし、中国共産党の創立が一九二一年ではなく一九二〇年であったことはコミンテルンの刊行物によっても確認されており、第一回党大会を指導するためにモスクワから派遣された密使の一人によっても確認されている。

毛沢東は中国共産党の創立メンバーではなかったが、すぐ近くにはいた。陳独秀（チェントウーシウ）は、長沙（チャンシャー）で共産党関係の出版物を売る書店を開く仕事を毛沢東に与えた。陳教授は、当時大きな影響力を持っていた月刊誌『新青年』を共産党の声にしようとしていた。『新青年』七月号にはレーニンとソビエト政府に関する好意的な記事が掲載され、その年の秋からは『新青年』にコミンテルンの補助金が支給されるようになった。

毛沢東の役割は、『新青年』をはじめとする共産党の出版物を広く販売することだった（一般の書籍や雑誌も販売した）。毛沢東は正式な共産党員ではなかったが、急進分子ではあった。また、毛沢東は大の本好きだったから、この仕事を喜んで引き受けた。長沙へ戻ってまもなく、毛沢東は「文化書店」の広告として、「世界のどこにも新しい文化はない。ただ一輪、新しい文化の小さな花が北氷洋岸のロシアにて発見されたのみである」という奇抜な文章を書いている。文化書店はさっそく『新青年』七月号を一六五部仕入れた。ずばぬけて多い部数である。もうひとつ大量に仕入れたのは、党が労働者向けに新たに発行しはじめた雑誌『労働界』で、こちらは一三〇部を仕入れた。文化書店がこれ以外に仕入れた刊行物も、大多数が急進的な親ソ連系の雑誌だった。

共産党を支持する活動といっても、べつに命がけの行動だったわけではない。当時、そうした活動は違法ではなかったし、むしろ、共産主義ソ連は時代の流行だった。長沙ではロシア研究会が設立され、長沙知事が主宰者となっていたくらいである。中国社会に親ソ意識が高まったのは、新生ボルシェビキ政権が「第二次カラハン宣言」を発表し、帝政ロシアが中国国内に保有していた特権や領土を放棄すると表明したことが大きな理由だった。しかし、これは空約束で、結局ソビエト政府が特権や領土を放棄することはなかった。中国国内におけるロシア租界は一〇〇〇平方キロメートル以上におよび、列強の中で最大の規模だった。

毛沢東は文化書店の責任者であったが、経営は友人に任せていた。毛沢東の重要な特性が、すでにこの時期に現れている——毛沢東は面倒な仕事を他人にやらせる才能、そのための適材を見出す才能に優れていた。毛自身は「特別交渉員」と称して、金持ちから寄付を募ったり、全国の出版社、図書館、大学、一流知識人などと接触して回った。陳独秀（チエントウーシウ）をはじめとする著名人が文化書店の保証人として名を連ねていたおかげで毛沢東の声望は著しく高まり、出身大学（第一師範）の付属小学校主事（校長）という地位に就くことができた。

この時点で毛沢東が正式に中国共産党に入党していたという証拠はないが、文化書店のおかげで一一月ごろには仲間の一人に数えられるようになっていた。モスクワが将来の共産党員候補を集めるために湖南（フーナン）省に社会主義青年団という組織の設立を決めたとき、世話役として毛沢東に声がかかった。翌月、フランスに留学中の友人たちにあてた手紙の中で、毛沢東は「ソ連式の方法を応用して中国と世界を改造する」という考えに「深い賛同をあらわす」と書いている。毛沢東が共産主義の信条を表明した初めての記録である。

二七歳になる少し前、毛沢東は共産党員になった。といっても、理想を追い求めた末の入党ではなく、熱烈な信条に駆りたてられた入党でもなく、恰好な時期に恰好な場所にいて自分の性分にぴったりの仕事が与えられたからという理由で入党したのだった。いわば、拡大する組織になりゆきで組み込まれての入党だった。

当時毛沢東の一番の親友だった蕭瑜（シアオユイ）は、ソビエト式共産主義の方法では代償が高すぎるという意見を持っており、フランスから毛沢東にあてて自分や仲間の考えを次のように書き送っている。

われわれは、多数の福利のために一部分が犠牲になってよいとは思わない。われわれは温和な革命、教育を通じた革命、全体の福利をめざす革命のほうが好ましいと考える……ソ連式――マルクス式――革命を正当と認めることはできない……。

毛沢東は蕭瑜らの主張を「平和的手段によって全体の幸福を求める」考え方である

と評し、理想主義ではなく徹底した現実主義の観点から、「わたしは二点言わせてもらう……理論としてはけっこうだが、実際問題としては不可能である」「理想は重要だが、現実はもっと重要である」と反論した。

毛沢東は熱烈な共産主義者ではなかった。共産主義に対する絶対的信念の欠如は、毛沢東の一生を通じて、中国共産党とのきわめて型破りで異例な関係を生むことになる。それは、毛沢東が党指導者となったのちも変わることがなかった。

第三章 なまぬるい共産主義者

一九二〇~二五年★毛沢東二六~三一歳

共産党の活動に関わりはじめたころ、毛沢東は恩師楊昌済（ヤンチャンチー）の娘と恋仲になった。毛沢東より八歳年下で、やがて毛沢東の二番目の妻となる楊開慧（ヤンカイホイ／ようかいけい）である。

楊開慧は、一九〇一年に長沙（チャンシャー）郊外の牧歌的な美しい村で生まれた。繊細で感受性の強い少女は、父親が一一年にわたって日本、イギリス、ドイツに留学して倫理学、論理学、哲学を学ぶあいだ、学者の家系から出た母親に育てられた。一九一三年春に帰国した父親は西洋の考え方を持ち帰り、男子学生たちと食卓を囲む際に娘を同席させた。当時では考えられないことである。美しく優雅で、ときに憂いを漂わせ、一方で考えをはっきりと述べることのできる少女は、若い男子学生たちが憧れる存在となった。

楊開慧(ヤンカイホイ)の父親楊昌済(ヤンチヤンチー)は毛沢東の知性を高く評価し、有力な人々に書簡を送って、「ここで貴殿に鄭重(ていちょう)に申し上げます。二人「毛沢東ともう一人の学生蔡和森(ツアイホーセン)(さいわしん)」は国内の逸材で、大いに将来性に富むものであり……必ず二人を重視されることを望みます」と、毛沢東を推薦した。一九一八年に北京大学の倫理学教授となった楊昌済は、毛沢東の最初の――成果のない――北京滞在のあいだ、毛を自宅に招いて泊めてやった。当時、娘の楊開慧は一七歳で、毛沢東は彼女にかなり熱を上げていたが、開慧はそれに応えなかった。後年、彼女は次のように回顧している。

一七歳か一八歳のころ、わたしは自分なりの結婚観を持つようになりました。わたしは儀式的な結婚にはいっさい反対でした。また、自分から故意に愛情を求めたのでは、真実で、神聖で、不可思議で、最高の、最も美しい、無上の愛は、あっけなく不可避的に失われてしまうだろう、と考えていました……わたしの考えをいちばんよく表すのは、「完全でないのなら、無いほうがまし」という言葉でした。

一九二〇年一月、楊昌済が死去した。当時、毛沢東は二度目の北京滞在中で、楊一家とともに多くの時間を過ごした。楊開慧が毛沢東と恋に落ちたのは、この時期だった。楊開慧は次のように書いている。

お父様が亡くなった！　わたしの愛するお父様が亡くなった！　もちろん、こんなに悲しいことはありません。でも、お父様にとって死は救いでもあるのだと思うと、悲しみも耐えがたいものではありませんでした。
それにしても、自分があのような幸運に恵まれるとは思ってもみませんでした。わたしには愛する人がいたのです。わたしは彼をとても愛していました。彼のことをいろいろと聞き、彼の文章や日記をたくさん読むようになって、わたしは彼に恋するようになりました……彼を愛してはいたけれど、わたしはそれを表には見せませんでした。恋は自然のなりゆきが決めるものだと信じていたから、自分のほうから厚かましく求めたり追いかけたりしてはいけない、と考えていたのです。

そういうわけで、楊開慧はまだ恋心を抑えていた。その後、楊開慧は父親の遺体につきそって長沙（チャンシャー）に戻り、ミッション系の学校に入学した。二人は離れ離れになったが、距離は彼女の思いをますます強めるばかりだった。のちに、楊開慧（ヤンカイホイ）は回想している。

　彼はわたしにたくさんの手紙を書いて、愛情を伝えてきました。それでも、わたしはなかなかそんな幸運を信じる気になれませんでした。彼［毛沢東］の気持ちを知って――わたしのせいで彼が非常に煩悶（はんもん）している、と――それを伝えてくれた友人がいなかったら、わたしはきっと一生独身のままでいたでしょう。わたしに対する彼の本当の気持ちを完全に知ったその日から、わたしの意識が変わりました。自分は母のために生きるだけでなく、彼のためにも生きるのだ、と……いつか彼が死ぬときがきたら、そして母ももうこの世の人でなくなっていたら、わたしはきっと彼のあとを追って一緒に死ぬのだ、と、そんな想像をするようになりました。

その年の夏、毛沢東が長沙（チャンシャー）に戻ったところで、二人は恋仲になった。毛沢東は自分が校長をしている学校に住んでおり、楊開慧はよくここを訪ねてきたが、一夜を共にするまでには至らなかった。二人は結婚しておらず、一九二〇年当時では未婚のまま同棲するなど良家の子女には考えられないことだったのだ。毛沢東のほうにも、恋人に束縛されたくないという思いがあった。友人にあてた一一月二六日付の手紙で、毛沢東は、「婚姻制度のもとにある男女はすべて『強姦団』に属しているとしか言いようがないと考えます……わたしはこんな強姦団に加わることなどお断りです」と痛罵し、「拒婚同盟」の結成を提案して、「たとえ賛成者が皆無でも、自分一人で同盟を維持する」と書いている。

ある晩、楊開慧が帰ってしまったあと、毛沢東は眠ることができず、詞（ツー）「虞美人枕上」を作った。

堆来枕上愁何状？　　枕上（まくらべ）につもる愁（うれい）よ、おまえはどんな形なのか

江海翻波浪。　　江（かわ）や海の波浪（なみ）のごとく、おまえは果てしなく寄せては返す

夜長天色怎難明、　　夜はなんと長く、天（そら）はなんと暗く、いつになれば明けるのか

無奈披衣起坐薄寒中。　　どうしようもなく、寒さの中で、衣を披（はお）って起き坐（すわ）る

暁来百念皆灰燼、　　ようやく訪れた暁（あかつき）に見れば、残されたのは灰と化した

百(もろもろ)の念(おもい)ばかり……

（後略）

この詩の勢いを借りて毛沢東は楊開慧(ヤンカイホイ)を口説き、二人はついに一夜を共にすることになった。教員宿舎の壁は薄い板一枚だったので、二人の発する情熱的な物音に他の住人たちから苦情が出た。教師の妻は規則によって教員宿舎に泊まることが禁じられているはずだ、と指摘した者もいたが、毛沢東は校長権限で規則を変更し、教師の妻が泊まってもいいことにしてしまった。

楊開慧にとって、一夜を共にすることは自分のすべてを与えることだった。「わたしは意志の力などとうの昔に失っていました」と、開慧は書いている。「そして、わたしは愛情に生きることに決めました。わたしは『天も崩れよ、地も裂けよ！　これで終わりでもかまわない！』という結論に達したのです。母と彼のために生きるのでなければ、わたしの人生に何の意義があるでしょう？　だから、わたしは愛に生きたのでした……」

毛沢東の気持ちは楊開慧ほど真剣ではなく、その後も他の女性、とくに三歳年下の未亡人教師陶斯咏(タオスーヨン)との関係を続けていた。陶斯咏が受け持つ学級には裕福な家庭出身の児童がいたので、彼女は毛沢東の書店運営資金を集めるのに大きな力になった。陶斯咏と毛沢東は夫婦気取りで旅行までしている。

陶斯咏のことを知った楊開慧は、ひどいショックを受けた。「ある日忽然として、頭上で爆弾が炸裂しました。わたしのささやかな暮らしは、この一撃でほとんど壊滅的な打撃を受けたのです！」と書いている。しかし、楊開慧は毛沢東を許した。「でも、それは初めてこのことを知ったときに感じただけのこと。つまるところ、彼はどこにでもいるような男性ではないのです。彼女［陶斯咏］は、彼のためならすべてを投げうつほど彼を熱烈に愛していました。彼も彼女を愛していたけれども、わたしを裏切る気はなかったし、結局はわたしを裏切らなかったのです」。この情事を、毛沢東は、楊開慧の愛情に確信が持てなかったからだ、と弁明して切り抜けたらしい。楊開慧は、それを信じた。

……いまようやく、彼の心の蓋がはずれ、わたしの心の蓋もはずれました。わたしは彼の心を見たし、彼もわたしの心のすべてを見ました（わたしたちは二人ともプライドが高く、当時はわたしのほうがその傾向が強かったのです。わたしは何があっても彼に自分の心――彼を愛する心――を見せようとしなかったために、彼はわたしの気持ちを疑い、わたしが彼を愛していないと思ってしまいました。しかも、プライドのせいで、彼のほうもそういう感情をいっさい見せませんでした。いまになってようやく、わたしたちはお互いを本当に理解しあったのです）。その結果、わたしたちは以前より一層親密に結ばれました。

楊開慧（ヤンカイホイ）が毛沢東の住居に引っ越す形で、二人は一九二〇年末に結婚した。当時、急進派は伝統的な家どうしの結婚式を敵視しており、一方で新しい登記制度も整っていなかったため、正式な結婚証明書もなかった。

結婚を理由に、楊開慧はミッションスクールを退学させられた。毛沢東の浮気はあいかわらず続き、結婚直後にも新しく二人の女性との関係が始まっていた。当時毛沢東の親友だったある男性は、著者にこのエピソードを語ってくれたあと、指でテーブルに「不貞（プーチエン）」の文字を書いた。情事の相手の中には、楊開慧のいとこもいた。そのことを知ったとき、楊開慧はひどく取り乱していとこを殴ったが、ふだんはめったに騒ぎたてることはなく、良き妻だった。後年、楊開慧はあきらめを込めて次のように書いている。

わたしは多くのことを学び、しだいに彼を理解するようになりました。彼だけでなく、あらゆる人間の本性というものを理解するようになりました。生理的な欠陥のない人間ならだれにでも、二つの特質があるのです。ひとつは性欲の衝動、もうひとつは愛情を求める精神的要求。彼を放任しておこう、自然のままにしておこう、というのがわたしの態度でした。

とはいえ、楊開慧は、けっして夫の不貞をひたすら耐え忍ぶだけの因襲に縛られた中国女性ではなかった。それどころか、楊開慧は男女同権論者で、のちに女性の権利に関する文章を書いている。「なぜなら、女性は男性と同じように一個の人間だからです……女性の皆さん！　わたしたちは男女平等をめざして闘わなければなりません、女性に対する付属品のような扱いを絶対に許容してはなりません」

毛沢東が二度目の結婚をしたころ、モスクワは中国政権の転覆活動にいっそう力を入れていた。ソ連は秘密裏にシベリアで中国人部隊を訓練し、中国に対する軍事介入の可能性を探っていた。ソ連は直前にポーランドに軍事介入を試みて失敗したばかりだった。これと並行して、ソ連は世界最大級の諜報網を中国に作ろうとしていた。すでに上海にＫＧＢ支局が作られ、文民とソ連軍参謀本部情報総局（ＧＲＵ）の軍人を含めて数多くの工作員が広州（コワンチョウ）や北京をはじめとする主要都市に配置されていた。

一九二一年六月三日、モスクワからコミンテルンの大物が代表として新しく着任した。ソ連軍の情報工作員ニコルスキーと、オランダ領東インド諸島でアジテーション活動をおこなっていたオランダ人のマーリン――どちらも偽名――である。二人のコミンテルン代表は上海の中国共産党メンバーに対して、大会を開いて党を正式に創立するよう指示した。情報連絡網が確立している七つの地区に対して、それぞれ二名の代表を大会に送るよう依頼する書簡が送られた。上海までの交通費として二〇〇元が同封されていた。書簡の一通は、長沙（チャンシャー）の毛沢東に届いた。二〇〇元は毛沢東が教師の報酬として受け取る年俸の二倍近い額であり、上海へ行くのに必要な旅費をはるかに上回る額だった。これが、現在知られているかぎり、毛沢東が初めてモスクワから受け取った現金報酬である。

同行するもう一人の代表として、毛沢東は友人で四五歳の何叔衡（ホーシユーホン）を選んだ。二人は六月二九日の夜、荒れもようの空の下、友人らの見送りを断って小さな汽船でひっそりと出発した。共産主義活動は違法ではなかったが、目立たないよう配慮するのには理由があった。今回の旅行は、外国から資金を得て非合法的手段によって政権を奪取することを目的とした組織を創立するための謀議に参加する行為だからである。

中国共産党の第一回党大会は一九二一年七月二三日に上海で開催され、総数五七名の共産党員を代表して一三名――全員がジャーナリスト、学生、教師――が出席した。五七名の共産党員も大半がジャーナリストや学生や教師で、労働者は一人もいなかった。党を代表する二人の重要人物李大釗(リーターチャオ)教授と陳独秀(チエントウーシウ)教授はいずれもこの党大会に出席しておらず、陳独秀が中央局書記に選ばれたものの、会議を主宰したのはモスクワから派遣された二人のコミンテルン代表だった。

口ひげをたくわえた長身のマーリンが英語で開会演説をし、代表の一人がそれを中国語に訳した。参加者の記憶に強く残っているのは、演説の内容よりも長さ――数時間――だったようだ。当時、長時間の演説は中国では珍しかった。ニコルスキーは、「短い演説をしたほうの人物」として記憶されている。

外国人が大会に同席し支配力を行使している状態は、すぐに問題になった。議長には張国燾(チャンクオタオ／ちょうこくとう)(のちに毛沢東のライバルとなる)が指名された。ソ連留学の経験があり、外国人とのつながりがあったからだ。大会に参加した代表の一人は、会議の途中で張国燾が前夜採択された決議を取り消しにしようと提案したことを記憶している。「わたしは彼と対決しました。党大会で採択された決議をそのように安易に取り消すとはどういうことか、と。張は、これはソ連人コミンテルン代表の意見なのだ、と言いました。わたしは激怒しました……『それならば、党大会など必要ないではないか。ソ連人の命令に従っていればいいのだから』と」。抗議は通らなかった。別の代表が、ソ連の計画に従う前にボルシェビズムが実際にうまく機能するかどうか調べるべきではないか、と発言し、ソ連とドイツに調査団を派遣しよう、と提案した。この提案はモスクワ側を警戒させ、当然ながら却下された。

毛沢東はほとんど発言せず、会議にほとんど影響を与えなかった。大都市からやってきた代表たちに比べると、中国の伝統的な長衫（チャンシャン）を着て黒い布靴をはいた毛沢東はどこか田舎風だった。当時、革新派の若者の多くがヨーロッパ式のスーツを着るようになっていた。毛沢東は自分を印象づけようとは思わなかったようで、おもに他人の話を聞くことで満足していた。

創立大会はフランス租界にある民家で開催されたが、租界内の警察が共産党活動に目を光らせていた。七月三〇日の夕刻、部外者がまぎれこんでいることがわかり、警察のスパイを疑ったマーリンは会議の解散を命じた。大会に参加していた中国人代表は上海郊外の嘉興（チアシン）という小さな町に移動し、ヒシの実が湖面に散る南湖に集合した。モスクワのコミンテルン代表は、当局の注意を引くことを恐れて、この最後の会議には出席しなかった。

上海代表の妻に南湖近郊の出身者がおり、船遊び用の船を借りてきた。大会の参加者たちは、船内で料理や飲み物や麻雀牌を並べたテーブルを囲んで腰を下ろした。船室と船首側の甲板は彫刻をほどこした分厚い木のついたてで仕切られ、日覆いのかかった甲板には上海代表の妻がついたてを背にして座った。彼女が著者に語ってくれたところによれば、他の船が近づいてくるたびに彼女が手にした扇子でついたてを打ち、それを合図に、中で討議を続けている男たちが麻雀牌を騒々しくまぜる音をたてた、という。まもなく雨が激しくなり、周囲は雨音に包まれた。こうした劇的状況の中で、中国共産党の創立は宣言された――とはいえ、コミンテルン代表が不在では、何も決議できなかった。大会は宣言書や党規約さえ採択しないまま終わった。

大会に出席した代表には、帰りの旅費として各々五〇元ずつが支給された。おかげで毛沢東は帰路に杭州（ハンチョウ）や南京まで足を延ばして観光を楽しむ余裕ができ、ここでふたたび愛人の陶斯咏（タオスーヨン）に会っている。★

★陶斯咏は一九三一年に病没。

中国共産党のメンバーの多くは、モスクワから指示を受けモスクワの資金に依存している現状に対して忸怩たる思いを抱いていた。八月下旬に中央局書記に就任するため上海入りした陳独秀は、同志らに対して、「彼らから資金を受ければ、命令も受けざるをえなくなる」と指摘した。陳は、自分たちは専従の革命家になるべきではなく、それぞれに生業を維持しそれを活用して革命思想を広めていくべきだ、とも主張したが、受けいれられなかった。

陳独秀は中国共産党は当然コミンテルンの一支部であると主張するマーリンと激しく対立し、とくに、すべての会合はニコルスキーの監督下で開かなければならないという指示に強く反論した。陳独秀は、「われわれはこのような支配を受けなくてはならないのか？　こんな会合など開く価値がない！」と激昂し、マーリンと顔を合わせるのを何週間も拒むこともしばしばだった。陳は大声でどなり、手のひらで机をたたき、湯飲み茶碗を投げつけた。マーリンは陳独秀を「火山」と呼び、陳が爆発するたびに隣の部屋へ移ってタバコに火をつけ、陳の怒りがおさまるのを待った。

とはいえ、モスクワからの資金援助がなければ、中国共産党は印刷物を刊行したり労働運動を組織するなどの活動もできない状態だった。一九二一年一〇月から一九二二年六月までの九ヵ月に使った活動費一万七六五五元のうち、中国国内で集めた資金は六パーセント足らずで、九四パーセント以上がソ連からの資金であった、と、陳独秀自身がモスクワに報告している。実際、当時中国には他にも多くの共産主義組織があった——一九二〇年から一九二二年にかけて少なくとも七つの組織が存在し、そのうちのひとつは一万一〇〇〇人のメンバーを擁(よう)していたとされている。しかし、これらの組織はソ連の資金援助を得られず、すべて崩壊した。

陳独秀とちがって、毛沢東はモスクワから資金を受け取ることに何の抵抗も示さなかった。毛沢東は現実主義者だったのである。ソ連からの資金は、毛沢東の生活も一変させた。創立大会後、毛沢東は湖南(フーナン)支部の活動資金として党から月額六〇ないし七〇元を受け取るようになった。まもなく金額は一〇〇元に増え、さらに一六〇ないし一七〇元に増えた。多額の金が定期的にはいってくるのは大きかった。それまで、毛沢東はいつも金に不自由していた。小学校の校長と三流ジャーナリストの仕事をかけもちし、そうしなければ暮らしていけない現状に辟易(へきえき)していた。一九二〇年一一月末に友人にあてた二通の手紙の中で、毛沢東は、「口と頭しか使わない生活は、惨めの極致です……三時間も四時間も[原文ママ]休みなしに働くことも珍しくなく、夜中まで働くこともあります……こんな人生は厳しすぎます」と、強烈な不満をもらしている。

毛沢東は、ほかの友人にも、「将来、おそらくわたしはこの二つの仕事の収入で暮らしていかなくてはならないでしょう。頭脳しか使わない仕事は非常にきついので、靴下の穴かがりとかパン焼きのような体力を使う仕事を何か覚えようかと考えています」と語っている。肉体労働にまったく意欲を示したことのない毛沢東がここまで言うのは、よほど行き詰まっていたのだろう。

しかし、いまや毛沢東は党から資金を受ける職業革命家という結構な身分になった。毛沢東はジャーナリストの仕事を辞め、小学校の校長も辞め、それまで夢にしか見られなかった安逸な生活を手に入れた。夜更かしして本を読み、昼まで眠る、という生涯の生活パターンが固まったのは、この時期であったと思われる。党の創立大会から二ヵ月後に親友の蕭瑜（シアオユイ）にあてた手紙の中で、毛沢東の筆致はほとんど有頂天だ。

このところ、わたしは時間の大半を健康回復にあてており、以前よりずっと体調が良くなりました。いまはとても楽しく暮らしています。というのは、健康回復のほかに、仕事や責任の重圧がないからです。わたしは毎日つとめて良い食事をし、腹を満足させるとともに健康を増進しています。それに、読みたい本は何でも読むことができます。本当に、「いや、じつに愉快だ」という生活です。

満腹するまで食べ、読みたいだけ本を読むことが、毛沢東の考える恵まれた暮らしだったのである。

一九二一年一〇月、毛沢東は楊開慧（ヤンカイホイ）とともに清水塘（チンショイタン）という美しい場所で所帯を持った。使用人を雇う経済的余裕もあった。清水塘という地名は、ここで濁った川が大きな池に流れこみ、澄んだ水に変わることに由来する。新婚の家は黒っぽい角材とまだら色のレンガ壁で作られた伝統的な中国家屋で、正面には菜園が広がり、背後にはなだらかな丘陵が連なっていた。

理屈の上では、二人の新居は党湖南（フーナン）支部の事務所ということになっていた。湖南省の党指導者として、毛沢東の主な仕事は党員を集めることだったが、毛はこの種の仕事にあまり熱心ではなかった。一九二〇年一一月に新しくできた社会主義青年団のメンバー募集を頼まれたときも、毛沢東はその仕事を他人に任せて自分は「教育研究」と称して休暇を取り、愛人の陶斯詠（タオスーヨン）と旅に出てしまった。

レーニン、ムッソリーニ、ヒトラーなど政党を創設した独裁者たちと異なり、毛沢東は雄弁術によって熱烈な支持者を獲得したわけでもなければ、イデオロギーの力で支持者を獲得したわけでもなく、手近にいた人々の中から自分の命令に従って入党しそうな人間を誘っただけだった。毛沢東が共産党に入党させた最初の人物は毛の書店経営を任されていた友人の易礼容（イーリーロン）だった。易礼容は、共産党創立大会から戻ってまもない毛沢東に呼び出されたときのようすを次のように語っている。毛沢東は書店近くの庭の竹垣によりかかり、易礼容に向かって、党にはいるべきだ、と言った。易礼容は、ロシア革命で何百万という人が死んだと聞いている、というような躊躇（ためら）いを口にした。が、毛沢東が「党にはいってくれと言うので、わたしは入党することにした」。こうして、毛沢東は長沙（チャンシャー）に最初の党支部を設立した。支部の構成員は、毛沢東、易礼容、そして創立大会に同行した何叔衡（ホーシューホン）のたった三人だった。

続いて党員になったのは、毛沢東の家族だった。妻の楊開慧（ヤンカイホイ）と、故郷の村から呼び寄せた弟たちである。沢民（ツオーミン）は家業を継いでおり、経理に明るかったので、毛沢東のもとで財政を担当することになった。毛沢東は他の親戚も故郷の村から長沙へ呼び寄せ、さまざまな仕事を割り当てた。親戚の何人かは共産党に入党した。家族や友人以外には、毛沢東が入党させた人間は少なかった。毛沢東の党員勧誘は、ごく身近な範囲にとどまった。

実際には、この時期、湖南（フーナン）省ではかなり多くの若者が共産主義に引きつけられ、その中にはのちに毛沢東の右腕となり中国国家主席となった劉少奇（リウシャオチー）など、中国共産党の指導者となった人々も多く含まれていた。しかし、彼らを共産党に入党させたのは毛沢東ではなく、五〇代のマルクス主義者で長沙県の知事をしていた賀民範(ホーミンファン)だった。一九二〇年末に劉少奇らが社会主義青年団に参加したとき保証人となったのも賀民範であり、彼らのソ連留学のために口利きをしたのも賀民範であった。賀民範自身は、共産党の創立大会に出席していない。招請状が賀民範ではなく、賀民範の党員集めの手腕に非常な嫉妬心を抱いていた毛沢東のほうへ届いたためである。一九二二年に劉少奇がモスクワ留学から戻ったとき、毛沢東は賀民範がどのようにして留学の話をまとめたのかを厳しく問い詰めている。

中国共産党湖南支部責任者に正式に任命されたのを機に、毛沢東は無警戒なライバルを追い落とす作戦に出た。賀民範は賀一族が代々守ってきた船山(せんざん)と呼ばれる宗廟(そうびょう)で船山学社(せんざんがくしゃ)と呼ばれる公会堂を経営していたが、毛沢東は党のためにこの施設が必要だという理由をつけて仲間とともに移り住み、賀民範に嫌がらせの限りを尽くしたので、ついに賀民範は船山学社からも共産党からも出ていかざるをえなくなった。一年後、毛沢東は賀民範を師と仰ぐ劉少奇に対して、賀民範は「不聴話(プーティンホワ)(いうことをきかない)なので船山から追い出した」と語った。「不聴話」という言い方を自分よりずっと年上の人間に対して使うという態度に、すでに毛沢東の酷薄(こくはく)な本性が見えている。若いころ、毛沢東はこのような態度を取ることはなかった。進歩的な友人蕭瑜(シアオユイ)

と初めて知りあった当時、毛沢東は相手に敬意を表して頭を下げたという。そのころの毛沢東は、同僚に対しても目上に対しても同じように礼儀正しく接した。権力の味が毛沢東の態度を変えたのである。★これ以降、毛沢東が友情を結ぶ相手は異議を口にしない人間、そして政治に無関係な人間に限られるようになっていった。毛沢東は政治的同志の中に友人を持たず、ほとんど付き合いもしなかった。

★蕭瑜（シアオユイ）はこのころから毛沢東と意見を異にするようになり、のちに国民党政府の役人になった。一九七六年にウルグアイで死去。

賀民範（ホーミンファン）の追放は毛沢東にとって初めての権力闘争であり、毛沢東はそれに勝利した。毛沢東の下では党委員会は作られず、会議もほとんど開かれず、ただ毛沢東が命令を下すだけだった。ただし、毛沢東は上海には定期的に必要な報告をおこなっていた。

もうひとつの重要な仕事は労働組合の組織だったが、毛沢東はこれに関しても何もしなかった。毛沢東は、農民に対しても労働者に対しても共感を抱いていなかった。

一九二〇年一一月に友人にあてた手紙の中で、毛沢東は知識人としての自分が置かれた状況について不満を並べるばかりで、「わたしが考えるに、中国の労働者はさほどひどい目に遭ってはいない。学者だけがひどい目に遭っている」などと書いている。

一九二一年一二月、湖南省と江西省にまたがる重要な鉱山、安源炭鉱の労働者から共産党に援助を求める書状が届いたため、毛沢東は炭鉱に足を運んだ――毛沢東が労働者のそばまで足を運んだという記録は、これが最初である。しかし、毛沢東は炭鉱に数日滞在したあと、現場の仕事を他人に任せて帰ってしまった。黒くすすけた炭坑夫の世界にほんの短いあいだ身を置いただけで、毛沢東は上海に対して、労働者組織にはお手上げである、と報告している。

しかし、熱心に活動していた有能な労働運動オルグもいた。とくにその中の二名は、共産党員ではなかったものの、湖南労工会（労働組合）を組織して、長沙の労働者約七〇〇〇人のうち三〇〇〇人以上を加入させた。この二人は一九二二年一月、大規模なストライキの指導中に逮捕され、即刻処刑された――中国伝統の方法にしたがって首を切り落とされたのである。この事件を受けて、全国で抗議の嵐が起こった。二人の処刑を命じた湖南省の省長は、のちになぜ毛沢東を標的にしなかったのかと質されたとき、毛沢東のことは脅威と見ていなかった、と答えた。

労働者の組織化と党員の獲得に成果をあげなかったため、毛沢東は一九二二年七月に開かれた党の第二回大会には招請されなかった。この大会は、コミンテルンへの参加を支持する宣言を採択し、モスクワによる公然支配を正式に受け容れることを決議した非常に重要な大会だった。後年、毛沢東は欠席の理由を、「私も参加するつもりでした。ところが、開催される場所の名前を私は忘れてしまい、同志たちの誰をも探しだせず、出席できませんでした」と説明している。実際には、上海には知り合いの党関係者はいくらでもおり、その中には大会の出席者たちも含まれていたから、毛沢東がこのような重要会議への出席を何かの偶然で逸した可能性は考えられない。大会に招請されなかったという事実は、毛沢東の湖南(フーナン)省党指導者としての地位が危うくなる可能性を示唆していた。ソ連からの資金が自分の手元へ届かなくなり、自分は他党指導者に従わざるをえない立場に落とされるかもしれない――そうした可能性を見て、毛沢東はがぜん動きだした。まず一九二二年四月に鉛と亜鉛の鉱山に足を運び、五月には安源(アンユワン)炭鉱を再訪した。デモやストライキも何件か指導した。一〇月二四日に楊開慧(ヤンカイホイ)が最初の子供――男児――を出産したときも、毛沢東は妻に付き添わなかった。建設労働者の組合交渉に同席するため出かけていたのである。毛沢東は長男を岸(アン)

英（イン）と命名した。「岸」は字排、「英」は「傑出した人物」を意味する。

五月末には、中国共産党湘（シアン）区執行委員会も設立した。湖南省トップの地位に就いて一年後である。委員会のメンバーは三〇人だったが、そのほとんどは毛沢東が獲得した党員ではなかった。★のちに国家主席となった劉少奇（リウシャオチー）は、死の床で、毛沢東指導下における湘区委員会の実態を次のように書き残している。「わたしは毛主席の家で開かれた会議に数多く出席したが、質問以外に発言の機会はなかった。最後には、いつも毛主席の意見どおりになった……湖南省の共産党にはすでに独自の領袖（りょうしゅう）がおり、独自のやり方があった――上海の党とはちがうやり方である」。劉少奇は、毛沢東がごく初期から独裁的にふるまいはじめていたことを、可能な範囲でできる限りはっきりと記録に残そうとしたのである。

★中国全体の総党員数は、一九二二年六月末の時点で一九五人だった。

一方、毛沢東が党中央との関係改善に努めていたところへ、幸運な方向転換が起こった。一九二三年一月、上海で活動していた中国共産党幹部の大半がとまどうような指令がモスクワから届いたのだ。それは、奇妙で不可解な命令だった――他党すなわち国民党に入党せよ、というのである。モスクワは、コミンテルンの方針に従って動く中国共産党員を求めていた。毛沢東は、これに手を挙げた。

国民党は、一九一二年にいくつかの共和主義革命勢力が連合して成立した。指導者は孫文（スンウエン）で、孫文はわずかなあいだ中華民国の初代臨時大総統をつとめたあと、その地位を軍人袁世凱（ユワンシーカイ）に奪われた。それ以降、孫文は自分の軍隊を編成して北京政府を倒そうとしてきた。

そのために、孫文はモスクワと手を結ぶことにした。北京政府転覆のもくろみはソ連側も同じだった。というのは、袁世凱政権はソ連による外モンゴル（当時は中国の領土）占領を認めようとしなかったからだ。非力な中国共産党では北京政府転覆など到底不可能なので、ソ連側はさまざまな地方実力者を検討したあげく、ソ連の存在を受容しそうなのは孫文だけである、という結論に達したのだった。

孫文は、中国南部沿岸に位置する広東省（コワントン）の省都広州（コワンチヨウ）に根拠地を構えていた。孫文はソ連に対して、中国を征服できるだけの軍事力をたくわえたいので力を貸してほしい、と申し入れた。一九二二年九月、孫文はソ連からの使節に「ソ連から武器と軍需の提供を受ける形の軍隊」を作りたいと伝え、かわりにソ連の外モンゴル占領を認め、さらに、鉱物資源の豊富な中国西北の広大な新疆省もソ連が占領してはどうか、と提案した。一一月、ソ連の代表使節アドルフ・ヨッフェは本国に対して、孫文は「わが軍が一個師団を使って新疆を東トルキスタンに併合することを求めている……新疆省にはわずか四〇〇〇人の中国軍しかおらず、抵抗はないはずだ」と報告している。孫文は、自分の代わりにソ連軍が新疆から中国中心部の四川省成都あたりまで深く侵攻してほしい、と提案した。

孫文は大きな野望と冷酷な決断力を持ち、広東省の主要港湾都市を根拠地に、数千の党員を擁する相当規模の党を指導していた。ソ連政治局はこうした点を勘案して、一九二三年一月、「コミンテルンの基金を支出」して「国民党を全面的に支援する」方針を決定した。決定に署名したのは、当時頭角を現しはじめたスターリンだった。スターリンは、中国に強い関心を抱くようになっていた。こうして、孫文は「こちらの人間」〔傍点は原典による〕になった、と、ヨッフェがレーニンに報告している。その値段は「最大で二〇〇万メキシコ・ドル」、おおざっぱに換算して二〇〇万金ルーブルだった。「二〇〇万ルーブルの価値はあるのではないでしょうか？」と、ヨッフェは尋ねている。

孫には孫の思惑があり、ソ連も孫も互いに相手が自分を利用しようとしていることは承知していた。そこで、中国における手先、すなわち中国共産党を要所に配置して孫文（スンウェン）がモスクワの方針と利益に従って動くよう監視するために、モスクワは中国共産党員に国民党への入党を指示したのである。内部講話で、スターリンは次のように述べている。「われわれがここモスクワから公然と指令を出すわけにはいかない。そこで、中国共産党およびその他の同志を通じて秘密裏にこれをおこなうこととする……」

　モスクワは中国共産党を使ってはるかに大きな国民党を操作しようと考えたのであるが、陳独秀（チェントウーシウ）をはじめとする中国共産党指導者は、全員が国民党への入党に異議を唱えた。国民党は共産主義を認めておらず、孫文も権力を追い求める「嘘つきで」「無節操な」政治家の一人にすぎない、というのが異議の根拠だった。彼らはモスクワに対して、孫文を支援することは「ソ連の血と汗を浪費することであり、おそらく世界のプロレタリアートの血と汗を無駄にすることになろう」と伝えた。

　コミンテルン代表マーリンは、反発の嵐に直面した。毛沢東が党中央に引き上げられたのは、こうした事情のおかげだったと考えてほぼまちがいないだろう。実利主義的な毛沢東は、モスクワの戦略に喜んで応じてただちに国民党に入党したのである。毛沢東の旧友であり熱烈な共産主義者であった蔡和森（ツァイホーセン）は、マーリンが「全力で国民党工作にあたれ」というスローガンを提唱したときに「賛成したのは毛沢東だけだった」と、コミンテルンに伝えている。

毛沢東はちっぽけな中国共産党に将来性があるとは考えていなかったし、共産主義が広く人々の支持を集めるとも考えていなかった。そして、その見解を一九二三年六月に開催された共産党第三回全国代表大会においてはっきりと表明した。共産中国を建設するうえで頼みの綱はソ連による侵攻という手段以外にない、と述べたのである。大会の議長をつとめたマーリンの報告によれば、毛沢東は「非常に悲観的で、中国にとって唯一の救済はソ連による侵攻しかないと考えており」、代表大会において「革命は北方からソ連軍によってもたらされなければならない」と述べたという。実質的には、二〇年後にそのとおりになった。

モスクワの方針に熱意をもって応えた結果、毛沢東は党の中核に登用され、マーリンの下に位置を占めることになった。この地位を得た毛沢東は、それまでになく奮闘した。先に希望が見えてきたからである。中国における活動資金の調達責任者でありソ連の在上海副領事でもあったヴィルデは、モスクワに対して毛沢東ともう一人の名前をとくに挙げて、「まちがいなく良い幹部」であると報告している。毛沢東は陳独秀中央局委員長の秘書に抜擢（ばってき）され、通信や文書や議事録の責任者となった。党のすべての書簡には、委員長の陳独秀（チエントウーシウ）および秘書の毛沢東による署名が必要だった。毛沢東は陳独秀をまねて、英語で「T. T. Mao」と署名している。陳独秀と毛沢東の最初の仕事は、モスクワに書簡を送り、「いまやわれわれの工作戦線は拡大しつつある」として資金援助の増額を要請することだった。

中国共産党を手先として国民党組織に送り込んだモスクワは、つぎに共産党と国民党の両方を掌握し両党間の調整をはかるために、大物を派遣してきた。一九二三年八月、スターリンの推薦を受けたカリスマ的アジテーターのミハイル・ボロディンが中国に派遣され、孫文（スンウエン）の首席政治顧問となった。ボロディンはアメリカ、メキシコ、イギリスで革命活動に携わってきたベテランで、力強い声を持つ雄弁家であり、精力的なオルガナイザーであり、明敏な戦略家であった（中国共産党はソ連国境に近い中国北西部へ移るべきだと最初に勧告したのはボロディンであり、一〇年後に中国共産党は長征という形でその勧告に従う形となった）。ボロディンは、まさに「雄偉（ゆうい）」といった形容があてはまる存在で、病気のときでさえ堂々たる雰囲気を保っていた。

ボロディンは国民党をソ連式に改組し、機関の名称まで、たとえば「宣伝部」（「部」は日本の「省庁」に相当）のように共産党式の呼称に変更させた。広州（コワンチヨウ）で一九二四年一月に開催された国民党の第一回全国代表大会には毛沢東も含めて中国共産党員が数多く出席し、中国共産党が小さな規模に不相応な多数の要職を確保した。これを受けて、モスクワは国民党に本格的な資金援助を開始した。最も重要なのは、ソ連が資金を援助して軍人養成を目的とする学校を設立したことだ。広州から約一〇キロ、珠江に浮かぶ絵のように美しい島に作られた黄埔（ホワンプー）軍官学校は、ソ連の軍人養成機関を手本とし、ソ連人顧問を置き、教師や生徒にも共産党員が多かった。飛行機や大砲などはソ連から運ばれた。国民党が根拠地を相当に拡大できたのは、ソビエト式の軍事訓練を受けた軍隊と、それを後方から支援したソビエト人顧問らの力によるところが大きい。

毛沢東は国民党内で非常に精力的に活動し、国民党の最高機関である中央執行委員会の委員候補一六人の一人に選ばれた。一九二四年の末まで、毛沢東はほとんどの時間を上海の国民党執行部における活動に費やした。毛沢東は国民党湖南（フーナン）総支部の設立にも尽力し、この支部は中国で最も大規模な国民党支部のひとつとなった。

毛沢東は、共産党の会合にめったに出席しなくなるほど国民党との合作に熱意を注いだ。こうした毛沢東の態度は、仲間の共産党員から反発を招いた。毛沢東の旧友で毛よりもイデオロギー的だった蔡和森（ツァイホーセン）は、コミンテルンに対して、湖南省においては「われわれの組織は政治的意義をほとんど失っている。すべての政治的問題は中国共産党の省委員会ではなく国民党の省組織で決定されている」と不満を述べた。別の献身的な労働組合オルグも、「当時の毛沢東は共産党独自で労働組合運動をおこなうことに反対だった」と述べている。

加えて、毛沢東を評価していたマーリンが前年一〇月に中国を離れたあと、モスクワから新しく派遣されたコミンテルン代表の中には毛沢東を冷遇する者も出てきた。毛沢東はボロディンとはうまくやっていたが、イデオロギー純粋主義派からは批判された。モスクワからは中国共産党員に対して、国民党組織に浸透する一方で共産主義者としての主体性や独立性は保持するように、という指令が出ていたが、イデオロギー的に曖昧な毛沢東は共産党と国民党のあいだに一線を画すことができなかった。一九二四年三月三〇日、イデオロギー主義的なコミンテルン代表の一人セルゲイ・ダリンは、ヴォイティンスキーに対して次のように書き送っている。

中央局秘書の毛沢東（まちがいなくマーリン配下の小役人）の発言を聞いていると、恐ろしくて身の毛がよだつ思いがします――たとえば、［国民党は］過去も現在もプロレタリア政党であり、第三インターナショナルの一部として認められるべきだ、などと発言するのであります……この人物が党の代表として社会主義青年団を指導していたわけで……わたしは中央局に書簡を送り、別の代表を任命するよう要請しました。

毛沢東はこの役職を解任され★、さらに「右翼日和見主義」と批判されて共産党中央局を追われて、一九二五年一月に予定されていた中国共産党の次期全国代表大会にも招請されなかった。毛沢東は体調を崩し、痩せて病気がちになった。当時、毛沢東と同じ家に住んでいた同僚は、毛沢東が「思想上の問題を抱えていた……（中略）……自分のことで頭がいっぱいだった」と、著者に語っている。精神的に不安定な状態は腸の働きに反映して、一週間も便秘が続くことがあった。毛沢東は生涯便秘に苦しみ、いつも排便のことが頭から離れなかった。

★この時点で中国共産党の党員数は九九四であった。

一九二四年末には毛沢東は上海に居場所を失い、湖南（フーナン）省に戻った。が、党の役職はなく、帰る先は故郷の韶山（シャオシャン）しかなかった。一九二五年二月六日、毛沢東は「療養」

と称し、五〇キロを超す本を持って韶山（シャオシャン）に帰った。共産党に入党して四年あまり、浮き沈みの激しい歳月であったが、三一歳にして、イデオロギーの明確性と熱意を欠く毛沢東の人生は出発点の故郷に戻ることになった。中国共産党の初期における毛沢東の挫折は、今日でもなお厳重に伏せられている。毛沢東は、自分が党務において有能でなかったこと、国民党（のちに共産党にとって最大の敵となった）の活動にきわめて熱心だったこと、そしてイデオロギー的にかなり曖昧であったことが公（おおやけ）に知られるのを嫌がった。

第四章　国民党内での浮沈

一九二五〜二七年★毛沢東三一〜三三歳

故郷韶山に戻った毛沢東は、八ヵ月のあいだ実家で暮らした。毛沢東と二人の弟は両親が残した家と相当な広さの土地を相続し、親戚の者たちがその財産を管理していた。弟たちは毛沢東に呼び寄せられて長沙(チャンシャー)で共産党の仕事に従事していたが、二人とも毛沢東と一緒に実家へ戻った。わずか五〇キロしか離れていない長沙では共産党の湖南(フーナン)支部がストライキやデモ行進や集会を組織していたが、毛沢東はそうした活動にはかかわらず、実家にとどまってトランプに興じたりしていた。

が、毛沢東は政治の世界に復帰するチャンス、それも高いレベルで復帰するチャンスを狙っていた。一九二五年三月、国民党指導者の孫文(スンウエン)が死去した。後継者は毛沢東もよく知っている人物で、毛沢東に対して好意的な汪精衛(ワンチンウエイ)(おうせいえい)だった。汪は前年に上海で毛沢東と一緒に仕事をしたことがあり、二人は非常に気が合った。

汪精衛(ワンチンウエイ)は一八八三年生まれで、毛沢東より一〇歳年上だった。カリスマ性があり、雄弁家で、しかも映画スターばりの美男子だった。清朝打倒をめざす共和革命勢力として活発に活動し、一九一一年一〇月に辛亥(しんがい)革命が起こったときには摂政を含む清朝高官の暗殺をくりかえし企てた罪で終身刑を受け獄中にあった。清朝が倒れ、監獄から釈放されたあと、汪精衛は国民党指導者の一人となった。孫文(スンウエン)の晩年には孫の傍らにあり、遺言書の証人もつとめ、後継者として有力な地位にあった。そして何よりも、汪精衛はソ連人首席顧問ボロディンの意に適(かな)う人物だった。国民党の支持基盤に約一〇〇〇人の工作員を送り込んだモスクワはいまや広東(コワントン)の支配者となり、省都広州(コワンチョウ)の街は赤旗やスローガンが翻(ひるがえ)ってさながらソ連の一都市のような雰囲気だった。通りを走る自動車の窓からはソ連人の顔がのぞき、中国人の護衛がステップに立っていた。珠江をソ連船が行き交い、閉ざされた扉の奥ではレーニンの肖像画が見下ろす部屋でソ連人コミッサールが赤いクロスをかけたテーブルに着席し、「破壊分子」を尋問し裁判をおこなっていた。

孫文死去の報を聞くや、毛沢東はチャンスを探らせるために弟の沢民(ツオーミン)を広州へ遣(つか)わした。もう一人の弟沢覃(ツオータン)も続いた。六月には汪精衛が国民政府主席に就任することがはっきりし、毛沢東は韶山(シャオシャン)近隣で党の末端組織を次々に設立して点数稼ぎを始めた。大多数は共産党ではなく国民党の組織だった。中国共産党指導部から追い出された毛沢東は、国民党に活路を求めたのである。

国民党は「打倒帝国主義」を主要綱領に掲げ、中国の権益を列強から守ることを重要課題としていた。これは韶山あたりの農民生活とはほとんど関係のない主張だったが、毛沢東の活動においても「打倒帝国主義」が主題となった。当然、村人たちは無関心だった。毛沢東の同僚が七月二九日の日記に、「会場にやってきた同志はたった一名で、ほかには誰も来なかった。それで、集会は開かれなかった」と書いている。また、数日後の日記にも、「同志がほとんど集まらなかったので、集会は流れた」と書いている。ある晩、この人物と毛沢東は家から家へと歩きまわって集会の出席者を集めなければならず、そのために会の開始が大幅に遅れて、閉会が午前一時一五分になってしまった。毛沢東は「神経が疲れているし、しかも今日は話をしすぎたので」、家に帰りたいと言った。「ここではきっと寝つけないだろうから、と……わたしたちは二、三里［一ないし一・五キロ］ほど歩いたが、それ以上はもう歩けなかった。疲労困憊(こんぱい)していたので、湯家湾(タンチアワン)に一晩泊まった」

毛沢東は、貧農対富農という図式の農民運動を組織しなかった。そのようなやり方は無意味と考えていたことも理由のひとつだ。これより早く、一九二四年一月一八日の時点で、毛沢東はボロディンをはじめとする共産党関係者に次のような考えを伝えている。

もしわれわれが大地主に対して闘争をおこなうとすれば、失敗は目に見えている。[地域によっては共産党員が]まず無学な農民を組織し、彼らを指導して比較的裕福な農民や大地主に対する闘争をおこなった例もある。結果はどうだったか？　われわれの組織は即座に解体され、禁止され、農民たちはわれわれを彼らの利益のために闘争する味方とみなさなかったばかりか、われわれを仇視し、われわれが彼らを組織しなければこのような災難や不幸に見舞われずにすんだのに、と言う始末である。

したがって、農村地域の末端支部が力をつけたと確信できるまで……比較的裕福な地主に対する抜本的措置を講ずる政策を採用することはできない。

毛沢東は実用主義的な考え方をする人間だった。毛沢東が韶山にいたころ、この地域で貧農の地位向上をめざして組織化を進めていた汪先宗という共産党員が匪賊であるとして訴えられ、地元の警察に逮捕されて、拷問ののちに斬首(ざんしゅ)された例があった。

毛沢東はこうした危険で不毛な活動を用心深く避けていたが、それでも湖南(フーナン)省当局は急進派の大物として名が知られている毛沢東に疑いの目を向けた。その夏、韶山一帯は旱魃(かんばつ)に見舞われた。過去の例と同じく、このときも富農が穀物を都市部へ出荷するのを貧農が実力で阻止する事件が起き、これを背後で煽動した疑いが毛沢東にかけられた。一方、省都長沙(チャンシャー)では、五月三〇日に上海のイギリス人居留地内で抗議活動をしていた中国人一〇人をイギリス警察が殺害した事件を受けて、大規模な「反帝」デモが起きていた。毛沢東はこのデモとは無関係で、遠く離れた故郷の実家で静かに暮らしていたのだが、それにもかかわらずデモの煽動者とみなされた。こうした見方は、アメリカ政府の記録にも早い時期に登場している。在長沙アメリカ領事館は長沙で六月一五日に起きた「ボルシェビキ騒動」についてイエール・イン・チャイナ大学の学長がまとめた報告書をワシントンへ回付し、湖南省長に届けられた「指導的アジテーター二〇人のリストには当地で共産党プロパガンダの指導者として知られている毛沢東が含まれていた」と報告している。毛沢東の名は（中国情報にきわめて精通した関係者の言及範囲内とはいえ）アメリカにまで知られていたわけである。

八月下旬、毛沢東に対する逮捕令が出た。毛沢東はいずれにしても広州（コワンチヨウ）へ発つ予定だったが、この知らせを聞いてすぐに韶山（シャオシャン）を出ることにした。毛沢東は轎（かご）に乗って、まず長沙（チャンシャー）へ向かった。轎夫（きょうふ）には、中に乗っているのが誰かと尋ねられたら医者を乗せていると答えるように、と言い含めた。数日後、何人かの民兵が毛沢東の所在を尋ねて韶山にやってきたが、すでに実家にいないことがわかると、多少の金を取っただけで毛沢東の親族には何もせずに帰っていった。

長沙を発つ夜、毛沢東は湘江（シアン）のほとりを散歩し、将来に思いを馳せる詞（ツー）を書いた。

鷹撃長空、　　鷹は天空に高く舞い
魚翔浅底、　　魚は浅い川底を翔ぶ
萬類霜天競自由。　　霜天の下、万類が自由を競う
悵寥廓、　　この限りなき広がりに心を突かれ
問　蒼茫大地、　　蒼茫（そうぼう）たる大地に問う
誰主沈浮？　　誰が沈浮をつかさどるのか、と

毛沢東の嗅覚はまちがっていなかった。一九二五年九月、広州に到着して二週間も

しないうちに、毛沢東は国民政府主席汪精衛（ワンチンウエイ）から重要なポストをいくつも与えられた。毛沢東は主席の代理として国民党中央宣伝部長代理に就任し、国民党が創刊した『政治週報』の編集長も務めることになった。さらに、翌年一月に開催される国民党第二回全国代表大会に向けて代表資格審査委員会の委員五名の一人にも選ばれ、この大会で重要な活動報告をおこなった。毛沢東の出世に汪精衛が少なからぬ役割を果たしたことは、汪精衛が一九四〇年代に日本の傀儡（かいらい）政権の首班だった事実もあり、北京政府が厳重に隠蔽（いんぺい）している。

広州で毛沢東が仕事に全力投球できたのは、この時期に初めて睡眠薬の存在を知ったことが小さくない。それまで、毛沢東は深刻な不眠に悩まされ、そのせいで常に神経衰弱のような状態にあったが、そうした悩みからようやく解放されたのである。のちに、毛沢東は睡眠薬の発明者をマルクスと同列に並べてほめたたえている。

一九二五年一一月、国民党の仕事をする中で、毛沢東は初めて中国農民の問題に関心を表明した。ある調査票に、「現在は中国の農民問題研究に重点を置いている」と記入したのがそれである。一二月一日、毛沢東は国民党の雑誌に農民に関する長い論文を発表し、一ヵ月後にも国民党の雑誌『中国農民』の創刊号に別の論文を発表した。毛沢東の新たな関心は個人的な着想や関心から生じたものではなく、一〇月にモスクワから国民・共産両党に対して農民問題を優先的に扱うよう緊急指令が出たのを受けての態度変更だった。モスクワの指令を受けて、国民党は即座に動いた。

中国共産党に対して農民に関心を払うよう最初に指示したのはソ連だった。すでに一九二三年五月の時点で、モスクワは「農民問題」について「われわれの全政策の中心問題」であると言及し、「封建主義の残党に対して農民土地改革を断行するよう」中国の革命勢力に指示を出している。これは、中国の農民を経済力に従って階層に分類し、貧農を煽動して富農と対決させることを意味した。当時、毛沢東はこうした方針にあまり関心を示さず、消極的な姿勢がモスクワに報告された結果、地位をひとつ失っている。一九二四年三月、ダリンはヴォイティンスキーに対し、「農民問題に関しては階級路線は放棄すべきである、貧農に関して打つ手はなく、地主や紳士［郷紳］との関係を築く必要がある……」というのが毛沢東の考え方だ、と書き送っている。

しかし今回、毛沢東は時代の要請に応じて農民問題に対する姿勢を変えた。ただし、ソ連人とのあいだでイデオロギー上の言葉遣いが問題になった。論文の中で、毛沢東は小さな土地を所有する自作農を「小資産階級」と分類し、小作農を「無産階級」と分類するなど、共産主義の「階級分析」を農民に適用しようと試みた。これに対して、ソ連人顧問の雑誌*Kanton*が痛烈な批判を掲載した。*Kanton*はソ連本国の高官や有力者に読まれており、約四〇人の配付リストの最上段にはスターリンの名があった。ソ連の農民問題専門家ヴォリンは、「ひとつの非常に重要な誤りが気になる……それは、毛沢東が中国社会を発達した資本主義構造を持つものとみなしている点である」と書き、中国はまだ封建段階にあるにもかかわらず毛沢東の論文は農民が資本主義社会に住んでいるが如くに論じている、と批判した。毛沢東の論文は「非科学的で」「弁別を欠き」「きわめて概略的である」と批判された。ヴォリンは、基本的な数字さえ現実と大きくちがっている、毛沢東は人口を四億と書いているが一九二二年の国勢調査によれば実際の人口は四億六三〇〇万である、とも指摘している。

毛沢東にとってさいわいなことに、国民党はソ連ほど理論的無謬性（むびゅうせい）にはこだわらなかった。一九二六年二月、毛沢東は汪精衛（ワンチンウエイ）の後押しを得て国民党農民運動委員会の創設メンバーに選ばれ、また、二年前にソ連からの資金援助によって作られた広州（コワンチョウ）農民運動講習所の所長にも任命された。

毛沢東は最初から貧農の擁護者であったと思い込んでいる人が今日なお少なくないが、毛沢東は三二歳になって初めて農民問題に関心を向けるようになった、というのが真実である。毛沢東が指導する農民運動講習所から巣立った大勢のアジテーターは村々へ散って貧農を富農と対決させ、貧農を組織して「農民協会」を作った。湖南省においては、国民党の国民革命軍が同省を占領した七月以降、とくに農民の組織化が進んだ。国民革命軍は、北京政府の転覆をめざして広州から北伐を開始したところだった。湖南省は二〇〇〇キロにおよぶ北伐の起点だった。

国民革命軍にはソ連人顧問が同行していた。ソ連は長沙にも領事館を開設したばかりで、長沙のKGB支局には中国国内に設けられた一四支局の中で上海に次いで二番目に多くの予算がついていた。その年の暮れ、あるアメリカ人宣教師は、長沙から母国に向けて次のような書簡を送っている。「［いまや］当地にはソ連人領事がおります。この地に領事が代表すべきソ連権益など何ひとつ存在せず……領事が何をしているかは……あきらかです……この愛想の良い人物の存在に対して、中国は高い代償を支払うことになるかもしれません……」。ソ連人顧問の徹底した監督のもとで、新しく国民党の指導下にはいった湖南省当局は農民協会支持の方針――および資金援助――を決定し、その年の暮れには人口三〇〇〇万人を抱える省の農村地帯ほぼ全域に農民協会が誕生した。そして、社会秩序が逆転した。

それまで約一〇年にわたって、中国では各地で軍閥による散発的な戦いがくりかえされていた。一九一二年に中華民国が成立して以来、中央政府は四〇回以上も交代した。とはいえ、軍閥のもとでは社会構造は維持され、民衆は戦火にまきこまれないかぎり旧来の生活を営むことができた。しかし、いまや国民党がソ連式の革命をもくろむ顧問の指示に従って動きはじめたため、中国は初めて社会構造の崩壊という事態を迎えたのであった。

貧農が比較的裕福な層から食物や金品を奪取して腹いせをするようになると、暴力が一気に噴出した。暴漢やサディストも横行しはじめた。一二月には、湖南省の農村地帯は騒乱状態に陥った。毛沢東のもとに、故郷の湖南省にもどって農民運動の指導をしてほしい、という要請が届いた。

毛沢東が戻ってみると、長沙の街は一変していた。円錐形をした屈辱的な紙の「低能帽」（もともとヨーロッパで生まれたもの）をかぶせられて街中を引き回される犠牲者の姿があちこちで見られた。子供たちはあたりを走り回り、「打倒列強、打倒列強、除軍閥、除軍閥」（列強を倒し軍閥を除こう）という国民革命歌をフランスの童謡「フレール・ジャック」のメロディーに乗せて歌っていた。

一九二六年一二月二〇日、毛沢東の講演を聞くために、長沙の幻燈館に約三〇〇人の民衆が集まった。毛沢東とともに演壇に上がったのは、ソ連人アジテーターのボリス・フライヤーだった（当時中国で活動していたソ連人工作員の例にもれず、彼ものちにスターリンの粛清で姿を消した）。毛沢東はけっして雄弁家ではなく、演説は二時間におよぶ単調なもので、内容は穏健だった。「いまはまだ地主を打ち倒す時期ではない」、「われわれは彼らに多少の譲歩をしなくてはならない」、現時点においては「小作料や利息の引き下げおよび作男の労賃引き上げにとどめるべきである」と、毛沢東は演説した。フライヤーは毛沢東の演説から「われわれはただちに土地の没収に着手するわけではない」という一節を引用し、ソ連の監督機関である極東ビューローに対して、毛沢東の演説は基本的には「よくできていた」が穏健に傾きすぎるきらいがある、と報告している。

毛沢東は暴力の問題には言及しなかったが、基本的な姿勢はこの時点ではまだ戦闘的なものではなかった。しかし、このあとまもなく毛沢東は湖南省の農村地帯を視察に出かけ、三二日間におよぶ視察旅行のあいだに劇的に変化した。この視察旅行に出るまで自分は穏健路線を取っていたが、「湖南省に三〇日あまり滞在して初めて自分の態度が完全に変わった」と、毛沢東自身がのちに語っている。真相は、毛沢東が自分自身の中にあった残忍な暴力への嗜好に気づいたということだ。このサディズムに近い本能的嗜好は、レーニン的な暴力性に触発されて開花する以前から、すでに毛沢東の内面に存在した。毛沢東は理論に導かれて暴力にたどりついたのではない。暴力への嗜好は毛沢東の性質から生じたものであり、それは将来、毛沢東による統治の方法に甚大な影響をおよぼすことになる。

毛沢東も「湖南省農民運動視察報告」に書いているように、末端の農民協会をとりしきっていたのは大半が「痞子（ピーズ）」（ごろつき）であり、最も貧しく最も粗暴な活動家たちで、最もさげすまれてきた連中だった。そうした連中がいまや権力を握り、毛沢東が書いているように、「彼らは農民協会で大将となり、農民協会は、その手中にあって恐るべきものとなった」のである。彼らは気の向くままに犠牲者を選んだ。毛沢東は報告書に、「『土地もつ者はみな土豪（どごう）、紳士であればみな劣紳（れっしん）』ということばまで生まれ」、彼らは「地主を大地にたたきつけ、そのうえ足でふみつけ」、「土豪劣紳のお嬢さん、若奥さんの豪華な寝台にも、土足で上がって寝ころがってみたりする。なにかといえば、捕えてきて三角帽子をかぶせ、村をひきまわし」、「よろず、したいほうだい……農村に一種の恐怖現象さえつくりだしている」と書いている。

毛沢東はごろつきどもが犠牲者をもてあそび人間の尊厳を崩壊させる行為を楽しんでいるようすを目にし、それを肯定的に描写している。

紙のとんがり帽子を［犠牲者に］かぶせるのだが、その帽子には土豪何某とか劣紳何某と書いてある。そのあと、その者は綱で［動物を引くように］引かれ、後ろから大勢の人間がついて歩く……この刑罰は［犠牲者を］最も震えあがらせる。一度こうした扱いを受けた人間は、二度と立ち上がれなくなる……

どんな目に遭わされるかわからないという不安と心身に加えられる激しい苦痛が、とりわけ毛沢東の心をとらえたようだ。

農民協会は非常に巧妙だ。彼らは劣紳を捕らえ、［右に書いたような目に遭わせる］と宣告する……ところが、あとで、そのようにはしないことにする……劣紳はいつそのような目に遭わされるかわからないので、来る日も来る日も苦悶の中で過ごし、片時も安心を得られないのである。

毛沢東はとくに梭鏢（スオピアオ）という「槍のような長い柄をつけた先の尖った両刃刀」が気に入り、「土豪劣紳は皆、それ……を見ただけで震えあがる。湖南（フーナン）省の革命当局は……若者や中年の農民全員にこれを普及させるよう手配すべきである。この［使用］

に関してはいっさいの制限を設けるべきではない」と書いている。

毛沢東は残虐な行為を多く見聞きし、それに魅せられた。一九二七年三月の視察報告の中で、「かつてない痛快さを覚える」と書いている。残虐行為を「すばらしい！すばらしい！」と描写する毛沢東の筆の勢いには、気持ちの高まりが感じられる。人が殴り殺されている現状をどうしたらいいか、と指示を求められて――毛沢東にとって、自分の言葉ひとつで人の生死を左右するのは初めての経験だった――毛沢東は、「一人や二人殴り殺されたところで、たいしたことはない」と答えた。その村では毛沢東の視察直後に集会が開かれ、農民協会に反対したという理由でつるしあげられた人間がまた一人、残虐な方法で殺された。

毛沢東の視察に先だって、湖南省では農民運動の指導者たちが暴力を鎮静化させようと努力しており、残虐行為を働いた人間を何人か拘束していた。ところが、毛沢東はこの者たちの釈放を命じた。革命は客を晩餐会に招くのとは話がちがうのだ、「農村では、どの村でも……恐怖現象をつくりださねばならない」と、毛沢東は地元の指導者たちに訓戒を垂れた。湖南の農民運動指導者たちは、これに従った。

農民にとって最も重要な土地の再分配について、毛沢東は一度も言及しなかった。農民協会の中には境界杭を動かしたり土地賃借契約書を焼却したりして勝手に土地の再分配に着手したところもあり、上からの早急な指導が求められる状況だった。さまざまな人々がさまざまな具体的提案を出していたが、毛沢東は何ひとつ提案しなかった。四月一二日に開かれた国民党土地委員会の席上、毛沢東は、「いわゆる土地の没収とは、小作料を払わないことであって、他の方法は必要としない」と発言している。

それよりも、毛沢東を魅了したのは社会秩序を粉砕する暴力だった。そして、毛沢東のこの性向がモスクワの注目を引いた。ソビエト式の社会革命モデルにぴったりだったからだ。毛沢東の論文「湖南(フーナン)省農民運動視察報告」は、初めてコミンテルンの機関誌に掲載されることになった（ただし、著者名は掲載されなかった）。毛沢東という中国人は、イデオロギー的には危なっかしいものの本能的にはレーニン主義の名に値する人物である、と評価されたのである。これに対して、他の共産党員――とくに、暴徒による残虐行為を聞いて激怒し、そうした行為は抑制しなければならないと主張した共産党指導者の陳独秀(チェントウーシウ)教授――は、究極的にはソビエト型の共産主義者ではないと評価された。毛沢東を追い出してから二年余りを経て、中国共産党はふたたび毛沢東を指導部に復帰させた。一九二七年四月、毛沢東は選挙権のない「代表候補」としてではあるが、共産党中央に復帰した。

当時、毛沢東は長江沿いの武漢（ウーハン）に活動拠点を置いていた。国民革命軍による北伐の進行にともなって国民党本部とともに広州（コワンチョウ）から武漢へ移ってきたもので、長沙（チャンシャー）からは北東に約三〇〇キロの位置関係である。農民運動の指導者として国民党内で頭角を現した毛沢東は、地方へ派遣するアジテーターの訓練にますます力を入れ、彼らを北伐軍が新たに占領した地域へ送り込んで暴力路線を広めようとした。毛沢東が選んだ教材の中に、土豪劣紳（どごうれっしん）の扱いに関して農民協会の活動家たちが討論する場面を想定した資料があった。「強硬」な者に対しては「足首の腱を裂き、耳を削ぎ落とす」という記述があり、資料の著者は、とくにこのような残虐な刑罰について、「わたしはまるで酒に酔って恍惚となったかのように夢中で話を聞いていた。すると突然、『すばらしい』という叫び声で現実に引き戻され、わたし自身も『すばらしい！』と叫ばずにはいられなかった」と、有頂天なほどの筆致で書いている。この資料は毛自身が書いた視察報告と文体においても言葉遣いにおいてもきわめてよく似ており、おそらく毛自身が書いたものだろうと思われる。

　毛沢東の監督下で暴力が激化していく一方で、国民革命軍の中では国民党が手本としてきたソ連式のやり方に反発が出はじめていた。国民革命軍の兵隊は大多数が湖南省出身者であり、比較的裕福な家庭出身の将校らは自分の親や親類が逮捕され虐待されるのを目撃することになったからだ。しかし、犠牲になったのは富裕層だけではなかった。下級兵士の家族も犠牲になっている実態を、「一般の兵士たちが家に仕送りした小額の金まで没収されており」、自分たちが戦った結果が家族に災難をもたらしたのを見て兵士たちは「非常に反発を感じている」と、陳独秀（チエントウーシウ）が六月にコミンテルンに報告している。

国民党員の多くは、一九二〇年代初めに孫文（スンウエン）がソビエトと手を結んでモスクワ路線を採用した当初から不満を抱いていた。彼らの怒りが噴出したのは、一九二六年一月に開かれた国民党第二回全国代表大会で数十万の党員を擁（よう）する国民党がはるかに小さい（党員数が一万にも遠く及ばぬ）中国共産党に乗っ取られたも同然の形になったときだった。汪精衛（ワンチンウエイ）のもとで、二五六人の代表のうち三分の一を共産党員が占めていた。別の三分の一は左寄りで、その中には共産党の地下党員が多数交じっていた。モスクワはトロイの木馬、すなわち中国共産党を国民党内にはいりこませただけでなく、多数のスパイも送りこんでいたのである。それから一年以上を経た現在、野放しにされた大衆の暴力を見て、国民党実力者の多くがモスクワの支配を断ち切り中国共産党と訣別する必要性を口にしはじめた。

ここで、局面はにわかに危機的状況を迎えた。一九二七年四月六日、一〇〇〇キロ北方の北京で官憲がソ連公館に踏み込み、北京政府を倒してソ連寄りの政権樹立を狙う大がかりな転覆工作にモスクワが関与していたことを示す秘密書類を大量に押収したのである。ソ連と中国共産党がひそかにつながっていたことを示す書類も押収された。敷地内に潜伏していた約六〇人の中国共産党員が逮捕され、その中にいた中国共産党の重鎮李大釗（リーターチャオ）はまもなく絞殺された。

官憲による手入れと書類の押収は、世間の注目を集めた。ソ連による大規模な転覆工作の露顕（ろけん）は中国民衆の怒りを呼び、西側列強も警戒感を強めた。政府転覆を狙うソ連ときっぱり手を切らないかぎり、国民党自体が中国をソ連の衛星国とする陰謀の片棒を担いでいるとみなされるおそれがあった。そうなれば、国民党員は激減し、一般大衆の支持も遠のき、西側列強は全面的に北京政府支援に傾くことになろう。この情勢を見て、国民革命軍総司令蔣介石（しょうかいせき／チアンチエシー）が動いた。四月一二日、蔣介石は国民党の「清党」を命じ、一九七名の共産党関係者に指名手配令を出した。ボロディンの名前から始まる指名手配リストには、毛沢東の名も含まれていた。

蔣介石は毛沢東より六年早く一八八七年に中国東岸の浙江（チョーチアン）省で塩を商う家に生ま

れた。のちに「総統」と呼ばれた蔣介石は職業軍人で、公(おおやけ)の場では感情を顔に出さず、むしろ無愛想で生真面目な印象を与えた。蔣介石は日本の陸軍士官学校を卒業し、一九二三年に国民党の軍参謀長として使節団を率いてソ連を訪問した。当時、ソ連は蔣介石を「国民党左派」で「われわれに非常に近い」と見ていた。が、三ヵ月にわたる訪ソは、蔣介石を根っからの反ソに変えた。なかでも大きな問題は階級闘争で、蔣介石は中国社会を階級に分けて互いに闘争させるべきだとするモスクワの主張に強い反感を抱いた。

しかし、中国に戻った蔣介石は、公式の場ではそうした本音をおくびにも出さなかった。それどころか、ボロディンには「われわれに対して非常に友好的であり、熱意にあふれている」という印象を与えた。蔣介石が本心を秘した理由はただひとつ、国民党が中国統一という目標を達成するためにはソ連の軍事援助が不可欠だったからである。一方で、国民党ナンバー2の地位にのぼった蔣介石はひそかに共産主義と訣別する準備を進めており、すでに一九二六年三月の時点で共産党員を重要ポストから外しはじめていた。これを見たソ連側は、蔣介石排除の陰謀に動いた。広州(コワンチョウ)で活動していたある工作員によれば、ソ連側の作戦は「時間をかせいで総司令［蔣介石］排除を準備する」というものだった。一年後の一九二七年初頭、ボロディンは蔣介石逮捕の秘密指令を出した。しかし、この計画は実現しなかった。

北京政府がソ連の陰謀文書を公表したのと同時に蔣介石は動き、四月一二日にいわゆる「赤狩り」の命令を出して、中国共産党本部がある上海（当時、蔣介石自身も上海にいた）で行動を起こした。上海には共産党の労働者糾察隊（きゅうさつたい）があったが、蔣介石は糾察隊に地元のギャング団をけしかけて騒動を起こさせ、それを口実に軍を急行させて糾察隊を武装解除した。共産党の拠点も急襲を受け、労働組合の指導者が多数逮捕された。銃殺された者もいた。さらに、これに続いて起こった抗議デモに対して、蔣介石の軍隊はマシンガンを発砲した。わずか数日間で、共産党側はおそらく三〇〇人を超える死者を出したと思われる。こうして、蔣介石は上海における共産党の公然活動を封じた。しかし、中国共産党指導部は大半が無傷のまま生き残り、驚くべきことに、その後も赤狩りの直中（ただなか）にありながら上海は依然として共産党の本拠地であり地下活動の拠点でありつづけた。これに続く五、六年のあいだ、「上海」は中国共産党指導部と同義語であった（本書でも、そういう意味で使っている）。

蔣介石が上海で共産党員虐殺を始めたあと、六〇〇キロほど内陸の武漢（ウーハン）で国民政府を率いていた汪精衛（ワンチンウェイ）は中国共産党と手を切り、蔣介石に従う方針に転じた。これを機に、蔣介石が国民党の指導者となった。その後、蔣介石は中国本土で二二年にわたって国民党政権を率い、一九四九年、毛沢東に追われて台湾へ逃れた。

国共分裂を予見する中で、毛沢東は選択を迫られた。国民政府の汪精衛主席は共産党の同僚や大多数のソ連人よりはるかに高く毛沢東を買ってくれていたし、毛自身も共産党より国民党の中ではるかに高い地位を得ていた。汪精衛についていくべきなのだろうか？　後年、毛沢東はこのときの心境を、「気分は暗く沈んでおり、しばらくはどうしたらよいか分からなかった」と語っている。懊悩の中で、ある日、毛沢東は長江のほとりに建つ美しい楼閣に登った。黄鶴楼はもともと紀元二二三年に建てられた由緒ある名楼で、あるときこの地で男が長江の上を飛ぶ黄鶴を招き寄せ、その背に乗って天界へ行ったきり二度と戻ってこなかった、という伝説がある。ここから、黄鶴は「一たび去りて復た返らざる」ものを表すようになった。それは、毛沢東が国民党内で築いてきたものの将来をいみじくも暗示するかのように思われた。その日は大雨で、暗い空だった。黄鶴楼の美しく彫刻された欄干のかたわらに立ち、自らの詞に「煙雨は蒼蒼と広がり、亀山蛇山は大江を鎖す」と表現した長江の茫漠を眺めやりながら、毛沢東は取るべき道を模索した。そして、伝統に従って滔々と流れる長江に楼上から酒を注ぎ、「心潮逐浪高！」（心潮は浪にしたがいて高まる）と、詞を締めくくった。

毛沢東は、以前「すばらしい」と熱烈支持した農民協会の「ごろつき」幹部をスケープゴートにしてまで汪精衛を共産党側に引き留めようとした。六月一三日、汪精衛は武漢(ウーハン)国民政府の指導者たちに、「毛沢東同志の報告を聞いて、われわれは初めて農民協会がごろつきに支配されていることを知った。彼らは国民党のことも共産党のことも何ひとつわかっていない。彼らが知っているのは人を殺して火を放つことだけだ」と語っている。しかし、責任転嫁を狙った毛沢東の画策も無駄だった。汪精衛は、共産党と訣別して農村における残虐行為をすべて共産党の責めに帰する方向をすでに決めていた。農村における暴力を先頭に立って指導してきた責任者として、毛沢東は汪精衛および国民党と袂(たもと)を分かつ以外になかった。それに、毛沢東は指名手配のかかる身でもあった。が、こうしたこととはまったく別に、毛沢東にとっては、汪精衛の側にとどまるとすれば自分自身が社会秩序を尊重する穏健派に転じなくてはならない、という問題があった。湖南(フーナン)の農村地帯で自らの中にある残虐行為への嗜好を知ってしまった以上、それはできなかった。一〇年近く前、二四歳だった毛沢東は、暴力と根本的社会変革への思いを、「地方は……破壊され再建されなければならない……吾人(ごじん)は破壊を強く望む……」と表現した。毛沢東の暴力的衝動には、ソビエト・

モデルこそふさわしかったのである。

　このとき初めて、毛沢東は自らの命をかけて道を選ばざるをえない状況に直面した。二年前に逮捕状が出たときには、轎(かご)を呼んで悠々と長沙(チャンシャー)へ逃げる余裕があった。が、今回はそんなに簡単な話ではない。安全の保障される逃亡先はどこにもなく、共産党員に対する虐殺が始まっていた。陳独秀(チェントウーシウ)の長男も逮捕され、七月四日に斬首された。共産党側も武装蜂起で反撃したが、その年の暮れまでに共産党員やその嫌疑をかけられた人々が何万人も殺害された。共産党員であると告発されただけで、誰もが逮捕され殺害されうる状況だった。多くの人々が自らの信条を宣言し、スローガンを絶叫し、あるいは「インターナショナル」を歌いながら死んでいった。新聞は情け容赦ない見出しで共産党員の処刑を支持した。

　毛沢東にとって、何よりも身の安全確保が先決だった。同時に、毛沢東は、自分の目標のために中国共産党とソ連を利用する決心をした。一九二七年夏、三三歳の決意をもって、毛沢東は政治家として一人前になった。

第二部

党の覇権をめざして

第五章　紅軍を乗っ取り、土匪を平らげる

一九二七〜二八年★毛沢東三三〜三四歳

蔣介石が共産党と関係を断った一九二七年四月、クレムリンでは最高指導者となったスターリンが中国政策を指導していた。国共分裂の報を受けたスターリンは、中国共産党に対してただちに自軍を編成して地域を占領し、中国を武力によって征服する長期的目標のもとに活動せよ、と指令を出した。

武力を使って中国共産党に政権を取らせるという軍事オプションは、一九一九年にコミンテルンが創設されて以来一貫してモスクワの望むアプローチだった。モスクワは、国民党が思惑どおりに動いているかぎりは共産党員を国民革命軍に潜入させて政権転覆を狙おうと考えていたが、国共が分裂したのを見て、国民革命軍から部隊を引き抜いて「新しい部隊を編成せよ」と、中国共産党に指令を出した。

スターリンは、自らが信頼を寄せる同胞のグルジア人ベッソ・ロミナーゼを中国に派遣した。ソ連軍参謀本部情報総局（GRU）総局長ヤン・ベルツィンは、モスクワで中国委員会委員長をつとめる国防相クリメント・ヴォロシロフにあてた信書の中で、中国におけるソ連の最優先事項はいまや赤軍の創設である、としている。中国共産党を支援するため、ソ連国内でひそかに大規模な軍事支援体制が作られた。GRUは中国の主要都市すべてに工作員を配置し、武器や資金や医薬品の援助をおこなうと同時に、重要な情報を提供して中国共産党をしばしば絶体絶命の危機から救った。モスクワはまた、中国にトップレベルの顧問を派遣して共産党の作戦行動を指導する一方で、ソ連国内における中国共産党幹部の軍事訓練も大幅に増強した。

モスクワが考えた当面の策は、国民革命軍から離脱させた共産党部隊を中国南岸へ向かわせ、そこでソ連から輸送された武器を受け取って根拠地を築く、という作戦だった。同時に、武装農民組織が存在する湖南(フーナン)省および隣接三省において農民を蜂起させ、これらの地域で権力を奪取せよ、という指令も出された。

毛沢東は軍事的アプローチに賛意を表明し、一九二七年八月七日、ロミナーゼが議長をつとめる党の中央緊急会議で、「権力は銃口から生まれる」（のちに世界的に知られることになった文句である）と述べた。この発言には、毛沢東自身の個人的な思惑も秘められていた——いつの日か軍と党の両方を支配する、という目標である。毛沢東の狙いは、自分の軍を持ち、自分の領地を分捕り、力を背景にモスクワおよび上海との交渉に臨むことだった。自分の領地を持てば、物理的な身の安全を確保できる。もちろん、共産党にとどまっての話である。毛沢東にとっては、中国共産党を通じてソ連の力を利用する以外に、単なる匪賊(ひぞく)以上の地位を手に入れる方法はないのだ。

この会議で陳独秀(チエントウーシウ)はロミナーゼによって中央局書記を解任され、国共分裂の責任を負わされる形となった。後任は若輩の瞿秋白(チュイチウパイ)(くしゅうはく)で、もっぱらソ連寄りの姿勢が評価された結果の抜擢(ばってき)だった。毛沢東は、今回も政治局「候補」委員という二流の肩書ではあったが、中央委から政治局に出世した。

毛沢東はここから行動を起こして四年で共産党の事実上の最高実力者に上りつめたのであるが、一九二七年夏の時点では、自分の軍隊を持たず、軍事指揮権もなかった。そこで、毛沢東は他人が作りあげた部隊を乗っ取るという手段に出た。

この時点で共産党が国民革命軍から引き抜くことのできた主要戦力は、江西(チアンシー)省の省都南昌(ナンチャン)（武漢(ウーハン)から南東に約二五〇キロ、長沙(チャンシャー)から東に約四〇〇キロ）の周辺に駐屯していた二万人の部隊だけだった。この部隊は毛沢東とは何の関係もなかった。

八月一日、この部隊はモスクワの指令を受けて反乱を起こした。中心となって反乱を組織したのは軍の指揮を任ぜられた忠実な共産党員周恩来で、ソ連の軍事顧問クマーニンがこれを直接監督した。★その後、部隊は一直線に六〇〇キロ南方の沿岸都市汕頭をめざした。ここでソ連から武器の補給を受けることになっていたのである。

★この反乱は「南昌蜂起」というまぎらわしい名前をつけられて純粋に中国人の手による軍事作戦として神話化され、八月一日はのちに中国人民解放軍の建軍節とされた。しかし、スターリンが断言したように、作戦は「コミンテルンの主導により、コミンテルンの主導があってこそ」実行されたものだった。これらの言葉は、公表されているスターリンの演説原稿からは削除されている。反乱軍への武器補給を指揮したのはアナスタス・ミコヤンだった。

毛沢東は、この反乱軍の一部を乗っ取ろうと考えた。汕頭に向かう途中、部隊は湖南省南部（湘南）の近くを通る予定になっていた。八月初旬、毛沢東は共産党指導部に対して、湘南で農民暴動を起こして「少なくとも五県を把握し」、いわゆる革命根拠地を樹立する案を提示した。が、実際には、毛沢東はそのような暴動を起こす気などなかった。それまで暴動などひとつも組織したことがなかったし、そのようなことが可能だとも考えていなかった（以前に湖南（フーナン）省で起こった農民暴動は、当時の急進的政府の保護下でおこなわれた）。毛沢東がこのような提案をしたのは、南下中の反乱軍から相当規模の分遣隊を作戦支援に差し向けてほしい、と要請するための口実にすぎなかった。上海の共産党中央は毛沢東の「湘南（シアンナン）運動大綱」が部隊をおびきよせるための計略だとは気づかず、これを承認した。

八月一五日、「湘南農民暴動」の指導者たちは長沙（チアンシャー）のソ連領事館に集まって決起することになっていた。が、毛沢東は長沙郊外にいたにもかかわらず、会合に現れなかった。作戦の責任者は毛沢東だったので、会合は翌日に延期せざるをえなかった。ところが、翌日になっても毛沢東は現れなかった。ようやく領事館に毛沢東が姿を見せたのは一八日で、それも身の安全を確保するためだった。待たされて立腹している同志たちに向かって、毛沢東は、「農民の中にはいって調査をおこなっていた」と言い訳した。

毛沢東は四日間も姿を見せなかった本当の理由を言わなかったが、じつは、南昌（ナンチャン）蜂起の反乱軍の戦いぶりを見ると同時に、軍が当初の予定どおり毛沢東から手の届く湘南近辺を通過するかどうかを見極めるための時間が欲しかったのである。事が予定どおりに進まないようであれば、毛沢東は湘南へ向かうつもりはなかった。

反乱軍は幸先の悪いスタートを切っていた。南昌を出て三日で部隊の三分の一が脱走し、それ以外にも三〇度を超す蒸し暑さに耐えかねて水田の汚い水を飲んで死ぬ兵隊が続出した。生き残った兵隊も、すでに弾薬を半分近く使い果たしていた。消耗する一途の部隊は生きて汕頭（スワトウ）にたどりつくだけで精一杯で、湘南に迂回して作戦支援に駆けつけることなど到底無理だった。

そこで、ソビエト領事館に待たせておいた同志らと合流した毛沢東は、そもそも自分から言い出した作戦にもかかわらず、湘南蜂起は中止すべきであり、「暴動の範囲を縮小」して省都長沙に攻撃を集中すべきである、と主張した。

新しい作戦の目的は前の作戦と同じく、武装した部隊を乗っ取ることだった。この時点で毛沢東の手が届きそうな範囲にいた唯一の紅軍部隊は、長沙郊外に駐屯中の部隊だった。この部隊は三つの勢力——警察から奪った武器で武装した農民部隊、閉鎖された安源（アンユワン）炭鉱の失業坑夫や炭鉱警備兵の部隊、南昌蜂起に合流しようとして間に合わなかった軍の部隊——から成り立っており、合計で数千人の規模だった。長沙を攻撃するとなれば作戦にはこの部隊が参加するから、うまくやれば自分がその指揮官になれる、というのが毛沢東のもくろみだった。

策略は成功した。長沙を攻めるという毛沢東の提案は採択され、毛沢東は「前敵委員会」の責任者に任命された。つまり、毛沢東は前線における党代表となり、自分より高位の職権者がいない場合には最終決定権を持つ存在となったのである。毛沢東は軍事訓練を受けた経験がなかったが、会議を主宰していた二人のソ連人の前で、「このたびのコミンテルン指令」は非常にすばらしく、「わたしは歓喜のあまり三〇〇回も飛び跳ねた」、と熱意を示して懸命に自分を売り込んだ。

毛沢東の次の手は、部隊が実際に長沙（チャンシャー）へ向かうことを阻止し、乗っ取りやすい場所に集結させることだった。この場所は、党やコミンテルンの代表が簡単に駆けつけることが不可能な程度に長沙から離れている必要があった。当時、部隊には電話や無線などの通信手段はなかった。

八月三一日、毛沢東は部隊と合流すると言い残してソ連領事館を後にした。しかし、実際には長沙の東方一〇〇キロの文家市（ウエンチアシー）という町へ行き、そこにとどまった。作戦開始の九月一一日になっても、毛沢東はどの部隊とも合流せず、依然として文家市で時機をうかがっていた。そして、部隊がまだ長沙付近まで達せず、深刻な敗北も喫していない九月一四日、長沙への進軍を中止して自分のいる文家市へ集結するよう命令を出した。その結果、長沙の党組織は一五日にはすべての作戦を中止せざるをえなくなった。ソ連領事館の書記官マエールは、この撤退を「この上なく卑劣な裏切りであり卑怯な行為である」と評した。モスクワは、「これが暴動とは笑止千万」と評した。が、この騒ぎが武装部隊の乗っ取りをたくらむ毛沢東の罠だとは気づかなかったらしい。

歴史書には、このいわゆる「暴動」は毛沢東が農民を指導した「秋収蜂起」として紹介されている。「秋収蜂起」は農民指導者・毛沢東の神話を世界的に確立する重大な節目となり、毛沢東の生涯を彩る重大な欺瞞のひとつとなった（それを隠すために、毛沢東はアメリカ人記者エドガー・スノーに対して手の込んだ作り話をしている）。この「蜂起」★は、真正な農民暴動ではなかった。毛沢東はいかなる作戦行動にも参加しておらず、実際には作戦を妨害していたのである。

★毛沢東が姿を現した時点で「秋収蜂起は失敗に終わっていた」ことを、毛沢東に最も近かった部下の一人が認めている。

だが、毛沢東は目的を達した。約一五〇〇人からなる武装部隊を手に入れたのである。文家市から真南に一七〇キロ下ったところに井岡山という昔から土匪の跋扈する山岳地帯があり、毛沢東はここを根拠地とすることに決めた。中国の山岳地帯の多くはまともな道路もなく、概して当局の支配が及ばない地域である。加えて、井岡山（チンカン）は二つの省にまたがっているため、どちらの省からも辺境とみなされている、という利点があった。

　毛沢東は、井岡山に蟠踞（ばんきょ）する有力な土匪の頭目袁文才（ユワンウエンツアイ）と連絡をつけた。袁文才と相棒の王佐（ワンツオ）は五〇〇人の兵を持ち、井岡山北側に広がる人口一三万の寧岡（ニンカン）県ほぼ全域を支配して、住民から地代や税金を取っていた。

　党からの明白な命令がないまま乗っ取った部隊の司令官たちに井岡山へ向かえと命令しても簡単には従わないであろう、と、毛沢東は予測していた。そこで、文家市（ウエンチアシー）に駐屯しているあいだに以前から面識のある何人かを選び出して支持を取り付けておき、そのあと九月一九日に司令官全員を集めて会議を開いた。毛沢東は自分への支持を誓った人間にお茶やタバコを配る係を割り振り、彼らが会議室に出入りして目配りできるようにした。議論は激烈で、主力部隊の指揮官はあくまでも当初の作戦計画どおりに長沙（チャンシャー）を攻めるべきだと主張した。しかし、毛沢東は会議の場における唯一の党指導者であり（他の党指導者やソ連人は一〇〇キロ離れた長沙にいた）、結局は毛沢東の意見が通った。蜂起部隊は井岡山に向かった。初めのうち、毛沢東は兵士たちとほとんど面識がなかったので、なかには毛沢東を地元の住民とまちがえて銃を運ばせようとした兵士もいた。

　毛沢東は田舎教師のような青い長衫（チャンシャン）を着て、手織りの綿のスカーフを首に巻いていた。行軍のあいだ、毛沢東は兵士たちに話しかけて彼らの健康状態や体力を見極めようとした。「家財を品定めするような態度だった」と、兵士の一人は当時を回想する。

　われわれは「山大王」——つまり土匪——になるのだ、と聞かされた兵士たちは、唖然とするばかりだった。彼らはそんなことのために共産革命に身を投じたのではなかった。しかし、毛沢東は党の名において、きみたちは山大王といっても特別の存在、すなわち世界革命の一部となるのだ、と請け合った。さらに毛沢東は、山賊行為にこそ最大の前途がある、「山大王は滅ぼされたことがない、当然われわれも滅ぼされないのである」と力説した。

　それでも、多くの兵士が意気消沈していた。みな疲労困憊（こんぱい）し、マラリアにやられ、足は膿み、赤痢も蔓延（まんえん）していた。軍が休止するたびに、あたりに兵士たちの発する強烈な悪臭がたちこめた。悪臭はあまりに強烈で、二キロ先まで臭ったという。傷病兵は草むらに横たわり、それきり起きてこないことも珍しくなかった。脱走者も多く出た。力ずくで引き止めることはできないと知った毛沢東は、離脱を望む兵士には武器を置いたうえで離脱を許した。司令官の中からも二名が離脱して上海へ向かった。両名とも、のちに国民党に転向している。井岡山（チンカン）に着くころには、毛沢東の下に残った兵士はわずか六〇〇になっていた。二週間のうちに半数以上の兵士を失ったことになる。残った兵士の大多数は、ほかに行く先のない者たちだった。彼らは毛沢東の軍隊の核となった。のちに、毛沢東は彼らを「燎原（りょうげん）の烈焔（大火）に発展した最初の火花」と呼んでいる。

一〇月初旬に井岡山に到着した毛沢東は、まず最初に袁文才（ユワンウエンツァイ）を訪ねた。相手の警戒心を刺激しないように、毛沢東はほんの数人の部下だけを同行させた。袁文才は毛沢東が部隊をひきつれてきた場合に備えて付近に武装した手下を待機させていたが、毛沢東のようすから危険がないことを見て取ったあとは豚を殺して宴席をもうけ、二人は腰を落ち着けて茶を飲み、落花生やスイカの種を口に運んだ。

毛沢東は、自分たちは南昌（ナンチャン）蜂起軍と合流するため汕頭（スワトウ）へ進軍する途中で井岡山に立ち寄っただけである、というふりをして、相手を首尾よく交渉に引き込んだ。そして、取引が成立した。毛沢東の部隊は一時的にこの地に駐屯し、自力で徴発部隊を出して食糧などを調達するが、当座は土匪の世話になる、ということで話がまとまった。

四ヵ月後の一九二八年二月、毛沢東は土匪を平らげて井岡山の支配者となっていた。乗っ取り劇の大団円は、二月一八日に毛沢東の部隊が寧岡県城（城は城ではなく城郭都市のこと）を攻略したあとにやってきた。土匪の基準からすれば、寧岡攻略はかなりの大勝利であった。また、これは毛沢東が初めて指揮を執った戦いでもあった――向かいの山から双眼鏡で戦況を眺めていただけであったが。

三日後の二一日、毛沢東は数千人の民衆を動員して勝利を祝う大集会を開いた。集会のクライマックスは、捕らえられたばかりの県長の処刑だった。現場を目撃したある人物は、次のように語った（党紀律の制約下で語っているので、慎重な言葉遣いをしている）。

「三叉になった杙を地面に刺して……そこに張開陽［県長］を縛りつけました。四方に木の柱が立てられ、柱から柱へとリングのようにロープを張って、スローガンが吊り下げてありました。人々が次々に梭鏢で張開陽を突いて殺しました……毛委員が集会で演説をしました」。毛沢東は以前に梭鏢に対する特別な愛着を口にしたことがあった。今回、まさに毛沢東の目の前で、梭鏢を使った処刑がおこなわれたのである。

毛沢東が井岡山(チンカン)へ来て以来、公開処刑が地元住民を集める大きな行事になった。毛沢東は人をじわじわと殺す方法をとくに好んだ。一九二八年の春節に徴発隊の成果を祝って開かれたある集会では、毛沢東が赤い紙に書いた対聯(ついれん)がステージ両脇の柱に貼り出された。

看今日斬殺土劣、見よ、今日われらは悪い土豪(どごう)を斬殺する

怕不怕？　どうだ、恐くないか？

刀上加刀。　刀の上に刀を加えるのだ

集会では毛沢東が演説をし、地元の土豪郭渭堅(クオウエイチエン)が毛の対聯に書かれた方法で処刑された。

公開処刑を考え出したのは毛沢東ではないが、この恐ろしい伝統に人民を動員して大集会に仕立てたのは毛沢東であり、それによって多くの民衆が殺人を強制的に目撃させせられることになった。集会への参加を強制され、その場から立ち去ることも許されず、人が苦しみ悶えながら残虐な方法で殺害される場面を見せられ、断末魔の絶叫を聞かされた人々の心には、恐怖が深く刻みつけられた。

毛沢東の巧妙に演出された恐怖を前にして土匪も顔色を失い、震えあがった。袁文才（ユワンウエンツァイ）と王佐（ワンツオ）は毛沢東の足下にひれ伏し、二人の率いる土匪部隊は毛沢東の労農革命軍に統合された。毛沢東の前には土匪もしっぽを巻いたのであった。

井岡山に到着してまもなく、毛沢東は長沙（チャンシャー）の湖南（フーナン）省委員会に使者を送った。一九二七年一〇月、連絡は数日のうちについた。このときまでに、上海は秋収（しゅうしゅう）蜂起に関連する動きについて報告を受けていた。毛沢東が蜂起部隊の進軍を中止させたうえに党の許可なく部隊を連れて逃げたことは、どう見ても明らかだった。上海は、この大過について話し合うために、毛沢東（および他の責任者たち）を召還しようとした。が、毛沢東はこれを無視した。一一月一四日、毛沢東は党内の地位を解任された。

党は毛沢東に対して断固たる態度に出た。一二月三一日、上海党本部は湖南省委に対して、中国共産党中央は「毛沢東同志の率いる部隊が……きわめて重大な政治的錯誤を犯した」ものと考え、「湖南省委に対して、[毛の除名]決議とともに責任者を井岡山に派遣し……軍所属同志の会議を開催して……党組織を改革するよう命ずる」と伝えた。毛沢東が一筋縄ではいかないことを考慮したのか、中央からの命令には、「党代表には勇敢で有能な工人（労働者）同志を任命するように」と付け加えてあった。

毛沢東には人望がなかったので、指導力を行使するうえで党の旗印は不可欠だった。毛沢東が考えた対策は単純で、除名の知らせが自分の配下に届かないようにすることだった。

上海が命令を出した一週間後、なんとも絶好のタイミングで湖南省委（フーナン）のメンバー全員が国民党に逮捕された。毛沢東麾下（きか）の部隊は、党が毛沢東の権限を取り消したという連絡をついに聞くことがなかった。毛沢東を除名する党中央の決定を携えた伝書使がようやく根拠地に着いたのは、一九二八年三月になってからであった。しかし、ここでも毛沢東のほうが一枚上手だった。毛沢東は党からの文書が自分の腹心の手に落ちるよう仕組んだうえで、党内のポストを自分の傀儡（かいらい）に譲って表向きは中央の命令に従う形を演じ、一方で実際には労農革命軍師長という新しい肩書を作って部隊を支配しつづけたのである。

井岡山（チンカン）は食糧も豊富で、理想的な根拠地だった。山岳地帯は標高九九五メートルとはいえ山路は嶮岨（けんそ）で、周囲は絶壁に囲まれ、針葉樹や竹が生い茂る霧深い密林が広がっており、猿や猪や虎やさまざまな毒蛇が棲息する天然の要塞だった。防御しやすいだけでなく、危機に際しては脱出も容易だった。二つの省につながる抜け道があるからだ。細いけもの道は密生した植物に覆われて、よそ者が見分けることは不可能だ。無法者にとっては最高の隠れ家である。

毛沢東の部隊は近隣の省、ときには遠方まで徴発に出かけて、生活の糧を手に入れていた。こうした襲撃はもったいぶって「打土豪（タートウーハオ）」（土豪をたたきつぶす）と呼ばれていたが、実際には匪賊による昔ながらの無差別略奪と同じだった。毛沢東は兵士たちに「大衆が『土豪』の意味を理解できなければ……『金持ち』のことだと教えればよい」と指示した。「金持ち」はきわめて相対的な言葉であり、食用油が二リットルある世帯から鶏を二、三羽飼っている世帯まで、金持ちと言えば言えないことはなかった。「打（ター）」のほうは、単なる強盗や身代金の要求から殺人まで何でも含まれた。「打土豪」は頻繁に新聞の見出しを飾り、毛沢東は「毛匪」と呼ばれておおいに悪名を馳せる存在となった。

しかし、毛沢東の略奪行為は住民の支持を得られなかった。住民を説得して「金持ち」探しに協力させたり襲撃に参加させたりすることはもちろん、略奪品の分け前を受け取らせることさえ非常に困難だった、と、ある紅軍兵士が回想している。別の兵士は、ある晩の経験を次のように語っている。

通常、われわれは土豪の家を取り囲み、まず土豪を捕まえて、それから徴発を始めた。ところがこのときは、われわれが家に押し入ったとたんにいきなり銅鑼が鳴らされ……何百人もの敵［村人たち］が現れた……われわれは四〇人以上が捕まって祠に押し込まれ……殴られ、縛り上げられて、女たちに足で踏みつけられた。そのあと、上から穀物樽をのせられ、その上に大きな石をのせられ、さんざんに痛めつけられた……

搾取階級と闘うというイデオロギーを掲げていたものの、実際の襲撃行為は匪賊のやっていることと何ら変わらないという現実に対して、労農革命軍の兵士、とくに指揮官は、どうしても不満を収めることができなかった。一九二七年一二月、連隊長の陳浩は、徴発に出た部隊を率いてそのまま離脱しようとした。毛沢東は配下の小隊を連れて駆けつけ、陳連隊長を拘束して、後日全連隊の前で処刑した。すんでのところで部隊を失うところだった。部隊を乗っ取ってわずか数ヵ月のうちに、主要な指揮官はすべて毛沢東のもとを去った。

兵士たちをつなぎとめるため、毛沢東は「兵士委員会」を設け、徴発の成果について兵士に発言を認めることにした。同時に、毛沢東は軍内に秘密の党組織を作り、すべての党員が毛沢東ただ一人に直属するシステムを作り上げた。党は、軍の指揮官クラスでさえ誰が党員なのか知らないほどの秘密組織になった。こうして、毛沢東は共産主義の名前と支配構造を使って軍の統制を維持した。

とはいえ、統制は依然として盤石(ばんじゃく)にはほど遠い状態であり、人望のなさも手伝って、毛沢東は身辺の安全に関してひとときも警戒を解くことができなかった。このころから毛沢東は完璧な警護を求めるようになり、それが晩年のすさまじいばかりの――大部分は目立たないよう配慮されていたものの――警備体制に発展していったのである。最初、毛沢東は一〇〇人ほどの護衛を採用した。その数は、しだいに増えていった。毛沢東は井岡山(チンカン)のあちこちに何軒もの家を選び、それらに完全な警備対策を施した。どの家も例外なく玄関と反対側に壁の抜け穴などの避難口があり、山側へ逃げられるようになっていた。長征のあいだも、移動中でさえ、毛沢東の宿舎にはひとつの目立った特徴があった――どの家にも、緊急用の逃走ルートにつながる特別の出口がついていたのである。

毛沢東は豪勢な家を好んだ。ある家は「八角楼」と呼ばれる名建築だった。広々とした主室は川に面した大きな中庭に向かって開け、天井は八角形の木製パネルが渦を巻いたように三層に重なり、その先に小さなガラスの天窓があって、ガラス天井の多層塔のように見えた。この建物は地元の医者の家だったのだが、当主の医者は中庭の隅に追いやられて仕事を続けていた。いつも何かしら病気を抱えていた毛沢東にとって、これは願ってもない好都合だった。

碧市（ロンシー）という大きな町で接収した別の家は、やはり医者の住居だったが、この町のかつての繁栄を思わせる不思議な美しさを持つ大邸宅だった。大きな建物の半分はヨーロッパ風の石造りで、一列に並んだロマネスク風アーチが上階のロッジア（涼み廊下）を支える構造だった。あとの半分はレンガと角材を使った中国建築で、先端の反り返った廂（ひさし）が層をなし、窓には優美な細工の格子がはまっていた。二つの部分は、凝った造りの八角形の通路でつながっていた。

毛沢東が事実上の司令部として使った碧市の建物は二〇〇〇平方メートルの敷地に建つ二階建ての大邸宅で、接収されるまでは近隣三県から優秀な若者が集まる学校だった。二階部分は三方向に開放できる吹き抜けの構造で、川の流れや空の雲が見渡せるようになっていた。蒸し暑い夏の日々に学生が涼風を楽しめるよう設計されたものだ。毛沢東がこの建物を接収したときから、ひとつのパターンができあがった。進軍した先々で、毛沢東は学校、寺院、カトリック教会（中国辺地では多くの場合これらが最も堅牢な建物）を接収した。これらが最も上等な建物であったし、これ以外には会議を開けるほど広い建物がなかったからだ。学校の授業は、もちろん打ち切られた。

井岡山（チンカン）に根拠地を構えた期間は一五ヵ月に及んだが、そのあいだに毛沢東が山岳地帯にはいったのはわずか三回で、合計しても一ヵ月に満たなかった。しかも、山に登るといっても困難な旅ではなかった。土匪の頭目王佐（ワンツオ）を訪ねたときは、毛沢東は広州（コワンチヨウ）の材木商から接収した「白屋（ホワイトハウス）」と呼ばれる白亜の豪邸に滞在した。毛沢東のために豚や羊をつぶして豪華な宴席が用意された。

権力の座に就いたあとのライフスタイルも、このころからすでに片鱗が見えはじめていた。毛沢東は当時から、事務係、料理人、料理人の助手（毛沢東の水を持って歩くという特別の役目があった）、主人専用の小さな馬の世話をする馬丁、秘書など、相当数の人間をはべらせていた。使い走りの少年兵の「二大任務」は、礱市で売っている毛沢東御用達ブランドのタバコを切らさないようにしておくことと、町を攻略したり金持ちの家を徴発したりするたびに新聞や書籍を集めてくることだった。

井岡山に落ち着くのとほぼ同時に、毛沢東は三番目の妻をめとった。大きな目、高い頬骨、うりざね顔にすらりとした体つきの美しい娘、賀子珍である。毛沢東と初めて会ったとき、賀子珍は一八歳になる直前だった。井岡山のふもとにある豊かな永新県の出身で、茶館を営んでいた両親は丸い（円）月がモクセイ（桂）の花を照らす秋の夜に生まれた娘に「桂円」という幼名をつけた。桂円は二人のフィンランド人女性が経営するミッションスクールに通ったが、お嬢様教育に満足できなかった。生来の活発で激しい気性から、家に閉じこめられる昔ながらの女性の暮らしを拒絶し、もっと広い世界、愉快なこと、活動的なことにあこがれたのだった。一九二六年夏に北伐軍が入城し、一種興奮した町の空気の中で、賀子珍は共産党に入党した。そして、すぐに公衆を前にして北伐軍歓迎の演説をするようになった。賀子珍はわずか一六歳で永新県に新しく成立した政府の婦女部部長に任命され、仕事を始めるにあたって長い髪を切った。当時にあっては人々を驚かす革命的行為だった。

一年後に国共が分裂すると、共産党に入党していた賀子珍の両親や妹を含めて、共産党員や活動家は追われる身となった。賀子珍の兄も共産党員で、他の党員とともに投獄されたが、友人の土匪袁文才の手引きで脱獄を果たした。賀子珍と兄は土匪に導かれて逃走し、賀子珍は袁文才の妻と大の親友になった。もう一人の土匪で三人の妻を持つ王佐からは、モーゼルのピストルを贈られた。

毛沢東がやってきたとき、袁文才は賀子珍を通訳に付けた。毛沢東はこの地方の方言を話せず、その後も話せるようにならなかった。井岡山においても、その後さまざまな地方へ出かけた際にも、毛沢東は地元の民衆と話すのに通訳を使わなければならなかった。

毛沢東はさっそく賀子珍に言い寄り、一九二八年初頭には二人は事実上の夫婦になっていた。結婚式などはなく、袁文才の妻が精一杯の宴席を用意した。三人の息子を産ませた楊開慧（ヤンカイホイ）と前年の八月に別れてから、わずか四ヵ月しかたっていなかった。毛沢東は楊開慧に一度だけ手紙を書き、足の具合が悪いと知らせたが、新しい結婚をしてからは前の家族を捨てた。

毛沢東を熱烈に愛していた楊開慧とちがって、賀子珍は不承不承に毛沢東と結婚した。男ばかりの中にいて、しかも美人であったから、賀子珍に言い寄る男性は数多くいた。賀子珍は当時三四歳の毛沢東について、「年を取りすぎていて」自分には「ふさわしくない」と、親友に語っている。毛沢東のいちばん下の弟でハンサムで快活な「沢覃（ツォータン）」も賀子珍を気に入っていたが、毛沢東は、「弟には妻がいる。わたしと一緒になったほうがよい」といって賀子珍を口説いた。年上の毛沢東を選んだのは「あの環境において政治的保護の必要性」を感じたからである、と、のちに賀子珍は認めている。

女性が極端に少なく、性的欲求の満たされない男性が数多い中で、毛沢東と賀子(ホーツー)珍(チエン)の関係は人々の口の端(は)にのぼった。毛沢東は公式の場に賀子珍を同伴しないよう気を遣(つか)った。傷病兵が収容されている建物のそばを通るときも、別々に歩くようにした。

結婚して一年を迎えるころには賀子珍は毛沢東と別れる決心をしており、彼と結婚したのは失敗だった、結婚によって自分は「重大な犠牲」を払ったと感じている、と、友人に打ち明けている。一九二九年一月に毛沢東が井岡山(チンカン)を引き払うことにしたとき、賀子珍はなんとかしてこの地に残留しようとした。あるいは毛沢東と別れる以上のことを考えていたのかもしれない。一〇代の若さで動乱に巻き込まれ、いまとなってはとにかく抜け出したい一心の賀子珍は、共産党の敵対勢力に捕まっても構わないとまで思いつめていた。しかし、毛沢東は「何としてでも」賀子珍を連れていくように、と命令した。賀子珍はずっと泣きつづけ、何度も行軍から遅れたが、そのたびに馬を引いた毛沢東の護衛兵に連れ戻された。

一九二八年四月になって、党における毛沢東の立場が変わりはじめた。毛沢東が最初に狙いをつけた南昌蜂起部隊の残党が数千人単位で井岡山へ撤退してきたのである。部隊は前年の一〇月に中国南岸の汕頭へ向かったものの、ソビエトからの約束の武器は届かず、大敗を喫して兵の多くを失ったあと、毛沢東のもとへ身を寄せることになった。残った兵力を集めて何とか陣容を整えたのは、ソ連で軍事訓練を受けた四一歳の朱徳だった。朱徳は旅長（旅団長）の階級までのぼった元職業軍人で、二〇歳そこそこの兵士が多い紅軍においてはいささか老兵の観があった。朱徳は三〇代なかばでドイツに留学し、共産党に入党したあとソ連へ行って特別軍事訓練を受けた経歴を持っていた。快活な男で、兵士の中の兵士であり、下士官たちとも気軽に交わり、ともに食事をとり、行軍した。一般の兵士と同じように銃を持ち、背嚢を背負い、草鞋をはき、竹笠を背中に吊るしていた。前線には、いつも朱徳の姿があった。

毛沢東は以前から南昌蜂起軍を欲しがっており、井岡山に到着した直後にも朱徳に合流を促す伝言を送ったが、朱徳はこれを断った。上海からは一九二八年の正月前後に湘南で暴動を起こすよう指令が出ており、忠実な共産党員の朱徳は上海の指示に従ったのである。暴動は大失敗に終わった。原因は、モスクワの指示してきた戦略があまりにも非現実的かつ残忍だったからだ。当時の報告によれば、モスクワの方針は「階級の敵を一人残らず殺し、彼らの家を焼き払い破壊せよ」だった。スローガンは

「焼、焼、焼！　殺、殺、殺！」だった。殺人と放火をためらう者は全員「豪紳の走狗につき殺害すべき対象である」とされた。

この方針に従って、朱徳の部隊は二つの町、郴州と耒陽を跡形もなく破壊しつくした。★こうした行為は、結果的に本物の蜂起——共産主義勢力に敵対する蜂起——を助長することになった。農民をさらなる焼き打ちや殺人に駆りたてるために開かれた大集会において、農民が反乱を起こして、その場にいた共産党員を殺したのである。朱徳の部隊が破壊して通った村や町で、共産党に敵対する反乱がつぎつぎと起こった。農民は地元の共産党員を惨殺し、着用を命じられていた赤いネッカチーフを引き裂き、国民党への忠誠を示す白いネッカチーフを着けた。

★上海駐在のソ連人の一人はモスクワに対して、「何もかもが火と刀で破壊され、人がばたばた撃ち殺されていく」と伝えている。

国民党が迫ってくると朱徳の部隊は敗走し、それとともに何千人という一般市民が逃げ出した。彼らは焼き打ちや殺人に加わった活動家の家族で、ほかに行き場がなかったのである。農民が二度と元の生活に戻れなくなるような行為を強いて実行させる

――これこそが、モスクワの狙いだった。共産党は、「彼らを革命に参加させる方法はひとつしかない。赤い恐怖によって彼らを駆りたて、あとで郷紳(きょうしん)やブルジョワと和解する余地が残らぬほどの行為を実行させることである」という指示を出していた。耒陽出身のある男性は、こう語った。「わたしは反革命勢力を鎮圧［殺害］したので、もう平和に暮らすことはできなくなりました。それで、行くところまで行くしかなかったのです……わたしはこの手で自分の家を焼き払いました……そして［朱徳と一緒に］逃げたのです」

　これらの人々が逃走したあと、報復や懲罰の悪循環がさらに多くの犠牲者を生んだ。その中に、毛沢東の母親が養女にした「菊妹子(チュイメイツー)」と呼ばれる若い女性もいた。彼女は毛沢東にならって共産党に入党し、共産主義者と結婚した。二人のあいだには幼い子供がいた。菊妹子と夫は紅軍による殺戮(さつりく)行為を支持してはいなかったようだが、それでも夫のほうは朱徳の部隊が耒陽を去ったあとで処刑され、木枠に納められた生首が町の城壁にさらされた。菊妹子は監獄に入れられた。共産党員をやめたいと申し出たが、許されなかった。親類にあてた手紙の中で、菊妹子は「この世にあろうとは想像もしなかったあらゆる苦痛を味わって」おり、いっそ死んでしまいたい、と訴えている。「死んでしまいたい、こんな拷問が続くのは耐えられません……この世を去ることができれば、どれほど楽になるでしょう。かわいそうなわたしの赤ちゃん。あの子のことを考えると、つらくてたまりません。どんなふうに育てていこうかと、いろいろ考えていたのに。こんなことになるとは夢にも思いませんでした……赤ちゃんはわたしを恨まないでほしい……」。その後、菊妹子（チュイメイツー）も処刑された。

朱徳（チュートー）は敗軍の将として毛沢東のもとへやってきた。一方の毛沢東は、他の革命根拠地が失われていく中で、いまだ機能している最大の共産軍部隊を事実上救った人物、という立場だった。ソ連がそれまでに指示した蜂起は、すべて失敗に終わっていた。中国南岸にある最も有名な革命根拠地海陸豊（ハイルーフォン）も、一九二八年二月末に陥落した。「小モスクワ」と呼ばれた海陸豊——「赤の広場」もあり、クレムリンを模したアーチが作られていた——が革命根拠地となっていた二ヵ月のあいだ、この地区は血に飢えた指揮官彭湃（ポンパイ）★の下で修羅場と化した。一万人以上の人間が虐殺され、「反動的村落はひとまとめに破壊された」という。

★彭湃は、残虐な性格そのままの表現でレーニンを賞賛している。「レーニンのやり方は委細を問わぬ。ただ反動分子を殺すだけだ。レーニンの労働者や農民は、土豪を、劣紳（れっしん）を、地主を、資本家を、とにかくすべて殺せばいい。誰に報告する必要もない……」。彭湃の政府は民衆に対して、「腹をかっさばけ、首を切り落とせ……躊躇せず即断でぶち殺せ。一片の感情も不要……」「殺せ、自由に殺せ。殺人は暴動において最高に重要な仕事である」と呼びかけた。子供たちは「反動分子を躊躇無く殺した」ことをほめられた。

これらの崩壊した根拠地では、毛沢東の根拠地よりはるかに大規模な殺人や焼き打ちがおこなわれた。毛沢東は狂信的な人間ではない。カトリック教会（田舎では最も上等な建物である場合が多い）や立派な住宅に部下が火をかけようとすれば、毛沢東は、自分たちで使うからと言って焼き打ちをやめさせた。人を殺すという行為を目的のために利用はしたが、それがもっと大きな政治的利益を損なうことのないように計算していた。

朱徳が井岡山へ撤退してくるころには、モスクワも「無目的で無秩序な虐殺や殺人」——しゃちこばった言い回しの好きな共産党らしく、「盲動主義」「焼殺主義」と呼んだ——をやめさせる方針に転じていた。上海の党本部からは、殺害対象をもっと絞るよう命令が出た。まさに毛沢東がそれまで実行してきたことである。毛沢東は明敏で先見に優れた人物として評価を回復し、党内での立場が好転した。スターリンはとにかく勝ち評価も上がった。党に対する不服従さえ、有利に働いた。スターリンはとにかく勝ち馬――命令に盲従するだけの人間ではなく、自らの判断で行動できる人間――を必要としていたからだ。中国におけるモスクワの影響力は、一九二七年春に蔣介石が方針転換して以来かなり弱体化していたが、一九二七年一二月の反乱事件（広州（コワンチヨウ）コミューン）にソ連外交官が関与していた事実が発覚して、影響力の低下がいっそう進んだ。長沙（チャンシャー）を含むいくつかの都市でソ連公館が閉鎖され、モスクワは活動家の大切な隠れ蓑を失った。

朱徳（チュートー）が到着した直後から、毛沢東は党内での権限を取り戻すべく動き出し、五月二日付で上海に報告書を送って自分をトップに据えた特別委員会の設立許可を求めた。そして、党からの返事を待たず、朱徳軍の合流を祝う大集会の場で「朱毛紅軍（しゅもうこうぐん）」においては毛沢東が党代表となり朱徳が軍長になる、と発表した。さらに、毛沢東は自らが任命した代表を集めて「代表大会」を主宰し、自分を書記に据えた特別委員会を設立してしまった。

毛沢東が党内での権限を緊急に必要とした理由は、ほかにもあった。兵力四〇〇〇の朱徳軍は兵力一〇〇〇そこそこの毛沢東軍よりはるかに強大であり、しかも、朱徳軍は半数以上が戦闘経験を持つ本物の兵士だった。自分の地位を確保するためにも、毛沢東は党から付与された権限が必要だったのである。朱徳軍の前で多少なりとも軍人らしい威厳を演出するために、毛沢東はピストルをこれ見よがしに持ち歩いた。毛沢東は本来めったにピストルを持ち歩かない人間で、このときもすぐにピストルを護衛兵に渡してしまった。毛沢東は銃の力に信を置く人間ではあったが、自分自身が戦場で撃ち合いをする人間ではなかった。

上海からの承認を待つあいだ、毛沢東は模範的共産党員のように行動を改め、党の命令や巡視員を受け入れて長文の報告書を提出するようになった。それまで、毛沢東は自分の支配地域に共産党員が何人いるかというような問題には無頓着であり、巡視員には「こちらの県には一〇〇人以上」「あちらの県には一〇〇〇人以上」というように漠然とした――かつ誇張した――数字を答えていた。今回の改心によって、ようやく党委員会が機能するようになった。

毛沢東は、また、共産党綱領の中心課題である土地再分配にもとりかかった。このときまで、毛沢東は土地の再分配にも無関心だった。毛沢東の支配は単純に略奪の上に成り立っており、土地の分配は重要ではなかったのである。

党内ポストへの復帰を求める毛沢東の案件は、上海からモスクワへ届けられた。書類がスターリンの手に届いたのは一九二八年六月二六日、おりしも中国共産党の第六回全国代表大会がモスクワ郊外で秘密裏に開催されている時期だった。外国共産党の大会がソ連で開かれたのはこの一回しかないという事実、しかも一〇〇名以上の代表が中国からモスクワへひそかに移動するための手配と旅費をソ連側が負担したという事実は、スターリンが中国をいかに重視していたかを物語っている。

スターリンの方針は、当時のコミンテルン議長ニコライ・ブハーリンによる延々九時間にわたる演説の中で伝えられた。毛沢東は、この場にいなかった。このときすでに、毛沢東は生涯にわたって守りつづけることになる専制君主の黄金律、すなわち、絶対的に必要でないかぎり自分の縄張りから出ない、という行動規範を身につけていたのである。

モスクワは毛沢東を全面的に信頼したわけではなかった。大会に出席した中国共産党最高幹部の一人周恩来が軍事報告の中で、毛沢東の部隊は「いくらか土匪的性格」がある、すなわち毛沢東は必ずしも党の方針どおりに動くとは限らない、と述べたからである。とはいえ、基本的には毛沢東はモスクワの覚えめでたく、大会において戦闘の最重要指導者と名指しされた。ありていに言えば、クレムリンが政策——六月九日にスターリンが中国共産党最高幹部に直々の講話をおこなって伝えたように、共産党軍の創設である——を推し進めるうえで毛沢東が最もうまく機能しそうな存在だった、ということである。ソ連滞在中、大会に出席した代表者は全員が軍事訓練を受け、詳細な軍事計画が作成された。かつて銀行強盗をしたこともあるスターリンが直接関与して大規模な通貨偽造がおこなわれ、これによって資金を調達した。

毛沢東は、スターリンの要求にぴったり適う存在だった。毛沢東は軍隊——および根拠地——を持ち、共産党の古参党員であり、必ずしも良い意味ばかりでないにしても、とにかく中国共産党の中で最も目立つ存在だった。スターリンがのちにユーゴスラヴィア代表団に語ったように、毛沢東は従順ではないが勝ち馬だったのである。そして、従順でないとはいえ、毛沢東は明らかに中国共産党を必要としており、モスクワを必要としていた。したがって、モスクワの支配を受けざるをえない立場だった。毛沢東の要求は全面的に承認され、一一月には毛沢東を朱毛紅軍および井岡山周辺地域の指導者と認める決定が届いた。これは、毛沢東が共産党内で台頭していく過程で決定的なステップとなった。毛沢東は中国共産党を、そしてモスクワをねじ伏せたのである。

第六章　朱徳を押さえこむ

一九二八〜三〇年★毛沢東三四〜三六歳

一九二八年一一月、上海から朱毛紅軍（しゅもうこうぐん）の指導者と認める旨の通知を受け取った毛沢東は、新しい領地と新しい戦力を獲得するため、ただちに軍を率いて井岡山（チンカン）を出ることにした。井岡山を出る理由は、ほかにもあった。攻撃の手が迫っていたのである。その年の六月、蔣介石は北伐を完了して中国の大部分を支配下におさめ、南京に国民政府を樹立して、井岡山へ討伐隊を差し向けた。

一九二九年一月一四日、毛沢東は井岡山を出た。いまや兵力三〇〇〇となった朱毛紅軍の大部分が毛沢東とともに井岡山を離れた。上海から軍事委員会書記に任命された朱徳（チュートー）も同行した。

毛沢東が根拠地を敷いて一五ヵ月、井岡山周辺には何もかも搾りつくされた土地が残った。初めて革命根拠地を運営するという経験を通して、毛沢東は「焼き畑式農業」に等しい略奪行為以外に経済戦略を何ひとつ持たぬ統治の実態を露呈した。党の巡視員は、次のように上海に報告している。

　紅軍が来る前は……かなり平和で満足な暮らしぶりだった……農民たちは……かなり豊かな生活を営んでいた……紅軍が来て以来、何もかもすべて変わってしまった。紅軍は収入をもっぱら富裕層からの略奪に頼っており……小ブルジョワ、裕福な小作農、小規模な行商まですべて階級の敵として扱われ、大規模な破壊がおこなわれたあと建設や経済危機に何の配慮もなされなかったため、周辺地域は完全に破綻し、日に日に崩壊が進んでいる。

　毛沢東の部隊は血の一滴まで搾り取ったので、地元の民衆からひどく嫌われていた。井岡山を出るとき、毛沢東は傷病者や地方幹部をあとに残していった。その中で、国民党の正規軍に捕まった者たちは、まだ幸運だった——機関銃で処刑されて終わりだったからだ。地元の武装勢力の手に落ちた者たちは、腹を引き裂かれ、生きたまま焼かれ、あるいは刃物でじわじわと切り刻まれて殺された。何百人もの人間が殺害された。

党委員会の居残り組が上海に送った報告書によると、毛沢東の支配に対する恨みがあまりに強かったので、国民党による「家屋の焼き打ちや首謀者の殺害でさえ、一般大衆のあいだに反動勢力に対する仇恨(きゅうこん)を生むことはなかった」という。民衆はチャンスがあれば逃亡した。報告書は、「われわれの支配下にある民衆は、当然ながら、あえて反動的行動に出ることはしない」が、「[われわれの支配区域]外の民衆は大挙して国民党に寝返っている」と書き、「彼らはものの役に立ったためしがない」と、民衆を非難している。

もともと井岡山(チンカン)にいた土匪(どひ)はそのまま残り、さほどひどい目には遭わなかった。袁文才(ユワンウエンツアイ)や王佐(ワンツオ)を含めて、ほとんどの土匪が生きのびた。ただし、袁文才と王佐は、一年後の一九三〇年三月に井岡山に戻ってきた共産党部隊の手にかかって死ぬことになる。モスクワから中国共産党に対して、「匪賊(ひぞく)」を裏切る——要するに、利用してから殺す——よう秘密命令が出ていたのである。「匪賊および類似の集団との同盟は、暴動以前においてのみ適切であるが、事後はただちに彼らを武装解除し、消滅させなければならない……彼らの指導者は、暴動に協力した者であっても、反革命指導者とみなさなければならない。そして、これらの指導者を完全に排除しなければならない」

袁文才と王佐の子分たちは山の奥深くへ逃げもどり、強力な反共勢力となった。共産党の捜索部隊は、「地元の民衆はわれわれに対して憤っており、あらゆる手をつくして［土匪を］匿(かくま)った」と報告している。土匪と共産党と両方の支配を受けてみて、地元の民衆はどちらがましか悟ったのである。

井岡山をあとにした毛沢東は足取りも軽く、側近らに冗談を飛ばしながら歩いた。上機嫌には理由があった。上海とモスクワが自分の要求を呑んだということは、今後は自分の思いどおりになるということだ。実際、ちょうどこの時期、一九二九年一月に、モスクワではソ連軍参謀本部情報総局（ＧＲＵ）総局長ヤン・ベルツィンとスターリンの腹心で中国担当のパヴェル・ミフが会談し、ソ連軍が「朱毛に具体的援助を差し伸べる方法について相談していた。モスクワは、朱毛紅軍の動きを詳細に追跡していた。いまや公式に「共産軍最強」といわれるようになった朱毛紅軍に対してモスクワが特別な軍事援助を検討したのは、知られているかぎり、このときが最初である。

国民党の討伐部隊はすぐ背後まで迫っており、毛沢東の部隊は激戦を強いられた。

激戦のひとつで朱徳（チユートー）の妻が敵に捕えられ、後日処刑されて、棒に刺した生首が長沙（チヤンシヤー）の町にさらされた。朱徳をこうした不幸が襲った時期に、毛沢東は朱徳から権力を奪おうと企てた。井岡山（チンカンシャン）を出て二週間もしないうちに、毛沢東は上海が朱徳に与えた軍事委員会書記の地位を無効とし、すべての権力を自分が握った。当時、紅軍は国民党部隊の攻撃にさらされており、朱徳は毛沢東に反撃しなかった。危機につけこむ才覚において、朱徳はとうてい毛沢東に及ばなかった。

毛沢東は、自分が権力を握ったことを上海に知らせなかった。それどころか、上海に対しては喜んで党の命令に従う旨の手紙を書いた。「紅軍はどのように進むべきでしょうか？」「われわれは、わけても御指示を渇望しております。どうか、当方に御指示を急送願えませんでしょうか？」「第六回大会の決議は至当であります。われわれは歓躍（かんやく）してこれを接受いたします」「以後は、中央から毎月連絡を頂戴できれば幸甚であります」。毛沢東は、朱徳の権力を奪った事実が上海に聞こえたときのために点数を稼いでおこうとしたのである。

それでも、朱徳は毛沢東の所行を暴露しなかった。朱徳には権力欲というものがなく、また策をめぐらす才能もなかった。上海へ報告書を書くのはいちばん上の者の仕事と決まっていたから、朱徳が上海に信書を送るとなれば毛沢東に宣戦布告することになってしまう。

三月、こんどは国民党がらみで、毛沢東にとってもうひとつ幸運な展開があった。国民政府成立から一年近くになるのに、蔣介石は強力な軍閥の反抗に悩まされ、一部の軍閥が蔣介石に戦争をしかけていたのである。毛沢東を追撃していた国民党の部隊も、こうした軍閥の動きに対処するため呼び戻された。毛沢東は、あと五〇〇メートルの地点まで迫っていた敵軍が「とつぜん向きを変えて去っていった」と、大喜びで上海に報告している。

このとき、毛沢東はすでに中国南東沿岸の福建（フーチエン）省にはいり、汀州（ティンチョウ）（長汀（チャンティン））を占領していた。汀州はかなり大きな都市であるにもかかわらず、防備が手薄だった。汀州は貨物船が行き交う川に面した豊かな都市で、外国とのつながりも強かった。堂々たる西洋建築と隣り合わせに、南洋の各地から仕入れた品物を売る店があるような街だった。毛沢東は富裕層から強奪した財産を軍資金に充てた。「物資には問題ありません。士気は非常に高揚しています」と、毛沢東は上海に報告している。

この街で、革命軍は初めて軍服を手に入れた。国民党の軍服を作っていた縫製工場から徴発したのである。それまで、紅軍の兵士たちは種類も色もさまざまな服を身に着けていた。なかには、女性のドレスを着ている者や、カトリック神父の法衣を着ている者もいた（あるイタリア人神父は、紅軍がファシストのシャツを取っていったことをひどく心配していた）。革命軍の新しい軍服は国民党の軍服と同じ灰色だったが、帽子に赤い星が縫い付けられ、赤い記章が付いていた。

汀州（ティンチョウ）を守っていた旅団長郭鳳鳴（クオフォンミン）は毛沢東の特別命令によって生け捕りにされ、そのあと処刑された。郭の死体は大集会の場で栗の木に逆さ吊りにされ、すぐわきの演壇で毛沢東が演説をした。そのあと、死体は市中を引き回された。新秩序が旧秩序に取って代わったことを示すために、毛沢東は市役所も完全に破壊させた。

毛沢東は川を見下ろす伝統建築の豪邸に司令部を構えた。が、五月に上海から朱毛紅軍のナンバー3として派遣された劉安恭（リウアンコン）が着任したため、毛沢東の専横に邪魔がはいった。劉安恭はソ連で軍事訓練を受けて帰国したばかりで、毛沢東の朱徳（チュートー）に対する待遇や軍の運営を見て憤慨し、毛沢東を「権力を横取りしている」「独裁的だ」「自分勝手な制度を作り、中央に従っていない」と非難した。

もはや所行を隠すことができなくなった毛沢東は、朱徳を追い落としてから四ヵ月近く経過した一九二九年六月一日、上海に報告を書いて、「軍」は「特殊な状況に陥った」ため朱徳の職を「一時停止することとした」と知らせた。そして、この件ができるだけ目立たないように、一四項目を羅列した長い報告書の一〇番目に紛れこませた。報告書の他の項目は非常に従順な迎合的表現でつづられ、党からの指示を熱心に求める文章が並んでいた。毛沢東は、上海と直接連絡が取れるように「どうか……特別機関を設立願います」と書き、「機関の開設費用として一万元相当の阿片を同送します」と付け加えている。毛沢東はあらゆる手を尽くし、阿片で得た資金まで提供して、自分の権力奪取を支持してくれるよう上海に取り入ったのである。

劉安恭が味方につき、国民党討伐部隊の追撃も止んだため、朱徳は毛沢東に対抗して立ち上がった。軍も大部分が朱徳についていた。毛沢東が非常に嫌われていたことは、のちに上海に送られた公式報告書にも書かれており、「大衆は全体として毛沢東に不満を抱いている」「毛沢東に強い恨みを抱いている同志は多く」「彼を独裁的と見る同志も多い」「毛沢東はかんしゃく持ちで、人をよく罵倒する」といった記述が並んでいる。一応バランスを取るために、報告書には朱徳に対する非難も書かれているが、「自慢話をする」とか、服装がきちんとしていない――「夢中になると無意識にズボンを膝の上までたくしあげて与太者さながらの恰好になり、威厳がない」――といった瑣末な内容であった。

当時は共産党員のあいだにも多少の民主的手順が残っており、問題はしばしば討議にかけられ、投票がおこなわれた。六月二二日、朱毛紅軍の党代表が集まって会議を開き、投票によって毛沢東を軍の主要ポストからはずし、朱徳(チュートー)に軍事指揮権を戻した。後年、毛沢東はこのときのことを、「非常に孤立していた」と述べている。投票がおこなわれる前、毛沢東は「こっちには分隊がある、わたしは戦うぞ！」と脅したが、実際には手も足も出なかった。毛沢東の配下は、会議が始まる前に全員武装解除されていたからである。

軍の指揮権を失った毛沢東は、権力を取り戻すべく策動を開始した。毛沢東の計画は、当時朱毛紅軍が新しく占領したばかりだった福建(フーチエン)省の一地域の支配権を地元の紅軍もろとも乗っ取ることだった。中国東南の海に面した福建省は人口約一二五万で、共産党がそれまで占領した中で最も裕福な地域だった。毛沢東は朱毛紅軍の新指導部に対して、自分は投票で敗れたからここにいることはできない、どこか別の場所へ行って「地方の活動」をしたい、と伝えた。この申し出が地元の紅軍に押しかけてその党組織を乗っ取るための口実であることに気づいた者は、一人もいなかったようである。

毛沢東は妻と数人の忠実な部下を連れて、そそくさと朱毛紅軍の司令部を離れた。その中の一人が当時のようすを、「われわれが出るとき……馬を没収されてしまったので、随行の者たちはかなり惨めなありさまだった」と語っている。このみすぼらしい一行は、蛟洋（チアオヤン）に向かった。毛沢東は福建省西部にいる腹心を使って蛟洋で代表大会を開催する準備を進めさせていた。この根拠地建設には朱毛紅軍が力を貸した経緯があった。上海は根拠地の管轄を福建省委に与えたが、毛沢東も多少の影響力を行使できた。毛沢東の計画は、代表大会を操作して自分の腹心を主要ポストにつけることだった。

七月一〇日までに、約五〇名の地元代表が蛟洋に集まった。彼らは、翌日から代表大会が開かれると聞かされていた。しかし、毛沢東は集まってきた代表全員を丸一週間も各地へ派遣し、「ありとあらゆる調査活動をさせた」と、事後報告書が伝えている。ようやく代表大会が開かれると、毛沢東は病気を装ってさらに大会を遅らせた。毛沢東の秘書がのちに暴露したところによれば、実際には病気ではなかったという。報告書には、大会が「あまりにも長期にわたり」、運営が「ずさん」で、「二〇日間も」だらだら続いた、とある。そのうちに、国民党の討伐部隊が迫ってきた。報告書には、この時点で、「[国民党の]部隊が近づいているという知らせが来た……そこで前敵委員会は……計画を変更し……代表大会は……閉会となった……」と書かれている。

党大会に集まった各地の代表は、主要ポストの選出投票をおこなわないまま蛟洋を後にした。代表たちが帰途につくが早いか、毛沢東は自分の息のかかった者たちを主要ポストに任命し、これを大会の決定と偽って通してしまった。こうして、毛沢東の腹心の一人がこの地域の紅軍部隊の事実上の指揮官になった。毛沢東の腹心は全員が湖南(フーナン)省出身者で、福建(フーチエン)省西部の言葉を話すことさえできなかった。

自分たちの地域の支配権を毛沢東に奪われたと知って、福建省西部の共産党員たちは憤激した。この翌年、彼らは毛沢東に反旗を翻(ひるがえ)すが、結果的に毛沢東から血の粛清(しゅくせい)を受けることになった。

大会開会中からすでに、党の代表たちは毛沢東に対する恐怖と嫌悪を示していた。報告書によれば、毛沢東が出席しているときは「代表たちはほとんど口を開かず」、毛沢東がいなくなると「熱心な討論が始まって、事態が著しく改善した」という。毛沢東はこの地域の党支部に対して何の権限も持っていなかった。権限を持っていたのは福建省委である。大会に出席した代表たちは、省委が大会に代表を派遣して毛沢東の策略から自分たちを守ってくれるよう要請した。が、事後報告には、「われわれの使者は拘束され、書類が紛失したため、省委からは大会を指導……する人間が誰も出席しなかった」と書かれている。汚い動きがあったかどうかについて事後報告は何も言及していないが、毛沢東に関係する重大な場面で通信が突然途絶えるという事態は、このときが初めてではない。

新しい地域の支配権を手に入れた毛沢東は、朱徳(チュートー)の力を削ぐ作戦に出た。陰謀に協力したのは、朱徳の下で参謀をつとめていた林彪(リンピアオ)という男だった。林彪は二〇代前半の一匹狼で、前年に林彪が井岡山(チンカン)へ来たときから毛沢東は林彪を手なずけていた。

林彪には、毛沢東の目を引く特質が三つあった。ひとつは軍人としての才能である。林彪は子供のころから軍人にあこがれ、黄埔(ホワンプー)軍官学校で充実した教育を受けた。林彪は戦略に精通しており、実戦でその才能を発揮した。二つ目の特質は、型通りの軍人でない、という点だった。他の紅軍幹部と異なり、林彪はソ連で軍事訓練を受けた経験がなく、共産党の紀律をたたきこまれていなかった。朱徳軍の兵士たちのあいだでは、林彪が金の指輪などの徴発品を自分のポケットに入れていることと林彪が淋(りん)病にかかっていることは有名な話だった。三つ目の特質は毛沢東にとって最も好都合な点で、林彪が上官の朱徳から受けた譴責(けんせき)を恨みに思っていることだった。著しくプライドの高い林彪にとって、上官からの譴責は受け容れがたい屈辱だった。

毛沢東はいちはやく林彪に目をつけて味方にし、自分（毛沢東）の部隊に講師として招くという他の誰にもしたことのない特別扱いをして林彪の心をつかんだ。そして、これ以降、毛沢東は林彪と特別な関係を築いていった。数十年後、毛沢東は林彪を国防相に任命し、政権のナンバー2に据えることになる。この長きにわたる腹心関係において、毛沢東は林彪の自尊心をくすぐり、規則に縛られない裁量権を与えるなどして、おおいに気を遣った。見返りに、林彪は毛沢東との共謀関係に再三再四力を貸した。

二人が初めて協力しあったのは、一九二九年七月末、国民党の討伐部隊が攻めてきたときだった。朱徳は軍事指揮官として作戦計画を立て、全部隊に八月二日を期して集結するよう命じた。が、その日になっても林彪の部隊は現れなかった。林彪は毛沢東が手中におさめたばかりの福建省部隊とともに不動を決めこんだのである。朱徳は林彪と毛沢東の部隊を合わせると、当時六〇〇〇を超える軍の約半数になった。朱徳は予定した半分の兵力で戦わなければならなかったが、少数の部隊は善戦した。

とはいえ、軍の半分が命令に従わないのでは、朱徳は十分に指揮を執ることができない。進退きわまって、忠実な共産党員たる朱徳は上海に紛争解決の指針を求めた。

この時点で、上海の党指導部における実力者は周恩来だった。正式に中央局書記の肩書を持っていたのは元船員で港湾労働者の向忠発だったが、この人物は無産階級出身という理由だけで中央局書記に任命された単なる看板だった。実際に決定権を握っていたのはモスクワから送り込まれたスパイたちで、当時はソ連人スパイは少なく、主としてヨーロッパ出身の共産党員が多かった。中国共産党を直接監督していたのは、ゲアハルト・アイスラーと呼ばれるドイツ人（のちにアメリカ合衆国でソ連諜報部員を束ねる存在となる）と、リルスキーという名のポーランド人だった。彼らは党予算の細目まで管理し、モスクワとの連絡も握っていた。また、すべての政治的判断を下し、その結果を監視した。モスクワから来た顧問たちは軍事活動も監督した。中国人は自分らに比べて体毛の濃い彼らを「毛子（マオツー）」（毛深い連中）と呼び、「徳国毛子」（ドイツ人）、「波蘭毛子」（ポーランド人）、「美国毛子」（アメリカ人）といった言葉が会話の中で頻繁に使われた。「駝背毛子」と呼ばれていたのは、たぶん猫背の外国人スパイだろう。「毛子」たちは、周恩来を通して命令を伝えた。周恩来はのちに毛沢東のもとで四半世紀にわたって国務院総理として国際的名声を得ることになるが、本当の周恩来は外国人が見たような洗練された外交官ではなく、共産主義で凝り固まった筋金入りの政治局員である。生涯を通じて、周恩来は一個人としての誠実など一顧（いっこ）だにせず党につくした人物だった。

周恩来が初めて共産主義に出会ったのは日本だった。一九一七年、ちょうどボルシエビキ革命が起こった時期で、周恩来は一九歳の学生だった。その後、周恩来はヨーロッパ留学中に共産党に加わる決意を固め、一九二一年に中国共産党フランス支部に入党した。周恩来は共産主義を熱烈に信奉し、その献身ぶりは禁欲主義として表れた。周恩来は美男子だったので女性に人気があり、自身も美しいものに非常に関心があった。初めてフランスに来たとき、暇さえあればフランスの女性をほめていたという。「なんと美しい娘たちだろう！……［パリの］女性は本当に魅力的だ」と、中国の友人にあてた手紙にも書いている。まもなく、周恩来にはセクシーな恋人ができた。周恩来はこの恋人を非常に愛していたが、いったん共産主義に身を捧げる決心をしたら、愛情よりも共産主義実現のパートナーになれるかどうかという基準にもとづいて妻を選んだ。

何年もあとになって、周恩来はめずらしく率直に本心を見せ、自分が妻を選んだ経緯を姪に語ったことがある。恋人だった女性の話をしたあと、周恩来は、「自分の一生を革命に捧げる決心をしたとき、わたしは彼女が一生の伴侶にふさわしくないと感じた」と語った。周恩来は、自分と同じように革命に一身を捧げる決心の伴侶を求めていた。「それで、わたしはきみのおばさんを選んだのだよ」。「わたしは彼女に手紙を書くようになった。わたしたちは文通によって気持ちを確かめあった」。二七歳で、周恩来は愛情とは無関係な結婚生活にはいった。相手は二一歳の熱狂的共産党員で、どうみても不器量で不恰好な鄧穎超だった。粘り強く、不撓不屈で、冷酷なまでに冷静な周恩来は、優秀な行政官であり、腕の立つオルグであった。モスクワは周恩来に目をつけ、中国共産党軍の創設というきわめて重要な任務を与えた。一九二四年、周恩来は中国へ帰国を命じられ、国民党の士官養成機関としてソ連が設立した黄埔軍官学校の政治部主任となった。周恩来に与えられた秘密任務は、国民革命軍の上層部に共産党スパイを潜入させて、時期が来たら国民革命軍の一部を乗っ取れるよう布石を打っておくことだった。蒋介石による国共分裂のあと、一九二七年八月の南昌蜂起という形で、周恩来はこの任務を全うした。蜂起部隊が中国南部の沿岸地方を潰走しているころ、周恩来はマラリアにかかって息も絶え絶えになりながら「突撃！　突撃！」とうわごとを言いつづけていた。仲間たちは重病の周恩来を運んで小さな船に乗せ、荒れ狂う海を渡って香港へ逃げた。大波に翻弄される船から落ちないように、仲間たちはロープでからだをマストに縛りつけて耐えた。

　その後、周恩来は上海へ行き、一九二八年初頭から党務を担当するようになった。周恩来は地下活動が天才的にうまかった、と、当時の仲間が証言している。その夏、周恩来はソ連へ行き、モスクワ郊外で開かれた中国共産党第六回全国代表大会の前にスターリンと面会している。周恩来はこの会議の中心的存在で、少なくとも三つの重要報告をおこない、書記の役割もはたした。周恩来の担当領域は広範にわたり、モスクワの指導の下で中国版ＫＧＢ★を創設し、暗殺部隊の責任者までつとめた。が、周恩来の最大の任務は紅軍の組織化だった。

★本家ソ連のＫＧＢと同じく、この組織もたびたび名称を変更した。本書ではこれを「中国版ＫＧＢ」と呼ぶことにする。

周恩来が備えていた政治局員としての理想的資質の中に、厳格に紀律を守る姿勢、モスクワに対する揺るぎない服従、そして奴隷的な屈従精神があった。周恩来は、上からどれだけ叩かれても甘んじてそれを受けた。後年、毛沢東の下で総理となってからも、周恩来は聞くほうが辛くなるほどの厳しい表現で自らを卑下する場面を何度も演じている。こうした側面は、何十年も前にすでに萌芽を見せていた。一九三〇年、周恩来は党報の中で、「全党の諸君、わたしの錯誤を認識し指斥していただきたい……」と、自らの「厳重な系統的錯誤」を自己批判している。ある会議に出席したときには、モスクワから来たドイツ人特使の一人が周恩来の中にあるマゾヒズムの傾向を見抜いたのか、「恩来同志に関しては、もちろんお尻をペンペンしてやる必要があるでしょう。とはいえ、彼を追放するつもりはありません。われわれは彼を改造しなくてはならない……彼が自分の誤りを正せるかどうか、見てみましょう」と発言した。周恩来は、ただじっと座って発言を聞いていた。

周恩来にはナンバー1になりたいという野心はなかったようだ。自分で計画を策定するタイプではなく、上からの命令を必要とするタイプだったと思われる。周恩来には、だらだらと長く話す癖もあった。一九二〇年代に周恩来の部下だった人物は、「彼はいったん話しはじめると、止まらなくなります。話の内容は明瞭なのですが、パンチがない……まるで小学校の生徒に教えるような話し方です」と、思い出を語った。周恩来は七時間でも八時間でもノンストップで話しつづけることがあったが、あまりに退屈な話しぶりに聞いている者たちは居眠りしてしまう始末だった。

党に対する忠実さと疑う余地のない有能さを評価して、モスクワは周恩来を一九二八年から党の指導的立場に抜擢（ばってき）した。こうして、朱毛紅軍の紛争をさばく役割が周恩来に回ってきた。周恩来はモスクワの指示に従って一九二九年八月二一日付で軍に書簡を送り、毛沢東を全面的に支持し、すべての批判を却下する旨を伝えた。周恩来は、毛沢東のやり方は「絶対に家長制ではない」と強調し、毛沢東が朱徳(チュートー)のポストを廃止したのは正しい、と断じた。毛沢東に対して批判の声を上げた劉安恭(リウアンコン)は中央に呼び戻され、そのあとまもなく戦死した。

毛沢東があらゆる規則を破ったにもかかわらず上海がこれを支持したのは、毛沢東が勝ち馬だったからである。中央に服従しない毛沢東の野心的態度こそ、とりわけ一〇〇万単位の国民党兵力に対して共産党兵力が数千しかない状況においては、中国を征服するために不可欠な権力欲を示すものと評価されたのである。

この局面で、毛沢東にとって有利な要因が二つ加わった。毛沢東の拠点から二〇〇〇キロ北方に、ソ連が運営する中東鉄道（東清鉄道）があった。中東鉄道は、シベリアから中国東北を通ってウラジオストクまで一五〇〇キロにわたって敷設された鉄道である。中東鉄道の付属地として、ソ連は中国国内で群を抜いて広大な一〇〇〇平方キロ超の租界を帝政ロシアから引き継いでいた。共産政権の成立直後、ソ連は治外法権などの特権を放棄すると約束したが、結局その約束は履行されず、★一九二九年夏に中国側が鉄道を強行接収した。

★コミンテルン議長ブハーリンは、鉄道付属地を「中国に突っこんだ我が国の革命的人さし指」と呼んだ。鉄道付属地はソ連が中国共産党に資金などを援助するうえで主要な基地として役立っていた。

モスクワは以前に蔣介石の首席軍事顧問をつとめたブリュッヘル元帥を司令官とする特別極東軍を編成し、中国東北へ侵攻する準備を進めた。スターリンは、中国東北で暴動を組織して主要都市ハルビンを占領し「革命政府を樹立する」ことも考えていた。スターリンは典型的な残忍さをのぞかせて、ほとんど無造作にカッコ書きで「地主らは皆殺しにする……」と記している。一一月、ソ連軍は中国東北に侵攻し、国境から一二五キロまで進軍した。

モスクワは中国共産党に対して国民党の注意をそらす動きを求め、「党と民衆を総動員して武装させソ連の保衛につとめる」よう命じた。野心的な毛沢東の存在がにわかに重視されるようになったのは、このようにソ連の国益を守らなければならないという事情が生じたせいだった。毛沢東の復権を命じた周恩来の書簡は、「諸君の最も重要な課題は、ゲリラ地域を発展させ……紅軍を拡大することである……」と申し渡している。一〇月九日、ソ連政治局はスターリンの出席した会議で、「毛沢東の活動地域」（朱徳の名前は出なかった）は中東鉄道危機との関係においてパルチザン闘争を拡大するうえで決め手となる地域である、と名指しした。

モスクワが毛沢東に肩入れした緊急の事情が、もうひとつあった。スターリンの仇敵（きゅうてき）で少し前に追放されたばかりのトロツキーに関わる事情である。中国国内には、少数ではあるが献身的なトロツキー信奉者がいた。二年前にモスクワによって罪を着せられ中国共産党中央局書記の座を追われた陳独秀（チエントウーシウ）教授も、トロツキー主義に傾倒する姿勢を見せていた。陳独秀は、また、共産党が中東鉄道の件でソ連を支持している現状を批判していた。そのような立場をとれば「民衆はわれわれがルーブルに踊らされていると思うだけだ」というのが陳教授の意見だった。

陳独秀のように名声のある人物がトロツキー主義者の側につくことを、スターリンは恐れていた。上海駐在のソ連諜報員は、かつて陳独秀を師と仰いだ毛沢東も陳に同調するのではないかと懸念していた。

こうした諸々の理由から、ソ連は毛沢東を支持し、自国のメディアで持ち上げた。中国東北で重大局面が展開していたあいだ、ソ連の党機関紙『プラウダ』には毛沢東に関する記事が四本も掲載され、毛沢東は「指導者」（スターリンに使われるのと同じ“vozhd”という言葉）という肩書で紹介された。ソ連からこれほど手放しの賞賛を受けた中国共産党員は、ほかにない。中央局書記のように地位としては毛沢東より上であった人間も、このような厚遇は受けなかった。
毛沢東の復権を指示する周恩来の書簡が届くと、朱徳らは上海の命令を受け容れ、毛沢東に書簡を転送した。このとき、毛沢東は少し離れた美しい村で、中庭にシュロの木が揺れる優雅な二階建ての屋敷に滞在していた。静養中の毛沢東は牛乳（中国人には珍品）をたっぷり飲み、煮込んだ牛肉を毎日一キロ食べ、さらに鶏を丸ごと一羽食べていた。体調の良さを表現するのに、いかにも毛沢東らしい基準で、「わたしはたくさん食べ、たくさん糞をしている」と述べている。

　周恩来からの書簡を読んだ毛沢東は、有頂天になった。党の規則を破り同僚に妨害行為を働いたにもかかわらず、譴責（けんせき）どころか褒美を与えられたのである。勝ち誇った毛沢東は一ヵ月以上も村にとどまり、朱徳（チュートー）が出向いてきて叩頭（こうとう）するのを待った。

　当時、毛沢東は賀子珍（ホーツーチエン）を一緒に住まわせ、そのほかに手伝いの夫婦を置いていた。毛沢東は、女性といるときはリラックスしたいと言って政治の話をしなかった。夕食後、二組の夫婦は小さな橋まで散歩をして、水草の茂る小川のたそがれを楽しんだ。あたりが暗くなると、農民たちが川岸に松明（たいまつ）を立て、光に集まる魚を網や素手ですくった。魚の頭を食べると頭が良くなると言われ、魚の頭は毛沢東の好物だった。日中、毛沢東は窓辺に座ってひどい湖南（フーナン）訛りで英語を音読した。友人たちは、それを聞いて面白がった。訥々(とつとつ)とした下手な音読は、本気で英語の向上を目ざすというより、一種の気晴らしであった。

朱徳(チュートー)と同僚たちは、あきらかにその後の展開を案じている上海に対して、「毛同志に再三再四書簡を送り、戻るよう促している」と報告している。しかし毛沢東は動かず、一一月末になって、朱徳は毛沢東のもとへ正式に迎えの部隊を送った。屈伏したわけである。

一一月二八日、毛沢東は上海に書簡を送り、これを読んだ周恩来は「非常に積極的な」姿勢と「中央の指示を完全に接受する」とした毛沢東の言葉におおいに喜んだ。しかし、毛沢東が視線を向けていたのは、むしろモスクワのほうだった。毛沢東はかつて師と仰いだ陳独秀(チエントウーシウ)を「反革命分子」と非難し、陳独秀に反対する「プロパガンダ運動」を提案した。トロツキーを名指しで非難することも忘れなかった。紅軍に対しては、毎日のように「武装してソ連を保衛せよ」と檄(げき)を飛ばした。

朱徳を押さえこむことに成功した毛沢東は、そのまま看板として朱徳を利用しつづけ、部隊の「朱毛紅軍」という名称もそのまま使いつづけた。こうすることによって、毛沢東はモスクワを満足させ、一方で「団結」をはっきりと命じてきた上海も満足させ、紅軍内における朱徳の信望をも利用することができた。朱徳は一九七六年に毛沢東と相前後して亡くなるまで、半世紀近くにわたって毛沢東の表看板を演じつづけた。

とはいえ、ときには朱徳も怒りや不満を表に出すことがあった。一九三一年二月、朱徳は軍幹部を前にして、自分は「毛沢東のなぐさみものにすぎない、自分には何の権力もなく、毛沢東にもてあそばれているだけだ」と、ぼやいたという。この発言はモスクワに報告されたが、ソ連は毛沢東の専横を抑えようとはしなかった。

毛沢東の復権は、一九二九年一二月、古田（クーティエン）に全軍の党代表を集めた重要な大会で発表された。反発を封じるために、毛沢東は計略を用いた。兵士が最も嫌う軍の慣行は脱走兵の処刑だということを、毛沢東は知っていた。上海に寄せられた当時の報告書には、「軍が出発する前には毎回数人の脱走兵が処刑され、他の兵士への見せしめとして道端に並べられる」と書いてある（再々にわたる党の主張とは異なり、紅軍からの脱走を防ぐことがいかに困難であったかを、この報告書は期せずして立証している。実際には、処刑という手段さえ必ずしも有効ではなかった。報告書は、「それでもなお、脱走兵は後を絶たない」と続けている）。

古田会議において、毛沢東はこの慣行を廃止する決議を鳴り物入りで提案した。これは兵士たちにきわめて好評だった。が、数ヵ月後、古田（クーティエン）会議の決議が配布されてみると、この項目は含まれていなかった。毛沢東がいったん地位を固めたら、この話は消えてしまった。脱走兵の処刑はその後も続いた。

古田会議において脱走兵問題で寛容を装って紅軍幹部を籠絡（ろうらく）した毛沢東は、いよいよ自分が本当に望む目標の実現に近づいた。毛沢東は、自分が絶対的権力を掌握するうえで障害となるすべてのものに対して非難決議を採択して排除したいと考えていた。なかでも、毛沢東の狙いは職業軍人の権威に対する非難決議の採択だった。毛沢東は職業軍人ではなかった。朱徳（チュートー）は職業軍人だった。そこで、毛沢東は「単純に軍事的な観点」というソ連式の軽蔑的表現を考え出し、職業軍人の意見を重視しすぎる態度は誤りであるという路線を打ち出そうとした。職業軍人の権威以上に毛沢東が嫌ったのは、投票という制度だった。自分自身が自由投票によって解任の憂き目を見たからである。そこで、毛沢東は投票制度に「極端な民主化」というレッテルを貼って非難し、この慣行を廃止した。

毛沢東は安逸な暮らしを求めたが、朱徳は一般兵士と同じ暮らしぶりを守った。軍においては、特権に対する反感はとくに強かった。というのも、もともと平等という考え方に魅力を感じて入隊した者たちが多かったからである。それは、共産党が何より強調して訴えた点でもあった。特権に対する抗議の声を抑えるため、毛沢東は特権を非難する声に「絶対的平等主義」という新語で反撃した。「絶対的」という言葉を付け加えて反駁の余地を封じたのである。このときを境に、特権は中国共産主義と不可分一体の要素となった。

一九三〇年を迎えるにあたって、三六歳になったばかりの毛沢東は、過ぎた一年を相当な満足をもって振り返ることができた。あらゆる規則を破ったにもかかわらず、党は自分にソビエト・ブロック以外で最大の紅軍を持たせてくれた。モスクワと上海は、あきらかに自分の機嫌を取ろうとしている。彼らにとって自分が必要な存在だからだ。この勢いを駆って、さらに進もう……。

「さて、これからどこへ行こうか?」馬の背に揺られ、詞を口ずさみながら、毛沢東は苔むした林間の小道を進んだ。毛沢東には自分の行き先がはっきり見えていた。それは、さらに多くの乗っ取りを重ねる道だった。

第七章　さらなる野望、妻の刑死

一九二七～三〇年★毛沢東三三～三六歳

一九二八年、蒋介石は南京国民政府のもとに中国全土を名目上統一したあと、各地方の有力者が率いるさまざまな軍隊を国民革命軍として自分の指揮下に統一する動きに出た。これに対して各地の軍閥が猛烈な抵抗を示し、一九三〇年初頭には双方が何十万という部隊を展開させて対峙する事態に至った。蒋介石と軍閥の対立が大規模な混戦に発展した結果、中国共産党は戦力と根拠地を拡大するチャンスを得た。

モスクワは中国に共産主義国家を作りたいと考えはじめた。一九三〇年三月、周恩来は紅軍に関する詳しい報告書を携えてソ連を再訪した。報告書には、紅軍の兵力はおよそ六万二七〇〇で、八省に分散した一三の「軍」から成り、その中で最も名を知られているのが朱毛紅軍で、全兵力の四分の一近くを占めている、とあった。朱毛紅軍が一万五〇〇〇人近くにまで拡大したのは、大規模な根拠地を支配していたからだ。根拠地を有していれば徴兵が可能なので、根拠地は軍を拡大するための決め手だった。

　周恩来が不在のあいだ、上海の責任者は毛沢東と同じ湖南省出身でかつて毛沢東の部下だった李立三がつとめた。労働者オルグとして頭角を現した李立三は直情的な活動家で、紅軍の勢力拡大を熱心に主張した。李立三のもとで、南昌や長沙などの大都市を含む内陸を広範に奪取し、中国の中心部、長江ぞいの武漢に共産政府を樹立する、という非常に野心的な路線が打ち出された。毛沢東には江西省の省都南昌を攻略する任務が与えられた。

　毛沢東は現実主義者であり、いかに国民党勢力が内紛状態にあるといっても紅軍が主要都市を攻略して占領できる見込みなどないことを承知していた。ところが、当初南昌攻略に難色を示していた毛沢東が、数日後に一転して南昌攻略に熱意を見せはじめた。あいかわらず南昌攻略が成功するとは微塵も思っていなかったものの、上海の酔狂な思いつきを利用すれば自分の個人的な目標を達成できる、ということに気づいたのである。それは、紅軍で二番目に大きい彭徳懐の軍を乗っ取ることだった。

彭徳懐（ポントーホワイ）は毛沢東より五歳年下で、毛沢東と同じ湖南省（フーナン）湘潭（シアンタン）県の出身だった。彭徳懐はのちに中華人民共和国最初の国防部長（大臣）となった人物で、政権内で毛沢東を最も激しく勇敢に批判したために、じわじわと長い時間をかけて苦痛に満ちた死を与えられることになった。

彭徳懐の表情豊かな目と口もとには、つねに悲しみの翳（かげ）があった。彭徳懐は貧しい者や虐げられた者たちに心を寄せていた。大多数の共産党指導者と異なり、彭徳懐は極貧の子供時代を過ごし、それが心に深い傷跡を残していた。貧しさの中で母親が死に、それからまもなく、生後六ヵ月だったいちばん下の弟も母乳がなくて餓死した。数十年後、彭徳懐は自分の子供時代について次のように記述している。

> 肌を刺す寒さの冬、他の人たちは綿入りの服を着て靴をはいているのに、わたしたち兄弟ははだしに藁ぞうりで、シュロの葉で作った服をからだに巻きつけ、まるで原始人のような恰好をしていた……十歳のとき、食べるものが何もなくなってしまった。新しい年の元旦、裕福な人々の家では爆竹を鳴らしているというのに、わたしたち一家には米一粒さえなかった。それで、わたしは二番目の弟を連れて、生まれて初めて物乞いに出た。

家に帰ってきたあと空腹のあまり失神した、と、彭徳懐は書いている。自尊心から、彭徳懐少年は翌日物乞いに出ることを拒否した。それで、七〇歳を超した祖母が纏足の足をひきずり、下の弟たちの手を引いて、物乞いに出かけた。弟の一人は、まだわずか三歳だった。雪の中に消えていく彼らの後ろ姿を見送りながら、鋭いナイフで心をえぐられる思いだった、と、彭徳懐はのちに述べている。彭徳懐少年は山にはいって薪を切り、それを売って塩の小袋を手に入れた。その晩、祖母が物乞いして手に入れてきた米を、彭徳懐少年は食べようとしなかった。家族全員が泣いた。

彭徳懐が一五歳になったとき、村が旱魃に見舞われて、多くの人が飢えた。彭徳懐は裕福な地主に米を供出させる暴動に加わり、穀物倉の屋根に登って瓦をはがし、米などためこんでいないと言い張る地主の嘘をあばいた。指名手配がかかり、彭徳懐は逃亡した。一九一六年、彭徳懐は湘軍（湘は湖南省の簡称）に入隊し、将校になって、地元の名士たちの宴会に招かれるようになった。宴席には十二、三歳になるかならないかの少女たちが男の楽しみのために用意されていた。彭徳懐は一三歳だという少女から、将校と寝るのを拒んだためにぽん引きの男にひどく殴られた、という話を聞いた。彭徳懐は金を払ってその少女を自由の身にしてやり、それ以後は酒宴への招待にいっさい応じなかった。自分が共産主義に惹かれたのは「貧しい者に活路を見つけてやりたいと思ったからだった」と、彭徳懐（ポントーホワイ）は書いている。

一九二八年の春節を祝ったあと、彭徳懐はひそかに中国共産党に入党した。その年の七月、彭徳懐は八〇〇人の部下を連れて国民党に反旗を翻（ひるがえ）した。共産党からは、毛沢東と連絡をつけるように、という指示があった。当時、毛沢東は近くの井岡山（チンカン）にいた。彭徳懐は毛沢東が撤退する直前の一二月に井岡山に到着した。毛沢東は後に残って根拠地を防衛する人間を必要としていた。根拠地を持っていることが毛沢東にとって最大の強みだったからである。

毛沢東は彭徳懐をつかまえ、井岡山に残って防衛にあたるよう命じた――絶望的な任務である。毛沢東が井岡山を下りたあと、国民革命軍が大挙して攻めてきた。彭徳懐の部隊は深い雪をかきわけ、絶壁を這い、けもの道をじりじりと進んで、やっとのことで根拠地から脱出した。

このときから毛沢東は彭徳懐を自分の部下のように扱い、彭徳懐もこれに異議を申し立てなかった。が、上海はこれを公式には認めず、毛沢東の権限も正式には朱毛紅軍の外に及ぶものではなかった。一九三〇年初頭、モスクワと上海が共産主義国家樹立に向けて全国の紅軍を再編成した際に、朱毛軍と同じ一万五〇〇〇の兵力を持つまでに急成長していた彭徳懐軍は朱毛軍とは別の独立した組織となった。彭徳懐麾下(きか)の兵士たちは優秀で、団結心が強かった。党の巡視員は上海に対して、彭徳懐軍は「最も高い士気を保っている。部隊は命令に忠実に従い、強固な紀律とすばらしい仲間意識を持ち、勇敢な兵士たちである……彭徳懐個人に対する忠誠心が強く、後方の病院に収容された負傷兵たちは、いったん傷が癒えると、どうしても「彭徳懐の」部隊に戻りたいと主張する……この部隊は脱走兵がほとんど出ない」と報告している。

毛沢東は、彭徳懐とその優秀な兵士たちを自分の支配下に取り込もうと決めた。急に南昌(ナンチャン)攻撃に熱意を見せはじめたのは、そのせいだった。南昌に向かえば、はるか南方の江西(チアンシー)・福建(フーチエン)省境に駐留しているより何百キロも彭徳懐軍に近づくことができる。毛沢東がひそかに抱いていた計画は、彭徳懐軍のところまで行って自分の軍と彭徳懐軍を物理的に統合してしまうことだった。二つの軍を同時に支配するには、この方法しかない。

毛沢東は、党の命令に従って南昌を攻めると言い置いて、北に向けて出発した。が、七月末に南昌郊外に到達した毛沢東は、数発ほど発砲しただけで、彭徳懐が七月二五日に攻略したばかりの長沙(チャンシャー)へ軍を向けた。

長沙は紅軍が攻略に成功した唯一の省都であり、彭徳懐は長沙を一一日間占領して共産党政府の樹立を宣言し、司令部をアメリカ聖書協会の建物に置いた。彭徳懐（ポントーホワイ）の勝利に西側諸国は警戒感を抱いた。とくにアメリカは、ここに至って中国共産党を重大勢力と認識しはじめた。そのきっかけとなったのが、サミュエル・エルキン上等水兵の戦死だった。エルキン上等水兵は、長沙（チャンシャー）へ向けて進軍中の彭徳懐軍が湘江（シアン）を航行中の米艦「グアム」を砲撃した際に犠牲になった――七月四日の戦死である。アメリカ軍人が中国共産党勢力との戦闘で死亡したのは、これが初めてだった。列強四ヵ国の砲艦、とくに米艦「パロス」が中心となって反撃し、八月六日に彭徳懐軍を長沙から撤退させた。

八月中旬、彭徳懐のもとへ突然の伝言が届いた。毛沢東が「助けに」来る、という知らせだった。毛沢東は上海にも八月一九日付で書簡を送り、彭徳懐軍が深刻な窮地に陥っている――「相当数の犠牲と損失を出している」――ので、この援助に向かうため南昌（ナンチャン）攻撃は中止した、と伝えた。彭徳懐は毛沢東に対して、自軍は窮地になど陥っておらず援助は不要である、とはっきり告げた。しかし、その程度で毛沢東があきらめるはずもない。狡猾（こうかつ）な毛沢東は、こんどは自分が南昌と長沙のあいだで長沙の東一〇〇キロにある永和（ヨンホー）を攻めるから彭徳懐軍が助けに来てほしい、と要請した。

八月二三日に彭徳懐が合流すると、毛沢東は、彭徳懐軍を朱毛紅軍と合併して第一方面軍とする、と発表して自らが指揮権を握り、彭徳懐を朱徳（チュートー）の下の単なる副総司令とした。毛沢東は上海（とモスクワ）に対しても、軍統合の目的はふたたび長沙を攻めるためである、と主張してごまかそうとした。これには彭徳懐も朱徳も反対した。彭徳懐が長沙攻略に成功したのは奇襲によるもので、今回はその作戦は使えないから成功は望めない、というのがその論拠だった。

しかし毛沢東は長沙攻めを譲らず、上海に対して、二つの軍が力を合わせれば容易に「長沙を占領し……さらに武漢（ウーハン）を攻め……中国全土にわたる暴動に発展させることができる」と請け合った。毛沢東は、武漢占領も遠い話ではない、そうなれば共産党政権の樹立も見えてくる、と示唆して上海の妄想を煽（あお）り、「どうか、ぜひ、中央には武漢攻略についてご指示いただき、そして政府の設立準備に着手されたい……」と、これ以上ない媚（こ）びへつらいに満ちた書簡を送った。実際には、毛沢東は武漢攻略に向かうつもりなどなかった。

そればかりか、長沙攻略が可能だとも思っていなかった。それでも、彭徳懐軍の併合をより強固なものにするために、毛沢東は長沙攻撃の命令を出した。結果的に「莫大な人命が失われた」と、モスクワには報告されている。しかも、被害は彭徳懐軍のほうが朱毛軍よりはるかに大きかった。毛沢東は長沙を本気では攻めなかったが、彭徳懐は命令を忠実に守って真正面から長沙を攻めたからだ。中国におけるソ連軍参謀本部情報総局（GRU）責任者ゲイリスは、モスクワに対して、「毛沢東は袖手傍観していただけだった」と報告している。

三週間後、毛沢東は攻囲戦の中止を命じ、彭徳懐軍に対して朱毛軍とともに撤退するよう要請した。これには彭徳懐軍の将校たちが抵抗し、なかには離脱を企てる者もいた（当時の中国では、紅軍だけでなくすべての軍隊において、近代軍のように絶対無条件で命令に従うというわけではなかった）。毛沢東は抵抗した者たちに対して即座に血の粛清をおこなった。

長沙攻囲は新聞に大きく報じられた。毛沢東は、この機会を利用して自分が主席の地位に就き、さらに名を売ろうと考えた。攻囲戦を開始した八月二三日、毛沢東は中国労農革命委員会の設立を宣言し、この委員会にすべての紅軍、地方政府、党支部の指導権を持たせて自分が主席に就任し、その旨を報道機関に通知した。

これより二ヵ月前、六月二五日にも、毛沢東は自分が主席に就任した旨を伝える記者発表を二回配付している。どの新聞もこの発表を記事にしなかったようだが、毛沢東は記者発表を壁に掲示させた。これに対して、上海は八月一日付で、中央局書記の肩書は向忠発に属する、と発表した。しかし今回、毛沢東は上海の発表を公然と無視して、向忠発よりも上の地位を勝手に自称する発表をくりかえしたのである。

　それでも、毛沢東は何の処罰も受けなかった。モスクワが、中国に新たな共産主義国家を樹立するためには権力に対して貪欲な首領が必要である、と考えており、毛沢東をその最右翼とみなしていたからだ。九月二〇日、毛沢東は政治局候補委員の地位を回復し、きたるべき共産主義国家の最高指導者となる地歩を固めた。モスクワは武漢（ウーハン）を新国家の設立地とする案を退け、「紅軍最大の安定地域」すなわち江西（チアンシー）省革命根拠地★に共産主義国家を樹立するよう命令した。

★ここでの江西省革命根拠地は、方志敏（ファンチーミン）が指導する江西省北東部の根拠地を含まない。

　長沙攻囲戦がもたらした敗北と大量の犠牲について責任を負わされたのは、李立三（リーリーサン）だった。李立三はソ連に対して、中国共産党の戦いに軍隊を派遣して支援するのは「国際共産主義の義務」である、と申し入れた。前年にソ連が中国東北に侵攻したとき、李立三は中国共産党員に「武器を取ってソ連防衛のために戦おう」と呼びかけた。だから、今回モスクワは恩返しをすべきである、というわけだ。これがスターリンを怒らせた。スターリンは、李立三がソ連を対日戦争に引き入れようとしている、と邪推したのである。ソ連は併合したモンゴル地方を共産主義中国に返すべきだ、という李立三（リーリーサン）の発言も、スターリンの怒りを買った。コミンテルンは八月二五日に李立三を「ボルシェビズムに敵対的であり、コミンテルンに敵対的である」と譴責（けんせき）した。一〇月、李立三をモスクワに召喚する書状が届いた。モスクワに連れてこられた李立三は、スターリンのスケープゴートに使われ、事あるごとに矢面に立たされて自己批判を強いられた。★歴史書では、李立三は一九三〇年代前半に共産党が被ったあらゆる敗北の責任者とされている。その中でも大きいのが長沙（チャンシャー）攻囲戦の犠牲である、とされているが、実際にはこれはすべて毛沢東の責任であり、毛沢東個人の権力欲が招いた犠牲だった。

★あるとき、モスクワで李立三を激しく非難する講演を聴いた中国人が、講演会のあとで弁士に名を尋ねたところ、「わたしがその李立三です」という答えが返ってきて驚いたという。一九三八年二月、李立三は逮捕され、二年近くを監獄で過ごした。

毛沢東の権力追求は、家族にも悲劇をもたらした。一九三〇年に毛沢東が長沙に攻囲戦をしかけたとき、二人目の妻だった楊開慧（ヤンカイホイ）と三人の幼い息子たち（いちばん下の息子は三歳）は、まだ長沙郊外の楊の実家に暮らしていた。

毛沢東が家族を捨てたのは、ちょうど三年前だった。表向きは「秋収蜂起（しゅうしゅう）」に参加すると言いながら、実は初めての部隊乗っ取りを心に秘めての出発だった。そして、それから四ヵ月もたたないうちに、毛沢東は別の女性と結婚していた。

長沙は強硬な反共主義を掲げる国民革命軍の何鍵（ホーチエン）将軍が支配していたが、楊開慧に危害が及ぶことはなかった。楊開慧自身は共産党活動に関わっていなかったからだ。彭徳懐（ポントーホワイ）に長沙を占領され自分の命が危なくなったときでさえ、何鍵将軍は楊開慧に報復しなかった。しかし、毛沢東が長沙に二回目の長期攻撃をしかけるに及んで、何将軍はついに報復に出た。楊開慧は長男の岸英（アンイン）とともに岸英の八歳の誕生日である一〇月二四日に逮捕された。楊開慧は、毛沢東と離婚し公（おおやけ）に非難する声明を出せば自由にしてやる、という取引を持ちかけられたが、これを拒絶し、一九三〇年一一月一四日の曇った朝に処刑された。翌日、長沙の『民国日報』は「毛沢東之妻昨日槍決、莫不称快」（毛沢東の妻、昨日銃殺——誰もみな拍手喝采）という見出し（明らかに楊開慧本人よりも毛沢東に対する憎しみが込められている）で処刑を伝えた。

国民軍司令部の「法廷」に連行されたとき、楊開慧は青色の旗袍（チーパオ）を着ていた。机の上には、筆と朱墨と楊開慧の名を書いた札（ふだ）が置いてあった。いくつか質問をしたあと、判事は朱墨に浸した筆で札に「✓」のしるしを書き加え、それを床に投げ捨てた。死刑判決への署名に相当する中国式の所作である。これを受けて、二人の死刑執行人が役得として楊開慧（ヤンカイホイ）の旗袍（チーパオ）をはぎとった。もう一人の死刑執行人は、思いがけない戦利品を得た――ポケットからハンカチに包んだ二元五角が出てきたのだ。

こうして、冬の寒い日、薄いブラウス一枚で、二九歳の楊開慧は刑場へ引かれていった。一人の将校が人力車を呼び止め、縄を打たれた姿で市中を引き回される――刑場へ連れていかれる人間に対する普通の扱いだった――楊開慧を乗せた。その両脇を兵隊たちが走ってついていった。刑場は街の城門のすぐ外、処刑されたあと引き取り手のない遺体を埋葬する墓地の中にあった。処刑がすんだあと、銃殺隊の兵士たちは楊開慧の靴をぬがせ、できるだけ遠くへ放った。そうしないと死者の霊が家までついてきてたたる、という言い伝えがあったのだ。

銃殺隊が兵舎に戻って昼食をとっているところへ、楊開慧がまだ息をしている、という知らせが届いた。七人の兵士が刑場にもどり、とどめをさした。楊開慧の指は苦悶のあまり凍土に深く食い込んでいたという。

楊開慧の遺体は親戚に引き取られ、実家の土地に埋葬された。息子の岸英（アンイン）は釈放された。三人の息子たちは、一九三一年初めに毛沢東の弟沢民（ツオーミン）の世話で上海に移され、中国共産党が運営する秘密の保育園に入れられた。

楊開慧の死を聞いたとき、毛沢東は、「開慧の死は百身をもっても贖(あがな)うことができない」と、心からの悲しみが感じられる文章を書いた。毛沢東は、とくに晩年になって、楊開慧のことを生涯で最も愛した女性としてよく話題にした。しかし、楊開慧が毛沢東を愛していながら、そのイデオロギーと殺人行為を否定していたことを、毛沢東はついに知ることがなかった。

毛沢東に捨てられてから処刑されるまでの歳月、楊開慧は共産主義について、あるいは毛沢東への愛情について、思いつめた筆、寛容な筆、ときには非難をこめた筆で綴り、家の中に隠していた。そのうちの七編は一九八二年の改修工事中に壁の隙間から見つかり、残る一編は一九九〇年の修繕の際に楊開慧の寝室のすぐ外の梁(はり)の下から見つかった。楊開慧は、それらを湿気から守るため蠟(ろう)紙に包んで隠していた。結局、これらの文章は一度も毛沢東の目に触れることなく、いまだに大半が公開されず、毛沢東の遺族でさえ最も痛烈な部分は閲読を許されていない。

残された文章には、毛沢東に捨てられた痛楚(つうそ)の思い、自分や息子たちに薄情な毛沢東に対する失望と怨み、そしてもっと破滅的なことに共産主義に対する信念の喪失が綴られていた。

最も早い時期に書かれたのは「偶感」と題した詩で、日付は一九二八年一〇月になっている。毛沢東が出ていってから一年がたち、そのあいだに手紙が届いたのは一度だけだった。毛沢東からの手紙には、足を痛めたことが書いてあった。六月、楊開慧(ヤンカイホイ)が文章の中で「一弟(いとこ)」と呼んでいる党巡視員が井岡山(チンカン)付近へ出かけたとき、開慧は毛沢東の好物である辣豆豉(ラートウチー)を届けてもらおうと託している。しかし、毛沢東からの返事はなかった。寒い日々、楊開慧は毛沢東を恋しく思う気持ちを綴った。

天陰起朔風、　曇り空に北風が起ち
濃寒入肌骨。　しんしんとした寒さが骨身にしみる
念茲遠行人、　遠くへ行ってしまったあの人を思うと
平波突起伏。　平穏だった心に突然の波が起つ
足疾已否痊、　足の傷はもう治ったのでしょうか？
寒衣是否備？　冬用の衣類はあるのでしょうか？
独眠誰愛護、　独り寝のあなたを誰が世話してくれるの？
是否亦凄苦？　あなたもわたしと同じくらい辛い思いをしているの？

書信不可通、　手紙は一通も届かず
欲問無人語。　問いに答えてくれる人も無い
恨無双飛翮　翼があったらどんなにいいか
飛去見茲人。　あの人に会いに飛んでいけたら
茲人不得見、　あの人に会えないから
惆恨無已時。　深い悲しみは終わらない

次の文章は「一弟」にあてて一九二九年三月に書かれたものの、「没有発去（発送せず）」と書き添えてある。ここには、楊開慧の淋しい思いや支えを求める思いが綴られている。

わたしは世界の隅っこで縮こまっています。恐ろしくて、淋しい気持ちです。そんな中で、わたしは絶えず何かすがりつく対象を探しています。だから、あなたはわたしの心の大切な一部分です。ここにいる仁秀（レンシウ）も同じです――あなたがた二人は、わたしの心の中に並んで立っているのです！　わたしはたびたび祈ります、「この人たちしかいないのです、どうか遠くへ行かせないで！」と。わたし

はどうやら死神を見たようです——ああ、残酷で血も涙もない死神の顔を！　死といえば、わたしは死を恐れてはいません。むしろ歓迎したいくらいです。でも、わたしには母がいるし、子供たちもいる！　母と子供たちがかわいそうです！　この思いがどうしても頭から離れなくて、おといの夜はなかば寝つかれぬまま朝まで過ごしました。

子供たちのことを心配しつつ、毛沢東を頼りにはできないと見切りをつけて、楊開慧(ヤンカイホイ)は「一弟(いとこ)」に次のように書いている。

わたしは子供たちをあなたにお願いすることにします。経済的には、あの子たちの叔父さん［おそらく毛沢東の弟沢民(ツオーミン)］が生きているかぎり、あの子たちを見捨てることはないでしょうし、あの子たちを深く愛していてもくれます。でも、子供たちに母親がいなくなり、父親もいなくなったとしたら、叔父さんの愛情だけでは足りません。あの子たちが暖かい春のような環境で自然に育つには、そして激しい嵐で折れてしまわないためには、あなたをはじめ、ほかの多くの人たちの愛情が必要です。この手紙、遺書みたいになってしまいました。きっと、わたしは頭がどうかしてしまったと思われるでしょうね。でも、なぜかわかりませんが、そういう気持ちが毒蛇のように頭の上でとぐろを巻いていて、振り払うことができないのです。まるで死神のもとから舞い降りたように、わたしをきつく縛りあげて。だから、どうしても準備しておかなくてはならないのです！……

楊開慧が不吉な予感を抱いたのは、朱徳（チュートー）の妻が殺されて生首が長沙（チャンシャー）の通りにさらされた、というニュースがその月の七日に湖南（フーナン）省の『民国日報』で報じられたからだ。新聞に掲載された二本の記事は、さらされた生首を見てじつに愉快だった、と書いていた。四月、楊開慧は新聞に投稿するつもりで「生首を愉快と呼ぶ記事を悲しく思う」と題する文章を書いたが、投函しなかった。

朱徳の妻は、おそらく共産党員だったのだろうと思います。［ヌケあり］さらに、重要人物だったのかもしれません。そうだとすれば、彼女の処刑は批判されるべきではないのでしょう。［抹消あり］それでも、彼女の処刑は彼女自身の罪によるものではありません。さらされた首を見て喜び、愉快な光景だと思った人々も、彼女自身が罪を犯したという理由でそう感じたわけではなかったでしょう。これは前清の「誅連九族（チューリエンチウツー）」（罪九族に及ぶ）という遺習を思い出させます。殺人には止むを得ない事情があるはずだ、というわたしの考えは、ここでは通用しません。殺人を大喜びで楽しんでいる人たちがたくさんいるから、そういう記事が新聞や雑誌に載るのでしょう。ほんの少数の残酷な人間が人殺しをするのだ、というわたしの考えは、通用しないわけです。どうやら、これがいまの時代の精神ということなのでしょう……。

でも、わたしは弱い人間で、殺されるのは恐ろしいし、殺すこともとても恐ろしいです。わたしは時代について行けません。わたしには生首を見ることなどできません。苦痛で胸がいっぱいになってしまいます……今日の人類は、そしてその一部である中国人は、文明化されて、もうすぐ死刑もなくなるものと思っていました！　自分のこの目で「誅連九族」を見ることになろうとは、思ってもいませんでした……（朱徳（チュートー）の妻を殺すことは、厳密にいえば「誅連九族」に当たらないかもしれませんが、根本的には同じことでしょう。）……そして、人間の生首は多くの人々が求める芸術作品になろうとしているのです！

死刑と拷問の廃止は二〇世紀初めに広くもてはやされた考えであり、一九二三年に中国共産党が発表した党規約にも目標として含まれていた。
楊開慧(ヤンカイホイ)は当然、毛沢東の殺人行為についても新聞で読んでいた。毛沢東の部隊はいつも「焼き打ちをかけ、人を殺し、誘拐し★、略奪」する「共匪(きょうひ)」と呼ばれていた。新聞は、また、毛沢東が井岡山(チンカンシャン)から追い出され、「三方を囲まれた朱毛軍に生き残れる可能性は微塵もない」と報じていた。

★毛沢東の部隊に誘拐された被害者の中には、アメリカ人のカトリック神父エドワード・ヤングも含まれ、紅軍側は二万ドルの身代金を要求した。ヤング神父は脱走したが、ともに捕らわれていた中国人の人質や囚人は殺害された。

楊開慧はまだ毛沢東を愛しており、何よりも毛沢東に「共匪」をやめて戻ってきてほしいと望んでいた。一九二九年五月一六日、「寄一弟、没有発去（いとこへ、発送せず）」と書きつけのある詩で、楊開慧は毛沢東に帰ってきてほしいと哀願する気持ちを八行に綴っている。

你現在是熱愛的情人、　　あなたはいまとても大切な人

彼に伝えて、帰って来て、帰って来て、と
老人［母親のことらしい］の心が火で焼かれているのが見えるのです
帰ってきて、帰ってきて！
悲しい別れ、その結晶が、冷え冷えと惨めで、寂しくて、それがどんどん大きくなってくるのです！
何の知らせでもいい、あなたが運んで来てくれたらどんなに嬉しいでしょう！
この心、［原文不明］、火に焼かれるのはこんな苦しみでしょうか
帰ってきて、帰ってきて！

你許給他帰来、帰来。
我看見老人的心已如火焚了！
帰来喲、帰来喲！
傷心的別離、它的結晶品、凄涼、寂寞、已漸長漸大了！
希望你呵、帯一点消息回来！
這一顆心、你去［原文不清］、比火焚多少？
帰来喲、帰来喲！

このあとまもなく「一弟（いとこ）」から手紙が届き、毛沢東が上海へ行く（一九二九年二月

七日に上海へ来るよう党から命令が出ていた）予定であることを知らせてきた。夫に会えるかもしれないと知って、楊開慧は狂喜した。次の手紙は「一弟へ　お手紙受け取りました。どれほど嬉しく、安堵したことでしょう！」という書き出しで始まり、楊開慧は夢見るような思いを綴っている。

経済的状況が許すならば、わたしはここから出て、何年か勉強をしなくては……ここから出て、仕事を探したいのです……本当に、いますぐにでも勉強を始めたいです……そうでなければ、空虚な痛みしか感じられず、頼るものが何もないのです。

この前書いた遺書みたいな手紙は、送るのをやめました。あなたが一度でも家に来てくだされば、それ以上にわたしが望むことはありません。

楊開慧の思いは毛沢東に転じ、彼が上海へ行かない可能性もあること、上海へ行けば身の安全が心配なこと、を綴っている。

彼が上海へ行けなくなる、ということもあるのでは？　むしろ、行ってくれないほうがいいような気もします。彼のことがまた心配になってきました。ああ、いけない！　もうやめておきます……

毛沢東にあてて手紙を書きはじめたものの、楊開慧(ヤンカイホイ)は途中でやめた。「最愛のあなたへ――発送せず」の書き出しであとは破り捨てられた手紙が残っている。かわりに、楊開慧は自分の人生を回顧する文章を綴りはじめ、一九二九年六月二〇日に書き上げた。この文章で、楊開慧は自分自身の生い立ち、思想、心情などを毛沢東に伝えたいと考えたようだ。文章からは、二つのことが伝わってくる――楊開慧がどれほど情熱をこめて毛沢東を愛していたかということ、そして、暴力と残虐行為が彼女にとってどれほど堪えがたいものだったかということである。楊開慧が書いた文章の冒頭が暴力と残虐行為の話題であり、終わりもその話題で締めくくられていることを考えると、彼女の中ではこの問題のほうがより大きな位置を占めていたように思われる。六歳のころから自分はこの世界を悲しい場所と見るようになった、と、楊開慧は回顧している。

わたしは非常に虚弱な体質に生まれ、泣きだすと失神してしまうような子供でした……そのころ、わたしは動物たちに同情を感じていました……毎晩ベッドにはいるとき、鶏や豚を殺すところや死んでいく人たちの恐ろしい影が頭の中を跳びまわるのです。どんなに苦痛だったことか！　いまでも、あのときの味がはっきりとよみがえってきます。わたしの兄や、兄だけでなく他の子供たちも同じですが、わたしには彼らが全く理解できませんでした。小さなネズミやトンボをつかまえて、なぐさみものにし、相手が何の痛みも感じない生き物であるかのように扱うなどということが、どうしてできるのでしょう？

母に苦しみ――娘に先立たれる苦しみ――を与えたくない、という思いがなかったら、わたしを思いとどまらせるこの強い力がなかったら、わたしは到底生きてこられなかったと思います。

わたしは、本当に信じられるものが欲しかったのです！……

わたしは、下の階層の人たちに同情を寄せていました。ぜいたくな着物を着た人たち、自分の楽しみしか考えない人たちには憎悪を感じていました。夏には、だぶだぶでごわごわの綿の上着を着て、下の階層の人たちとそっくり同じ恰好で過ごしました。一七歳か一八歳のころの話です……

どのようにして毛沢東と恋に落ち、どれほど全身全霊を込めて毛沢東を愛し、どのように毛沢東の不貞を知り、どのように毛沢東を許したかについても、楊開慧（ヤンカイホイ）は書いている（本書の第三章）。しかし最後には、毛沢東と訣別し、毛沢東に教えられたイデオロギーから訣別することを考えている、と書いている。

　いまでは、わたしの気持ちは新しい段階に移りました。わたしは知識を求めることによって滋養を得たい、乾ききったこの人生に水と栄養を与えたいのです……たぶん、ある日、わたしは大声を上げるでしょう。過去の自分の考えはまちがっていた、と！

楊開慧は、回顧録を次のように締めくくっている。

　ああ！　殺（シャー）、殺（シャー）、殺（シャー）！　わたしの耳にはこの言葉しか聞こえてきません！なぜ、人間はこんなに邪悪なのでしょう？　なぜ、こんなに残忍なのでしょう？なぜ!?　これ以上、もう考えられません！　［楊開慧による削除あり］わたしは信念を持たなくては！　信念を持たなくては！　わたしに信念を持たせてください!!

楊開慧は、恵まれない人たちへの同情から共産主義に惹かれるようになった。「信念」を求める叫びは、まぎれもなく、彼女がその時点での信念、すなわち共産主義を失いつつあったことを示している。楊開慧は毛沢東を非難しなかった。まだ毛沢東を深く愛していたのだ。けれども、殺人については、楊開慧は自分がどれほど強い嫌悪を感じているかを毛沢東に伝えようとした。殺生は開慧が子供のころから嫌っていたことだった。

もともと、楊開慧は毛沢東にあててこの文章を書いた。上海で会えるかもしれないと思っていたからだ。しかし、時が過ぎるにつれて、毛沢東には会えないことがはっきりしてきた。実際、毛沢東はなんとかして上海行きを避けようとしていたのである。楊開慧は、それまで書きためた一二枚の文章を壁のレンガの隙間に隠した。

一九三〇年一月二八日、春節の二日前に書かれた最後の文章からは、絶望の色が読み取れる。春節は、中国では昔から家族や親戚が一堂に集う機会だ。四ページにわたる文章には、毛沢東が家を出てからの二年半に楊開慧がどれほどつらい思いを味わったかが綴られている。文章は、毛沢東が家を出た直後の気持ちを回顧するところから

始まっている。★

★この文章の大部分は文書館で閲覧したときの記憶をもとに再現したものであり、正確でない部分もありうることをお断りしておきたい。「……」は思い出せなかった部分である。句読点の大部分は、文章をわかりやすくするために著者が追加した。

もう何日も眠れずにいる。

どうしても眠れない。頭が変になりそう。

もうずいぶん日がたつのに、彼から手紙が来ない。毎日毎日待っているのに。

涙……

こんなに悲しがっていてはいけない。子供たちを悲しませてしまうし、母も悲しませてしまう。

また妊娠しているのかもしれない。

心底から惨めで、寂しくて、苦しい。

逃げ出したい。でも、わたしには子供たちがいる。どうして逃げ出すなんてできようか？

五〇日目の朝、大切な大切な手紙が届いた。

たとえ彼が死んでも、わたしの涙で亡骸を包んであげる。

一ヵ月たち、また一ヵ月たち、半年がたち、一年がたち、三年がたった。彼はわたしを捨てたのだ。過去の場面が次から次へと頭の中によみがえる。未来の姿も、次から次へと頭をよぎる。彼はわたしを捨てたにちがいない。

彼は幸せ者。だって、わたしの愛があるのだから。わたしは心からすごくすごく彼を愛している！

彼がわたしを捨てるなんて、ありえない。手紙をくれないのは、何か理由があるはず……

父親の愛というのは、本当に不可解なもの。彼は子供たちに会いたくないのだろうか？　わたしには理解できない。

これは悲しいことだけれど、良いことでもある。だって、おかげでわたしはいま、自立した人間でいられるのだから。

彼に百回くちづけしたい。彼の目に、彼の唇に、彼の頬に、彼の首に、彼の額に。彼はわたしの最愛の人。彼はわたしのもの。

頼りになるのは、母親の愛だけ。自分の母親のことを考えると……

きのう、兄に彼のことを話した。ふつうにしていようと思ったのに、涙がこぼれてしまった。なぜだかわからない。

彼を忘れることができたらいいのに。でも、彼の美しい姿、彼の美しい姿が。すぐそこに彼が立って、沈んだ眼差しでわたしを見つめる姿が、ぼんやりと見えるような気がする。

わたしは「一弟（いとこ）」に手紙を書いた。「わたしの手紙を彼に届けてくれる人、彼の手紙をわたしに届けてくれる人は、だれでもわたしの恩人です」と。

ああ、彼のことが心配でどうしようもない。

彼が無事でいてくれさえすれば、彼がわたしのものかどうかはどうでもよいこと。天よ、どうぞ彼をお守りください。

きょうは彼の誕生日。彼のことが忘れられない。わたしは黙って食材を手に入れ、麺を作った［長い麺は長寿を象徴するので、誕生日に食される］。母もきょうが何の日か覚えていた。夜、ベッドにはいると、ひとりで悲しいことを考えてしまう。

彼が病気を患っていたと聞いた。働きすぎたせいだという……わたしがそばにいないと、彼は身体に気をつけない。疲れて死ぬまでがんばってしまう人なのだ。

彼は働ける身体ではない。彼は頭を使いすぎる。天よ、わたしをお守りください。わたしはもっともっと働かなくては。月に六〇元稼ぐことができれば、彼を呼び戻して、もうこれ以上働かないでと言ってあげられる。そうなれば、彼の能力と知性で、不朽の成功をおさめることさえできるかもしれない。

また眠れない夜を過ごした。

もう耐えられない。彼のところへ行こう。

子供たち、わたしのかわいそうな子供たちが、わたしを引き止める。わたしの心には重荷がぶらさがっている。片方には彼、もう片方には子供たち。どちらも見捨てることはできない。

泣きたい。本当に泣きたい。

どんなにしてみても、彼を愛する心は止められない。どうしても……人の気持ちは、本当に不思議なものだ。三春和（サンチュンホー）はわたしをとても愛してくれるのに、わたしは彼に目もくれない。

どんなに彼［毛沢東］を愛していることか！　天よ、わたしに完璧な答えをください！

この胸を引き裂くような言葉が綴られてからまもなく、楊開慧（ヤンカイホイ）の「一弟（いとこ）」が逮捕され処刑された。彼は楊家の裏手に埋葬された。

それから数ヵ月後、楊開慧自身も処刑された。長沙（チャンシャー）を攻撃しているあいだ、毛沢東は妻や息子たちを救出する努力をせず、警告を送ることさえしなかった。救おうと思えば、容易に救えたはずだ――楊開慧の家は毛沢東が長沙へ進軍する途中にあり、毛沢東はそこに三週間もいたのだから。にもかかわらず、毛沢東は指一本動かさなかった。

第八章 血の粛清で「主席」へ

一九二九〜三一年★毛沢東三五〜三七歳

一九二九年初めに井岡山(チンカン)を出たあと、一年半のあいだに毛沢東は紅軍の主要な二つの軍すなわち朱毛軍と彭徳懐(ポントーホワイ)軍の完全な支配権を掌握し、福建(フーチエン)省に相当規模の革命根拠地一ヵ所を獲得した。その一方で、毛沢東はもうひとつかなり大きな紅軍に視線を注いでいた。福建省と湖南(フーナン)省のあいだに位置する江西(チアンシー)紅軍である。

江西紅軍は、カリスマ性があり比較的穏健な李文林(リーウエンリン)という指導者のもとで、かなり安定した根拠地を確立していた。井岡山を下りてまっすぐこの根拠地に向かった毛沢東の軍が一九二九年二月に到着したとき、李文林の部隊はこれを暖かく迎えた。そのときは国民党の討伐隊に追われていたため毛沢東は短期間しか滞在しなかったが、それでもいち早くこの根拠地において自分が最高権力者であると宣言し、ここを離れるときには末弟の毛沢覃（マオツオータン）を根拠地の中心である東固（トンクー）地区の責任者に任命して残していった。どちらの措置も上海の認めたものではなく、地元の人々は不満だった。が、彼らは毛沢東がまもなく出発するということで、抵抗しなかった。

　毛沢東は末弟が自分に代わってこの地区の支配権を掌握することを望んだが、毛沢覃は兄のような攻撃性や権力欲に欠けていた。党の巡視員は、毛沢覃を、「急に熱くなったかと思うと急に冷め、マラリアにかかった病人のような働き方をする……かなり幼稚で、決断を下すことを恐れる」と観察している。そこで、三ヵ月後に、毛沢東は同じ湖南（フーナン）人の腹心劉士奇（リウシーチー）を弟の目付け役として派遣した。

　劉士奇は毛沢覃の地位を奪っただけでなく、恋人も奪って結婚してしまった。その女性は賀怡（ホーイー）すなわち毛沢東の妻である賀子珍（ホーツーチエン）の妹で、劉士奇は毛沢東と義兄弟になったのである。同僚によれば、劉士奇は毛沢東に似てかんしゃく持ちで口汚く、毛沢東と同じように平気で他人を押しのけ、良心のかけらもない人間だった。一九三〇年二月に毛沢東が江西（チアンシー）省革命根拠地の支配権を固めるために戻ってきたときには、劉士奇は力ずくでいくつかの指導的地位を自分のものにしていた。

　毛沢東が戻ってきたのは、いまや江西省革命根拠地の権力を掌握するに十分な軍事力を手に入れたからである。今回も、毛沢東は策略を使った。江西省に駐留するすべての紅軍の代表が集まるという名目で、毛沢東は「紅四軍前敵委員会、江西省西部特別委員会および紅五軍、紅六軍の軍事委員会による合同会議」という大層な名前の会議を陂頭（ピートウ）という場所で招集した。しかし、会議の直前になって、毛沢東は日程を動かした。当初二月一〇日と通知していた会議の開催日を、突然六日に繰り上げたのである。劉士奇による権力奪取に反対していた江西省の代表の多くを含む主要な出席予定者たちが到着したときには、会議は終わっていた。

陂頭「合同会議」は事実上二人の義兄弟による家族会議となり、会議の結果、毛沢東が江西省革命根拠地の支配者、劉士奇が現場を仕切る番頭、という構図が実現した。根拠地の指導者だった李文林（リーウエンリン）は下っ端の役職に格下げされた。

江西省革命根拠地の人間は大半がこの決定に反対したため、毛沢東は彼らを黙らせるのに恐怖という手段に訴えた。地元の有名な共産党員四名に「反革命」の罪を着せて、陂頭で公開処刑させたのである。この四名は毛沢東によって殺された共産党員として名前が残っている最初の犠牲者である。

毛沢東と義弟の劉士奇は、反対の声を上げる可能性のある人間を脅すために処刑という手段を使った。当時の党巡視員は、劉士奇はいつも「『おまえなど処刑にしてやる！』など……乱暴な言葉で人々にどなり散らしている」と報告している。処刑の理由としてよく使われたのは、スターリンのソ連で流行していた「クラーク」（富農）という言葉だった。毛沢東は江西（チアンシー）省の「党組織はあらゆるレベルにおいて地主やクラークだらけである」と主張したが、その根拠は、江西紅軍の指導者の大多数が裕福な家庭出身である、というだけのことだった。実際には、毛沢東自身も「クラーク」の出身である。

中国共産党員による内輪の殺し合いは以前にもなかったわけではないが、それまではイデオロギーに名を借りて一族や個人の恨みを晴らす、という類の殺人が大半だったようだ。★これに対して、毛沢東の殺人は、さらなる野心の追求が目的だった。

★井岡山（チンカン）では、寧岡（ニンカン）初の共産党県長となった人物が一九二八年九月に仲間の共産党員によって殺害された。前任の国民党県長張開陽（チャンカイヤン）が共産党の大集会に引き出され梭鏢（スオピアオ）で突き殺されてから七ヵ月後のことである。この地区の責任者として毛沢東が残して行った人物も、毛沢東が井岡山を出て九ヵ月後に血の復讐で殺害された。この人物は共産党委員の若くて美しい妻を敵のスパイという名目で拷問・処刑させたことを恨まれ、自身も同じ罪を着せられて殺害された。

江西省に強引に地歩を築こうとするあいだ、毛沢東はあらゆる手を使って上海に警戒感を抱かせないようにした。上海の共産党中央は毛沢東に江西紅軍の指揮権を与えなかった。それどころか、上海は江西紅軍を独立した軍として朱毛紅軍(しゅもうこうぐん)と同等に扱い、蔡申熙(ツァイシエンシー)という人物を指揮官に任命した。

しかし、蔡申熙が江西省に着任しても毛沢東は指揮官への就任を認めず、義弟の劉(リウ)士奇(シーチー)を江西紅軍のトップに任命した。毛沢東がこうした所行を上海から隠すことができたのは、当時は電話も無線も電報もなかったからだ。唯一の通信手段は伝書使で、上海と江西省革命根拠地を結ぶのに片道で数週間かかった。毛沢東と義弟の劉士奇が江漢波(チアンハンポー)という名の非協力的な党巡視員を殺害し、毛沢東に都合の良い内容の報告書を江漢波の名で偽造して上海に届けた、と信ずるに足る証拠もある。

既成事実を作ってしまうのが毛沢東の計画だった。このときまで、毛沢東は上海にあてて定期的にご機嫌伺いの報告書を送っていた。しかし、いまではそれを全面的に中止し、党中央からの度重なる召喚も無視した。さらに、上海の追及をかわすために自分が病死したという噂まで流したらしい。毛沢東は有名な「共匪(きょうひ)」だったので、ニュースは国民党系のメディアで広く取り上げられた。毛沢東としては虚報をばらまいた責任も問われず、好都合だった。

策略は、当座は成功した。三月二〇日、モスクワが発行するコミンテルン機関誌

『インターナショナル・プレス・コレスポンダンス』（インプレコール）に、「中国からの情報によれば、紅軍の創始者……である毛沢東同志が、長いあいだ患っていた肺病のため、福建省の前線で逝去した」という黒枠の死亡記事が載った。が、二週間もしないうちに、モスクワも上海も、毛沢東がいたって元気であること、しかも江西紅軍の支配権を強奪したこと、を知った。四月三日、上海は紅軍全軍に対し、軍は上海の党中央が出す以外の指示に従ってはならない、とする強い調子の通知を発した。通知は、名指しこそしなかったが、党の許可なく江西紅軍を乗っ取った毛沢東をはっきりと非難していた。

五月になって江西省に上海からの文書が届き、地元の紅軍兵士たちが毛沢東に抵抗して立ち上がった。地域によっては、共産党幹部が毛沢東・劉士奇政権に対する農民反乱を煽動したところもあった。毛沢東が乗り込んでくる以前は、江西紅軍は住民の福利や生産活動などにも関心を払い、農機具や家庭用品の工場を建設したりしていた。毛沢東と劉士奇は、こうした施策を「建設主義」と呼んで非難した。劉士奇は、「闘争の必要性から、生産を縮小することが不可避である」と書いた。生産向上の機会を奪われ、税金に最後の一滴まで搾り取られた農民たち（劉士奇によれば、「皆、大喜びで支払った」）は、「平穏な生活と平穏な仕事をよこせ！」と叫んで各地で反乱を起こした。劉士奇は、「革命意志薄弱な者や非行を働く者は、見つけしだい逮捕せよ」「親戚や友人に同情を抱いてはならぬ。正しい行動を取らぬ者は、家に来た客であろうと他のどこであろうと……当局によって逮捕処罰されるべく……報告しなければならない……」と命令し、情け容赦なく反乱を鎮圧した。

反乱の黒幕は「党の指導的地位にあるAB団分子どもだ」と、劉士奇は主張した。「AB団」というのは「アンチ・ボルシェビキ団」のことで、本来はすでに消滅した国民党の一分派を指す名称だった。劉士奇はそれを歪曲して復活させ、反対者を非難する道具として使ったのである。こうして、わずか一ヵ月のうちに、何千という農民や共産党員が殺害された。

このとき、江西紅軍に好機が巡ってきた。一九三〇年八月初頭、毛沢東の軍は数百キロ離れた長沙（チャンシャー）近郊にあり、彭徳懐（ポントーホワイ）軍を乗っ取ろうとしていた。以前の指導者李（リー）文林（ウエンリン）に率いられた江西紅軍はこの機に乗じて集会を開き、劉士奇を解任した。怒りに燃える地元幹部は、劉士奇に対して――ひいては毛沢東に対して――「権力のことしか考えていない」「軍閥と化している」「党を大きな危険に陥れた」などの罵倒を浴びせた。劉士奇は「あまりに多数の」同志を処刑したこと、そして「途方もない赤の恐怖」を作り出したことを糾弾された。

江西省の共産党員は劉士奇の除名を上海に要求した。が、彼らは残忍な人種ではなかったので、上海へ逃走する劉士奇を阻止しなかった。上海は劉士奇に別の革命根拠地のポストを与えた。新しく赴任した根拠地で、劉士奇は自分とそっくりな人間に出会った。その根拠地の指導者、張国燾である。張国燾は毛沢東に劣らぬ悪党で、大量虐殺も平気でおこなう支配者だった。劉士奇も、そうした虐殺の犠牲者となった（劉士奇が殺害されたあと、妻となっていた賀怡は毛沢東の弟沢覃のもとに戻った）。

劉士奇が解任されたため、毛沢東は江西省革命根拠地における足がかりを失った。長沙の攻囲戦を解いたあと、毛沢東は根拠地の支配権を取り戻して報復するため、江西省に戻った。途上の一〇月一四日、毛沢東は上海の党中央に対して、「［江西省の］党は全体がクラーク（富農）の指導下にあり……AB団だらけで……クラーク指導者とAB団分子を徹底的に粛清しないかぎり……党を救う道はない……」と、江西紅軍を糾弾した。

モスクワが自分に対して究極の昇格――将来の国家主席とする――を内定したことを毛沢東が知ったのは、ちょうどこの時期であった。強引に権力を追求する姿勢が評価されたのだった。モスクワの支持を得た毛沢東は、大規模な粛清を実施して自分に反対した者をすべて排除し、その過程で非常な恐怖を作り出して今後自分に刃向かう者が出ないようにしよう、と考えた。上海には毛沢東を制止する余裕はなかった。というのは、王明（ワンミン）という比較的無名な人物によって、一一月半ばに指導部内で激烈な権力闘争が起こっていたからだ。王明は、この後、毛沢東の手強いライバルとなる。

虐殺は一一月下旬に始まった。毛沢東は、紅軍の全部隊に対して根拠地の中心部に集合するよう命じた。ここならば逃亡することが難しいからである。こうしておいて、毛沢東は、彭徳懐（ポントーホワイ）指揮下の部隊——この部隊には毛沢東による乗っ取りに抵抗した人間が含まれていた——でＡＢ団の存在が明らかになった、と発表した。逮捕と処刑が始まった。ある尋問担当官は、未発表の手記に、毛沢東の支配下から離脱する計画の先頭に立っていた将校が受けた拷問を、「彼の背中は傷だらけで魚のうろこのようになっていた」と書いている。

毛沢東は、一年前に投票で自分を指揮官の地位から追放した朱毛紅軍に対しても、恨みを晴らそうと考えていた。朱毛紅軍の将校の中には、毛沢東を信頼していない者がかなり多かった。劉敵（リウティー）という名の将校は、一九三一年一月一日に上海にあてて、「わたしは毛沢東を信用したことはありません。［ある戦いの後で］わたしはいろいろな部隊の多くの将校たちに会いました……彼らはみな非常に不安げで意気消沈していました。共産党で活動するのにへつらい根性が必要になろうとは思わなかった、こんなことでは甲斐がない、と言っていました。わたしも同じように感じ、党のボルシェビキ精神は日に日に失われつつあると思いました……」と書いている。毛沢東自身も、上海に提出した一九三〇年一二月二〇日付の答弁書の中で、自身が「罪を捏造し同志を迫害した罪」や「陰謀を企てた罪」で告発されたことを認めている。

粛清を実施するために、毛沢東は腹心の李韶九を使った。李韶九は同志のあいだで「残忍で卑劣」という評判の男で、ある党巡視員は、「李は部隊内のほとんどの人間から嫌われている。なぜなら、戦闘の前には空いばりして長広舌をふるうくせに、戦場においては臆病者だからだ」と書いている。李韶九の部下からは、党に対して、「李を解任し処罰してほしい」という要望が前々から出ていた。

李韶九はまず最初に何人かを逮捕し、彼らを拷問して他人の名前を言わせた。そして、それをもとにさらに逮捕と拷問をくりかえし、毛沢東に敵対する人間を検挙していった。ある幹部将校によれば、李韶九とその手下たちは、「いきなり『おまえたちの中にAB団分子がいる』と言って、何人かを名指しする……ほかに証拠などいっさいない。名指しされた人々は……拷問され、無理やり［自分がAB団分子であると］認めさせられ、他人の名前を一ダース以上も挙げさせられる。すると、こんどはこの人々が逮捕され、拷問され、また何十人もの名前を挙げる……」というやり方で犠牲者を増やしていった。

毛自身が一二月二〇日付で上海に報告しているように、一ヵ月のあいだに「紅軍の中で四四〇〇人以上のAB団分子が発見され」、その大多数が殺された。全員が拷問を受けたことは、毛沢東も認めている。もし拷問に耐えきれず偽りの告白をしたならば、そのこと自体が彼らの有罪を証明することになる、と、毛沢東は主張した。「忠実な革命同志であるならば、偽りの告白をして他の同志を罪に陥れることなどできるはずがない」という理屈である。

軍に対する締めつけを終えた毛沢東は、つぎに江西省の共産党員に矛先を向けた。一二月三日、毛沢東は自分に敵対する者たちのリストを李韶九に渡して富田の町へ派遣した。富田には、江西省の共産党幹部が住んでいた。毛沢東は、義弟の劉士奇を解任した八月の集会を「毛沢東に反対する」「AB団集会」であると非難し、「連中を全員撲滅せよ」と命じた。さらに、「すべての県、すべての地区で、大量に殺戮せよ」「逮捕と殺戮を実行しない地域は、その地域の党および政府の人間がAB団分子であるに相違ないから、連中をどんどん逮捕して訊辦［拷問・殺害を示唆する言葉］すればよい」と命じた。

李韶九（リーシャオチウ）は一二月七日に富田（フーテイエン）に到着し、毛沢東のリストに載っていた人々を逮捕し、一晩じゅう拷問した。ひとつは「打地雷公（地雷を打つ）」と呼ばれ、じわじわと親指をつぶして耐えがたい苦痛を与える拷問であった。別の拷問では、やはり苦痛を最大にするために、線香の細火でからだを焼いてじわじわと苦しめた。李韶九はとくに江西（チアンシー）省共産党幹部の妻たちに対して残酷で、彼女たちを全裸にしたうえで、事件直後に書かれた抗議文によれば、「妻たちのからだ、とくに局部を線香の細火で焼き、乳房を小刀で刻んだ」という。

　こうした残虐行為に対して、反乱が起こった。毛沢東に公然と刃向かった初めての反乱である。反乱を指導したのは幹部将校の一人で、前述した劉敵（リウテイー）という人物だった。劉敵は湖南（フーナン）省出身で、数年前から毛沢東を知っていた。同郷人ということで、毛沢東は以前に劉敵を味方に引き入れて江西紅軍の支配に利用しようとしたことがあった。李韶九は一二月九日に、まず、ＡＢ団分子であることが明らかになった、という理由で劉敵を召喚した。それから、協力すれば見逃してやる、と持ちかけた。

　反乱のあと上海に送った報告書の中で、劉敵はそのときの状況を次のように説明している。劉敵は、「酒や肉やハムの並んだ」ある宴会で拷問係の男たちが腹いっぱい食べているところに連れていかれた。彼らの足もとには拷問の被害者たちが並べられ、李韶九が自分の拷問テクニックを「愉快そうに上機嫌で」自慢し、周囲の者たちが媚(こ)びへつらいの世辞を並べていた。調子に乗った李韶九は、そもそも今回のことは「AB団の問題ではなく、もっぱら政治的なものだ」と口を滑らせた。「わたしは、すべてAB団とは何の関係もないことだったのだ、という確信を強くしました」、「毛沢東がこの策略を考え出し、走狗(そうく)の李韶九を江西省へ送りこんで同志たちを殺戮させているのにちがいない、とわかりました」と、劉敵は書いている。

　劉敵は毛沢東のたくらみを阻止しようと考えたが、そのためには芝居を打つ必要があった。劉は、次のように書いている。「わたしが共産党員として正直に対応したならば、その先には死が待っているだけだと考えました。そこで、この際、誠実さは捨てて……［江西省出身の人間ではないということを強調するために］長沙(チャンシャー)訛りに切り替えて、李韶九に『わたしは昔から閣下の部下です……閣下の政治的ご指導に全力をもって従います』と言いました」。劉敵は、毛沢東にも忠誠を誓った。「わたしがそう言うと、彼らの態度ががらりと変わりました……そして、隣の小部屋で待つよう言われました……」。その晩、小さな部屋のベッドに横たわり、拷問される同志たちの絶叫を壁越しに聞きながら、劉敵は作戦を練った。

　翌朝、劉敵は李韶九にいっそうの追従口(ついしょうぐち)を使い、なんとか自由の身になった。李韶九は劉敵（リウテイー）に対し、部隊に戻って「おまえの連隊のAB団分子を快刀乱麻的手法でただちに粛清せよ」と命じた。部隊に戻った劉敵は、仲間の将校たちに見聞きしたことを話し、全員から支持をとりつけた。一二日の朝、劉敵は部隊を集結させ、富田（フーテイエン）の監獄を急襲して、拘禁されていた者たちを解放した。好んで人殺しをする人種でない劉敵は、毛沢東の腹心たちを追わなかった。李韶九（リーシヤオチウ）を含めて、毛沢東の手下は全員が逃げおおせた。ただし、李韶九はのちに復讐者に殺された。

その夜、富田の町には「打倒毛沢東！」のスローガンが貼り出され、翌朝には反毛沢東の大集会が開かれた。午後、江西（チアンシー）紅軍の兵士たちは町を出て贛江（カン）を渡り、毛沢東の手が届かないところまで移動したあと、通知を出した。通知には、毛沢東について次のように書いてあった。

毛沢東はきわめて狡猾で、利己的で、誇大妄想が著しい。同志に一方的に命令し、罪を着せるといって脅し、罪に陥れる。党の問題について討論することはめったにない……毛沢東が意見を述べたときには、全員賛同しなくてはならない。さもないと、毛沢東は党組織を使って反対者を弾圧し、あるいは理屈をでっちあげて反対者を耐えがたい状況に追い込む……毛沢東は同志を攻撃する際にいつも政治的告発を使う。幹部に対する常套手段は……彼らを自分の道具として使うことである。要するに……毛沢東は革命指導者の名に値しないのみならず、ボルシエビキ……でもない。

毛沢東は「党の皇帝になること」をもくろんでいる、と、反乱部隊は書いた。ところが、たまたま党中央の巡視員がこの地域にいて、毛沢東を公然と非難することはやめるように、と指導した。毛沢東は「国際的名声」があるから、というのが理由だった。江西紅軍はただちに指導に従い、「われわれは毛沢東の陰謀と江西省幹部に対する殺戮を中央に報告し、中央がこれを解決することを望む」と、自分たちの運命を上海の処断に委ねた。

江西紅軍の代表として上海へ向かったのは、全員が毛沢東の手下による拷問を受けた者たちだった。上海で、彼らは反駁(はんばく)の余地のない証拠を党指導部に突きつけた——拷問で受けた傷を見せたのである。さらに、彼らは毛沢東が「[中央から再三再四送られてきた]指示を執行しなかった。彼は……中央から派遣されてきた同志を無視し、意図的に彼らの邪魔をした……中央からは毛沢東に異動を命じる書簡が何度か届いたが、毛沢東は書簡を完全に無視した」と訴えた。

しかし、毛沢東に対する告発が真実であるとわかっていても、そして拷問による傷を自らの目で確認しながらも、コミンテルン代表および周恩来率いる上海の党中央は毛沢東の側に立った。周恩来自身が、モスクワから派遣されたポール・リルスキーに対して、「わが党の党員に対する逮捕と拷問は……たしかにありました」と述べている。★しかし、スターリン主義の世界においては、粛清をおこなう側がつねに勝者である。モスクワは、最も強い人間を求めていた。江西（チアンシー）紅軍は党に対して忠実であったにもかかわらず「反革命」のレッテルを貼られ、毛沢東に服従するか、さもなければ「無情的……武装闘争」すなわち殲滅（せんめつ）の対象とする、と申し渡された。毛沢東は「基本的に正しい」のであり、「革命の敵に対するこのような情け容赦ない闘争路線は［継続され］なければならない」というのがモスクワの見解だった。これは、毛沢東にとって、またひとつの画期的事件となった。毛沢東は何の落ち度もない忠実な党員を虐殺した行為に対して、モスクワのお墨付きを得たのである。毛沢東が党の規則を好き放題踏みにじったのと対照的に、江西紅軍の兵士たちは一人の党員も殺害したり傷つけたりしていない。

★粛清が逆効果をもたらす場合でも、それは変わらなかった。（共産党）労働総同盟が一九三二年に出した報告書によれば、労働者は「とにかく恐ろしさのあまり」共産主義の組合から遠ざかったという。「彼らは、労働組合に属していた労働者の大半［原文ママ］が「AB団」の嫌疑をかけられて告発され［自分たちの同志の手で］処刑されるのを見たのである」

上海の党中央は、さらに、江西紅軍の被害者代表が毛沢東の行為を党に訴えた文書を毛沢東に送り返すことまでした――毛沢東に対して、彼らを随意に処置してよい、という合図を送ったわけだ。悲痛な訴えが綴られた報告書には、細長い字で、「［ロシア語への］翻訳後、毛に戻すこと」あるいは単に「毛へ」といった指示が書き付けてあった。党中央組織部長康生（カンション）の文字である。痩身で、口ひげをたくわえ、金縁めがねをかけ、中国美術と性愛文学に造詣（ぞうけい）の深い康生は、拷問によって与えうる苦痛の程度についても知悉（ちしつ）しており、のちに毛沢東ご指名の迫害係として悪名を馳せた。この無頓着で残忍な書き付けをもって、康生は犠牲者たちを毛沢東の手へ、そして逃れようのない死へ引き渡したのである。

上海から支持を得た勢いを駆って、毛沢東は劉敵（リウテイー）ら反乱兵士たちを「審訊（しんじん）」し、処刑した。劉らは処刑前に地元住民への見せしめとして根拠地内を引き回された。江西根拠地の全域から代表が集められ、教訓として処刑を見学させられた。

のちに書かれた秘密報告書から、荒廃しきった江西（チアンシー）根拠地のようすを知ることができる。「AB団分子を殺戮するために、すべての仕事が中止させられた」「誰もが恐怖の中で暮らしていた……最悪の時期には、二人の人間が話をしているだけでAB団だと疑われた……情け容赦ないAB団攻撃に参加しない人間は、自身がAB団分子とみなされた……」。おぞましい拷問が、いたるところでおこなわれた。報告書には、「じつに多種多様な拷問がおこなわれた……『坐快活椅子（快楽椅子に座る）』『蝦蟆喝水（ひきがえるが水を飲む）』『猴子牽繮（猿が縄を引く）』……といったような変わった名前が付けられていた。真っ赤に焼けた槊杖（さくじょう）を肛門に押しこまれた者もいた……勝利（ションリー）県だけでも一二〇種類の拷問があった」と書かれている。「仙人弾琴（仙人が琴を弾く）」という吐き気を催すほど創造的な名前を付けられた拷問は、ペニスに針金を通してその両端を被害者の耳から吊るし、拷問者がその針金を弦に見立ててかき鳴らす、というものだった。殺人も身の毛のよだつ方法でおこなわれた。「どこの県でも、腹を切り裂いたり心臓をえぐり出したりした例があった」と、報告書が伝えている。

　江西省においては、総計で何万という人間が殺された。粛清直後に書かれた秘密報告書によれば、軍だけでも約一万人が殺害されたという。当時毛沢東の管轄下にあった紅軍全体の四分の一にあたる数だ。これは中国共産党における初めての大規模な粛清であり、スターリンの大粛清よりはるか前におこなわれている。この決定的に重大な粛清の事実――多くの面で毛沢東主義の形成期――は、今日に至ってもなお隠蔽(いんぺい)されている。毛沢東の個人的な責任や動機、そして毛沢東の非常な残虐性は、いまもってタブーなのである。

隣接する福建(フーチエン)省でも地元の共産党員が毛沢東に反抗し、一九三〇年七月、毛沢東と朱毛紅軍が近くにいないときを狙って毛沢東側の人間を投票によって解任した。このときも、何千人という人間が処刑された。氏名が明らかになっており、のちに正式に名誉を回復された人間だけでも、処刑者は六三五二人にのぼる。ある県では、犠牲者たちは錆びた針金を睾丸に通してつながれた姿で刑場まで街中を引かれていった。福建省委の書記は震えあがると同時にすっかり幻滅して、最初のチャンス――香港に薬品を買いに行かされた――をとらえて逃亡した。逃亡した共産党幹部は、ほかにも多数いた。彭徳懐(ポントーホワイ)の事実上の養子もその一人だった。

富田(フーティエン)事変の直後、江西省の共産党員たちは朱徳(チュートー)と彭徳懐に、「朱同志、彭同志、われわれの党は永遠に永遠に太陽のない暗闇に沈んだままなのでしょうか?」と訴えた。朱徳（チュートー）も彭徳懐（ポントーホワイ）も、毛沢東に対する反感を否定しなかった。ある晩、酒をしこたま飲んだあと、朱徳は旧友に、「昔からの同志たちがたくさん……粛清で殺された。背後にいるのは例の人物だ」と話した。朱徳は毛沢東のことを言っているのだとわかった、と、旧友は回顧録に書いている。そして、「富田（フーティエン）事変も、すべて、老毛（ラオマオ）がAB団を殺戮した結果だ。どれほど多くの同志が殺されたことか……」という朱徳の言葉を紹介している。朱徳は「途方もなく悲しい顔をしていた」という。それでも、朱徳も彭徳懐も離反しなかった。毛沢東の背後には上海とモスクワがついていたから、江西（チァンシー）紅軍に味方すれば彼ら自身が党から切り捨てられることになる、とわかっていたのだ。すでに、朱徳と彭徳懐を陥れる下地は用意されていた。毛沢東は朱徳の部下の粛清を進め、五人の副官のうち二人を処刑していた。その気になれば、拷問を使って部下の口から朱徳を――そして彭徳懐を――告発させることも可能だった。事実、「彭徳懐はAB団と関係があるかもしれない」とする伝言が中国駐在のソ連軍情報局の責任者に届いていた。

毛沢東は紅軍司令官たちを脅しただけでなく、司令官たちが自らの手を同志の血で汚すように仕組んだ。たとえば、朱徳には劉敵（リウティー）に死刑を申し渡す陪審に加わるよう命じている。

朱徳と彭徳懐が毛沢東に抵抗しなかった理由は、もうひとつある。一九三〇年一二月は、蔣介石が国民党内の内紛に勝利して、革命根拠地に対する「囲剿（包囲勦討作戦）」を開始した時期だったのである。朱徳と彭徳懐は紅軍のことを考え、軍が分裂して破滅に向かうことを避けようとした。彼らの姿勢は、毛沢東の姿勢とは異なっていた。このあと一九三一年にかけて蔣介石による第二次、第三次囲剿がおこなわれたあいだ、毛沢東が粛清を中断したことはなかった。蔣介石が攻撃を中断するたびに、毛沢東は粛清にますます力を入れた——粛清の犠牲となったのは、その直前まで前線で蔣介石と戦っていた紅軍兵士たちだった。

毛沢東の冷酷無情は、蔣介石との戦いにおいては有効な戦略に結びついた。「敵を赤色区域へ深く誘い入れ、疲弊したところを殲滅する」という作戦だ。こうすれば国民党は地勢をよく知らないので紅軍に有利になる、と、毛沢東は主張した。道路がほとんど通じていないので、国民党軍は行く先々で食糧を調達しなくてはならないが、紅軍は住民を動員できるので敵を兵糧攻め・水攻めにできる、というわけだ。毛沢東の作戦は、住民全員に命じて食糧や家財をすべて地中に埋めさせ、すべての井戸を大きな石で埋めもどし、山中に疎開させてしまう、というものだった。そうすれば、蔣介石の軍隊は水も食糧も手に入れられず、人夫も案内人も見つけることができない。しかし、この作戦では根拠地が戦場となるため、住民に非常な困苦を強いる結果になった。

　毛沢東の方針に賛成した紅軍指揮官はほとんどいなかったが、この戦略は成功した。国民党軍の司令官は、のちに、どこへ行っても「人っ子ひとり見かけず、家の中は洪水にでもさらわれたように何もなく、食糧もなければ鍋もなく……釜もない……軍に必要な情報も得られなかった」と嘆いた。蔣介石も、日記に次のように書いている。「共匪（きょうひ）を勦滅（そうめつ）する困難は、大規模な戦争を上回るものがある。なぜなら、彼らは自分たちの支配地域で戦い、住民を望みどおりに利用できるからである」

　とはいえ、紅軍の勝利を確定的にしたのは、毛沢東の容赦ない戦略ではなかった。勝利を決定づけたのは、現在なおほとんど明らかにされていないが、ソ連による援助だった。モスクワはソ連国内にトップレベルの軍事顧問団を設けて戦略立案にあたらせ、上海にも軍事委員会を設けてソ連人その他（とくにドイツ人）の軍事顧問を置いた。最も重要な役割を果たしたのはソ連軍参謀本部情報総局（GRU）で、中国国内に一〇〇人以上のスパイを配していた。その大半は紅軍根拠地に近い国民党事務局に浸透させた中国人スパイで、中国共産党に対する情報提供が主たる任務だった。一九三〇年初頭、モスクワはこの任務に当たらせるため、ドイツ人とロシア人の血を引く大物スパイ、リヒャルト・ゾルゲ★を上海に派遣した。ゾルゲの最大の手柄は、蔣介石の前線情報司令部を支援するドイツ人軍事顧問団に潜入し、顧問の一人シュテルツナーの欲求不満の妻に近づいて国民革命軍の暗号を盗んだことだった。ゾルゲが盗んだ暗号の中には、参謀本部と前線との通信に使われる暗号も含まれていた。ソ連のスパイがもたらした情報は、毛沢東にとって非常に大きな助けとなった。同時に、中国共産党のほうでも、国民党情報機関の心臓部に独自にスパイを送り込んでいた。その中の一人、銭壮飛（チエンチヨワンフエイ）は国民党中央調査課主任徐恩曾（シユイエンツオン）の秘密管理秘書となり、毛沢東の勝利に大きな役割を果たした。

★ゾルゲは、その後、ヒトラーがヨーロッパ・ロシアに侵攻しても日本にはソビエト極東を攻撃する意図がない、という決定的情報を一九四一年にスターリンにもたらしたことで、スパイとして有名になった。ゾルゲの助手の一人に張文秋（チヤンウエンチウ）という女性がおり、その娘二人はのちに毛沢東の生き残った二人の息子と結婚している（劉思斉（リウシーチー）と邵華（シヤオホワ））。張文秋は、コミンテルンのアメリカ人スパイ、アグネス・スメドレーの紹介でゾルゲと知り合った。

こうしたスパイ網のおかげで、毛沢東は蒋介石軍の動きに関する正確な情報を入手できた。第一次囲剿（いそう）が始まって二週間たった一九三〇年一二月三〇日、毛沢東は四万人の兵士と地元住民を使って九〇〇〇人の国民党部隊を待ち伏せ攻撃したが、この攻撃の前日には、すでに、どの部隊がいつ前進してくるのか正確な情報をつかんでいた。毛沢東は霧が山々を覆い隠す早朝から遠くの山に登って待機し、霜天（そうてん）に紅葉散り敷く山頂から戦況を見守った。午後の陽射しの中、ふもとから上がった歓声で勝利が知れた。国民党軍の大半はあっけなく投降し、生け捕りになった指揮官が群衆集会に引き出された。毛沢東が演説をし、党の合図に合わせて群衆が「首を切り落とせ！肉を食らえ！」と叫んだ。指揮官の首は切り落とされ、上官あてに「礼物」（贈り物）と書いた小さな白い旗を立てた戸板にくくりつけられて、川に流された。

この待ち伏せ攻撃で、蒋介石の第一次囲剿は失敗に終わった。この勝利によって紅軍は武器と捕虜を獲得し、さらに無線機と無線通信要員を獲得した。毛沢東の声望はおおいに高まった。ソ連情報機関やソ連の資金、医薬品、武器が決定的役割を果たしたことは一般にはほとんど知られていなかったが、毛沢東はソ連に毒ガスまで要請していた。

一九三一年四月、蒋介石は第二次囲剿を開始した。このときも、国民党軍は「敵を根拠地内へ深く誘い入れる」戦略に裏をかかれ、前回と同じくモスクワが決定的な支援と情報を提供した。このときの支援には、香港から入手した高性能の送受信用無線機とソ連で訓練を受けた無線技術者が含まれていた。おかげで、毛沢東は敵の通信を傍受することができた。

しかし、七月初め、蔣介石は自ら三〇万の大軍を率いて第三次囲剿に乗り出し、戦術を変更したので、毛沢東が情報活動の成果を利用して待ち伏せ攻撃に出ることは前二回に比べてかなり難しくなった。さらに、今回、蔣介石は毛沢東軍の一〇倍の兵力を投入し、「誘い入れ」られた土地に悠々と駐留し占領を続けることができた。逆に、紅軍は根拠地に戻れなくなった。二ヵ月のうちに共産党側の革命根拠地はわずか数十平方キロメートルまで縮小し、毛沢東の部隊は崩壊の危機に瀕した。

ところが、蔣介石はそれ以上攻めてこなかった。毛沢東を救ったのは、意外な敵——すなわち、ファシスト日本であった。

一九三一年、日本は中国東北に対する侵略をいっそう進めていた。広大な国土の両端から日本と共匪（きょうひ）の脅威に挟まれた蔣介石は、「安内攘外（あんないじょうがい）」、すなわち、まず国内の共匪を片づけてから日本の侵略に応戦する、という政策を決定した。ところが、日本の起こした事件が蔣介石の心づもりを粉砕した。九月一八日、すっかり小さくなった紅軍根拠地にもう一押し猛攻を見舞うべく蔣介石が南京から江西省に向かう船に乗ったその夜、午後一〇時に、日本は柳条湖事件を起こし、そこから太平洋戦争――第二次世界大戦――へ続く道を歩みはじめた。中国東北を守っていた国民革命軍司令官張学良は、反撃しなかった。六〇年以上たってから、その理由を張学良は著者に語った――抵抗しても無駄だっただろう、と。「われわれが勝てるはずなど、ありませんでした。せいぜいが、ゲリラ戦を戦うか、あるいは無秩序な戦いを試みるくらいしかなかったのです……中国軍は、日本軍とは比べものにならぬお粗末さでした……日本軍は本当に立派でしたから……『不抵抗』が、考えうる唯一の政策だったのです」

翌九月一九日に蔣介石が江西省に到着したとき、日本軍はすでに中国東北の中心都市瀋陽（奉天）をはじめ主要都市を占領しており、蔣介石は危機に対処するため二〇日に急ぎ南京へ戻った。日本の圧倒的な軍事力を前にして、蔣介石は張学良と同じく武力による抵抗は無意味だと考え、日本に宣戦布告しなかった。蔣介石の作戦は、中国の途方もない広さと人口と険しい地勢を武器に時間を稼ぐことだった。中国全土を占領して軍隊を駐留させることなど日本には不可能、とわかっていたからである。

当面の措置として、蒋介石は国際連盟に介入を求めた。そして、軍隊を近代化し、経済を発展させ、勝ち目が出てきたところで日本と戦う、という長期計画をたてた。「今回の国難は、これによって国内が一致団結するならば、禍を転じて福と為す好機かもしれぬ」と、蒋介石は日記に書いている。南京政府はただちに「共産勢力に対する囲剿戦を……一時停止」することに決定し、抗日統一戦線を提案した。が、中国共産党は、統一戦線への参加など「可笑到万分的謡言」（笑止千万の戯言）とはねつけた。日本ではなく国民党こそが自分たちの主要な敵である、というのが共産党の姿勢だった。共産党が掲げたスローガン「打倒国民党」と「反対日本帝国主義」のニュアンスの違いも、この点をはっきりと示している。党の「中心任務」は、「武装によるソ連擁護」（日本の中国東北に対する侵略はソ連攻撃の前触れである、とするモスクワの見解に添ったもの）だったのである。

その後、歴史は完全に改竄され、現在では、愛国的で抗日に熱心だったのは国民党よりも中国共産党のほうである、ということになっている。「統一戦線」や「一致対外」を提案したのも、国民党ではなく中国共産党であった、ということになっている。これらはすべて真実の歴史ではない。

抗日統一戦線を望む蒋介石は、江西省の交戦地帯から国民党軍を引き揚げた。紅軍はこの機に乗じてただちに失った根拠地を取り戻し、拡大し、独自の国家を樹立した。

一九三一年一一月七日、一四回目のロシア革命記念日に、中華ソビエト共和国の樹立が宣言された。どの国からも承認されず、後ろ楯であるソ連さえこれを承認しなかったが、中華ソビエト共和国は共産圏（当時はソ連とモンゴルだけ）以外では世界で唯一の共産政権であった。

中華ソビエト共和国は江西省、福建省、湖南省、湖北省、河南省、安徽省、浙江省など中国中央部に点在する革命根拠地から成っており、領土の総面積は最大時で一五ないし一六万平方キロメートル、人口は一〇〇〇万を超えた。★中華ソビエト共和国樹立当時、最大の包領は毛沢東が指導する「中央根拠地」で、これは江西省と福建省の革命根拠地から成り、面積はおよそ五万平方キロメートル、人口は三五〇万ほどであった。モスクワは一年以上前からここを革命政府の本拠地と決めていた。首都は瑞金に置かれた。

★革命根拠地を支配するようになった結果、党員数は一九二六年末の一万八〇〇〇から、一九三一年には一二万に増加した。

モスクワは毛沢東を中華ソビエト共和国の首長に任命し、きわめて非中国的な「中央執行委員会主席」という肩書を与えた。毛沢東は「人民委員会主席」にも任命された。こちらは、いわば「首相」に相当する肩書である。人事が発表された夜、一人の腹心が毛沢東のもとへやってきた。毛沢東が最大の目の敵にしていた江西紅軍の指導者李文林(リーウェンリン)を自ら拷問し、事後に詳細を毛沢東に報告した男である。男は祝賀の言葉を述べ、「毛主席(マオチューシー)!」と、大声で呼びかけた。「きみはじつに早耳だね」「きみが最初だよ」と、毛沢東は答えた。世界じゅうで使われるようになる「毛主席」という肩書を最初に使ったのは、この拷問係の男だった。

第九章 中華ソビエト共和国

一九三一～三四年★毛沢東三七～四〇歳

中華ソビエト共和国の首都瑞金（ロイチン）は、江西（チアンシー）省東南部、三方を丘陵に囲まれた赤土の盆地の中央に位置していた。国民党が支配する江西省の省都南昌（ナンチャン）とは三〇〇キロの距離で隔てられ、道も通じていないが、福建（フーチエン）省側に省境を越えてわずか四〇キロほどのところに紅軍が支配する大都市汀州（ティンチョウ）（長汀（チャンティン））があり、ここからは水路で外の世界と連絡できた。このあたりは亜熱帯の気候で農産物が豊かに育ち、クスノキやバンヤンなどの巨樹が強靭な古根を地表にまで這わせ、樹冠からさかんに若枝を伸ばしていた。

中華ソビエト政権の本部は瑞金の城外（城（じょう）は城郭都市のこと）、建立されて五〇〇年になる広大な宗廟（そうびょう）の敷地に置かれた。廟の本堂は、共産主義お定まりの集会用にもってこいの、数百人を収容できる広さだった。祭壇のあった場所は、ソビエト式の演壇に作りかえられた。演壇には赤い木版画のマルクス像とレーニン像が掛けられ、そのあいだに金色の星と鎌とハンマーのついた赤い旗が掲げられた。上方には、金糸で「全世界無産者、聯合起来！」（万国の労働者よ、団結せよ！）のスローガンを縫い取りした赤い横断幕と、銀糸で「階級闘争」のスローガンを縫い取りした赤い横断幕が掲げられていた。本堂の両側には壁に沿って間に合わせの仕切りで区画された小部屋が並び、新政権の行政を担当する一五の部局に割り当てられた。それらには、「内務人民委員部」など、ロシア語からの直訳で中国人には長たらしく発音しにくい名称がついていた。

宗廟の裏手には、樹木を伐採し農地をつぶして大きな広場が作られた。共産主義活動に欠くことのできない群衆集会の場所を確保するためである。この広場には、その後さまざまな記念碑が建てられた。広場の端には、ソ連式の閲兵（えっぺい）ができるように角材とレンガで御立ち台が作られた。向かい側には、戦死した紅軍兵士（「革命烈士」と呼ばれた）の記念塔が建てられた。これは巨大な弾丸の形をした塔で、塔のあちこちから弾丸のような石が無数に突き出ているデザインだった。塔の両側には記念館があり、ひとつはあずまやの形、もうひとつは要塞の形で、それぞれ戦死した紅軍指揮官にちなんだ名がつけられた。広場全体の造りは共産党政権の成立後に作られた北京の天安門広場を先取りした印象を与えるが、のちに天安門広場を醜く変貌させた重苦しい建造物群に比べると、こちらのほうが創意も色彩もはるかに優れている。

近くの樹林の裏手には、敵の目につかないようカムフラージュした二〇〇名収容の講堂が建設された。マイクロフォンがないのを補うために、音響効果に非常に優れた設計になっていた。講堂は当時紅軍が使っていた軍帽に似た八角形で、正面はヨーロッパの教会に似たデザインだった。ただし、窓はよろい戸で、中からは外が見えるが外からは中がのぞけないようになっていた。正面入り口の上には巨大な紅五星が取り付けられ、星の真ん中から盛り上がった地球を、鎌とハンマーががっちりとはさみつけていた。講堂に隣接して、一〇〇〇名以上を収容できる防空壕も作られた。防空壕へ通じる入り口は、ステージの両脇にあった。幹部がいち早く避難できるように、という配慮である。

幹部の宿舎は村一番の大金持ちが住んでいた邸宅を接収したもので、政権本部の置かれた宗廟(そうびょう)に隣接する敷地に建っていた。毛沢東は、ここでもいちばんいい場所を取った。建物の奥まった角にある続き部屋で、窓からは隣の寺を見下ろすことができた。この窓は、毛沢東の注文で新しく開けられたものだ。それまでの住人は、寺に対する慎みの気持ちから、寺を見下ろす位置には窓をひとつも設けなかったのである。

毛沢東は、ねずみを防ぐために、木材の床の上にレンガ敷きの床を重ねさせた。幹部の宿舎に隣接する土地も接収され、衛兵や当番兵の宿舎が建設されたり、金庫や電話交換機や無線基地のような厳重警備を要する施設が作られた。村人は、使用人として働かされることになった者たちを除いて全員が追い出され、地域一帯が要塞のように外との出入りを遮断された。党指導部はだれ一人として地元の方言を解さず、習おうとする者もほとんどいなかった。その結果、彼らが地元住民と意思疎通するには通訳を介さねばならなかった。どのみち、両者のあいだに接触はほとんどなく、地元出身の幹部がつなぎ役をつとめた。それは、占領軍と呼んでもいいような形だった。

一九三一年一一月七日、瑞金（ロイチン）では中華ソビエト共和国の創立を記念して盛大な祝賀行事がおこなわれた。その晩は何万という地元住民が動員され、竹の松明（たいまつ）を持ち、星や鎌やハンマーの形をした提灯を掲げて行進した。夜の闇に光の行列がまたたき、壮観であった。太鼓が打ち鳴らされ、爆竹がはじけ、「イギリス帝国主義者」の名札をつけた支配者が「インド」と「アイルランド」の名札をつけた囚人を鎖につないで追いたてていく寸劇も上演された。寺の裏手にある防空壕では発電機が騒々しい音をたてて電気を起こし、柱から柱へ張りめぐらされた無数の豆電球に明かりをともしていた。光の中に浮かぶのは、電線から吊るした色とりどりの垂れ幕に書かれたスローガンの文字。壁にも、赤と白と黒で描かれた巨大なスローガンが貼ってあった。毛沢東をはじめとする指導者たちは御立ち台から行列を眺めて拍手を送り、大声でスローガンを叫んだ。天安門上で一〇〇万の人民から万歳の声を浴びる栄光の原形を毛沢東が初めて味わった瞬間であった。

ただし、このときは決定的な違いがあった。瑞金（ロイチン）における毛沢東は、最高指導者ではなかったのだ。モスクワは毛沢東に新共和国の「大統領」と「首相」に相当する地位を与えたものの、独裁者の地位は与えず、モスクワの命令に従順で信頼できる人物で毛沢東の周囲を固めた。軍のトップには、中央革命軍事委員会主席に任命された朱徳（チュートー）がいた。朱徳はソ連で訓練を受けた軍人なので、モスクワには朱徳という人物がわかっていた――朱徳がモスクワを裏切らないこともわかっていた。モスクワは毛沢東を軍のトップに据えることも検討したが、結局、毛沢東は軍事委員会の一五人の委員に名を連ねるにとどまった。

何よりも重要なことに、毛沢東のすぐ上に実権を握る中国人が配置されていた。周恩来である。周恩来は中華ソビエト共和国樹立の翌月一九三一年一二月に上海から赴任して、党書記に就任することになっていた。共産党体制においては、党書記が最高の権力を持ち、国家元首といえどもこれに及ばない。周恩来の着任と同時に、党中央の機能も瑞金に移った。上海は単にソ連との連絡事務所のような存在になり、博古(ポークー/はくこ)(秦邦憲(チンパンシエン/しんほうけん))と呼ばれる若者が責任者になった。★瑞金とモスクワのあいだには、上海経由で信頼性の高い無線通信が確立された。モスクワとの通信にあたっていたのは、毛沢東ではなく周恩来だった。中華ソビエト共和国をスターリン主義国家に作り上げたのは、周恩来である。新しい共和国の基礎作りと運営において、毛沢東は中心的な役割を果たしたわけではなかった。

★共産党の名目上のトップだった向忠発(シアンチョンファー)は、その年の六月、密告によって国民党軍に捕らえられ処刑された。国民党中央調査課主任の徐恩曾(シュイエンツォン)は、この密告が共産党員からのものであったことを強く示唆した。最初、向忠発は自分が共産党のナンバー1であることを認めようとしなかった。徐恩曾は、「この愚鈍な顔つきの男を見ているうちに、われわれも、こっちがまちがっているかもしれない、という気がしてきた。が、同僚の話によると……向忠発が船乗りをしていたころ博打(ばくち)に溺れ、あるとき有り金ぜんぶ擦(す)って一文無しになったのを機に、博打から足を洗うと誓って左手の小指の先を切り落とした、ということだった……その男の左手を見ると、確かに小指の先が欠けていた……」と書いている。正体がばれたあと、向忠発はひざまずいて命乞いをし、「即座に共産党トップ四人の住所を白状した」という。周恩来は、後年、向忠発の共産党に対する忠誠は娼婦の貞節にも劣る、と述べた。

組織化の達人周恩来は、厳しい弾圧を用いて、新共和国をあらゆる面において連関しあうシステムに作り上げていった。周恩来は、巨大な官僚制度を作り上げるうえで力を発揮した。そうして作られた官僚制度は、根拠地の運営にとどまらず、人民を強制的に党の命令に従わせるためにも使われた。どの村にも「拡大紅軍委員会」「土地委員会」「没収委員会」「戸口（戸籍）委員会」「赤色戒厳委員会」等々、何十もの委員会が作られた。人民は、六歳で最初の組織「児童団」に組み込まれ、一五歳で自動的に「少年先鋒隊」に登録され、成人後は高齢者と障害者を除いて全員が「赤衛軍」に編成された。こうして人民全員が組織化され、支配網が作られた。

毛沢東にとって、これは目をみはる発見だった。周恩来が着任するまで、毛沢東は根拠地を土匪（どひ）スタイルで支配しており、人民に対する管理はさほど厳密ではなかった。が、毛沢東は新しいやり方の利点と可能性をいちはやく見抜いた。中国全土を支配下におさめたとき、毛沢東はこの全体主義的システムを引き継いで、さらに一層──スターリンのソ連にも増して──干渉的かつ徹底的なシステムにした。あわせて、周恩来の手腕も周が死ぬまで利用した。

周恩来はまた、モスクワの監督のもと、一九二八年に中国版ＫＧＢ（当時は政治保衛局と呼ばれた）を作り上げた。周恩来と部下たちはこの組織を瑞金(ロイチン)にも持ち込み、恐怖の力で国家を維持した。毛沢東が個人的な権力のために恐怖を利用したのに対し、周恩来は共産党による統治のために恐怖の力を利用した。毛沢東が粛清(しゆくせい)のために使った腹心は私利私欲が目的のごろつき連中だったが、周恩来が使ったのはソ連で訓練されたプロ集団だった。

一九三一年末、瑞金に着任してまもないころ、周恩来は毛沢東の粛清方法を正しくない部分もあったと処断し、毛沢東のやり方は「もっぱら自白と拷問に頼り」「大衆のあいだに恐怖を引き起こしてしまった」として、何人かの被害者を復権させたことがあった。ある人物が、そのときのもようを述懐する。

「ひとりの役人がやってきて」手帳を取り出し、名前を読み上げはじめた。名前を呼ばれた者は中庭へ行って立って待つように、という命令だった。中庭には武装衛兵がいた。何十もの名前が読み上げられた……わたしの名も呼ばれた。わたしは恐ろしさのあまり、全身に汗をかいていた。そのあと、わたしたちは一人ずつ尋問を受け、一人ずつ嫌疑を解かれた。たちまち、拘束されていた全員が釈放された。そして、罪を着せられるもとになった自白書類はその場で焼却された……

しかし、わずか数ヵ月で、周恩来はこの緩和策に終止符を打った。ほんの短期間締めつけを緩めただけで、共産党の統治に対する批判が噴出したのである。政治保衛局の人間は驚いて、「粛清を緩和したところ、反革命分子どもが……ふたたび頭をもたげた」と書いている。もうこれ以上の処刑や逮捕はないだろうと楽観した民衆は、団結して共産党の命令に反抗しはじめた。共産党による統治はつねに殺人を続けていないと不可能であることが明らかになり、すぐに処刑が再開された。

共産党政権は、人民を金、食糧、労働力、兵力という四つの主要な資産の供給源として見ていた。それらは、当面は戦争を戦うために必要であり、究極的には中国を征服するために必要な資産である。

この地域には大きな資金源があった──世界最大の埋蔵量を誇るタングステンである。タングステンは非常に高価な戦略的鉱物資源で、以前は外国資本のコンソーシアムがこの地域で採掘をおこなっていた。中華ソビエト共和国政府は、一九三二年初頭にタングステンの採掘を再開した。紅軍兵士と強制労働を使って採掘されたタングステンは、中華ソビエト共和国の南境を越えて広東（コワントン）軍閥へ売却された。このあたりの軍閥は国民党系ではあったものの、反蔣介石で、儲け話には熱心だった。共産党の支配地域は表向きは経済封鎖されていることになっていたが、広東軍閥との交易は、両者のあいだに戦闘が散発しているときでさえ活発におこなわれていた。塩、綿、薬品、武器までもが、タングステンと引き換えに赤色根拠地へ公然と運び込まれていた。取引は毛沢東の弟で人民銀行の責任者である毛沢民（マオツォーミン）が仕切っていた。

　タングステンなどを売却して莫大な利益を得ていたにもかかわらず、中華ソビエト共和国政権は地元住民から最大限に搾り取る方針を緩めることはなかった。農民はいまや自分の土地を与えられ、地代は廃止されたものの、暮らし向きは全体として以前より悪くなっていた。それまで、大多数の人々は生きるのに最低限必要なもの以外に二、三の財産を持っていたが、共産党政府はそうしたわずかな財産まで取りあげてしまった。これには、いろいろな名目が使われた。そのひとつは、人民にむりやり「革命戦争公債」を買わせる方法だ。戦債を買うために、女たちは髪を切らされた。そうすれば銀の髪飾りが不要になるからだ。なけなしの宝石類——昔から、いざというときのために女たちが持っていた財産——も供出させられた。人々がそうした宝石類を持っていたということは、共産党政権以前は生活水準がもう少し高かったことの証左である。人民に戦債を買わせたあと、政府は「退還公債運動」、すなわち人民をおどしつけて無償で債券を返納させる運動を始めた。結局のところ、幾人かの勇気ある住民が口に出して嘆いたように、「共産党の債券は国民党の税金よりもっと悪い」ということだった。

食糧についても、やり方は同じだった。税として穀物を納めたあと、農民は「革命的大衆は紅軍に穀物を貸与しよう！」といったスローガンのもとで、さらに多くの穀物を国家に「貸与」するよう圧力をかけられた。しかし、「貸与」した食糧が戻ってくることはなかった。「貸与」させられた食糧は、農民が生きていくために必要な食糧だった。毛沢東は要するに、すでに十分つましい農民の暮らしをもっと切りつめるよう命じたことになる。

就労年齢の男性は、大多数が軍に徴兵されるか、さもなければ労働力として徴用された。共産党政権になって三年たったころには、村には一〇代前半から五〇代までの男性はほとんどいなくなってしまった。

代わって大半の労働を担わされたのは、女性だった。伝統的に、女性は外仕事は比較的軽い労働しかしないものだった。纏足（てんそく）した足で重労働をすれば、ひどい痛みを伴うからだ。しかし、いまでは農作業の大半が女性の仕事になり、その上に紅軍の荷物を運んだり、負傷兵の世話をしたり、衣類の洗濯や修繕をしたり、靴を作ったり、といった仕事もしなければならなかった。しかも、靴作りの材料は農家の負担だった——けっして小さな負担ではない。若いころから女性も男性と同程度の重労働ができるという考えを持っていた毛沢東は、この政策をだれよりも強硬に主張し、「生産絶大部分是依靠女子」(農作業の圧倒的大部分を女性にまかせよう)と命令した。

地元住民の福祉などは、最初から配慮の対象外だった(毛沢東がアメリカ人のスポークスマン、エドガー・スノーに吹き込んだ話とは正反対である)。なかには、農民に休日をいっさい与えない村もあった。休むかわりに、彼らは共産党の強力な支配手段である集会に駆り出された。「平均的な人間は、一ヵ月あたり丸五日分の時間を集会に参加している。これは彼らにとって非常に良い休息時間だ」と、毛沢東は述べている。

保健衛生の水準も向上しなかった。汀州(ティンチョウ)には以前に英国人宣教師が建てた病院があり、民衆の診療をおこなっていた。汀州に滞在した毛沢東はこの病院が気に入り、解体させて瑞金(ロイチン)に運ばせ、共産党幹部専用の病院としてしまった。毛沢東自身は自分の健康には非常に気をつけており、つねに自分用の湯呑みを持ち歩き、お茶を勧められたときは必ずこの湯呑みを使った。あるとき、毛沢東は沙洲壩（シャチョウバー）という村に滞在したことがあったが、この村では飲み水の水源としてよどんだ池しかなかった。病気にかからないよう万全を期して、毛沢東は井戸掘りを命じた。その結果、村人たちは初めてきれいな飲み水を得ることができた。これ以降、共産党は自分たちの宿泊地に井戸を掘らせるようになったが、それは地元住民に安全な飲み水を与える目的ではなかった。

共産党による教育のおかげで「中国農村部で何世紀もかかってようやく到達した水準を上回る高い識字率が実現した県もある」と、毛沢東はエドガー・スノーに語っている。しかし実際には、共産党政権下における教育は「レーニン学校」と呼ばれる小学校に限られ、学童は基本的なプロパガンダが理解できる程度の読み書きを習うだけだった。中等学校はほとんど閉鎖され、幹部の住居や集会施設に徴用された。子供たちは歩哨（ほしょう）として使われ、「恥笑隊」という嫌がらせ部隊に組織されて、紅軍に入隊しない大人を責め立てたり脱走兵に部隊へ戻るよう圧力をかけたりする役目を与えられた。一〇代の子供に「階級敵人」の処刑をさせるようなケースもあった。

中華ソビエト共和国の運営における毛沢東の主要貢献のひとつは、一九三三年二月に人民から富をさらに搾り上げる運動を始めたことである。毛沢東は、地方組織の幹部に対して「隠れた地主やクラーク（富農）」を見つけ出すよう命じた。しかし、共産党はそれまで何年もこうした「階級敵人」を摘発する運動をくりかえしており、その種の存在がいまだ知られずに残っているとは考えにくいことだった。

毛沢東は、イデオロギー的情熱からより多くの敵を摘発しようとする狂信タイプの指導者ではなかった。毛沢東の目的はつねに実利的で、このときの「階級敵人」摘発運動も、「合法的（共産党の教義からすれば）に」権利を剥奪し死ぬまで働かせる――毛自身が「無限の強制労働をさせる」と表現している――ことのできる労働力を作り出すことが真の目的だった。もうひとつの目的は、民衆を震えあがらせて、何なりと政府が要求するものを吐き出させることにあった。

地方幹部に対する毛沢東の命令は、犠牲者に選ばれた人間から「最後の一滴まで何もかも搾り取ること」だった。一家全員が家から追い出されて牛小屋(牛棚（ニウポン）)で暮らさなければならない例も珍しくなかった。追放された人間が突然放り込まれるみすぼらしい住み処のことを「牛棚」と呼ぶようになったのは、この時代からである。三〇年余り後の文化大革命のころにも、「牛棚」は拘禁場所を指す言葉としてあいかわらず広く使われていた。もっとも、文化大革命の時代には「牛棚」は農村の牛小屋ではなく、都市部の便所、教室、映画館などだった。

毛沢東の徹底的な政策は何万という奴隷労働者を生み出したが、国庫にはほとんど何ももたらさなかった。農民たちは、本当に、もう何も吐き出すものを持っていなかったのである。当局の報告によると、江西省（チアンシー）の一二県のうち、多少なりとも「罰金」や「寄付金」を上納できたのはわずか二県だけで、全体額は毛沢東が課した目標のほんの一部にしかならなかったという。

犠牲者の苦境は、紅軍の龔楚（コンチユー）という将校が、瑞金（ロイチン）の近くの龔坊（コンフアン）という町を通りかかったときの話として生々しく描写している。この村の住民は、龔楚と同じ龔（コン）の姓を持つ人々、つまり先祖を同じくするかもしれない人々だった。

わたしは黒い瓦葺（ぶ）きの大きな平屋の家にはいっていった……家の中に漂う空気があまりに悲惨で荒涼としていたので、驚いた。家具と呼べるものは何もなく、壊れたテーブルと長椅子が一脚ずつあるだけだった。家には中年の婦人が二人、老婦人が一人、そして幼い子供が三人いた。みなぼろぼろの服をまとい、ろくに食べていないように見えた。拳銃を持った四人の護衛をつれて家にはいっていったわたしの姿を見て、住人たちは激しく恐れおののいた……

住人たちは龔楚の名前を聞くと、「わたしの前にひざまずき、命を救ってくれと懇願しはじめた」と、龔楚は書いている。

老婦人は泣きながら、こう訴えた。「わたくしの主人は、いくらか書物を読む人間でございました［一家が比較的良い暮らし向きだったことを意味する］。わたくしの二人の息子たちも同じでございました。わたくしどもは十畝(ムー)余りの土地を持ち、二人の息子たちが耕作しておりました……主人も、二人の息子も、逮捕されました……殴られて、吊るされて、わたくしどもは二五〇元出せと言われました。手を尽くして一二〇元をこしらえ、女たちが持っていた宝石もぜんぶ渡しました……でも……主人はそのまま死ぬまで吊るされておりました。二人の息子たちも同じように殺されました。そして、こんどはもう五〇〇元払えと言われております。払わなければ、わたくしどもを六人とも牢屋に入れる、というのです。司令官様！　わたくしどもは、食べる物さえろくにございません、どこから五〇〇元ものお金を見つけろというのでしょうか？　お願いでございます、共通のご先祖様に免じて、どうかお取り成しをお願いします」

老婦人の夫は、龔楚（コンチュー）を探しに行こうとしていた。けれども、当局の人間が、

「わたくしどもに村から一歩も出ることを禁じたのです。きょう、ようやく天が目を開けてくれました、あなた様がおいでくださったのですから。お願いです、司令官様、わたくしどもをお助けくださいまし！」そう言うと、老婦人は額を地面に打ちつけ、いつまでもそれをやめなかった。二人の嫁と子供たちも、みな泣きながら叩頭（こうとう）しつづけた。

龔楚は一家を助けると約束したが、結局は何もしなかった――よけいな口を出せば事態をさらに悪化させるだけのケースが多い、と知っていたからだ。何ヵ月か前、龔楚は同じような状況に置かれていた医者を助けようとしたのだが、それを恨んだ地元の幹部は龔楚が去ったあとで「医者を殺して薬局を没収処分にした。残された妻子は乞食になった」。こうしたことが重なって、龔楚はとうとう共産主義に愛想を尽かし、最初のチャンスが巡ってきたときに逃亡した。★

★龔楚のショッキングな回顧録は、一九五四年に香港で出版された。楊尚昆(ヤンシャンクン)元国家主席は、自身も瑞金(ロイチン)時代を経験しており、少数の近しい人々に対して、この回顧録は中国では出版が禁止されたものの真実である、と認めた。それでも、龔楚は一九九一年、九〇歳のときに、中国本土へ帰国を許された。

毛沢東は、人民が「自ら志願して」紅軍に入隊するよう仕向けるのも巧みだった。ある幹部が入隊者を集められなくて苦労しているのを見て、毛沢東は彼女に「三日以内に反革命分子を摘発せよ」と命令した。彼女がその命令を実行すると、政府ににらまれることを恐れた人々がつぎつぎと紅軍に入隊した。ある地域では、軍事部長の蔡墩松(ツァイトウンソン)という人物が十分な徴兵成果をあげられなかった。毛沢東は蔡墩松を連れてこさせ、焼きを入れさせた（おそらく拷問したのであろう）。蔡は「反共団」を組織したことを「自白」したという。群衆集会が開かれ、毛沢東が蔡墩松の自白を発表し、蔡を含めて何人かがその場で処刑された。蔡墩松と一緒に仕事をしていた幹部は、このあと、「半月以内で一五〇人以上を入隊させた」と語っている。

中国初の共産主義国家は恐怖の力によって運営され、人民は囚人のように監視されていた。自分の村を離れるのに通行証が必要であり、いたるところに二四時間体制で歩哨が立っていた。中華ソビエト共和国の記念建造物の管理をしていたある人物は、現金を扱う立場にあったおかげで、逃亡の機会を得た。彼は二四六元七角の金を持ち逃げした——通行証を金で買い、仲介人に金を握らせて逃亡しようとしたのである。この人物は村から出る前に捕まってしまったが、二人の高級幹部の共謀を得て脱獄に成功した。幹部の一人は、自分の兄がAB（アンチ・ボルシェビキ）団の疑いをかけられて目の前で殺されるという経験をしていた。しかし結局この人物はつかまり、数百人の民衆を集めた見せしめ裁判に引き出され、処刑された。「白色地域へ逃げようとした人間」が全員殺されたのに加えて、「囚人に逃げられた看守が殺される」こともあった、と、当時を知る人は語っている。

この監獄のような世界では、自殺が珍しくなかった。毛沢東時代を通じて洪水のように拡大していった社会現象の、これが最初の徴候だった。自殺は共産党幹部のあいだでさえ驚くべき数にのぼったので、政府は対策を迫られ、「自殺者は革命隊伍の中で最も恥ずべき分子である！」というスローガンを出した。

毛沢東に気に入られていた楊岳彬（ヤンユエピン）という非常に高い地位の人間でさえ、こうした状況に絶望して脱走し、国民党に転向した。この人物が共産党幹部の住所を教えたので、国民軍が爆撃をおこない、共産党幹部は這々の体で難を逃れた。

一般民衆の場合は、住んでいる場所が赤色根拠地の端に近いほど逃亡のチャンスがあった。実際、政権に反感を抱いた地方幹部の何人かがこうした地域で集団脱走を企てている。少しでも言動に疑いをかけられた幹部は、即刻、根拠地の端から中心部へ配置転換させられた。多くの幹部は、国民党軍が攻撃してくるのを待って国民党側へ逃亡した。中華ソビエト共和国崩壊直前の日々、国民党軍が迫ってくるにつれて村全体に反乱が起こり、ナイフや槍など（小火器類はすべて共産党政権に没収されていた）で武装した村人たちが退却していく紅軍を攻撃しはじめた。

反乱を防ぐために、共和国政府は情け容赦せず一分の隙も与えぬ対応を取った。最悪の時期には、日常的な社交や接待の行為までが横禍を招きかねなかった。「どの家も、客を泊めてはいけないことになっていました」と、当時を知る人たちは語る。「客を泊めたと知れたら、家族全員が客人もろとも殺されたのです」

初の共産主義国家の中心となった瑞金の革命根拠地は、江西省と福建省にまたがる広大な地域から成っていた。一九三一年に中華ソビエト共和国が樹立されてから一九三五年に共産主義勢力がこの地を去るまでの期間に、江西・福建両省は他のどの省よりも人口が激減した。江西省の赤色根拠地では、五〇万以上も人口が減った――二〇パーセントの減少である。福建省の赤色根拠地でも似たような人口の減少が起こった。脱走がほとんど不可能であったことを考えると、合計で七〇万ほどの人間が瑞金の革命根拠地で死亡したことになる。この大部分が「階級敵人」として処刑され、あるいは死ぬまで重労働をさせられ、あるいは自殺し、あるいは政策が原因で非命の最期をとげた。★この七〇万という数字には、紅軍が間欠的に占領した他の広大な根拠地における多数の死者は含まれていない。また、中華ソビエト共和国の統治下にあった他省の五つの革命根拠地における多数の死者も含まれていない。

★毛沢東の死後、一九八三年になって、江西省では二三万八八四四人が「革命烈士」すなわち戦争および党内粛清によって死亡したものと認定された。

後年、旅行者がこの地を訪れると、地元の人々は集団墓地や住人のいなくなった村を案内したものだった。中国初の共産主義国家で暮らした人々は、この政権を拒絶した。一九四九年末、共産主義勢力が江西省を奪還した直後に初めてソ連人情報将校がこの地を訪れたとき、新しく着任していた中国共産党書記は、江西省のどこを探しても「中国共産党員は一人もいない」と話したという。

第一〇章　逆風の中で孤立する

一九三一～三四年★毛沢東三七～四〇歳

中華ソビエト共和国の主席に就任したとき、毛沢東は実際にはそれまで持っていた絶対的支配力を失った。とくに紅軍に関しては、モスクワは朱徳(チユートー)をトップに任命した。さらに、党では周恩来が党書記としてナンバー1の地位にいた。毛沢東は集団指導体制に反発して脅しをかけようとしたが、他の幹部から反撃されてさまざまな非難を浴び、「クラーク」(富農(チアンシー))路線を採用した、とまで言われた。「クラーク」路線は、毛沢東自身が江西紅軍の兵士を多数処刑した際に使った罪名である。毛沢東は、鉄の壁にぶちあたってしまった。周恩来が着任したあとの会議で、毛沢東は議長席につき、主宰者としてふるまおうとした。しかし、他の幹部が介入して毛沢東を議長から降ろし、周恩来を議長に就けた。このあとすぐ、毛沢東は「病気による休養」

を申請し、むしろ歓迎の声とともに了承されたため、一九三三年一月、不満を託ちつつ瑞金(ロイチン)を離れた。

毛沢東が向かった先は瑞金盆地のあちこちに突き出ている巨岩のひとつ東華山(トンホワ)で、ここには紅軍が接収した寺があった。メタセコイア、糸杉、松の木などに覆われ、ところどころにすべすべした黒い岩が点在する東華山の鬱蒼(うっそう)とした奥地に、その古寺は建っていた。毛沢東は妻の賀子珍(ホーツーチエン)と警備分隊を伴い、この古寺で日々を過ごした。がらんとした建物の中は声がこだまし、湿気の多い土間には苔が生えていた。毛沢東が寝起きする僧房の外は、枯れ葉が冬の風に舞い、中庭の石畳に雨がしみこんで、寒さが一層つのる陰気な風景だった。

毛沢東は鉄板を張った頑丈なケース二個に書類、新聞、切り抜き、メモ、それまでに書きためた詞(ツー)などを詰めこんで持ってきていた。天気の良い日には、護衛兵らが二つのケースを中庭に積み上げて間に合わせのベンチを作り、毛沢東はそこに腰を下ろしてケースの中身を二度、三度と読み返し、権力を取り戻す方法に思いを巡らせた。

毛沢東のもとには以前と同じように最高幹部に配られる書類が毎日届けられ、それと一緒に毛沢東が愛してやまない新聞も、共産党系と国民党系の両方が届けられていた。絶好のチャンスを運んできたのは、この新聞だった――あるいは、実際には毛沢東自身がチャンスを創作したのかもしれない。二月一六日から二一日にかけて、国民党系の主要紙に「伍豪等脱離共党啓事」（伍豪ら共産党離脱を宣言）という記事が掲載された。「伍豪」は、周恩来が当時使っていた偽名である。このいわゆる「転向宣言」は、共産主義を拒絶し、共産党を非難し、とくに中国共産党のモスクワに対する屈従を痛罵する内容だった。上海の中国共産党事務所は報道の打ち消しに奔走し、パンフレットを配布したり新聞に広告を出したりして記事が捏造（ねつぞう）であることを訴えた。

「転向宣言」が偽情報であったことは疑いないが、周恩来の名前と権威は傷ついた。毛沢東は、この弱点を突いた。毛沢東の狙いは周恩来を追い落とすことではなく（それは非現実的と思われた）、周恩来を自分の味方につけて朱徳（チュートー）を押しのけ、軍の指揮権を回復することだった。

三月初旬、毛沢東は瑞金から西へ一二五キロの贛州（カンチョウ）郊外で開かれる前線会議に出席を要請された。紅軍は贛州を攻めていたが、戦況は不利だった。連絡を受けたときは激しい雨が降っていたが、毛沢東はただちに東華山を発った。賀子珍は雨がやむまで毛沢東を引き止めようとしたが、毛沢東は何が何でもすぐに出発すると言って聞かなかった。ずぶぬれで一晩じゅう馬を走らせて贛州に着いた毛沢東は、会議場に到着するやいなや軍司令官の批判を始めた。同席した大半の幹部は毛沢東の説教に耳を傾ける気はなく、毛沢東を軍のトップに復権させるべきだと提案する者は一人もいなかった。

しかし、ようやく軍に呼び戻された毛沢東は何があろうとこのチャンスを手放さぬ決意で、さっそく策動を開始した。紅軍はまもなく贛州（カンチョウ）攻囲戦の中止を余儀なくされた。軍幹部の大半は、西進して江西（チアンシー）・湖南（フーナン）省境で孤立している別の紅軍と合流すべきである、という意見だった。しかし、毛沢東は反対方向への進軍を主張した。毛沢東が自分の主張を頑として譲らず話し合いが行き詰まったので、党書記として周恩来が決定を下すことになった。周恩来は二つの方針を両方とも承認し、多数派が主張する西方へは軍の三分の一だけを向かわせ、残りは毛沢東の主張する方向へ進軍させることとした。つまり、指導部の大多数の意向に逆らって、軍の三分の二の指揮権を毛沢東に戻したのである。

周恩来は、なぜこのような異例の決定を下したのだろうか。周恩来は、毛沢東を懐柔しておくことが望ましく、おそらく決定的に重要である、と考えたのだろう。毛沢東が彭徳懐（ポントーホワイ）と朱徳（チュートー）（および毛沢東に反対していたもう一人の党指導者項英（シアンイン））を「AB（アンチ・ボルシェビキ）団」であると非難して罪に陥れようとしたことを、周恩来は知っていた。毛沢東が自分の邪魔をする忠実な共産党員を何万人も殺戮（さつりく）して顔色ひとつ変えなかったことも知っていた。実際、例の「伍豪転向宣言」も、毛沢東による捏造である可能性が十分考えられた。毛沢東は以前にも、自分が死亡したといううわさを流すなど、報道を操作したことがあった。しかも、「伍豪転向宣言」は、周恩来が毛沢東に代わって中華ソビエト共和国ナンバー1の地位に就いたちょうどそのタイミングで出ている。周恩来としては、毛沢東を敵に回すわけにはいかなかったのだろう。

周恩来の毛沢東に対する恐懼（きょうく）はこのときから始まり、終生続いた。毛沢東は、四〇余年を経て周恩来が死を迎えるまで、「伍豪転向宣言」をたびたび持ち出して周恩来をいたぶった。

当初、毛沢東は周恩来と軍指導部に対して北東方向への進軍予定を伝えていた。しかし、毛沢東は出発後に不意に進路を変えて指揮下の紅軍を南東沿岸へ向かわせ、かなり進んでから周恩来に進路変更を報告したため、周はこれを止めることができなかった。のちに、党指導部はこの行軍を、「北上任務の実現を遅らせた」妨害行為である、と非難した。

この大迂回をするにあたって毛沢東に協力したのは、以前朱徳を陥れる際に手を組んだ腹心の林彪（リンピアオ）だった。林彪は、毛沢東が奪還した紅軍で中心的な地位を占める司令官だった。四月二〇日、毛沢東の部隊は裕福な漳州市を攻め落とした。漳州は沿岸近くに位置し、守りが手薄だった。毛沢東がこの都市を狙ったのには、個人的な理由があった。

ひとつは、自分の名を世界により広く轟かすためだ。漳州は、世界の都市とつながる貿易港だった。新聞報道を意識して、毛沢東は白馬にまたがり、中山服にトーピー帽という毛沢東らしくないしゃれた恰好で漳州入城を果たした。紅軍は四列縦隊でらっぱを吹き鳴らしながら行進した。毛沢東は、「紅軍が漳州入城。沿岸地域は震撼。一〇万余人が避難」「外国砲艦二八隻が厦門に集結」などの見出しで自分の手柄を報じる新聞・雑誌の記事を集めて切り抜き、党指導部に送りつけた。自分の名が広く知れわたれば、それだけモスクワの自分に対する扱いが丁重になることを、毛沢東は知っていた。事実、こうした行動を腹に据えかねた党指導部がその年の後半に毛沢東を排除しようとしたとき、モスクワはまさにこの点を指摘して毛沢東排除の動きを制したのである。上海駐在のドイツ人コミンテルン代表アルトゥル・エーヴェルトは、「毛沢東はすでに著名な指導者であり……したがって……〔瑞金政府に対してただちに〕毛沢東解任への異議を表明しておいた」と、ソ連に報告している。

しかし、毛沢東が漳州へ向かった最大の理由は、私財を手に入れるためだった。漳州攻略後、漳州から江西省（チアンシー）へ「毛沢東親収」と大書した大量の木箱が運ばれている。荷物はトラック一杯にもなり、道路が途絶えたところから先は人夫に運ばせた。箱の中身は毛沢東が購入したり略奪したりした本であるといわれ、確かにいくつかの箱はそのとおりだった。が、多くは金、銀、宝石類が納められていた。これらの荷物は人夫を使って極秘のうちにある山の頂上へ運ばれ、毛沢民（マオツオーミン）の監視のもと、二人の信頼できる護衛が洞窟の中に隠した。洞窟の入り口は封印され、一握りの人間だけが蔵匿品の所在を知っていた。党指導部は何も知らされなかった。毛沢東は、中国共産党と――さらにモスクワと――敵対することになった場合に備えて保険を掛けたのである。

毛沢東が漳州に長々と駐留しているあいだに、一九三二年五月、蔣介石は五〇万の兵力を動員して第四次囲剿（いそう）を始めようとしていた。中華ソビエト共和国の樹立を見て、蔣介石は共産党との連合抗日に見切りをつけた。その年の一月二八日、日本は上海に進攻した。上海は中国の重要な産業経済都市であり、中国東北からは一〇〇〇キロ離れている。今回は中国軍も応戦し、多数の戦死者を出した。この段階では上海における日本の軍事目的は限定的だったので、国際連盟の介入によって停戦が成立した。上海事変の収拾は四月末までかかり、そのあいだ紅軍はひたすら支配地域を拡大する動きに徹した。★停戦成立後、蔣介石は「安内攘外」路線に戻り、紅軍根拠地に対する攻撃を準備しはじめた。

★共産党は四月一五日に「対日戦争宣言」を発表した。しかし、これは完全に宣伝目的のジェスチャーであり、このあと五年以上、紅軍は日本軍に対して一発の銃弾も発射せず(瑞金(ロイチン)ではなくモスクワの指示によって党組織が動いていた東北だけは例外)、史上屈指の「いんちき戦争」となった。実際、中国共産党が出した声明は、「日本帝国主義と戦う……ためには、国民党の統治を打ちこわすことが前提である」としており、日本よりむしろ蔣介石に対して宣戦布告する内容だった。中国共産党内部の極秘通信においては、敵国として日本に言及している部分は一ヵ所もない。

この情報を入手した中国共産党指導部は、軍を即刻革命根拠地へ戻すよう毛沢東に電報を打った。毛沢東からの返事は、蔣介石が「昨年の第三次囲剿(いそう)のような攻撃を仕掛けてくることは」考えられず、党の「評価と軍事戦略は完全に誤っている」、というものだった。それから一ヵ月近くが経過して蔣介石が正式に第四次囲剿を発表し、毛沢東の見通しの誤りが明らかになるまで、毛沢東は漳州(チャンチョウ)を離れなかった。

五月二九日、毛沢東はいよいよ江西省の革命根拠地に戻らざるをえなくなった。毛沢東が三方を包囲された孤立地帯へ軍を進めていたため、何万という兵士たちは焼けつくような暑さの中を三〇〇キロ以上も行軍しなければならず、多数の兵士が病死した。途中、部隊は無用な敵とも遭遇することになった。それまで紅軍との戦闘を避けていた粤軍（広東軍）である。広東軍は蔣介石に対して独自の立場を取っており、実際、蔣介石を倒す陰謀まで企てていた。ところが、毛沢東が漳州を侵略したのを見て、広東軍は警戒心を抱いた。漳州は広東省からわずか八〇キロほどしか離れておらず、危険が身近に迫ったのを受けて広東軍が行動に出たのである。水口という町の近くで、紅軍は数少ない本格的な激戦を経験することになり、きわめて多くの死傷者を出した。紅軍の中で最もめざましい働きを見せたのは、少し前に蜂起して国民革命軍から紅軍に寝返った部隊で、彼らは諸肌を脱ぎ大刀を振りまわして突撃した。★

★彼らは、一九三一年一二月に寧都で蜂起して紅軍に寝返った指揮官以下一万七〇〇〇人の部隊である。蜂起によって部隊が共産党側に寝返った例は、一九二七年の南昌蜂起以降これが唯一の例であり、このあと何年も共産党側への寝返りはなかった。寧都蜂起で紅軍に寝返った兵力は福建・江西地域に駐留していた紅軍の三分の一にあたり、これによってこの地域の紅軍兵力は五万以上になった。蜂起部隊の旅団長季振同（チーチエントン）は、蜂起によって自分が部隊と自分自身をいかなる窮地に陥れたかをほどなく悟り、「ソ連へ学習に行かせてほしい」と申し出た——逃亡のための唯一の口実である。まもなく季振同は逮捕され、のちに処刑された。

紅軍にこれだけ不要な犠牲と困難をもたらしたにもかかわらず、毛沢東は譴責（けんせき）を受けなかったばかりか、逆に攻勢に出て、軍の最高ポストである総政治委員の職を要求した。毛沢東がこれほど強気に出られたのは、モスクワが毛沢東に対して信じがたいほど寛大な態度をとりつづけたからだった。毛沢東が漳州（チャンチョウ）で時間をつぶしているあいだ、周恩来を含む党指導部は連名でモスクワに電報を打ち、毛沢東の行動は「百分之百的右傾機会（百パーセント右翼日和見）主義」であり「CI（コミンテルン）の指示に完全に反している」と訴えた。しかし、モスクワからの返事は、あくまでも毛沢東を指導部の一員として残し、体面と地位を保つように、という内容だった。モスクワが毛沢東を必要欠くべからざる人物とみなしていることは明らかだった。クレムリンはつねに毛沢東に格段の配慮を示した。この状況では、決定的対立に至ったとしても、モスクワはまず確実に毛沢東を支持すると思われた。

七月二五日、周恩来は「前線における作戦指揮を容易にするため」毛沢東の要求を容れることが妥当である、と提案した。指導部は周恩来に対して軍の総政治委員を兼任するよう要望したが、周恩来は重ねて、「あなたがたが周恩来に総政治委員を兼任せよと固執するならば……政府主席［毛］は何もやることがなくなってしまう……これはひどく不適切である……」と、指導部を説得した。八月八日、毛沢東は紅軍第一方面軍の総政治委員に任命された。

軍の指揮権は取り戻したものの、毛沢東と他の幹部との溝は深まるばかりだった。一九三二年夏、蔣介石は江西省の北方にある二つの革命根拠地に攻撃を集中させていた。モスクワからの指示により、中国共産党は紅軍全軍に対して連携してこれらの根拠地を援護するよう命じた。毛沢東に与えられた役割は、攻撃を受けている二つの根拠地の近辺へ軍を動かし、近隣の町を攻撃して敵の兵力を根拠地から分散させることだった。毛沢東はしばらく作戦どおりに動いたが、戦況が困難になると、戦闘の続行を拒否してしまった。蔣介石が二つの根拠地を攻め落とすあいだ、援護を求める切迫した電報を受け取りながら、毛沢東は一ヵ月にわたって実質的に何もしなかった。

蔣介石は次に、江西省に攻撃の矛先を転じた。モスクワは、蔣介石の攻撃に対して真正面から応戦するのが最善の戦略である、と決定した。しかし、ここでも毛沢東は上の決定に従わず、紅軍兵力を分散させて展開を見守るほうがはるかに良い、と主張した。毛沢東は、数において圧倒的に勝る蒋介石軍を紅軍が撃破できるとは考えておらず、モスクワからの救援を当てにしていたものと思われる。当時、モスクワと南京は、一九二九年に中国が東北の中東鉄道を強行接収した際に断絶した外交関係の修復に向けて交渉中だった。蒋介石はモスクワに対する親善のジェスチャーとして紅軍を全滅させはしないだろう、というのが毛沢東の計算だったようだ。

他の幹部は毛沢東の消極的な遅滞戦術を「きわめて危険」とみなしたが、毛沢東は譲らなかった。「ときには議論が果てしなく延々と続くこともあり」「どうすればいいのか、わからなかった」と、周恩来が述懐している。

一〇月初旬に招集された緊急会議は、毛沢東と他の幹部との決定的な対決の場となった。革命根拠地の最高幹部八人全員が寧都（ニントウー）に集まり、周恩来が会議を主宰した。毛沢東に向けられた怒りの激しさは、「前例のない両条［敵対的］路線闘争が展開され、毛沢東に譲歩と懐柔で対応してきた過去のパターン［周恩来の毛沢東に対する手ぬるい対応をさす］」を打破するものだった」という共産党独特の言い回しを使った参加者たちの述懐からも伝わってくる。

毛沢東は「党指導部を尊重せず、組織の観念を誤っている」と非難された——つまり、反抗的ということだ。周恩来がとりなさなければ、非難の語気はもっと厳しいものになっていただろう。周恩来は「毛沢東の誤りを明瞭に批判せず、むしろ場合によっては「毛の行動を」もっともらしく言い紛らわしたり言い繕ったりしようとした」と指摘する幹部もいる。上海にとどまっていた最高幹部、とりわけ博古（ボークー）は、毛沢東に対して怒り心頭に発するあまり、コミンテルン代表に相談もせず寧都の最高幹部にあてて電報を打ち（きわめて異例の行動であり、彼らがいかに激昂していたかを示す）、毛沢東の行動を「容認しがたい」として軍のポストから外すべきだと主張した。毛沢東を除籍すべきだという意見さえあった。

寧都会議に参加していた幹部は、モスクワに介入する暇を与えずその場で毛沢東を紅軍のポストから解任した。ただし、毛沢東の公的イメージを損なわぬようにというモスクワの命令に配慮して、兵士たちに対しては毛沢東が「一時的に中央政府に戻り、活動全般を主宰する」という説明がなされた。モスクワに対しては、毛沢東が「病気のため」後方に退いた、と報告された。

会議のあいだ、毛沢東は寧都から上海にあてて電報を二度打っている。明らかに、モスクワに助けを求めようとしたのである。しかし、上海駐在のコミンテルン代表エーヴェルトは、自身も毛沢東に愛想をつかしていたため、モスクワへ報告するのにわざと電報ではなく伝書使を使い、会議が終了してしまったあとで毛沢東解任の報がモスクワへ届くようにした。後日、エーヴェルトは毛沢東を助けられなかった理由をモスクワに対して申し開きする羽目になった。「毛沢東を解任し批判する……決定」は「当方の事前の同意なしに」おこなわれ、自分はそれとは異なる意見だった、「他のあらゆる可能性を尽くした後でなければ、このような決定は下す［べきでなく］……」、たとえ「毛沢東が誤っている……ことについていっさいの疑いをさしはさむ余地がないとしても……毛沢東に対して友好的な説得が用いられるべきである」、と、エーヴェルトは弁解している。

モスクワは中国共産党に対して、「諸君と毛沢東同志との意見の相違に関しては、重ねて次のように強調する。同志的方法によって、積極的闘争路線へ彼を勝ち得るよう努力されたい。毛沢東が紀律に従うのであれば、現時点で彼を軍から罷免することに当方は反対する」と意見した。一一月二日、中国共産党の駐コミンテルン代表はスターリンの意見を「緊急に」求めたうえで、中国共産党指導部に対して毛沢東を軍から解任した理由を説明するよう命じた。モスクワは毛沢東を譴責した幹部を批判し、周恩来の穏便な処置を賞賛した。

ソ連からの援護は間に合わなかった。毛沢東はすでに紅軍総政治委員のポストを周恩来に譲り、一〇月一二日に寧都(ニントウー)を離れていた。毛沢東は寧都会議で自分を批判した者たちをけっして許さず、彼らは後々この代償を支払わされることになった。なかには非常に高い代償を払った者もいた。毛沢東の恨みは、誰よりも周恩来に向けられた。周恩来は毛沢東を弁護しようとしたものの、結果的に毛沢東のポストを奪う形になったからだ。後年、周恩来は一〇〇回以上も自己批判をさせられたが、いつも最も激しい自責の言葉は寧都関連と決まっていた。寧都会議から四〇年を経た一九七二年春、国務院総理の周恩来は、膀胱癌(ぼうこうがん)と診断された直後にもかかわらずアメリカや日本をはじめとする多数の国々との外交交渉（周総理は各国要人に非常に受けが良かった）に忙殺される一方で、党内においては幹部の前で次から次へと屈辱的な自己批判をさせられていた。そのたびに蒸し返されたのは、寧都の件だった。

自分はモスクワにとって重要な存在である、と確信していた毛沢東は、瑞金(ロイチン)で与えられたポストに就くことを頑強に拒み、「療養」を理由に汀州(ティンチョウ)（長汀(チャンテイン)）へ向かった。汀州には宣教師が建てた福音病院があり、革命根拠地で最高の医療を受けることができた（のちに毛沢東はこの病院を瑞金に移築させた）。毛沢東が滞在したのは壮麗な二階建ての屋敷で、金持ちのキリスト教徒が住んでいた邸宅を紅軍の幹部用に接収したものだった。緑豊かな丘陵に抱かれ、一階にも二階にも広々としたロッジア（涼み廊下）を巡らした邸宅は、南国の暑さをしのぐ恰好の日蔭と涼風をもたらした。亜熱帯の庭では、オレンジの木が芳香を漂わせ、バナナの葉が美しい造形を見せていた。

この優雅な屋敷を本拠地に、毛沢東は紅軍司令部に対抗しようとした。毛沢東はつぎつぎに追従者を呼びつけ、国民革命軍から攻撃を受けたときは応戦せず前線から撤退せよ、と指示した。党の命令に対しては、「自分に好都合ならば実行し、そうでなければ無視すればよい」と教えた。

一九三三年一月、上海の責任者（寧都（ニントウー）会議に出席した幹部たちに毛沢東を解任するよう主張した人物）で二五歳の博古（ボークー）が瑞金（ロイチン）の根拠地に移ってきた。★博古は毛沢東より一四歳年下で、党員歴はわずか七年だったが、きわめて頭脳明晰で、エドガー・スノーは博古について、「頭の回転が非常に速く、周恩来に劣らず鋭敏で、おそらくそれ以上に柔軟な頭の持ち主である」と、強い印象を記している。博古は流暢なロシア語と英語を話し、三年半（一九二六〜三〇年）のソ連留学を経験してモスクワのやり方に通じていた。なによりも、博古はずばぬけて決断力があり、これは毛沢東の言いなりになりすぎる周恩来に苛立ちをつのらせていた同志たちから高く評価された。博古は周恩来よりはるかに年下で、経験も少なかったが、投票で過半数を得て党書記の座を周恩来から引き継いだ。周恩来は、ひきつづき軍を指導することになった。周恩来はこの決定に反発しなかった。個人的な権力を求めるタイプではなく、また、ナンバー1になりたいと思うタイプでもなかったからだ。実際、周恩来は自分の上に誰かがいてくれる状況を歓迎したように見える。

★国民党による厳しい取り締まりと大量の脱党者のため、共産党は白色地域（国民党支配地域）の都市で地下活動ができなくなっていた。歴史書では、この後退の原因も、あらゆる罪を不当に負わされたスケープゴート李立三（リーリーサン）になすりつけられている。

博古は毛沢東のそれまでの所行を知って激怒し、ただちに行動を起こすことにした。蔣介石の猛攻が瑞金に迫っていたからである。博古のもとには、毛沢東に対する多数の苦情が寄せられた。彭徳懐（ポントーホワイ）は、毛沢東は「腹黒い性格」で朱徳（チュートー）を「侮辱した」と告げた。毛沢東は「口論を吹っかけるのが好きだ」、「毛沢東のやり方は非常に残酷で、自分に服従しない者がいれば、何としてでも服従させる方法を見つける。毛沢東には幹部を団結させることなどできない」とも話した。

だが、博古もすべてを思いどおりにできたわけではない。上海を離れるときに、コミンテルン代表エーヴェルトから、絶対に毛沢東と協力するように、と、はっきり言いわたされていたのである。ただし、この訓令は毛沢東の追従者たちには及ばないため、博古はさっそくこの部分から手をつけた。こうして、一九三三年二月以降、毛沢東の手駒——弟の「毛沢覃」を含む全員が下っ端の党員——が、つぎつぎと新聞や雑誌で批判されるようになった。ただし、本当の標的が毛沢東であることを知っていたのはトップの少数だけであり、下士官たちのあいだでは毛沢東の面目は慎重に保たれていた。さらに、博古は毛沢東のような徹底的な攻撃をしなかった。「打得粉砕」（徹底的に粉砕する）、「残酷闘争」（情け容赦なき闘争をおこなう）など言葉こそ強烈だったが、毛沢東の追従者たちは「敵」ではなく「誤りを犯した同志」として処断され、なかには重要ポストにとどまった者もいた。

博古は毛沢東が軍内に別個に設けた指揮系統を解体し、党を一致団結させて蔣介石との戦いに臨んで大成功をおさめた。紅軍は、何万もの兵力が衝突する大規模な戦闘において、初めて蔣介石の精鋭部隊を打ち破った。第四次囲剿は一九三三年三月に打ち切られた。

第四次囲剿のあいだ、蔣介石はますます深刻化する国家の危機を背景に紅軍と戦うことを余儀なくされた。一九三三年二月、日本軍は中国東北から万里の長城を越えて華北へ侵攻し、北京を脅(おびや)かした。その前年、日本は占領中の中国東北に傀儡(かいらい)国家「満州国」を樹立し、各国に承認を求めていた。★

★日本以外に満州国を承認したのは、エルサルバドル、バチカン、ソ連だけであり、チタとウラジオストクには満州国の国旗を掲げた領事館が開設された。これはスターリンの対日宥和策の一環であり、日本が北方へ転じてソ連を攻撃するのを防ぐ意図があった。

瑞金(ロイチン)が第四次囲剿を撃退できたのは、ソ連の強力な支援が得られたからでもある。ソ連は、一九三二年一二月に蔣介石とのあいだで外交関係を修復したばかりだった。正式な外交関係が復活したので、ソ連は中国共産党を支援するためのスパイを外交や報道の名目でふたたび中国へ送りこめるようになった。中心的役割を果たしたのはソ連軍参謀本部情報総局（GRU）少将エドゥアルド・レーピンで、ソ連大使館付き武官として蔣介石や国民党最高幹部と定期的に会談し、重要な最新情報を紅軍に提供した。レーピンは、紅軍とモスクワの軍事顧問団との連絡役も果たしていた。モスクワから中国に派遣された秘密軍事顧問たちも、この戦いに大きく貢献した。後年、その中の一人でドイツ人共産主義者のオットー・ブラウン（瑞金まで到達できたのはブラウンだけだった）に会った毛沢東は、敬意を込めて「かしこまった堅苦しい」挨拶をしたあと、「一九三二年から三三年にかけての冬の……反攻の成功について謝意を表した。うまくいったのはあなたのおかげです、と彼は言った……」と、ブラウンが記している。

第四次囲剿のあいだ、紅軍を指揮したのは周恩来だった。周恩来の指揮のもとで紅軍が空前の勝利をおさめたという事実は、周恩来の地位と自信をおおいに高めた。毛沢東は、モスクワが勝者を評価すること、したがって――ことに、毛沢東がそもそもモスクワの戦略に反対していたこともあり――軍事的勝利に貢献した周恩来の評価が高まるであろうことを承知していた。一九三三年二月、毛沢東は「療養」を切り上げて瑞金に戻った。モスクワはあいかわらず毛沢東を特別扱いし、他の幹部に対して、「何としても指導部の一員として毛沢東にも仕事をさせなくてはいけない……毛沢東に関しては、寛容と友好の態度を採用するよう最善の努力を払わなくてはならない」と、くりかえし訓戒した。

毛沢東は以前と同じように最高幹部の会議に出席し、肩書に相応な会議を主宰した。党からの情報もすべて知らされ、エリートの特権も持ちつづけていた。が、毛沢東はモスクワが自分を全面的に信頼しているわけではないことも知っていた——共産党系の新聞で自分の子分たちが批判されているのを見れば、それは明らかだった。毛沢東は完全に孤立し、自分に対する強い逆風を感じていた。毛沢東のもとを訪ねてくる人間は、ほとんどいなかった。それまで追従口を使っていた者たちまで、毛沢東を避けるようになった。妻の賀子珍の回想によれば、毛沢東は何日も家族以外の人間と会話する機会がないこともあったという。数十年後、毛沢東はこのときのことを、「便壺に放りこまれて、何度もじゃぶじゃぶ漬けこまれて、どうしようもない悪臭を放つ存在にされた」ような感じだった、と述べている。

一九三四年初め、モスクワの寵愛が冷めつつある徴候を示すできごとが、さらに重なった。毛沢東は「中央執行委員会主席」（いわば大統領）の地位は保ったものの、「人民委員会主席」（首相に相当）の地位を失ったのである。首相の主たる任務は行政管理であるが、毛沢東は面倒がって意欲を見せなかったので、党はちゃんと仕事をする人間をこのポストに任命しようと考えた。こうして、ソ連留学から戻ったばかりの三四歳の野心家洛甫（張聞天）が毛沢東に代わって人民委員会主席の地位に就くことになった。毛沢東は埋め合わせとして、一九三二年以来初めて中央政治局委員に選ばれた。ただし、党の中核である書記処にははいれなかった。モスクワが承認したリストに毛沢東の名が含まれていなかったのである。毛沢東は病気を口実に、これらの決定を採択した党中央委員会全体会議に出席しなかった。博古（ポークー）は、また例の「外交病」か、と皮肉ったが、それ以上は毛沢東を追及しなかった。

中国共産党やモスクワの刊行物においては、毛沢東は依然としてたびたび名前の出る有名人だった。革命根拠地の人民にとって——そして、国民党を含めた外の世界から見るかぎり——毛沢東はいまだに「主席」であった。が、党内部では、博古は毛沢東をソ連のお飾り大統領になぞらえて、「老毛（ラオマオ）はいまやカリーニンと同じさ、はっはっ」と笑っていた。

第一一章　長征から外されかける

一九三三〜三四年★毛沢東三九〜四〇歳

一九三三年九月、蔣介石は五〇万の軍を動かして、瑞金(ロイチン)の中央根拠地に対する第五次囲剿(いそう)を開始した。国民政府は同年五月に日本と休戦協定を結び、日本に対して満州国に加え華北の一部領有を認めた。これによって、蔣介石はふたたび共産党勢力の討伐に軍事力を集中できるようになった。

第五次囲剿に先立ち、蔣介石は数ヵ月をかけて道路を整備し、瑞金周辺に軍を集結させて物資を輸送するための基礎を作った。こうして兵站(へいたん)を整えたあと、蔣介石は革命根拠地を包囲した。国民党軍は、数キロ前進するごとに堡塁(ほうるい)を築きながら、包囲網を徐々に狭めていった。堡塁と堡塁のあいだは機関銃の弾丸が届くほどの距離しか開いておらず、革命根拠地は厳重に包囲された。指揮官の彭徳懐(ポントーホワイ)が述べたように、蔣介石の作戦は革命根拠地を「じわじわと小さくしていき、池を干上がらせて魚を獲る戦術」だった。

紅軍の兵力は国民党軍のわずか一〇分の一で、武器もはるかに粗末だった。しかも、蔣介石の軍隊は大規模なドイツ人軍事顧問団を迎え、紅軍よりはるかによく訓練されていた。とくに蔣介石にとって大きな力になったのは、第一次世界大戦後のドイツ軍再建に重要な役割を果たしたハンス・フォン・ゼークト大将の存在だった。一方、ソ連側も蔣介石のドイツ人軍事顧問団に対抗して中国共産党を支援する独自の「ドイツ人」ネットワークを作り、ドイツ語を話す軍事専門家マンフレート・シュテルン（後にスペイン内戦のクレベール将軍として有名）を上海駐在の首席軍事顧問として送りこんだ。また、九月にはドイツ人オットー・ブラウンが事実上の軍司令官として瑞金(ロイチン)に派遣された。

瑞金にはいったブラウンは、党幹部専用の封鎖区域内で、水田に囲まれた藁葺(わらぶ)きの一軒家に住むことになった。ブラウンは、「『洋鬼子』であるわたし自身の安全のためにも、また、中国共産党が『ソ連スパイ』の指揮を受けていると宣伝している［国民党の］手前もあり、できるだけ家から出ないでほしい」と言われた、と書いている。オットー・ブラウンは「李徳(リートー)」（ドイツ人の李）という中国名を与えられ、「妻」も用意された。「妻」になるために絶対に重要とされた条件は、共産党の女性幹部らによれば、「体格が大きく」「身体壮健である」ことだった――壮健な女性でなければ外国人の性的欲求に耐えられない、と思われていたからだ。

当時のゴシップをよく伝えている朱徳（チュートー）の妻（国民党に妻を処刑されたあとに再婚）の回想によれば、「中国語を話せない外国人と結婚したいと思う女性同志などいなかった。そこで、［党は］しばらくのあいだ、ふさわしいパートナーを見つけられずにいた」という。結局、党は、童養媳（トンヤンシー）（子供のうちに嫁に出され、婚家で働かされる幼児婚）から逃げ出して革命に参加した器量良しの田舎娘に白羽の矢を立てた。ところが、かなりの圧力をかけても、その女性は首を縦に振らなかった。「数日後、彼女のもとへ命令が届いた。『李徳は中国革命を幇助（ほうじょ）するために派遣された指導幹部であり、その妻になることは革命の要請である。組織は貴女が彼と結婚することを決定した』と書いてあった。彼女は非常に不本意ながら命令に従った……夫婦仲はうまくいかなかった」

この二回目の「他人に決められた」結婚で、女性はブラウンの息子を産んだ。子供は白人よりも中国人に近い肌の色をしており、毛沢東は「ほう、ゲルマン民族の優越理論がくつがえったわけだ」と、冗談をとばした。

オットー・ブラウンと最も親しかったのは、党ナンバー1の博古（ボークー）だった。博古は上海時代にブラウンと一緒に働いたことがあり、また、ロシア語でブラウンと会話することができた。二人は通訳を加えてトランプ・ゲームに興じ、あるいは連れ立って乗馬に出かけた。ナンバー2で紅軍総政治委員の周恩来も、ブラウンと顔を合わせる機会が多かった。しかし、ブラウンと毛沢東はほとんど接点がなく、公式の場で会ったことがある程度だった。そのようなとき、毛沢東は「もったいぶって他人行儀だった」と、ブラウンは書いている。毛沢東はロシア語を話せず、ブラウンを脅威とみなして警戒していた。

一九三四年春、蒋介石の第五次囲剿（いそう）が始まって半年が経過していた。モスクワの軍事顧問団も、中国共産党幹部も、蒋介石の堡塁作戦と圧倒的な軍事力に対抗する方法を見出せずにいた。瑞金（ロイチン）の指導者たちは根拠地が持ちこたえるにも限界があると考え、移動を計画しはじめた。三月二五日にイギリス諜報機関が傍受したモスクワ発瑞金あての電報によると、モスクワは、中央根拠地の見通しは絶望的である、中国共産党が考えているよりはるかに絶望的である、と打電していた。この連絡を受けた博古は、間を置かず毛沢東を排除する動きに出た。三月二七日、上海はモスクワにあてて、瑞金政府が「毛沢東は長いあいだ病気を患っているのでモスクワへ送りたい」と言っている、と電報を打った。しかし、実際には毛沢東は病気など患っていなかった。毛沢東がふたたび面倒を起こすことを恐れて、博古派が毛沢東を追放しようとしたのである。

毛沢東のモスクワ送りを求める瑞金政府の要請は拒絶された。四月九日、モスクワは、「毛沢東の訪問には反対」である、毛沢東を移動させるとなれば白色地域（国民党支配地域）を通過せねばならず危険が多すぎる、と返電してきた。「毛沢東は、たとえ多額の費用が必要になるとしても、絶対にソビエト区［中国国内の革命根拠地］で治療しなければならない。現地における治療が完全に不可能であり、病気が生死に関わる危険を呈する場合においてのみ、当方は毛沢東がモスクワへ来ることに同意する」

毛沢東は根拠地を離れる気などなかった。モスクワとの通信を握っている博古に対して、毛沢東は、「わたしの健康状態は良好である。どこへも行くつもりはない」と抗議した。博古は、すぐに別の策を思いついた――毛沢東を瑞金根拠地の防衛に残していくのである。中華ソビエト共和国の主席を根拠地に残していけば、共和国は生きのびたと胸を張って宣言できる、という理屈である。

根拠地に残りたい者など一人もいなかった。根拠地に残留した者の多くは戦死し、あるいは捕らえられ処刑された。毛沢東のいちばん下の弟沢覃（ツォータン）も、その一人だった。毛沢東の友人で中国共産党第一回党大会に一緒に出席した何叔衡（ホーシューホン）も、犠牲になった。さらに、かつて中央局書記をつとめた瞿秋白（チュイチウパイ）も同じ運命をたどった。かろうじて生き残った者たちの恨みは強かった。残留組のナンバー2に任命された陳毅（チエンイー）は、当時腰に爆弾の破片を受けて重傷を負っていた。陳毅は担架に乗せられたまま朱徳（チュートー）のところへ行って自分を一緒に連れていってくれるよう頼んだが、容れられなかった。二〇年後、残留の決定を聞かされたときのことを陳毅は怒りを込めて回想している（中国共産党の幹部が仲間の詭弁（きべん）をどう見ているかを洞察できる稀な機会である）。「わたしは次のような戯言（たわごと）を聞かされた。『きみは高級幹部であるから、本来ならば担架に乗せてでも運ばなくてはいけない。だが、きみは一〇年以上も［原文ママ］江西（チアンシー）省で働いてきたから、きみには影響力と声望がある……中央が撤退することになって、その上きみを残していかないとすると、われわれは群衆に顔向けしようがない』と」――この戯言を吐いたのは、周恩来である。

瑞金（ロイチン）に置いていかれれば、たとえ生き残れたとしても、党中央からも軍からも遠く離れてしまう。政治的には、死刑判決に等しい。毛沢東としては、そんなに簡単にお払い箱にされるわけにはいかなかった。この時点で軍の指揮権を奪われていた毛沢東は、どの軍にも所属していなかった。が、瑞金政府の主席として、毛沢東はどこへ行って何をするか自分で好きなように決めることができた。このときから半年間、毛沢東はひたすら博古（ボークー）たちが撤退するときに置き去りにされないための対策に腐心した。

毛沢東は、撤退ルートに張り込む作戦に出た。最初に居座ったのは、当時脱出ポイントと目されていた南部前線だった。根拠地の南側で共産党軍と対峙（たいじ）していたのは、瑞金とのタングステン交易から利益を得、蔣介石とは敵対関係にある広東（コワントン）軍閥だった。国民革命軍に攻めこまれる一方の他地域とちがって、南部前線ではたいした戦闘は起きていなかった。四月末、広東軍閥が紅軍に脱出ルートを開けるという話が出はじめた。毛沢東は、これを知るとすぐに、根拠地から外へ通じる幹線ルート上にある会昌（ホイチャン）の南部前線司令部へ押しかけた。

地元の幹部の目には、毛沢東が会昌へ来る公式な目的など何もないことは明白だった。さらに、毛沢東が時間を持て余していることも明らかだった。毛沢東は時間をつぶすために丘に登ったり、指揮官のところへ立ち寄っては彼らの寝台にどっかり腰を据えて延々と話し込んだりした。さらに、地元部隊の教練内容をチェックしたり、ひとつの文書を何時間もかけて添削したりした。

七月、毛沢東は押しかけたときと同じく唐突に会昌（ホイチャン）から引き上げた。脱出ポイントが西のほうへ変更になったことを知ったからだ。その月、兵力八〇〇〇強の部隊が脱出ルートの偵察に派遣された。毛沢東は瑞金（ロイチン）に戻った。一ヵ月後、新しい脱出ポイント——瑞金から西へ六〇キロの于都（ユイトウー）——が決定するや、毛沢東は秘書、医者、料理人、馬番、警備分隊など二十数人の側近をひきつれて于都の司令部に現れた。司令部は宋代に作られた城門のすぐ外にある渡河地点から通り一本隔てただけの至近距離にあり、ここが包囲突破地点に選ばれた。毛沢東は、党指導部が脱出する際に主力部隊に置いていかれないように、この場所に居座ることにした。

瑞金を出るにあたって、毛沢東は二年前に洞窟に隠しておいた金、銀、宝石などの財宝を党に提出することに決め、銀行の責任者である弟の沢民（ツォーミン）に命じて財宝を博古（ポークー）のもとへ運ばせた。最後の最後まで略奪品を隠匿していた行為によって、毛沢東は党およびモスクワに対する重大な誠心の欠如をさらす結果となった。このレベルの裏切りは、クレムリンからも睨まれるおそれがあった。毛沢東は、自分自身が制定した「つねに命令に従う、大衆のものは針一本糸一筋も盗まない（許可なき略奪の禁止）、いっさいの捕獲品は公（おおやけ）のものとする」という三大紀律を含めて多くの紀律を破ったことになる。とくに、略奪品の「私物化」は、毛沢東がモスクワとの訣別も考えていたことを示すものとして看過しがたい行為だった。

　国民革命軍が迫ってきたいま、略奪品を洞窟に残していく道理はない。いまこそこれを役立てるときだ――毛沢東は、財宝と引き換えに脱出のチケットを手に入れようと考えた。党は長征に向けて資金調達に必死であり、モスクワに対してもっと資金を送ってくれるよう要請していた。★毛沢東は博古に隠匿品を届け、さらに節度ある行動を約束した。博古は毛沢東の同行を認めた。いずれにしても、毛沢東が脱出地点に物理的に居座っている以上、博古としては選択の余地はなかった。

★一九三四年、モスクワから中国共産党への交付金は、月額で七四一八「金ドル」だった。ソ連は武器を直接送り込もうとしたが、紅軍は「弾薬や薬品をひそかに荷卸しできる」よう港湾都市に足場を確立せよ、というモスクワの勧告に応えることができなかった。

　脱出直前になって、比較的穏健派の副主席項英（シアンイン）が残留組の責任者に任命された。項英は指導部の中ではただ一人の労働階級出身者で、この任務を文句ひとつ言わずに受諾し、指導部には稀な自己犠牲の精神を見せた。ただし、項英は毛沢東が指導部に同行することについて重大な懸念を表明した。項英は一九三一年、毛沢東が江西省（チアンシー）

の共産党員を大粛清していた時期に革命根拠地に着任して毛沢東の本性をさんざん見ており、毛沢東が個人的権力を追求するためなら何でもやりかねない人間であることをはっきりと知っていた。粛清当時、項英は江西省の共産党員を守ろうとしたが、力及ばなかった。毛沢東は項英を激しく憎悪し、拷問を受けている者たちに無理やり項英を批判させようとした。周恩来はコミンテルンに対して、「逮捕者たちが[項英は]……AB（アンチ・ボルシェビキ）団だと証言した」と連絡している。のちに中国駐在ソ連大使となったアレクサンドル・パニュシュキンは、毛沢東は項英に「AB団」のレッテルを貼って排除しようとしたものであり、「政治局の介入によってようやく毛沢東が項英を始末するのを防ぐことができた」と、率直に述べている。項英は、一九三二年の寧都会議において毛沢東を紅軍指揮から解任するよう最も強く主張したグループの一人でもあった。毛沢東の激しい憎悪は、一〇年後に項英を死に追いやることになる。

項英は毛沢東を同行させることに強く反対した。オットー・ブラウンは、回想記の中で、「[項英は]一九三〇年に毛沢東のとったテロ路線と党に忠実な幹部の迫害に対しはっきり当てこすりを言っていた。と同時に彼は、党指導部に対する毛沢東の派閥闘争はそう軽く考えてはならないと警告した。毛沢東は今は一時控えているが、それはまったく戦術的配慮によるものだ。毛は……好機が来ればさっそくそれをとらえ……党・軍単独支配権奪取の挙に出るだろう［と言った］」、と書いている。しかし、博古（ポークー）は楽観的に構えていたらしく、ブラウンは、「彼は……このことについて毛と話し合い、彼が指導部の危機を引き起こすようなことはしないだろうと確信した……」と書き残している。

たしかに、毛沢東はおとなしくなった。七月までは、南部前線に居座ってことあるごとに指導部の指示に難癖をつけ、将校たちには上からの命令に従う必要はない、自分の命令に従うように、などと党に逆らう言動をくりかえしていた。子分の一人があある地区の土地部長に任命されたことを報告すると、毛沢東はこの男に、「きみはあの地区で土地部長になる必要はない。会昌（ホイチャン）県へ行って政府主席になりたまえ」と、まったく別の場所へ行って別の仕事をするよう命じたりしていた。

ところが、九月になると、毛沢東の態度は一変した。あるとき林彪（リンピアオ）が毛沢東を訪ねてみると、いつも指導部をけなしてばかりいる毛沢東が「こそこそと派閥工作に動き回る」どころか「非常に神妙にしている」のが印象的だった、と、林に同行した同志が指摘している。

于都（ユイトウー）に居座っていた毛沢東は、自分がまちがいなく脱出に同行できることを知ると、妻を迎えにやった。子供は連れていくことが許されなかったので、二歳になる息子の小毛（シアオマオ）は瑞金（ロイチン）に残していくことになった。その後、毛沢東がこの息子の顔を見ることは二度となかった。

小毛は、一九三二年一一月に毛沢東と賀子珍（ホーツーチエン）の第二子として生まれた。第一子は女児だったが、亡くなっていた。この女児は、一九二九年六月に福建（フーチエン）省龍岩（ロンイエン）市のたいへん美しい家で生まれた。連れてこられた赤ん坊を見て、毛沢東は、「やあ、この子はいい日を選ぶことを知っているね。きれいな場所が見つかるまで出てこなかったんだからな！」と、いかにも毛沢東らしい冗談をとばしたという。この子が生まれて一ヵ月もたたないうちに賀子珍は毛沢東とともに龍岩を離れなければならず、赤ん坊は地元の乳母に預けられた。そのあと、二人は三年近くも各地を転々とすることになり、ようやく龍岩に戻ったとき、娘はすでに死んだと聞かされた。賀子珍はこの話をどうしても信じることができず、二〇年後に共産党が政権を取ったあと、この子を探しはじめた。賀子珍は一九八四年に亡くなるまで、何十年も憑（つ）かれたようにこの子を探しつづけた。

撤退にあたって小毛を連れていけないので、賀子珍はこの子を妹の賀怡（ホーイー）に託した。

賀怡は毛沢東の弟沢覃（ツォータン）の妻になっていた。毛沢覃夫妻も、賀怡の兄や両親も、残留組だった。賀子珍は、息子を置いていく辛さに身も世もなく泣いた（賀子珍の第三子は男児で、数ヵ月前に生まれたが、生後まもなく亡くなっていた）。小毛はしばらく乳母に預けられていた。革命根拠地が国民革命軍に攻め落とされたあと、毛沢覃はひそかに小毛を別の場所に移した。が、一九三五年四月、小毛を移した先を妻に告げる前に、毛沢覃は戦死した。

毛沢東が政権を取ったあと、賀子珍（すでに、かなり前から毛沢東とは夫婦でなくなっていた）は必死になって小毛の行方を探したが、悲劇的な結果に終わった。小毛を託されたにもかかわらず行方不明にしてしまったことに罪の意識を感じていた賀子珍の妹賀怡は、一九四九年一一月のある晩、手がかりを追って出かけた先で自動車事故に遭って亡くなった。紅軍がこの地域を奪還して数日後のことだった。一九五二年に、小毛かもしれないと思われる若者が見つかった。賀子珍の兄の回想によると、賀子珍は「その若者の身元確認に駆けつけた。彼女がまず調べたのは、その子があめ耳（べとべとした耳垢）かどうか、そして、わきが［中国人にはめったにない］があるかどうか、の二点だった。賀子珍は、自分の子供たちが全員、毛沢東からこの二つの特徴を受け継いでいると信じていた。若者を調べたあと、賀子珍はその子が小毛にちがいないと確信した」

しかし、子供を置いていかなければならなかった女性党員はほかにも多数いて、みな同じように子供を探していた。この青年については、すでに別の紅軍兵士の未亡人が自分の息子であると確認していた。党は、この若者はその未亡人の息子である、という結論を出した。賀子珍（ホーツーチエン）の兄は、それまで息子探しには関わっていなかった毛沢東に会いに行き、若者の写真を見せて、毛沢東の介入を望む妹の気持ちを言外に伝えた。が、毛沢東は、「わたしが口出しするのはよくない」と断り、党の決定に従うようにと言った。賀子珍はあきらめず、何年も痛ましい——そして悲劇的な——戦いを続けた。賀子珍と兄の賀敏学（ホーミンシュエ）は、この青年が一九七〇年代に肝臓癌で死去するまで連絡を取りあい、結婚の世話までしてやった。★

★この種の悲劇は少しも珍しいことではなかった。革命は、党員にも多くの悲しみをもたらした。共産党が政権を取る前、党員は子供に関して犠牲を払うことを求められただけでなく、文字通り子供を犠牲にすることも求められ、党の活動資金作りのために自分の子供を売る——あるいは売りとばされる——例も珍しくなかった。賀子珍の友人曾志（ツオンチー）は厦門（アモイ）に住んでいたが、厦門の党支部は、彼女の生まれてまもない息子を一〇〇元で売ってしまった。党支部は買い手から前金で金を受け取り、その金を使ってしまってから、曾志に既成事実を示した。半世紀以上もたった後で、曾志は次のように話している。「もちろん、こんなに辛いことはありませんでした。息子を［買い手の］家に届ける前に、夫とわたしはあの子を中山公園へ遊びに連れていきました。あの子はそれはかわいい子で、生後四〇日でしたが、いつもにこにこ笑っていました。わたしたちはあの子に鉄牛（ティエニウ）という名前をつけました。むやみやたらに泣いたりしないし、おしっこやうんちもめったに粗相しないいい子でした。それで、わたしたちは公園へ遊びに連れていったのです。あの子は、それはもう、うれしそうでした。そして、あの子はいなくなってしまった。とても耐えられない思いでした。でも、わたしはなんとか苦しみを克服したのです。ところが、あの子は二六日後に死んでしまいました……うちの党書記はわたしには言いませんでしたが、わたしは人づてに聞いて知りました。わたしが何も言わないので、党書記も黙っていたようです。あまり辛くて、夜に泣いたこともありました。声を殺して。［子供のことで泣いているのが］皆に知れるとみっともないからです。そのうち、ある日、党書記はわたしの泣きはらした目を見てわたしが知っているとわかったようで、すまなかったと謝りました」

毛沢東は息子を残していくことについてとくに悲しむそぶりは見せず、別れのあいさつもしなかった。毛沢東にとって、悲しみという感情は自分以外の対象には湧いてこないものだったようだ。于都（ユイトゥー）の紅軍司令官龔楚（コンチユー）は、根拠地を発つ数週間前、毛沢東が于都（ユイトウー）の司令部に居座っていたころの印象的なできごとを書き残している。九月初旬、龔楚（コンチュー）が地図を調べていると、

とつぜん護衛が部屋にはいってきて、「毛主席がおいでです！」と言った。わたしが……表の門まで走っていくと、毛沢東と二人の護衛が馬から下りるところだった……毛は顔が土気色で疲れ切ったようすだった。「主席は具合がお悪いのですか？」と、わたしは尋ねた。毛は、「そうなんだ。最近、からだの具合が悪くてね。だが、もっと辛いのは気分がひどく落ちこんでいることだ……」と言った。

顔を洗ったあと、主席はタバコに火をつけて言った。「……しばらくここに居させてもらうよ」

毛沢東は龔楚に向かって、自分たちは井岡山（チンカン）以来の老同志だから『夜いつでも時間があるときには、うちへ話をしに来てくれたまえ』と言った……毛沢東は話し好きだった」。龔は、毛沢東の誘いに応じて家を訪ねるようになった。賀子珍（ホーツーチエン）が毛沢東と合流してからは、彼女が「おいしい夕食を用意してくれるようになった。そして、わ

たしたち三人はしばしば……真夜中まで……喋り、飲み、タバコを吹かしたものだった……わたしの見たところ、毛沢東の家にはわたし以外に訪ねてくる人はいないようだった……本当に彼は孤独で惨めな印象だった」

ある日、龔楚は鶏と豚足を買って夕食に持っていった。毛沢東は「上機嫌でよく飲んだ」。毛沢東は指導部について不満を口にしたが、それは党に対する妨害というよりも、むしろ旧友どうしの腹蔵(ふくぞう)のない会話だった。龔が何かで処分を受けたことに言及すると、毛沢東は「わたしはその処分には賛成していなかった、と言った。それはすべて周恩来が厳しすぎるからだ、と……彼はまた、［党内の敵対勢力は］自分たちで全権を握りたがっている、とも言った……毛沢東は彼らのことを深く恨んでいるようだった」

毛沢東は酔うほどに感傷的になり、自分が受けた不当な仕打ちを列挙しはじめた。そのうち、自分はもはや大物ではなくなってしまったと嘆いたとき、「涙が彼の頬を伝った。毛沢東はときどき咳(せ)きこんだ。顔はやつれ、ひからび、土気色だった。小さな石油ランプの揺れる明かりの下で、毛沢東はまさに失意の人であった」

毛沢東にとって、個人的権力の喪失は、中華ソビエト共和国の崩壊よりも、息子との別離よりも、はるかに大きな痛手だったのである。

いよいよ脱出の準備が万端整ったときになって、毛沢東は、それまでの画策が水泡に帰しかねない横禍に見舞われた。撤退開始の数日前にマラリアで四一度の熱を出し、譫妄状態に陥ったのである。ちょうどマラリアが流行する季節で、于都では息を吸えば鼻の穴に蚊が飛びこんでくるほど蚊が多かった。今回はキニーネも効かなかった。治るかどうかは、まさに生死を分ける問題だった。しかも、脱出部隊の出発に間に合うよう迅速に回復する必要があった。共産党の支配地域で最高の名医であり、一九三二年から三三年にかけての冬に福音病院で毛沢東の世話をした傅連暲（ネルソン・フー）が瑞金から駆けつけ、毛沢東をなんとか行軍可能な状態まで回復させた。傅連暲が毛沢東の命を——政治生命もあわせて——救ったことは、患者側から見ても、医者側から見ても、明白な事実だった。

　傅連暲医師は、その後数十年にわたって党指導部の医療責任者をつとめた。一九六六年に文化大革命という名の大粛清がおこなわれたとき、傅連暲は毛沢東に手紙を書き、于都の一件を持ち出して、「わたしはあなたの命を救いました。こんどは、あなたがわたしの命を救ってくださいませんか」と訴えた。このとき七二歳だった傅連暲は、肋骨が折れて頭蓋骨にひびがはいるほど残虐に打ちすえられていた。毛沢東は一応対処したものの、さほど強力な救いの手を差しのべることはしなかった。傅連暲から来た手紙に、「この人物は……大罪を犯したわけではないので、保護してやってもよいだろう」と書きこんだだけだ。が、その後、毛沢東は傅連暲が自分（毛）の健康状態について党指導部に話したらしいという噂を耳にした。これは、毛沢東にとって重大なタブーである。毛沢東は傅連暲が投獄されるのを止めなかった。七〇歳を超した老医師は二週間ももたず、監房の床に倒れたまま絶命した。

　撤退の準備が秘密裏に進む一方で、紅軍は蔣介石軍に押し込まれて後退を続けていた。余儀なくされての後退ではあったが、これによって結果的に紅軍は北西方向への戦略的転換を果たすことができた。これは究極的にはソ連が支配する国境に到達してそこで武器を受け取るための方向転換で、のちに「打通蘇聯」（ソ連と連繫（れんけい）する）と呼ばれるようになった作戦である。ソ連と連繫する作戦は、数年前から計画されていた。すでに一九二九年の時点で、ソ連軍参謀本部情報総局（GRU）総局長ベルツィンはゾルゲに対して、きみの使命は中国紅軍をソ連国境まで到達させるよう工夫することだ、と説明している。

　七月、六〇〇〇人のおとり部隊が脱出ルートとは反対の方向へ出発した。この部隊には「紅軍北上抗日先遣隊」という仰々（ぎょうぎょう）しい名前がつけられ、一六〇万部のパンフレットを三〇〇本の天秤棒でかついでいた。★「紅軍北上抗日先遣隊」の動きは大々的に宣伝され、兵士は途中でようやく自分たちがおとりであることに気づいた。「先遣隊」の上層部でさえ、この事実を知らされていなかった。兵士たちはこの扱いに憤慨した。与えられた任務が無意味だったことが、なおさら兵士たちの恨みを大きくした。このような小規模の部隊では、敵をだますことも瑞金（ロイチン）から引き離すことも、最初から不可能だったのである。逆に、「紅軍北上抗日先遣隊」は国民党軍から執拗に追撃される結果となり、数ヵ月のうちに部隊は事実上全滅させられた。

★共産党指導部は、後年、この名前がプロパガンダ目的にすぎないものだったことを認めた。「北上して日本軍と戦うことなど誰ひとり夢にも考えていなかった」と、ブラウンが述べている。

撤退準備の中には、脱出組のリストに載った人間をしらみつぶしに審査する作業があり、これは周恩来が担当した。信頼できないと判定された人間は処刑された。処刑者は何千人にものぼった。紅軍軍事学校の教員は大多数が処刑された。教員は紅軍の捕虜となって根拠地に連れてこられた元国民党将校が多かったからだ。処刑は立ち入り禁止にした山奥の谷間に巨大な穴を掘って、そこでおこなわれた。犠牲者たちは短剣でめった切りにされ、穴の中に蹴落とされた。穴が満杯になると、残った者たちが自分用の穴を掘らされ、それからめった切りにされて殺された。生きたまま埋められた者もいた。

この大虐殺は国家保衛局によっておこなわれたが、特務の人間の中にも、いまや共産党政権に対する信頼を失って処刑される側に回される者が多かった。その中には、軍事委員会の護衛隊長も含まれていた。この人物は撤退の混乱に乗じて抜け出し、丘陵地に身を隠した。が、当局はこの隊長の恋人（地元の農民）を逮捕して隠れ場所を訊き出した。銃撃戦の末、射撃の名手であった隊長は銃で自殺した。

一九三四年一〇月、中国初の共産主義政権による残虐な統治は終焉を迎えた。于(ユイ)都(トゥー)河に舟橋(しゅうきょう)が架けられ、船首ごとに吊るしたカンテラに明かりがともった。さらに多くのカンテラや松明(たいまつ)が河の両岸を照らし、水面に光が反射した。兵士や徴用された農民の家族が河岸に並んで別れを惜しんだ。重傷者は地元の民家に預けられた。玉石の敷かれた道を踏みしめて城壁をくぐり渡河地点へ向かう紅軍の部隊を、城壁に近い通りの角に建つ家の扉の割れ目から息を詰めてのぞく一二歳の少年がいた。少年の父親は小さな店の店主だったが、四年前、毛沢東によるAB（アンチ・ボルシェビき）団大虐殺で殺された。当時は、「よく働く店員」というだけでも人が殺されたのだ。ほかの多くの人々と同じく、少年も紅軍が去って行くのを見てうれしかった――六〇年前の心情を、かつて少年だった人物は著者に生き生きと語ってくれた。

一〇月一八日午後六時ごろ、やつれてはいるが落ち着いたようすで長髪を後ろへなでつけた毛沢東は、護衛たちに守られて地元の司令部を出発し、通りを横切り、宋代の城門をくぐって、舟橋に足をかけた。

揺れる舟橋は、毛沢東にとって向こう岸への道であり、伝説への道であった。毛沢東および中国共産党政権の残忍な過去は、いま置き去りにされようとしていた。そして、ここから近代中国史における不朽の神話、二〇世紀最大の神話が生まれようとしていた――「長征」である。

第一二章　長征(一)蔣介石の心算

一九三四年★毛沢東四〇歳

一九三四年一〇月、八万人が長征の途についた。根拠地を出る行列は、三列縦隊で一〇日間にわたって続いた。隊列の真ん中に司令部を置き、それを紅軍最古参の主力部隊である林彪(リンピアオ)軍と彭徳懐(ポントーホワイ)軍が左右から固めた。五〇〇〇人強の司令部は、少数の党指導幹部および幹部党員と、使用人や護衛から成っていた。毛沢東も司令部にはいって行軍していた。

大量の輜重(しちょう)に阻まれて、西へ向かう行軍の足取りは遅かった。武器弾薬、印刷機、毛沢東が隠匿していた財宝などを、何千人という人夫が天秤棒で肩にかついで運んだ。人夫の大多数は長征の直前に強制的に徴募された住民たちで、衛兵に監視されながらの行軍だった。行政責任者の話では、最も重い荷物を運ばされたのは「重労働班から解放されたばかりの者たちで、彼らは身体が非常に弱っていたので……行軍の最中に倒れてそのまま死んでしまう者もいた」という。多くの病人が出た。洛甫（ルオフー）の妻が次のように回想している。

来る日も来る日も秋雨が降りつづいて、道はひどくぬかるみ……雨を避ける場所もなく、満足に眠ることもできず……病気の者や弱っている者は眠りにおちたまま二度と目をさまさなかった。多くの者は足の傷が化膿し、それを不潔な布で包むしかなく、地面に足をつくだけで耐えがたい痛みに襲われた……根拠地から遠ざかるにつれて、人夫が脱走するようになった。従順な者たちは、涙を浮かべて放免してほしいと懇願した……

もっと大胆な者たちは、監視が緩んだすきに荷物を放り出して逃げた。兵士も次々に脱走した。上官が疲弊して、監視がどんどん甘くなっていたのである。行く手には、四重の封鎖線が待ちかまえていた――革命根拠地を包囲し崩壊へ追い込んだ封鎖線である。ところが、この封鎖線が、どういうわけかまったく行軍の障害にならなかった。

最初の封鎖線を守っていた広東(コワントン)軍は、それまで革命根拠地との交易から利益を得ており、紅軍を通過させると約束していた。そして、その約束を守った。ただし、戦闘なしに封鎖線を突破できた理由は、じつは、蔣介石政権に反発する広東軍が共産党側に協力したせいばかりではなかった。蔣介石は広東軍が配置されている部分を突破しようという紅軍の計画を先刻承知していたのみならず、広東軍が抵抗せずに紅軍を通過させようとしていることまで把握していた。撤退が間近に迫った一〇月三日、蔣介石は行政院長に対して、広東軍が「包囲網の一端を開ける」だろう、と話している。しかも、それならばその箇所に忠実な軍隊を派遣してはどうか、という進言を、蔣介石ははっきりと却下している。蔣介石の側近が「[広東軍に]命令を実行させるためには、われわれの手勢を派遣しておく必要があります」と建議したにもかかわらず、蔣介石はそうした心配は無用であると答えた。

一一月初め、長征の隊列は二番目の封鎖線に達した。数十キロに伸びた隊列は容易な標的だったはずだが、攻撃はなかった。今回も広東軍は手を出さず、封鎖線を固めていた他の部隊――湖南(フーナン)省の強力な反共勢力で、毛沢東の前妻楊開慧(ヤンカイホイ)を処刑した何(ホー)鍵(チエン)将軍の部隊――も手を出さなかった。

三番目の封鎖線も、同じく容易に突破された。にもかかわらず、蔣介石は何鍵の明らかな職務怠慢を譴責するどころか、一一月一二日付で何鍵を追剿総司令に任命した。この強力な反共将軍が固める四番目の封鎖線は、湖南省最大の湘江（若き毛沢東に詩作のインスピレーションを与えた河でもある）の西岸に敷かれていた。紅軍を殲滅するには理想の位置取りである。湘江には橋がない。紅軍は対空砲も持たず、対岸までの長い距離を水につかって歩いて渡るしかなかった。地上からも上空からも恰好の標的である。ところが、今回も、河に沿って三〇キロもの距離に広がって四日間かけて渡河する紅軍に対し、何の攻撃もおこなわれなかった。何鍵の部隊は河を見下ろす要地に兵員を配置することさえせず、紅軍の渡河を袖手傍観していた。蔣介石軍の飛行機は上空を旋回していたが、偵察だけで、爆撃も機銃掃射もしなかった。毛沢東のいる司令部も攻撃を受けることなく一一月三〇日に湘江を渡り、翌一二月一日には紅軍の主力部隊四万が渡河を終えた。副官の言葉によると「全神経を集中して」渡河を監視していた蔣介石は、この段階に至ってようやく湘江を封鎖し、大規模爆撃を命じた。これによって、紅軍の後衛部隊の一部が東岸に取り残された。渡河を終えた時点で長征の兵力は最初の半分になっていたが、★主力部隊と司令部は無事だった。蔣介石はこの情報をつかんでいた。何鍵司令官は翌日、「共匪の主力は全員［渡河を終え］、西へ逃走中」と書き送っている。

★渡河を果たせなかった残り半数（兵員にして約四万）のうち、「三〇〇〇強」は湘江で戦死した。残りは湘江で散亡した者、それまでの六週間にわたる行軍中に病気や疲労で行き倒れた者、小ぜり合いの犠牲者、および脱走者などだった。

蔣介石が長征の主力部隊を意図的に通過させてやったことは、疑う余地がない。

なぜ、蔣介石はこのような挙に出たのだろうか？ 湘江を渡った紅軍を蔣介石軍が追撃してさらに西方の貴州（コイチヨウ）、四川（スーチヨワン）方面へ追いやる動きに出たあたりから、その意図が明らかになりはじめた。蔣介石には心算（しんざん）があり、そのために紅軍を利用しようとしていたのである。貴州省、四川省は隣接する雲南（ユンナン）省と合わせて中国西南の一〇〇万平方キロメートルを優に超える広大な地域を占めており、人口も一億を数える。この地域は独自の軍隊を持ち、南京政府にほとんど税金を上納せず、事実上、中央政府から独立した存在だった。なかでも四川省は最も面積が大きく、最も裕福で、人口も五〇〇〇万と三州のうちで最も多く、とくに重要な存在だった。四川省は四方を峻険（しゅんけん）な山々に囲まれ、李白が「蜀道之難、難於上青天」（蜀（しょく）［四川］への道は青天にのぼるにもまして困難だ）と書いたほどの難所である。蔣介石は四川を「民族復興の根拠地」、すなわち、いずれ日本と戦う際の大後方とみなしていた。

この地域に支配を及ぼすためには、中央政府の軍隊を駐留させる必要がある。しかし、三省は中央軍の進駐を拒み、力ずくで軍を進めれば戦争になるおそれがあった。軍閥と正面切って戦うのは、蔣介石の望むところではない。蔣介石はむしろ権謀術数による——費用対効果の高い——国家建設を構想していた。中央の支配を拒みつづけるこの地域に紅軍を追い込み、紅軍の居座りを恐れる軍閥から乞われる形で中央軍を進駐させる、というのが蔣介石のもくろみだった。そうなれば、蔣介石はこの地域に堂々と軍を進めて中央政府の支配を及ぼすことができる。紅軍が軍閥にとって十分な脅威となるよう、蔣介石は紅軍の主力部隊を温存しておいたのだった。

蔣介石は腹心の秘書に対して、「さて、共産軍が貴州にはいったら、わが軍はこれを追って貴州にはいる。わが方から貴州を征服する戦いをしかけるより、はるかに良かろう。四川も雲南も、自分の身を守るためにわが軍を歓迎せざるを得んだろう……この先は、手札の切り方さえ間違えなければ……統一国家を樹立できる」と、計画を説明している。紅軍が湘江を渡り貴州をめざして進みはじめた一一月二七日、蔣介石は国家建設の青写真「中央と地方の権責を劃（画）分する宣言」を発表した。

この話は蒋介石の生涯を通じて公（おおやけ）にされることはなく、現在でも国民党および共産党の公式党史においては秘されている。表向き、蒋介石は紅軍を取り逃がした地方軍閥を非難し、一方の共産党は紅軍の根拠地脱出に協力した地方軍閥を賞賛し、どちらも紅軍の封鎖線突破を地方軍閥の働きに帰している。双方とも、紅軍の逃走を許したのは他ならぬ蒋介石であったという事実を表沙汰にしたくないのである。国民党にとってみれば、地方を支配下におさめる方法としてこれはあまりにも狡猾にすぎるし、紅軍の泳がせ方について計算を誤ったこと——最終的には共産勢力を勝たせてしまった——はあまりに屈辱的だからである。一方の共産党にとっても、名にし負う長征の大部分が蒋介石に仕組まれたものだったと認めたのでは、面目まるつぶれである。

蒋介石が紅軍の逃走を許したのは、ソ連に対する親善のジェスチャーでもあった。日本の脅威にさらされていた蒋介石はクレムリンとの良好な関係を必要としており、モスクワの虎の子である中国共産党に恩を売ったわけだ。

が、もうひとつ、蒋介石にはさらに秘すべき純粋な個人的理由があった。息子の蒋経国（チアンチンクオ）が九年前からソ連の人質になっていたのである。蒋経国は有名な宋美齢（ソンメイリン／そうびれい）夫人との子ではなく、最初の夫人とのあいだに生まれた息子で、蒋介石の血を引くただ一人の子供だった。経国が生まれたあと、蔣介石は何度か性病にかかって子供ができなくなったらしく、緯国を次男として養子に迎えている。しかし、蔣介石が最も心にかけていたのは、血を分けたただ一人の息子蔣経国だった。蔣介石の骨身に染みこんだ中国の伝統的価値観からいえば、子孫を残すことは何より重要な責務だった。家系を絶やすことはこの上ない不名誉であり、両親や祖先に対してこれほど面目の立たぬことはない。家系が絶えたのでは、先祖の霊が成仏できぬ。中国語の「断子絶孫！」（おまえの血筋など途絶えてしまえ！）は最悪の罵り言葉であり、親や先祖に対する不孝は何としても避けるべきことだった。

一九二五年、蔣介石は当時一五歳だった息子の蔣経国を北京の学校へ送った。当時、蔣介石はモスクワの後援を受けた国民党の中でぐんぐん力を伸ばしていた。ソ連は目ざとく蔣経国に狙いを定め、ソ連への留学を勧めた。若い蔣経国は留学話にとびついた。北京に出てきて数ヵ月後、蔣経国は、名前こそほとんど知られていないが枢要な地位にあった邵力子という人物に伴われてモスクワへ赴いた。邵力子は共産党が国民党内に潜入させた大物スパイだった。

国民党に潜入させたスパイは、モスクワが中国共産党に残した貴重な財産だった。スパイの大多数は、一九二〇年代前半、ソ連の支援を求めようとした孫文が共産主義者に対して門戸を開いた時代に国民党に入党した者たちだった。スパイの潜入は、さまざまなレベルでおこなわれた。毛沢東のように共産党員の身分を明らかにして国民党に協力した者もいれば、共産党員の身分を隠して活動していた者もいた。さらに、共産党からの転向を装って国民党に潜入した第三のグループも存在した。一九二七年に蔣介石が共産党と袂（たもと）を分かったとき、身分を隠して活動していた共産党スパイの多くが冬眠スパイとして国民党内にとどまり、時機が到来するのを待つことになった。それから二〇年以上にわたり、彼らは共産党に決定的な情報を流しただけでなく、国民党の組織内で高い地位にのぼり、政策を左右するほどの影響力を行使した。最終的には、彼らは中国を毛沢東の手に渡すうえで非常に大きな役割――おそらくハイレベルの政治においては世界に類を見ないほど大きな役割――を果たした。彼らの多くは、今日なお正体を明かしていない。

邵力子も、その一人である。邵力子は実際には中国共産党の創立メンバーであったが、モスクワの命令によって共産党活動から距離を置いていた。邵力子の正体を知る人間は、党指導部でもごく少数しかいなかった。一九二七年四月に上海で蔣介石が反共に転じたとき、邵力子はソ連に電報を打ち、その電報は即刻スターリンに届けられた。電報の内容は、「上海の状況が非常に懸念されます。わたしは反革命の武器にはなれません。どのように戦うべきか、助言を願います」と、モスクワの指示を求めるものだった。

それから二三年間、邵力子(シャオリーツー)は国民党内にとどまって重要ポストを歴任した。そして、一九四九年に共産党が勝利をおさめたあと毛沢東側へ移り、一九六七年に北京で死去している。共産党の統治下においても邵力子の正体が明かされることはなく、今日なお、邵力子は長期冬眠スパイではなく誠実な共産党シンパということになっている。

一九二五年一一月に邵力子が蔣介石の息子を伴ってソ連へ行ったのは、まちがいなくモスクワの指示によるものだった。一九二七年にソ連での勉学を終えても、蔣経国(チアンチンクオ)は帰国を許されず、父親を公然と非難するよう強要された。スターリンは蔣経国を人質としてソ連に留め置く一方で、世界に向かっては、蔣経国は自らの意志でソ連に留まっているのだと説明した。スターリンは人質を取ることを好んだ。アメリカの共産党指導者ユージーン・デニスの妻ペギー・デニスは、一九三五年に夫婦でソ連を離れてアメリカに帰国する直前にコミンテルンの黒幕ドミトリ・マヌイルスキーが訪ねてきたときのことを次のように書いている。「爆弾は音もなく投下されました……ごく何気ない口調で、マヌイルスキーはわたしたちに、［息子の］ティムを連れて帰ることはできない、と伝えたのです。『いつか別の時期に、別の状況下で、お返しします』と」。ティムが帰国することはなかった。

蔣経国が人質としてソ連に留め置かれているという事実は、一九三一年末に蔣介石（ソンチンリン）にはっきりと伝えられた。伝えたのは、ほかならぬ義理の姉でソ連のスパイ、宋慶齢（ソンチンリン／そうけいれい）（孫文（スンウエン）夫人）である。★宋慶齢はモスクワの意を体して、少し前に上海で逮捕されたソ連人スパイ二名と蔣経国の交換を提案した。蔣介石はこの提案を断った。スパイの逮捕は公然の事案であり、二人は公開の裁判を受けて収監されていたからだ。しかし、モスクワからの提案を聞いて、蔣介石の心中にそれまで抑えていた苦悶が広がった。このことで息子がいまにも「ソビエト・ロシアの手にかかって残酷な殺され方をする」のではないか、と考えたのである。一九三一年一二月三日の日記に、蔣介石は、「ここ数日、これまでにも増して息子のことが思われる。[もし経国が殺されたら]自分はあの世で両親に合わせる顔がない」と書いている。一四日の日記には、「[跡継ぎの命を危険にさらすことで]わたしは親不孝の大罪を犯した……」とも書いている。

★宋慶齢は、蔣介石夫人宋美齢（ソンメイリン）の姉である。宋慶齢の長い生涯を通じて、彼女がソ連のスパイであったという事実は秘されており、今日なおほとんど知られていない。しかし、一九三七年一月二六日に宋慶齢から在モスクワ中国共産党代表団長で宋慶齢のコントローラーだった王明（ワンミン）にあてた秘密書簡が、彼女の役割を疑う余地なく示している。書簡は次のような書き出しで始まっている。「王明同志へ。親愛なる同志、お伝えしなくてはならない事実があります。これによってわたくしの……中国における近い将来の活動が危険にさらされる可能性があるからです……ここにお知らせする事実について考慮いただき、どうすべきか助言をいただければ幸いです……」。書簡に記された内容のひとつは、コミンテルンのアメリカ人スパイ、アグネス・スメドレーに関する苦情だった。宋慶齢は、スメドレーが「外国人シンパを次々と家に連れてくるので、せっかく重要な目的に使われてきたこの家が使えなくなってしまいました……彼女を隔離するようにとのご指示を「中国共産党に」通知しておきました」と書いている。

蒋介石は息子の身を案じつづけた。その苦悩を見れば、数千キロ離れたヨーロッパで起こった事件の説明がつく。ちょうどこの時期、一九三一年一二月、邵力子の息子がローマで射殺体となって見つかった。この子は、一九二五年に蒋経国の連れとして邵力子が一緒にソ連へ連れていった息子である。ただし、蒋経国とちがって、邵力子の息子はその後中国への帰国を許された。イタリアのマスコミはこの事件を恋愛関係がもつれた末の悲劇として扱い、「恋人を傷つけた中国人の悲劇的結末」と見出しをつけて報じた新聞もあった。恋人の女性はチェコ人と報じられた。が、邵力子とその一族は、国民党と共産党がそろって事件の揉み消しに走ったのを見て、犯人は国民党スパイにちがいないと確信した。とすれば、蔣介石の許可なしに実行できることではない——息子には息子を、という蔣介石の私的な仇討ちである。

長征が始まるころには、蔣介石は周到な交換条件を練りあげていた。蔣経国と引き換えに中国共産党の存続を許す、という取引だ。しかし、これを表に出して交渉するわけにはいかない。そこで、蔣介石は巧妙な方法を考えた。紅軍を一時的に囲い込んでおいて、あとで日本軍に始末させる、という筋書きだ。蔣介石は日本との戦争は必至と見ており、ソ連がこの戦争を望んでいることもよく承知していた。スターリンは、日本が中国を征服し、その資源と七〇〇〇キロに及ぶ綻（ほころ）びだらけの国境線を利してソ連を攻撃する、というシナリオを最も恐れていた。いったん中国と日本の戦争が始まったら、モスクワは中国国内で育ててきた手先すなわち中国共産党に抗日戦争を命ずるしかないだろう、と、蔣介石は読んでいた。そのときまで紅軍を生かしておいて、息子を取り戻すための取引に使おう、と考えたわけである。

蔣介石としては、紅軍を中国中心部の豊かな土地に安穏と居座らせるつもりはなく、もっと不毛で人口の少ない地域に追いこんで閉じこめてしまおう、と考えていた。そのための適地として蔣介石が頭に描いていたのは、中国西北、おもに陝西（シャンシー）省北部の黄土台地である。もくろみどおり紅軍がこの地へ向かうように、蔣介石はこの地域の共産党根拠地にだけ繁栄を許し、他の革命根拠地は容赦なくつぶしていった。

　紅軍を黄土台地へ誘導する計画を実現するために蔣介石が責任者に起用したのは、ほかならぬ邵力子（シャオリーツー）だった。愛する息子蔣経国（チアンチンクオ）をソ連へ連れていった男である。一九三三年四月、邵力子は陝西（シャンシー）省の主席に任命された。蔣介石は邵力子の正体を知っていたが、それをおくびにも出さず、忠実な国民党員と信じているかのような態度でこのスパイを使いつづけた。蔣介石と邵力子をはじめとするスパイたちとの関係は権謀術数が果てしなく複雑に絡み合う世界で、最後にはそれがコントロールしきれなくなって蔣介石の破滅につながっていった。

　共産党根拠地を発展させる役割は共産党スパイにしかできない、忠実な国民党員ならば根拠地をつぶそうとするだろう、というのが蔣介石の計算だった。事実、それまで小さなゲリラ基地でしかなかった陝西省（および西側に隣接する甘粛（カンスー）省）の一地域が発展しはじめたのは、邵力子が省の主席に任命されて以降だった。★長征が始まった一九三四年一〇月中旬、蔣介石は陝西省を視察に訪れている。表向きは「陝北匪（せんほくひ）」は「粛清（しゆくせい）」する必要があると言いながら、蔣介石は前例のない速さで紅軍根拠地が発展するのを許した。わずか数ヵ月のうちに、黄土台地の根拠地は面積三万平方キロ、人口九〇万人の規模に成長した。

★陝西省の国民党軍事長官楊虎城（ヤンフーチヨン）将軍は共産党シンパで、以前に共産党に入党を希望したことのある人物だった。蔣介石は楊将軍と共産党との関係を知っていた。楊将軍は邵力子と密接に協力した。

蔣介石は中国中心部に点在する根拠地から紅軍を追い出し、すべての紅軍部隊を一地域に囲い込もうと考えた。その途上で紅軍を相当に弱体化させつつ全滅はさせないよう手加減する、というのが蔣介石の心算だった。後年、蔣介石はアメリカの使者に、「わたしは紅軍を江西省（チアンシー）から……陝西省北部へ追いたて、彼らの兵力が数千に減ったところで追撃をやめた」と語っている。

蔣介石が紅軍を誘導するために考えたのは、自軍の作戦配備を無線で連絡し、それをわざと紅軍に傍受させる、という方法だった。紅軍は「敵の電報を終始傍受し、解読していた。敵の意図も動きも、手に取るようにわかっていた」という。それでも、蔣介石は暗号を変更しなかった。紅軍は、敵の部隊がいない地域、手薄な地域へ向かって進んでいった。

紅軍が狙いどおりの進路を確実にたどるように、万が一にも進路変更などしないように、蔣介石は紅軍が根拠地を離れる直前を狙って大規模な情報攻撃の仕上げにかかった。長征開始に先立つ六月、国民党はひそかに共産党の上海無線局を急襲した。上海無線局は瑞金（ロイチン）とモスクワを結ぶ中継ポイントである。無線局は数ヵ月にわたって国民党の管理下で業務を続けた。一〇月、国民党は無線局の機能を完全に停止させた。共産党は通信リンクの復旧をめざして第一級の無線通信士を上海に派遣したが、通信士は上海に到着すると同時に逃亡してしまった。共産党は刺客を差し向けた。一度は失敗したものの、二度目に放たれた刺客はドイツ病院のベッドに寝ていた通信士の暗殺に成功した。これを境に、上海はモスクワの諜報機関にとっては依然として重要な基地でありつづけたものの、中国共産党にはほとんど意味のない存在となった。

　蔣介石は、紅軍と息子の交換交渉を開始するきっかけとして長征を利用した。瑞金からの脱出が始まる直前、蔣介石はソ連に対し外交ルートを通じて息子の帰国を正式に要請した。一九三四年九月二日の日記には、「経国（チンクオ）の帰国について正式の申し入れをおこなった」と書かれている。一〇月から一一月にかけて封鎖線突破がおこなわれていた最も重大な時期、蔣介石は紅軍の動きに目をつぶってやっていることをソ連に対してことさら強調するため、前線にいっさい足を運ばなかっただけでなく、わざと四〇日もの長期にわたって反対方向へ一〇〇〇キロも離れた華北地方の公式視察に出かけている。

モスクワは蔣介石のメッセージを理解した。蔣介石から息子の解放を求める要請が届いたあと、長征の隊列が湘江を渡って封鎖線の外へ出るまでの期間、モスクワは人質の監視を大幅に強化した。蔣経国はそれまで寒村で働かされ、シベリアの金鉱で働かされ、その後ウラル地方の機械工場で働かされていたが、「一九三四年八月から一一月にかけて、とつぜん……ソ連NKVD（KGB）の厳重な監視下に置かれるようになった。毎日、二人の人間にぴったり張り付かれていた」と、本人が後年述懐している。

一二月初め、紅軍が最後の封鎖線を越えた直後、蔣介石は改めて息子の帰国を求めた（と、蔣経国はKGBから聞かされた）。しかし、ソ連は蔣介石に対して、蔣経国本人が帰国を望んでいない、と伝えた。蔣介石は日記に、「ロシア人どものいまいましいペテンにはきりがない」が、自分は「泰然自若」としていることができた、「わが一族に降りかかった苦難に動揺せずいられるようになったのだから、我輩も実に進歩したものである」と書いている。紅軍に続けて便宜を図ってやるかぎり、息子の身は安全だ――蔣介石には確信があった。

第一三章

長征(二)黒幕として実権を握る

一九三四〜三五年★毛沢東四〇〜四一歳

一九三四年一二月半ば、蔣介石の思惑どおり、長征の隊列は貴州(コイチヨウ)省にはいった。蔣介石が手始めに支配をもくろむ省である。予想したとおり、兵力四万強の紅軍が進軍してきたのを見て、貴州の軍閥はパニックに陥った。蔣介石は「ずっと前から貴州を取りたがっていた」と、軍閥が当時を述懐する。「紅軍を追跡してきた中央軍を拒むわけにはいかない……非常に迷ったが、当時の形勢に鑑(かんが)みて、蔣介石の指揮下にはいることに決めた」。一二月一九日、中央軍の八個師団は貴州の省都貴陽(コイヤン)へ進軍し、ただちに空港と道路の建設にとりかかった。そして、まもなく重要ポストを奪い、軍閥の言葉を借りれば「客人から主人に成りかわった」。

蔣介石は、紅軍を次なる目標である四川(スーチョワン)省に追い込むべく、北上するルートだけを広く開けて、それ以外のルートをすべて封鎖した。貴州と同じ方法で四川を支配下におさめ、さらに北方の陝西（シャンシー）省に向かって紅軍を追いたてるのが蒋介石の計画だった。ところが、ここで計画がシナリオどおりに進まなくなった。毛沢東が蒋介石の予期しなかった動きに出たのである。毛沢東は頑強に四川入りを拒んだ。ただし、毛沢東の動きは蒋介石とは何の関係もなく、共産党内の権力闘争が原因だった。

長征の隊列が貴州にはいったところで、毛沢東は党の指導権を奪取する動きに出た。そのためには、まずは党内の敵対勢力を内側から分裂させる必要がある。毛沢東は、それまで友好的とは言いがたい関係だった二人の実力者との関係修復に力を入れた。「紅色教授」のあだ名を持つ王稼祥（ワンチアシアン）と、毛沢東から「首相」のポストを奪った洛甫（ルオフー）である。毛沢東は、過去に激論を戦わせたこともあるこの二人に機嫌取りの言葉をかけはじめた。この二人は、党のナンバー1である博古（ボークー）に恨みを抱いていた。

王稼祥と洛甫は、博古とともにモスクワに留学した時期があった。しかし、博古は若輩ながら二人を飛び越して上の地位に就き、二人を意思決定から排除することさえあった。博古は「わたしを除け者にした」と、洛甫は後年語っている。これが毛沢東と手を結ぶ動機になった。「わたしは自分がまったく権力のない立場に追いやられたと感じ、そのことをひどく恨んだ」「根拠地撤退を控えたある日、沢東同志が話をしにきたのを覚えている。そのとき、わたしは心に抱いていた恨みを洗いざらい彼に話した。それ以来、わたしは沢東同志と親しくなった。彼は王稼祥同志と三人で結束しよう、と言った。こうして、毛沢東同志を中心とする『三人集団』ができあがった」と、洛甫が述懐している。

三人は一緒に行軍した。たいていは担架に寝そべった形で移動した。竹で作った担架はごく少数の指導者だけに許された特権で、この者たちは馬に乗ることも許され、荷物を運ぶ人夫もついた。長征の最も困難な部分を含めて、指導者の大多数は行程の大半を人夫に担がれて移動した。毛沢東などは、わざわざ自分用の担架を設計して作らせた。洛甫の夫人は、王稼祥と一緒に長征の準備をする毛沢東が自分で考案した担架を自慢していたのを記憶している。「彼は、『見てごらん、自分用の担架を設計したんだ……これに乗って運んでもらうのだ』と言っていました。彼と稼祥は嬉しそうに『傑作』を見せてくれました。二人が作らせた担架は長い竹の棒でかつぐようになっていて、山道が登りやすいようにできていました。防水布の天幕もついていて……［乗っている人が］陽射しや雨に当たらないようになっていました」

毛自身も、何十年もあとになって、側近にこう語っている。「長征のときには、わたしは担架に横になっていた。で、何をしたか？　本を読んだのだ。たいへんに多くの本を読んだ」。しかし、担架をかつぐ側にとっては、それほど呑気な話ではなかった。行軍に参加した兵士たちが述懐する。「山を登るとき、担架をかつぐ兵士は地面に膝をつかないと進めないような場所もありました。山頂に着くまでに、彼らの膝は皮がむけ、肉がすれてしまいました。どの山も、彼らが登ったあとに汗と血の道筋が残ったものです」

他人にかついでもらいながら、毛沢東は博古（ポークー）に敵愾心（てきがいしん）を燃やす二人の仲間と攻撃シナリオを練った。道幅が広いところでは、三人は横に並んでかつがれながら話をした。道幅が狭くて一列で進まなければならないところでは、頭どうしがくっつきあうよう担架の向きを変えさせた。あるとき、みかんが黄色く色づいた果樹園の緑陰で休憩をとることになり、担架をかついでいた兵士たちは三人の担架を並べて地面に下ろした。三人は話し合い、協力して博古とドイツ人顧問のオットー・ブラウンを「追い払った」うえで毛沢東に軍の指揮権を与えることに決めた。ただし、毛沢東は依然として非常に不人気で、党の中枢である中央書記処のメンバーでさえなかったので、この時点ではまだ党トップの地位は狙わず、三人の中で唯一書記処のメンバーである洛甫が党のトップに座ることになった。王稼祥の報奨は、政治局委員の地位ということになった。この合意にもとづいて、三人は、中華ソビエト共和国を失った原因を総括する会議の開催を求めた。

博古(ポークー)は会議の開催に同意した。実際、博古は中国初のソビエト共和国を失ったことについて痛恨の思いを抱いており、同僚たちはピストルを自分に向ける動作をくりかえす博古のようすを見て自殺をするのではないかと案じたほどだった。

こうして、一九三五年一月一五日から一七日にかけて、貴州(コイチョウ)北部の遵義(ツンイー)に政治局員や軍幹部ら二〇人が集まって会議が開かれた。会議の大半は、中華ソビエト共和国崩壊の責任問題を蒸し返す議論に費やされた。毛沢東の「三人集団」は、あらゆることについて長征以前の指導部、とくに博古とオットー・ブラウンを非難した。

中国共産党史では、この有名な遵義会議において毛沢東が中国共産党および紅軍における指導的地位を確立した——しかも大多数の信任を得て——ということになっている。しかし、実際には、遵義会議で毛沢東は党のトップにも軍のトップにも任命されていない。会議の結果、博古が大多数の支持を得てひきつづき党ナンバー1の地位にとどまることになった。瑞金(ロイチン)を失った責任を博古に負わせることはできない、というのが会議の総意だった。オットー・ブラウンはただ一人の外国人であったことから都合のよいスケープゴートにされ、軍の指揮から外された。王稼祥(ワンチアシアン)と洛甫(ルオフー)は毛沢東が代わって軍の指揮権を持つべきだと提案したが、賛同を得られなかったらしく、周

恩来が引きつづき軍のトップとして「軍事に関して最終決断の責任」を持つことになった。★

★後年、遵義会議において自分を支持した人間に言及する際に毛沢東が二人——王稼祥と洛甫——以外の名前をいっさい挙げなかったという事実からも、毛沢東に多数の支持がなかったことが明らかにわかる。

とはいえ、遵義会議において、毛沢東はひとつ非常に重要な成果を手にした。党の意思決定中枢である中央書記処のメンバーになったのである。それまでの構成メンバーは一九三四年一月にモスクワが決めた七人で、そのうち長征に参加していたのは博古、周恩来、洛甫、陳雲（チェンユン）の四人だった。残りの三人は項英（シアンイン）、中国共産党在モスクワ代表団長の王明（ワンミン）、瑞金に次いで大きな革命根拠地の指導者張国燾（チャンクオタオ）であった。遵義会議において、王稼祥は毛沢東を中央書記処に加えるべきであると提案した。実際には、この時点で王稼祥は政治局委員ではなく、このような指名をする権利はなかった。しかし、博古はあまりに強い自責の念に打ちひしがれていて反対できず、この提案が通った。無線通信が途絶していたので、モスクワの指示を仰ぐことはしなかった。

いったん中央書記処にはいってしまえば、毛沢東はこれを思いどおりに動かすことができた。長征に加わった四人のメンバーのうち、洛甫(ルオフー)はすでに味方につけていたし、陳雲(チエンユン)は権力に関心がなく、また兵站(へいたん)の処理に忙しくて物理的にその場にいないことが多かった。残るは周恩来と博古(ポークー)である。周恩来に対する毛沢東の戦略は、飴と鞭、とくに過去の失敗に関して共同責任を追及するぞという脅しを使って博古から引き離す、というやり方だった。遵義(ツンイー)会議では、第五次囲剿(いそう)に敗北した原因について総括決議を出すことに決まった。決議の起草は本来ならば党ナンバー1の仕事だが、毛沢東の謀議仲間である洛甫がうまく立ち回ってこれを起草する係になった。

この決議は、いわば評決の意味を持つ。総括決議は党へ送付され、モスクワに報告される。洛甫が最初に起草した決議案には、「博古同志、周恩来同志、オットー・ブラウン同志による軍事政策の錯誤を総括する」という副題がつけられ、瑞金(ロイチン)を失った責任の一端を周恩来に負わせる表現になっていた。周恩来が毛沢東らに協力を約束すると、周恩来の名前が副題から消え、周恩来の責任を追及する文章が削除された。

周恩来は「それとなく博古とわたしから距離を置くようになり、毛沢東が周を不問に付す一方でわれわれ二人に攻撃を集中できるよう素地を用意した」と、ブラウンが冷淡な調子で述懐している。こうして博古は孤立させられ、毛沢東はいつでも博古を多数決で抑えられるようになった。事実、遵義会議が終了して出席者の大半が所属部隊に戻るやいなや、毛沢東はこの新しく改選された中央書記処から前代未聞かつ不自然きわまりない「周恩来同志の軍事指揮上の幇助者」という肩書をせしめ、軍指導部にむりやり片足を突っ込んだのであった。

中央書記処は、つぎに王稼祥を政治局常務委員に格上げし、さらに、軍事に関してまるで無知な王稼祥を軍の高いポストにつけた。最も重要なのは、遵義会議から三週間後の二月五日、三省が境を接するところから「鶏鳴三省」（鶏が鳴けば三省に聞こえる）と呼ばれる村で、博古に代わって洛甫を党ナンバー1の地位に押し上げたことだった。毛沢東と洛甫は周恩来を屈服させ、政治局内の「多数」をもって博古と対決した。博古は、本人の言葉によれば「果てしない議論と圧力に抗しきれず」、党ナンバー1の地位を明け渡すことに同意した。

洛甫のナンバー1昇格は公明正大とは言いがたいやり方であり、したがって数週間のあいだ、党員にも兵士にもこの事実は知らされなかった。トップの交代が発表されたのは、軍事的勝利によって陰謀の当事者たちが地位を強化したあとだった。博古はいまや意思決定から除外され、洛甫は性格の弱い人物だったので、毛沢東が黒幕として采配をふるようになった。

遵義（ツンイー）会議は四川（スーチョワン）省への進軍を決定した。四川省は遵義のすぐ北にあり、その大きさ、豊かさ、人口の多さからして、当然紅軍の進むべき方向と思われていた。ソ連からも、瑞金（ロイチン）を出た部隊に対して四川省をめざすよう前々から指示が出ていた。四川省にはいれば、ソビエト支配下のモンゴルや新疆（シンチアン）（いまやソ連軍が駐留し、事実上ソビエトの植民地となっていた）にぐっと近くなる。モスクワは、中国共産党への支援物資をモンゴルと新疆へ運ぶ準備を進めていた。ソ連の元首席軍事顧問として中国に派遣されていたシュテルンは、ソ連が「航空機や大砲……五万人を武装させるに十分な武器」を供給できる地点と四川省とを結ぶ方法をすでに調査しはじめていた。★

★ソ連大使館付き武官レーピンは、最適な支援ルートに関してひそかに助言をしていた。元中国共産党指導者李立三（リーリーサン）は、無線コンタクトを確立するため、モスクワから中国国境のソ連軍参謀本部情報総局（GRU）秘密基地へ派遣された。在雲南（ユンナン）省アメリカ副領事アーサー・リングウォルトは危険を察知し、一九三五年一月初めにワシントンに次のように警告している。「中国の状況はますます深刻の度合いを増していると思われる。奇跡でも起きないかぎり、共産党軍はどこからかルートをみつけて四川省に進攻するだろう。［そうなれば］ソ連との通信連絡を確立するという……周知の計画が成就するのは時間の問題である。そうなったら、共産勢力抑圧についてこれ以上論じることは無意味になろう」

この点に注目していたもう一人の人物は、意外にも、ソ連にとって非常に重要な働きをした英国人スパイ、キム・フィルビーだった。一九三六年にナチス・ドイツで刊行されたチベット関係の論文の中で、フィルビーは、中国西北で紅軍がソ連との連絡ルートを確保することの戦略的重要性を強調している。

しかし、毛沢東は四川省へ向かいたくなかった。四川省に進軍すれば、張国燾（チャンクオタオ）軍と合流することになる。張国燾は、紅軍第一方面軍よりはるかに強大な八万余りの第四方面軍を率いる百戦錬磨の軍人だ。この強大な部隊と合流したら最後、洛甫（ルオフー）が党ナンバー1の地位に就く見込み——そして、毛沢東が黒幕の地位に就く見込み——は消滅してしまう。

張国燾は、一九二一年の中国共産党第一回党大会で議長をつとめた大物だ。当時、毛沢東は末席に連なる無名の参加者でしかなく、洛甫にいたってはまだ共産党員でもなかった（洛甫の入党は一九二五年）。規則を曲げてむりやり書記処に割り込んだ毛沢東とちがって、張国燾は正真正銘の書記処メンバーだった。加えて、張国燾はコミンテルン執行委員会委員という相当に威信の高い地位にあり、モスクワ暮らしが長かったことからソ連に対する影響力もあり、スターリンに面会したこともあった。一九三一年一月にモスクワから帰国したあと、張国燾（チャンクオタオ）は上海の命を受けて、華中東域の湖北省（フーペイ）、河南省（ホーナン）、安徽省（アンホイ）が境を接する地点に作られた鄂豫皖（オーユイワン／がくよかん）根拠地に赴いた。張国燾の指導下で鄂豫皖根拠地は瑞金（ロイチン）の中央根拠地に匹敵する規模に発展し、一九三二年夏には面積四万平方キロメートル超、人口三五〇万、兵員四万五〇〇〇の軍隊を持つ革命根拠地になっていた。その年の秋、蔣介石軍の攻撃を受けて根拠地を放棄したあと、張国燾は四川（スーチョワン）省北部へ移動し、一年で鄂豫皖よりさらに大きな根拠地を新たに建設し、第四方面軍を八万以上の兵力に拡大した。★張国燾はまちがいなく共産党員として最大の成功をおさめた人物であり、指導部に加われば必然的に新しくナンバー1に選ばれるものと思われた。

★張国燾がこれほどの成功をおさめた主たる理由は、第四方面軍が進攻した四川省の地域がとりわけ冷酷非情な軍閥たちに支配されていたことにある。軍閥による搾取があまりに苛酷だったため、都市部でさえ着る物に事欠いて全裸で歩き回っている住民が多数いるほどだった。第四方面軍が進攻する直前に何件か農民蜂起があり、新兵がまとまって紅軍に入隊したことも張国燾の成功を大きくした。また、第四方面軍司令官の徐向前（シュイシアンチエン）は、紅軍の全司令官の中で最も有能という評判だった。

かといって、張国燾を傀儡に仕立てるという選択肢も、非現実的だった。張国燾は、権力のためなら平気で人殺しのできる人間だった。革命根拠地においても、張国燾は自分に反抗した地元幹部に血の粛清をおこなった。毛沢東と同じく、張国燾も自らが指揮して拷問による尋問をおこなった。犠牲者はたいてい銃剣で突き殺されるか絞殺された。生き埋めにされた犠牲者もいた。張国燾は「自分の支配を確立するためには邪魔な人間を殺す」ことを躊躇しない人間だ、と、第四方面軍司令官徐向前が述べている。

　この厄介な人物を相手にしては、毛沢東がその上に立てる見込みは薄い。しかも、張国燾と権力争いをすれば、毛自身の命も危ない。それまで毛沢東が相手にしてきた党指導者たちは、党のために人を殺すことはあっても自分個人の権力追求のために人を殺すことはしない連中だった。博古や周恩来が相手なら、毛沢東はどれだけ傍若無人なふるまいをしようと生命の危険は考えずにすんだ。しかし、張国燾にその種の寛容は期待できない。そこで、毛沢東としては、何をおいても党指導部を完全に掌握するまでは四川入りを遅らせる必要があったのだ。★

★毛沢東は、後にソ連側に対して、遵義会議の前後における状況は「きわめて不利」であったと述べている。毛沢東が挙げた理由（虚偽である）は、六万の軍を率いる張国燾が「攻撃をしかけてきた」というものだった。「しかし、わが軍は動転することなく、張国燾軍の三万人余りを殲滅した」と毛沢東は語っている（一九四九年二月三日、毛沢東がスターリンの特使ミコヤンと会見した際の発言記録による）。毛沢東のこの発言は、遵義会議のあと毛沢東がなぜあれほど執拗に四川省への進軍を避けようと画策したかを明らかにするものである。また、自分の目的のために仲間の共産党兵士を大量に殺すことを躊躇しない毛沢東の姿勢も示している。

しかし、毛沢東はこの事情を正面切って口にすることはできず、四川省をめざすという党の方針に従うしかなかった。一九三五年一月一九日、毛沢東の第一方面軍は遵義を出発した。二二日には四川省北部に布陣する張国燾に電報を打って第一方面軍が四川省に向かっていることを知らせ、第四方面軍を南下させて第一方面軍と合流するよう伝えた。が、毛沢東は策略を用意していた。四日後、毛沢東は、自分たちを追撃してくる敵の部隊を待ち伏せ攻撃すべきである、と、強引に主張した。敵は、手ごわいと評判の四川軍である。待ち伏せ攻撃などすれば自分たちが敗北を喫するかもしれないが、そうなれば四川の敵は強すぎるから貴州にとどまるべきだと主張する根拠ができる、というのが毛沢東のひそかな計算だった。

待ち伏せ攻撃の提案は、あまりに荒唐無稽（こうとうむけい）だった。毛沢東が攻撃対象に選んだ部隊は紅軍の四川入りを阻んでいるわけではなく、紅軍の背後にいるのだ。しかも、攻撃をしかけてくるわけでもない。実際、四川省を行軍の目的地と定めた当初の計画では、はっきりと、追撃部隊からは「十分距離を保っておくこと」、「相手にしないこと」、と決められていた。しかし、毛沢東は軍事に関して最終的な決定権を持つ周恩来の同意をとりつけてしまった。おそらく、同意しなければ洛甫（ルオフー）が起草中の「総括決議」で中華ソビエト共和国崩壊の責任者に名指しする、と脅したのだろう。周恩来には不名誉を恐れる気の弱さがあり、その弱点を毛沢東はこの先何十年にもわたって利用した。

一月二八日、毛沢東は土城（トウーチエン）の東側で待ち伏せ攻撃を命じた。結果は紅軍の惨敗だった。敵は評判どおりの強さで、ただちに戦況を有利に転じ、毛沢東が絶壁の谷底を流れる赤水河（チーショイ）を背に配置した紅軍部隊を粉砕した。毛沢東は遠くの山頂に立ち、自軍の兵士たちが次々に殺されていくのを眺めていた。血みどろの戦闘が丸一日続いたあと、毛沢東はようやく撤退を命じた。どしゃぶりの雨中を撤退する部隊はパニックに陥り、我先に逃げようとして滑りやすい山道に殺到した。女性兵士や負傷兵は後方へ押しやられた。敵はすぐ間近まで迫っており、敵に片手で背嚢をつかまれ、もう片手で銃をつかまれた朱徳の妻は、背嚢を捨てて逃げた。長征の中で司令部の人間がこれほど間近まで敵に迫られたのは、この一回だけだった。

紅軍の死傷者は四〇〇〇人を数えた――全体の一割である。土城の戦いは長征における最大の敗戦であり、非公式にはそのように伝えられているが、公式には完全に伏せられている。戦いの場所と時刻を決めた毛沢東に敗戦の責任があるからだ。たった一日で、毛沢東はそれまで最大の人命が失われた湘江渡河（三〇〇〇人をわずかに超える死者数）をはるかに上回る数の犠牲者を出した。中国共産党の説明では遵義会議のあと毛沢東が紅軍を救ったことになっているが、真実はまったくの正反対である。

大混乱の中、紅軍は間に合わせの舟橋を浮かべて赤水河を西へ渡った。その際に、重砲やレントゲン装置などを放棄した。朱徳はモーゼル銃を握り、自ら陣頭に立って撤退を掩護した。ふだんは冷静沈着な朱徳も、この日はいらだちのあまり将校にどなり散らしたという。疲労困憊した兵士たちは負傷した同志を背負い、あるいは引きずって、目もくらむ断崖絶壁に貼りついたように続く曲がりくねった山道を退却しなければならなかった。大雪が深い森と渓谷に厚く降り積った。このときの耐えがたい寒さ、飢え、疲労、負傷者の苦悶の叫びは、その後何十年にもわたって生き残った者たちの脳裏から消えなかった。

この悲惨な光景こそ、四川（スーチョワン）軍は強すぎるから四川省へは進攻すべきでないと主張するために毛沢東が望んだ展開だった。しかし、軍はすでに四川省の東南部にはいっており、このまま北進すべきだというのが多くの意見だった。

紅軍の主だった指揮官は、毛沢東の古くからの腹心である林彪（リンピアオ）さえ、このまま四川省の奥へ向けて進むべきだという考えを支持した。指揮官たちは、全員が、毛沢東に押し切られて土城の待ち伏せ作戦に突き進んでしまったことについて不満を抱いていた。毛沢東が林彪のところにやってきて自分を正当化し他人に責任を転嫁する弁をふるったとき、林彪が「明らかに不愉快な」表情になったのをオットー・ブラウンが見ている。それでも、毛沢東は洛甫（ルオフー）の後押しを得て皆を説き伏せた。洛甫も、張国燾（チャンクオタオ）との合流を避けたい――あるいは先送りしたい――という点では毛沢東と利害を共にしていたのである。いま張国燾と合流すれば、新たに手にした党ナンバー1の地位が危うくなるからだ。一九三五年二月七日、洛甫の率いる新指導部は四川省へ進軍するとした当初の計画を破棄し、貴州（コイチヨウ）にとどまるという毛沢東の提案を採用する、と発表した。

紅軍は方向転換してふたたび赤水(チーショイ)河を渡った。数千人の負傷兵は真冬の荒野にほとんど食糧も医薬品もなしで置き去りにされ、数ヵ月のうちに大半が死亡した。★

★長征のあいだ、負傷者は地元の民家にいくらかのお金を渡して世話を頼むのが通常のやり方だった。残された者の運命は、天まかせである。張国燾(チャンクオタオ)の部隊は、ある場所で、病気や疲労で行軍できなくなった女性兵士たちを残していったことがあった。半世紀後、党史を書くために編者たちが消息を尋ねていったところ、女性兵士たちが残虐な目に遭ったことがわかった。それまで紅軍にさんざん痛めつけられていた地元住民は、残された女性兵士たちに報復をした。女性兵士の中には膣に木の杭を突き立てられ、乳房を切り取られ、拷問の果てに殺された者もいた。生きのびるために比較的裕福な小作農と結婚した者もいたが、自分たちの信じた共産党が政権を取ったとき、彼女らは「地主」と指弾されて、死ぬまで批判され辱められ差別されつづけた。一九八五年一一月、当時六〇代から七〇代になっていた女性兵士の生き残りが数人、党史編者たちと面会した。寒さの厳しい季節だったが、彼女たちは靴も履いてこなかった。赤貧の生活を送っている彼女たちにとって、この程度の機会には靴などもったいなくて履けなかったのである。

毛沢東の部隊は、二月二七日にふたたび遵義(ツンイー)を占領した。蒋介石は紅軍を四川(スーチョワン)省へ押し込もうとして血気に逸る将軍に二個師団を与えて遵義奪回を命じ、同時に空爆も加えた。紅軍はなんとかこの攻撃に耐えた。毛沢東はこの勝利を非常に喜んだ。なんといっても蒋介石の精鋭部隊を撃退し、毛沢東と傀儡洛甫の権力基盤が固まるまで遵義にとどまることができるからだ。この満足な気持ちを、毛沢東は詞にした。

雄関漫道真如鉄、　難関［の婁山関を］をまさに鉄壁だと言うなかれ
而今邁歩従頭越。　きょう、わたしはひとまたぎに峠を越す
従頭越。　峠を越す
蒼山如海、　連山は海のように青く
残陽如血。　残陽は血のように赤い

この段階になってはじめて、毛沢東と洛甫は紅軍（張国燾の第四方面軍を含む）に対して、洛甫が新たに党のナンバー1になったこと、毛沢東が中央書記処に加わったこと、を伝えた。張国燾はどうすることもできなかった。毛沢東と洛甫は、自分たちが「勝利」を手にするまで待ってから、トップの異動を明らかにしたのである。異動が発表され、表立った抗議が出ないのを見ると、洛甫は毛沢東を「前敵総指揮」に任

命した。毛沢東のためにわざわざ新しく作られたポストであり、毛沢東は二年半ぶりに正式に軍の肩書を得ることになった。

「勝利」したとはいうものの、代償は大きかった。彭徳懐(ポントーホワイ)は軍団に「莫大な数の死傷者」が出た、「原編成を維持できるのは一個連隊のみ……一個中隊あたり五〇ないし六〇人……いまや、どの連隊司令部も軍団司令部も、洪水にさらわれたかのように人がいない」と記述している。また、「事態を深刻に憂慮した」上級将校から、「わが部隊にはあまり兵員が残っておりません。激戦は避けるべきです……紅軍はこれ以上の消耗には耐えられません」という上申があった、とも書いている。

にもかかわらず、毛沢東は蔣介石軍とさらに戦火を交えようとした。蔣介石軍はいまや貴州(コイチョウ)を支配下におさめており、毛沢東が貴州に根拠地を作ろうとするならば(四川(スーチョワン)への進攻を避けるためにはどうしても必要)、蔣介石軍に戦いを挑まざるをえなかった。三月五日、毛沢東は「中央軍二個師団の消滅」を命じた。これに対して、毛沢東が兵隊を無駄死にさせていることに激怒していた野戦司令官たちからいっせいに激しい抗議が出た。林彪(リンピアオ)は一〇日付で「大至急」電を打ち、百戦錬磨の敵軍との交戦に反対した。

その日の明け方、洛甫(ルオフー)は二〇人ほどを集めて作戦会議を開いた。野戦司令官たちも出席した。蒋介石の精鋭部隊を攻撃する計画を提案した毛沢東は、完全に孤立した形になった。腹心の洛甫さえ反対した。ここで毛沢東は状況を読み誤り、前敵総指揮を辞任する、と脅しをかけた。すると、即座に大多数の出席者が賛成した。毛沢東に代わって彭徳懐が前敵総指揮の地位に就き、作戦会議は中央軍と交戦しないことを投票で決めた。

今回は、さすがに毛沢東の命運も尽きたと思われた。が、毛沢東はすぐさま作戦会議の決定を覆す奸策（かんさく）を講じた。その夜、毛沢東は灯油ランプを手に周恩来を訪ね——理論上はまだ周恩来が軍事に関する最終決定権を持っていた——翌朝にもういちど会議を開くよう説き伏せた。すでに部隊に戻った野戦司令官たちを会議から締め出すのが狙いだった。

毛沢東は、周恩来の鼻先にえさをぶら下げた。前敵総指揮のポストが新設されて以来、周恩来のポストはいくぶん不要の観があった。そこで、毛沢東は、前敵総指揮のポストを廃止して、周恩来、毛沢東、王稼祥（ワンチアシアン）で構成される新しい「三人団」を設立しよう、と提案したのである。

野戦司令官たちが出席していなかったので、毛沢東は作戦会議を思いどおりに操ることができた。毛沢東に代わって彭徳懐を前敵総指揮に任命するとした決定と、蒋介石の中央軍と交戦しないとした決定は、両方とも取り消された。全体の会議で正式に決定されたことが、周恩来から枢要な共謀を取りつけた一部の人間によって覆されたのである。しかも、秘密裏におこなわれたこの決定変更によって、一九三五年三月一一日以降、第一方面軍の最高司令部には現場の軍人が一人も含まれないという事態が生じた。

新しく設立された三人団は、ただちに攻撃命令を出した。攻撃対象は、茅台酒（マオタイ）で有名な茅台付近に万全の配備を敷いている国民党の中央軍である。「早急に撤退すべきです」「敵の守りは固く、地形もわが軍に不利です。［蒋介石軍を］撃破できる可能性はありません」と、彭徳懐（ポントーホワイ）は訴えた。しかし、三人団は攻撃を命じた。「あす、全軍を投入せよ……絶対に動揺してはならぬ」

紅軍は正面攻撃をしかけたが、重機関砲で応戦してきた蒋介石軍の前に総崩れとなり、一〇〇〇人を優に超える戦死者を出した。潰走（かいそう）した紅軍は、またもや赤水（チーショイ）河を渡って四川（スーチョワン）省に押し戻された。

紅軍を狙いどおりに四川省へ追い込んだ蒋介石は、貴州（コイチョウ）へ戻るルートを封鎖した。が、毛沢東はそれでも明らかに最善の選択肢——北上——を拒み、紅軍に方向転換を命じて、またも赤水河を渡ってむりやり貴州に戻ろうとした。これはあまりにも理不尽な命令であり、兵士たちの反発を招くと思われたため、幹部司令官に対して「今回の赤水渡河は事前に部隊に伝達せず秘しておくこと」という異例の命令が出された。

二ヵ月にわたって、紅軍は「ぐるぐると範囲を狭めながら円を描くように旋回し、同じ場所を二度も三度も通過して」「疲労を招くだけのむなしい迷走を続けた」――当惑したオットー・ブラウンはこのように書き、このときの行軍を「常軌を逸している」と断じた。紅軍は必要性の疑わしい戦闘を戦い、甚大な犠牲を出した。さらに、毛沢東は麾下（きか）の軍に大難をもたらしたのみならず、張国燾（チヤンクオタオ）の軍をも中途半端な状態で待機させて危険にさらした。後年、毛沢東は四度の赤水渡河を恥知らずにも「得意之筆」（してやったりの作戦）と呼んでいる。毛沢東が個人的な権力闘争で優位に立つためにこれだけ莫大な犠牲を生じさせたという事実は、今日なお伏せられている。

蔣介石もまた、敵が「このまったく不毛な地をぐるぐるとさまよっている」のを見て困惑していた。毛沢東に個人的な思惑があるとは知らない蔣介石は、紅軍が当然四川省へ進むものと考えていた。そして、中央軍が紅軍を追撃して四川入りすることを想定し、中央政府の支配を敷くために三月二日に四川省最大の都市重慶（チヨンチン）へ飛んだ。

蔣介石は、中央の支配を頑強に拒みつづけてきたこの地域をこんどこそ最終的にねじふせられると考えていた。が、四川（スーチョワン）軍閥は武力にこそ訴えなかったものの、断固抵抗した。中央軍が四川省に到着しないので、蔣介石は四川軍閥を服従させることができなかった。

そこで、蔣介石は紅軍を四川省へ追い込む作戦を強化し、大量の空爆をおこなって毛沢東が貴州（コイチョウ）に足場を築こうとするのを阻止した。同時に、軍をわざと四川省境から離して、そのあたりに国民党軍はいないから四川省へ行け、というメッセージを送った。しかし、毛沢東は四川には目もくれず、疲労困憊した紅軍を反対方向すなわち南へ進軍させた。★

★あまりにも不可解な展開に、蔣介石と部下たちは、毛沢東が貴州の省都貴陽（コイヤン）を攻撃しようとしているものと解釈した。当時、蔣介石は貴陽で戦いを指揮していたので、蔣介石本人を狙っていると考えたのである。しかし、紅軍は貴陽を無視して通り過ぎ、さらに南進した。

絶え間ない空爆を受けながら「四〇ないし五〇キロの強行軍はあたりまえだった」と、オットー・ブラウンが書いている。

……軍の疲労は急速に目立って来た……敵の飛行機が爆音とともに頭上を通っても以前の様に掩蔽物(えんぺい)を眼で探すなどという事はせず、ただまっしぐらに路の傍らへ身を伏せるだけだった。昼間村や農家で寝ていて近くに爆弾が落ちたときも、私はもうそれくらいでは目を覚ましたりしなくなり、至近弾が落ちてさえやっと寝返りを打つくらいだった……

……損害もまた――と言っても戦死傷者より病人と疲労による脱落の方が多いのだが――日増しに増えて行き、年の初め（三五年）に数千人の志願兵があった★にもかかわらず連隊も師団も兵員は漸次損耗(ぜんじそんもう)して行った。

★住民が赤貧の暮らしをしていた貴州では、何千人もの若者が紅軍に入隊した。

向こう見ずな猛進をくりかえすあいだに、紅軍は医療品の多くを放棄し、衛生部隊の解散を余儀なくされた。これ以降、負傷兵は実質的に何の治療も受けられなくなった。銃創や爆弾創のほかにも、足の傷が化膿して激痛に苦しむ者が多かった。

毛沢東の作戦行動の愚かさを際立たせたのは、紅九軍団の遭遇した状況だった。紅九軍団は烏江の北側に取り残され、二〇〇〇人の兵士が孤立した。その結果、紅九軍団は四川省へ進まざるをえなくなった。驚くべきことに、小競り合いが一、二回あっただけで、紅九軍団はほとんど何の攻撃も受けずに進軍できた。何週間も空爆にさらされながら消耗の激しい強行軍を続けなければならなかった毛沢東麾下の部隊とは対照的に、紅九軍団は白昼堂々幹線道路を通って進軍し、何日か休息をとることもできた。

賀子珍も、毛沢東のせいで犠牲となった一人だった。賀子珍は、「幹部休養連（中隊）」と呼ばれる特権階級のけが人や病人を集めた特別部隊に所属していた。この部隊には女性が三〇人おり、ほとんどが最高幹部の妻たちだった。土城の戦いのあと、紅軍はどしゃぶりの中を一日かかって約三〇キロ行軍した。白沙という場所で、賀子珍は担架（二ヵ月前、妊娠が進んで馬に乗れなくなった時点で担架が与えられた）を離れ、草葺きの小屋にはいってからだを横たえた。数時間後、賀子珍は女児を出産した。毛沢東とのあいだの四人目の子で、一九三五年二月一五日であった。上着に包んだ赤ん坊を、義理の妹にあたる毛沢民の妻が賀子珍に見せにきた。軍が白沙にとどまったのは、わずか一日だった。それまでの二回と同じく、賀子珍は生まれた子供をその場に置いて出発しなければならなかった。担架で運ばれていきながら、賀子珍は泣いた。毛沢民の妻が赤ん坊を抱き、ひとつかみの銀貨と少々の阿片（あへん）（通貨のかわりに使われていた）を携えて赤ん坊を引き取ってくれる家を探しにいった。毛沢民の妻は子供に名前を付けてやるよう賀子珍に勧めたが、賀子珍は首を横に振った。この子にふたたび会えるとは思わなかったのだ。賀子珍の勘は正しかった。赤ん坊を引き取った老婦人は乳を飲ませることができず、三ヵ月後に全身にはれものが出て赤ん坊は死んだ。

　晩年、賀子珍は置き去りにしなければならなかった赤ん坊たちの消息を多くの時間を割いて探しまわったが、この女児についてはあまり熱心に探さなかった。親しい人々には、「長征のあいだに生まれた女の子は、顔をよく見る余裕さえなかったの。生まれたのがどこだったかもはっきり覚えていないし、誰に預けたかもよくわからない……」と話していた。それでも、この子のことは頭から離れなかったらしい。賀子珍が亡くなった一九八四年、長征当時の上司だった男性が病院に彼女を見舞った。その人の話によると、雑談の途中で賀子珍はとつぜん何の脈絡もなしに、「どこでしたっけ？　わたしがあの子を産んだのは、どこでしたっけね？　おぼえていらっしゃいますか？」と言いだしたという。

同じ町に駐留していたにもかかわらず、毛沢東は賀子珍（ホーツーチエン）を見舞いもしなかった。ずっとあとになって、二人の行軍ルートがたまたま交わったとき、賀子珍は毛沢東に赤ん坊を置いてきたことを話した。毛沢東は顔色も変えずに、「きみのしたことは正しい。そうすべきだった」と言った。

心の奥底で、賀子珍は毛沢東の無関心に傷ついていた。何より辛かったのは、毛沢東が他の女性たちに笑いながら、「きみたち女性はなぜそんなに出産を恐がるのかね？［賀子珍を］見てごらん、彼女にとって出産は鶏が卵を産むのと変わらないくらい容易なことなんだよ」と話していたことだった、と、賀子珍は友人に語ったという。★出産から二ヵ月後、毛沢東の指揮のもと紅軍が四川（スーチョワン）省に背を向けて南方へ地獄のような行軍をしていた最中に、賀子珍は爆弾に当たって死にかけた。四月なかばの夕方、山の斜面に作られた棚田のあいだに三機の飛行機が姿を現した。非常に低い高度で飛んでいたので、下からパイロットの顔が判別できるほどだった。機関銃がけたたましい音をたて、賀子珍や同志たちが休憩していた小道に沿って爆弾が投下された。ちぎれた手足が木の枝にひっかかり、飛び散った血や脳で地面に赤い血だまりができた。

★長征の途中での出産は、まさに悪夢だった。ある女性は陣痛が始まったものの、その日の目的地まで行かなければならず、赤ん坊の頭が股から出かかったまま歩いたという。翌日の夜明け前、わら束に包んだ赤ん坊を誰もいない小屋に残したまま、泣きながら彼女は歩きつづけなければならなかった。そして、氷のように冷たい河を渡っている最中に失神した。女性の同志たちがテーブルを見つけてきて、それに彼女を乗せて運んだ。また、当時中国版KGBのトップだった鄧発（トンファー）の妻は非常な難産で、苦痛にもだえながら、自分を妊娠させた夫を呪った。鄧発は妻のもとに呼ばれ、狭い小屋の中で気まずくうなだれていた。博古（ボークー）の妻は、「行軍のあいだは老公（ラオコン）（ダンナ）よりロバか馬のほうがましね！」と茶化したものだった。

賀子珍の頭や背中には爆弾の破片が十数片もつきささり、背中の右側がぱっくりと口を開けていた。全身血まみれだった。医者がピンセットで爆弾の破片を取り除き、白薬（パイヤオ）という止血用軟膏を塗った。賀子珍は鼻と口からも大量に出血し、昏睡状態だった。医師は強心剤を注射しながら、二時間もたないだろうと思った。幹部休養中隊の指揮官たちは、賀子珍を地元の家に預けていくことにした。隣の村にいた毛沢東は賀子珍の容態について報告を受けたが、「疲れて」いるという理由で賀子珍を見舞いに来ず、ただ賀子珍を置いて行きたくはないと言って医師一人と自分の担架をかついでいた人夫二人を賀子珍のもとに送った。毛沢東が見舞いに来たのは、三日後だった。

賀子珍(ホーツーチエン)は意識を回復していたが、話すことはできず、泣くことさえできなかった。行軍を続けるのは地獄の苦しみだった。賀子珍はくりかえし意識を失い、耐えがたい痛みのせいでかろうじて意識を回復する、という状態だった。賀子珍は自分を撃ち殺してくれと懇願した。

目的が見えないまま南へ南へと進軍する日々が二ヵ月も続き、だれもが「自分たちはどこへ行こうとしているのか？」と、疑問を抱くようになった。四川(スーチヨワン)省にいる紅軍第四方面軍と合流する計画やソ連国境をめざす長期戦略を知っている軍上層部のあいだでは、毛沢東に対する憤りが日増しに大きくなっていた。林彪(リンピアオ)は、「こんなことをしていたら、部隊は破滅させられてしまう！　絶対に彼にこのような指揮をとらせておいてはいけない！」と、大きな声を上げた。林彪は四月にはいって三人団に書簡を送り、指揮権を毛沢東から彭徳懐(ポントーホワイ)に移し、全軍がただちに四川省へ向かうよう求めた。だれもが毛沢東に対して憤慨していた。当初は毛沢東の陰謀に加担した洛甫(ルオフー)までもが怒っていた。あまりに犠牲が大きすぎたからだ。「或る日、いつもはほとんど接触のない洛甫が……遵義(ツンイー)会議以来の毛沢東の冒険主義的戦略戦術で生じた破局的な軍事情況なるものについて話を始めた」と、ブラウンが回想している。全滅の憂き目を見たくないのなら三人団は「有能な軍事指導者たちと交代すべきだ」、と、洛甫は主張した。

毛沢東は洛甫の変節に激怒した。ブラウンは、あるとき毛沢東と会話を始めたところ、「談洛甫に及んだとき始めて、毛沢東の語調は鋭さを帯びて来た。洛甫は恐怖に陥って自分に陰謀を企んでいる、と彼は言った」と書いている。しかし、毛沢東にすれば、洛甫などたいした脅威ではなかった。自分の地位を守るために張国燾（チャンクオタオ）軍との合流を遅らせる陰謀に加担したときから、洛甫は毛沢東に弱みを握られていた。毛沢東はまた、洛甫の私的な思いをくすぐることも忘れなかった。洛甫には恋仲の若い女性同志がおり、毛沢東はその女性を異動させて洛甫のそばにいられるようにしてやったのである。

一九三五年四月中旬、紅軍は依然として蔣介石の追撃を受けながら中国西南端の雲（ユン）南（ナン）省にはいった。毛沢東は、雲南省にとどまってさらに「向南」する「作戦」を命じた――要するに、とにかく四川省から離れようとしたのである。しかし、雲南省の南はベトナムで、共産勢力にきわめて敵対的なフランスが占領していた。しかも、このあたりの辺境には苗（ミャオ）族などが住んでおり、紅軍は長征初期に非常に好戦的な苗族から手痛い目に遭わされていた。この先に展望のないことは、誰が見ても明らかだった。

　野戦司令官たちは毛沢東の命令に激怒した。命令が各部隊に届いた四月二五日の夜、林彪は、「ただちに……四川省にはいり……［張国燾と］合流する」ことを要求する電報を打った。彭徳懐も同じ意見だった。

　毛沢東としても、これ以上の時間稼ぎは無理だった。四月二八日、毛沢東はついに四川行きに同意した。いったん紅軍が北上を始めると、行く手をさえぎる敵はいなくなった。それどころか、天佑神助まで現れた。その日、紅軍部隊は行軍中に縮尺一〇万分の一の詳細地図を二〇部積んだトラックを発見した。トラックには、地図以外にも茶、ハム、有名な雲南白薬膏など地元の産品が積んであり、鹵獲してくれと言わんばかりに道端に停めてあった。明らかに、蔣介石あるいは雲南省当局が紅軍を雲南から早く追い出して四川へ向かわせるために仕組んだことにちがいない。紅軍が省境の金沙江（長江の上流）にさしかかると、渡し場のある三つの町は城門を開いていっさい抵抗せず、紅軍に金や食糧まで差し出した。

　五月初め、紅軍は七日七晩かかって金沙江を渡った。蔣介石軍は近くにいたが、動かなかった。三つの渡し場のどこにも守備隊はいなかった。偵察機が上空を旋回していたが、今回は爆撃はなかった。長征に参加した人々の記憶には、むしろ「恐ろしいほどの数の」ハエに辟易させられたことのほうが強く焼きついた。

ところが、いったん河を渡ってしまうと、毛沢東はそれ以上の北進を嫌がり、四川省境を越えてすぐの地点にある会理（ホイリー）に攻囲戦をしかけて新しい根拠地とする、という命令を出した。会理は周囲に濠をめぐらし、一五世紀に築かれた分厚い城壁と銃眼付きの胸壁を備えた易守難攻の町で、ここを根城にする軍閥は何があろうと絶対に会理を明け渡さない覚悟で守っていた。軍閥は町を包囲した紅軍に掩蔽地（えんぺいち）をいっさい残さないために城壁の外の建物をすべて焼き払い、自軍兵士の中で紅軍に共感を抱いていると疑われる者を何十人も殺した。蔣介石軍も空爆を再開して、紅軍に前進を促した。莫大な数の犠牲者が出たが、紅軍は医薬品がないため負傷者を見殺しにするしかなかった。毛沢東はそういうことには無関心で、傷病兵を見舞ったことはただの一度もなかった。

彭徳懐は、犠牲者があまりに多いことと負傷兵の手当てができないことにとうとう堪忍袋の緒を切らし、軍事指揮権をめぐって毛沢東と対決する決意を固めた。彭徳懐は、野戦司令官から広く支持されていた。とりわけ林彪は、毛沢東が紅軍に遠大な回り道を強いたこと、まっすぐ四川省に向かっていれば三ヵ月以上前に着いていたことを指摘して、彭徳懐を支持した。五月一二日、洛甫（ルオフー）は草葺きの掘っ立て小屋で会議を開いた。

追いつめられた毛沢東はすさまじい剣幕で怒りを爆発させて反撃し、彭徳懐は「右傾」であり、林彪を焚きつけた、といって罵倒した。林彪が理を説こうとすると、毛沢東は、「おまえのような若造に何がわかる！」と、どなりつけた。林彪は舌戦では毛沢東に太刀打ちできず、黙ってしまった。彭徳懐の場合は、律儀な性格が足かせになった。毛沢東とちがって、彭徳懐はたとえ主義主張が正しくとも自らの権力を求めて争うことを潔しとしないところがあった。それに、個人攻撃や「政治的」誹謗中傷合戦では、とても毛沢東にはかなわなかった。

　毛沢東に完全に首根っこを押さえられた党ナンバー1の洛甫は、彭徳懐とその支持者たちに「右翼日和見主義者」の烙印を押し、毛沢東を支持した。本心ではなかったが、毛沢東に脅しをちらつかされての妥協だった。他の者たちは黙っていた。毛沢東と対決するのは生半可なことではないのだ。毛沢東のすさまじい剣幕に皆が震えあがったこと、八ヵ月にわたる敗走から皆が焦燥にかられ意気阻喪していたことに加え、このまま対立を続ければ党と軍が分裂してしまう危険もあった。こうして、結局、毛沢東は軍事指揮権を維持することになった。このときの彭徳懐に対する毛沢東の遺恨は、彭徳懐が死ぬまで消えなかった。会議後、毛沢東はすぐさま報復に出て、彭徳懐の親友を批判した。この人物も、毛沢東が戦闘で莫大な犠牲を出した事実を指摘し、貴州での時間稼ぎを批判した一人だった。批判が暗に彭徳懐に向けられたものであることは、わかっていた。「彭徳懐を正面切って批判することはまずいので、代わりにわたしを批判したのです」

毛沢東は抜け目なく、懐柔のための取引にも応じた。会理攻略の命令を撤回し、ついにはっきりと「ただちに北上して［張国燾と］合流する」ことに同意したのである。毛沢東は第四方面軍との合流を四ヵ月も先延ばしし、それによって自軍の半分以上にあたる三万の兵士を死なせた。毛沢東のせいで、兵士たちは傷ついた足で少なくとも二〇〇〇キロを余計に歩かされた。

ただし、毛沢東自身は私的な目標達成に向けて大きな前進をとげた。いまや毛沢東は正式に軍の最高指揮権を獲得したことに加え、傀儡の洛甫も事実上の党ナンバー1として地位を固めた。兵士たちに延々と苦難を強いたこの四ヵ月で、状況は決定的に変わった。毛沢東は張国燾との権力闘争を完全に回避できたわけではないが、形勢は非常に有利になった。

毛沢東は、ただちに合流の準備にとりかかった。最も重要なのは、自分の地位を確立するためにモスクワに信頼できる使者を送ることだった（無線通信が途絶していたので、人が行かなければならなかった）。使者本人は政治的野心を持たず、毛沢東に従順で、しかもモスクワで何か問題が起こった際には対処できるだけの地位にある人物でなければならない。毛沢東が選んだのは、書記処メンバーの陳雲(チエンユン)だった。この人選は成功だった。モスクワへ赴いた陳雲は、「中央政治局拡大会議は……［旧］指導部の任を解き、毛沢東同志を指導者とした」と述べ、きちんとした会議で幹部の大多数が毛沢東を指導者に選出した、という印象を与えるよう慎重に練りあげたメッセージを伝えた。

毛沢東麾下(きか)の第一方面軍はチベットに近い四川(スーチヨワン)省中西部に達し、張国燾(チヤンクオタオ)との合流をめざして一路北上を続けた。この先の行程が、長征神話の舞台となる大渡河(タートウー)の鉄鎖吊橋である。大渡河は恐るべき自然の障礙(しようがい)であり、五月末になるとヒマラヤの雪解けで増水した河がそそりたつ絶壁をえぐって流れ下る。岩だらけの河床に躍る奔流は複雑な渦を巻き、歩いたり泳いだりして渡ることは不可能だ。

迂回路はなく、ただ一カ所瀘定(ルーテイン)に吊橋がかかっているだけだった。この橋は一八世紀初頭に四川の省都成都(チヨントウー)とチベットの首都ラサをつなぐ「御道」の一部として架けられた全長一〇一メートル、幅三メートル強の壮大な吊橋で、一三本の太い鎖が東西両岸をつないでいる。一三本のうち九本が橋桁がわりで、鎖と鎖の間隔は約三〇センチ。その鎖の上に木の踏み板が渡してあった。
一九三六年、鉄鎖吊橋を渡ったときのようすを長征神話★として聞かされたエドガー・スノーは、「大渡河の渡渉は長征の中で唯一の最もきわどい事件であった」と書いている。

★このときの話をもとに描かれた絵は一九八五年に刊行されたハリソン・ソールズベリー著*The Long March: The Untold Story*の表紙に使われており（訳注　時事通信社刊の日本語版『長征語られざる真実』は表紙デザインが異なる）、これが毛沢東なきあとの公式神話となっている。

この木材の床は半分ほど取り去られていて、彼ら［長征の兵士たち］の前には鉄の鎖だけが河の中ほどまでぶら下がっていたのである。北岸の橋頭には敵の機関銃座が彼らに向けられており、その背後には白軍の一連隊が陣地を守っていた……この鎖だけの橋を紅軍が気狂い沙汰にも渡ろうなどとは誰が考えたであろう。だが、まさにそれを彼らはやりとげたのである。

毛沢東は、兵士たちが撃たれて河へ落ちていくようすも、エドガー・スノーに話して聞かせた。

　パラフィンが橋板の上に投げられ、燃えはじめた。その頃には約二十名の紅軍兵士が四つんばいになって、次から次へと敵の機関銃座に向って手榴弾を投げながら前進していた。

　これは、まったくの虚構である。瀘定橋（ルーティン）での戦闘は、いっさいおこなわれなかった。おそらく、この橋のたたずまい自体が伝説を生む背景となったのだろう。奔流渦巻く河をはるかに見下ろす鉄鎖吊橋とくれば、いかにも英雄的行為が似合いそうだ。しかし、紅軍が五月二九日に到着したとき、橋のたもとに国民党の部隊はいなかった。共産党は李全山（リーチユワンシヤン）なる人物の率いる国民党部隊が橋を守っていたとしているが、交信記録によると、この部隊が駐屯していたのは瀘定橋からはるかに離れた化林坪（ホワリンピン）という場所であった。たしかに、余松琳（ユイソンリン）率いる別の国民党部隊が橋のたもとの瀘定城（じよう）（「城」は城郭都市のこと）を守っていたが、この部隊は紅軍が到着する直前に町から撤退させられている。★国民党軍の大量の通信記録を調べても、瀘定橋へ向かう途中の小競り合いや紅軍が橋を渡り終えてからの戦闘については通信記録があるものの、瀘定橋上や瀘定城における戦闘に言及した通信記録はひとつもない。蔣介石はこのルートを開放して紅軍を通過させたのである。

★国民党軍の作戦計画によると、余松琳麾下（きか）の部隊の五月二八日の任務は、瀘定から直線距離で約五〇キロ離れた「康定（カンティン）城の防衛」となっている。余松琳の部隊が瀘定橋およびその近辺にいなかったという事実は、この地域の専員が六月三日に書いた報告書にもはっきりと記されている。

橋のたもとに到着した紅軍前衛部隊は近くに建っていたカトリック教会に司令部を置き、対岸の瀘定に向かって銃撃や砲撃をおこなった。著者が一九九七年にこの地を訪ねたとき、九三歳でいまだ矍鑠（かくしゃく）たる老女が当時のようすを語ってくれた。一九三五年当時、彼女の一家――当時の地元住民の大半と同じく、一家全員がカトリック教徒だった――は、紅軍が占領した側の橋のたもとで豆腐屋を営んでいた。家は紅軍兵士の宿舎に徴用された。彼女は紅軍兵士が「陰一炮（インイーパオ）、陽一槍（ヤンイーチアン）」（ときたま大砲を撃ち、ときたま銃を撃つ）程度だったことを覚えていた。対岸から銃弾が飛んできたことは一度もなかったという。

たしかに、踏み板の一部はなくなったり壊れたりしていたかもしれない。九三歳の老女の記憶では、紅軍兵士たちが彼女の家や隣近所の家から扉を借用していって橋の踏み板がわりに並べて使い、部隊が渡り終えたあとで住民たちが回収しにいったという。しかし、橋がむきだしの鉄鎖だけになっていたということはなかったという。それは毛沢東政権が長征の宣伝映画を撮影したときだけの話だ。橋に火がかけられたという事実もなかった。この話は、橋のたもとにある濾定(ルーティン)橋記念館の館長によって一九八三年に明確に否定されている。

「英雄的」戦闘の神話を否定する最強の証拠は、戦死者が一人も出ていないという事実だ。紅軍は一人の死者も出さずに濾定橋を越えた。前衛の兵士は二二人で、長征神話によれば決死の覚悟で橋に突撃したことになっている。しかし、渡河直後の六月二日に開かれた祝典では、二二人全員が無事息災で、各々レーニン服、万年筆、茶わんと箸のセットを贈られている。負傷した者さえ一名もいなかった。

そのあとに続いて橋を渡った者たちの中にも、敵の攻撃による死者は一人もいなかった。馬が川に落ちたと報告を受けた周恩来があわてて人命被害を確かめにいったときのようすを見ていた護衛兵は、周恩来が先頭部隊の楊成武(ヤンチヨンウー)司令官に「死者は？」と尋ねたのに対し、楊司令官が「一人もありません」と答えたのを記憶している。★

★共産党指導者の中で最も正直な彭徳懐（ポントーホワイ）は、一九四六年に大渡河（タートゥー）の渡河についてイギリス人作家から尋ねられたとき、穏やかに、しかしきわめて明快に、神話を裏付ける発言はできないと断った。「ずいぶん昔のことで、ぜんぶは覚えていません。たくさんの河がありましたから……金沙（チンシャー）江、湘（シアン）江、烏（ウー）江、長江……あまり多くは思い出せませんが、人が水に落ちたのは覚えています……」。橋上での戦闘や橋に火がかけられたことについて、彭徳懐はいっさい何も発言しなかった。たしかに橋で死んだ人間が二、三人はいたものの、朱徳（チュートー）の妻や著者に話を聞かせてくれた九三歳の老女の記憶によれば、それは橋の修理中に古い踏み板が割れて落下した事故による死者であった。鉄鎖吊橋の神話に加えて、共産党は濾定の南方約七五キロの安順場（アンシュンチャン）という渡し場から大渡河を渡ったときの話まで長征神話に仕立てた。この渡し場は非常に敵の攻撃を受けやすい地形で、紅軍部隊は渡河に丸一週間を要した。敵の偵察機が上空を旋回していたものの、ここでも戦死者は一人も出ていない。

一九八二年に、中国の最高指導者で自身も濾定橋の作戦に参加していた鄧小平（トンシアオピン／とうしょうへい）は、公式記録が作り話であることを確認している。アメリカの元国家安全保障問題担当大統領補佐官ツビグニュー・ブレジンスキーが渡河を「たいへんな武功」と表現した際に、「鄧は微笑して、こう言った。『ええ、まあ、わが国のプロパガンダでは、そのように紹介されていますが……実際には、非常に易しい作戦でした。たいしたことはありません。敵は、旧式のマスケット銃で武装しただけの軍閥の一団で、まったくそれほどの武功でもないのですが、劇的に宣伝する必要があると思いましたのでね』」

　毛沢東は、一九三五年五月三一日に瀘定橋（ルーテイン）を歩いて渡った。回避に回避を重ねてきた張国燾（チャンクオタオ）との合流まで、残すところ三〇〇キロとなった。毛沢東の軍と張国燾側から迎えに来る前衛部隊とのあいだには、チベットから張り出した大雪（ターシュエ）山脈が横たわっていた。大雪山脈という名前にもかかわらず——そして、伝えられている「神話」にもかかわらず——地元の人々の話によれば、毛沢東の軍が登っていったあたりには雪がなかったという。ただし、寒さは厳しく、みぞれが降り、身を切るように冷たい風が吹いた。さらに悪いことに、多くの兵士は亜熱帯の低地を行軍中に荷物を軽くしようとして厚手の衣類を捨ててしまっていた。からだを温めるものといえば唐辛子を煮たてたスープしかなく、皆これを飲んで出発した。山越えはわずか一日の行程だったが、多くの命が失われた。高度（峠は標高三〇〇〇メートル級）のせいもあるが、幾多の困難を経てきた兵士たちの体力が弱り切っていたことがいちばん大きな理由だろう。

　第一方面軍の兵士たちは、八ヵ月近くにわたってほとんど休みなしに行軍させられてきた。しかも、その行程の半分は、毛沢東が権力を奪取するためには必要だったかもしれないが、戦略や部隊存続の観点からはまったく無意味な行軍だった。兵士たちは敵の攻撃にさらされただけでなく、数かぎりない疾病にさいなまれた。「われわれは全員ひどく虱にたかられており、それは想像できないほどだった」「われわれが進むにつれて道の傍らの死者――殺害された者、凍死した者、ただただ疲労困憊して倒れた者――の数はだんだんと増えて行った……出血性の赤痢が蔓延し、最初のチフス患者も出始めた……」と、オットー・ブラウンが回想している。最も過酷な目に遭ったのは、幹部を乗せた担架を担いだり重い荷物を運んだりさせられた人夫たちだった。休憩で腰を下ろしたきり二度と立ち上がれない者もいた。

毛沢東は、ステッキを突きながら歩いて山を登った。栄養と休養が足りていたおかげで、若い衛兵たちよりはるかに元気よく登った。

張国燾からの迎えの部隊は、山の反対側にある約一〇〇世帯のチベット人が住む町で、たっぷりの物資を用意して待っていた――食糧だけでなく、衣料、靴、ウールの靴下、毛布、手袋、黄豆鼓のような珍味やお茶や塩などまで用意されていた。毛沢東をはじめの部隊は十分に食べ、装備が行き届き、余分な物資まで持っていた。張国燾幹部たちには、一般兵士より多くの食糧、馬またはロバ、ウールのスーツが与えられた。毛沢東には厳選したおとなしい馬が用意され、看護師がわりに男性の医師一人が専属でついた。

一週間後の六月二五日、馬に乗って三日がかりで人跡未踏の森や切り立った峡谷を越えてきた張国燾が撫辺の村に到着し、毛沢東らと顔を合わせた。紅軍の二大軍が正式に合流したのである。

それからしばらくたった七月四日、蔣介石の義兄孔祥熙（蔣介石政権の行政院副院長兼財政部長）は、華北における日本の侵略行動について話しあうという名目でソ連大使ドミトリ・ボゴモロフを訪ねた。会談の最後に、孔祥熙は、大総統が息子にとても会いたがっている、と発言した。これは、蔣介石からスターリンに対して、当方は紅軍の二大軍に存続を許し合流させてやった、ついては息子を返していただきたい、というメッセージだった。「こちらは彼の出国についてなんら障害を設けているわけではないのです」と、ボゴモロフは涼しい顔で嘘をついた。「ですが、わたくしの知るかぎり、彼がどこへも行きたがらないのです」

息子を取り返すことはできなかったが、蔣介石は西南三省を中央政府の統治下に置くという目標を達成できた。貴州省を支配していた軍閥は解任され、大金を受け取って貴州から出ていった。雲南省の省長はそのままの地位にとどまり、蔣介石と（当面は）良好な関係を保った。毛沢東を追撃していた中央軍が四川（スーチョワン）省にはいったあと、蔣介石は五月にふたたび四川に飛び、この戦略的に重要な――そして人口も最多の――省の支配権を掌握した。蔣介石は数ヵ月のあいだ四川省にとどまり、この地を対日戦争の作戦基地とすべく精力的に活動した。

　毛沢東もまた目標を達成した。紅軍に二〇〇〇キロにおよぶ大迂回をさせて時間を稼いだおかげで、傀儡の洛甫（ルオフー）を事実上の党ナンバー1に据えることができ、自分はその黒幕として党の主導権を握ることができた。張国燾の形勢は大きく不利に傾いた。策謀の結果、毛沢東麾下（きか）の軍は万単位の兵力を失い、残されたのは飢えて疲労困憊し襤褸（らんる）に身を包むわずか一万の兵士だった。が、そんなことは問題ではなかった。軍隊など、再建するだけのことだ。

　例によって、毛沢東は、中国征服をめざすならば頼みの綱はクレムリンしかない、と考えていた。ソ連の支配地域にこれまでで最も近づいたいま、毛沢東はソ連から中央アジア経由で「物資・技術援助」を要請することを考えはじめた。とりあえず肝要なのは、兵力で自分を八倍も上回る張国燾が自分より先にソ連からの武器――あるいはクレムリンとの関係――を獲得することがないよう手を打つことだった。

第一四章
長征(三)モスクワを独占する
一九三五年★毛沢東四一歳

一九三五年六月に紅軍の二つの軍が合流したとき、毛沢東の第一方面軍――党中央直属であったことから中央紅軍と呼ばれた――は、悲惨な状態だった。長征を開始した時点で八万あった兵員は、いまや八分の一に減り、約一万しか残っていなかった。生き残った者たちも、倒れる寸前だった。ほとんどの重火器を失い、残っているのはライフルだけで、しかも、弾丸は一挺あたり五発ほどしかなかった。朱徳は、年来の友である張国燾に、中央紅軍は「かつては巨人だったが、いまは骸骨になってしまった。もう戦うことはできない」と嘆いた。

これに対して、別ルートから長征に出た時点で二万だった張国燾の軍は四倍に成長し、兵員八万の大軍になっていた。兵士たちは十分に食べ、機関銃や迫撃砲などの武器や弾薬も豊富で、非常によく訓練されていた。

したがって、二つの軍が合流したとき、張国燾はかなり強い立場にあった。オットー・ブラウンが、次のように回想している。「張国燾は年の頃四十くらい、背が高くかっぷくの良い男だった。そしてわれわれを迎える態度は一家の主が客を迎える時のようで、自分の軍事的優越と政治勢力の強大さを十分に意識してその振る舞いは自信に満ちていた……その幹部は……この区域の乏しい資源、万を越す紅軍将兵の給養の死命を制する資源を押さえていたのである……張国燾、この毛沢東に敗けず劣らず野心家で、敗けず劣らず権力欲を有する男は……」

いよいよ張国燾にポストを割り振るときがやってきた。張国燾には、党または軍いずれかのトップの座を要求するだけの十分な実績があった。が、毛沢東はどちらのポストも渡したくなかった。ついに対決である。毛沢東はきわめて不利な立場と思われたが、最終的には勝者となった。それまで毛沢東と行動を共にし、党指導部の中核（書記処）を形成してきた三名――洛甫（ルオフー）、周恩来、博古（ポークー）――が毛沢東の側についたからである。

洛甫の場合、毛沢東の後ろ楯なくしては党ナンバー1の地位を保持しうる望みはなかった。それに、毛沢東が軍を迂回させようと企てたとき、洛甫は新しく得た地位が惜しくて毛沢東に同意する道を選んだ。周恩来には、自分可愛さから毛沢東と共謀してきた経緯がある。張国燾の側に寝返っても失うものが最も少ないと思われるのは、毛沢東と洛甫によって党ナンバー1の座を追われた博古だった。しかし、彼もまた中央紅軍の破滅に関して、軍を守るために何の有効な努力も払わなかったという大きな落ち度があった。それに、博古はいまではすっかり意気消沈し失意の人となっていた。

そういうわけで、張国燾と組んで毛沢東を厄介払いする好機であったにもかかわらず、指導部の三人は各々の利己的計算からそうしなかった。これまでの失敗についてここで毛沢東の責任を追及すれば、「おまえは何をしていたのだ?」と問われるのは目に見えている。そうなれば、ほかにもっと良い選択肢があったのに自分たちはそれを逃した、ということになる。それでは指導者として失格だ。自己保身のため、三人は、中央紅軍は力に勝る国民党軍に打ち負かされた、という単純な筋書きを守り通した。そして、国民党軍相手に激戦つづきだったにもかかわらず立派な戦果を残した張国燾軍を中傷し侮辱する負け惜しみの攻撃に出た。とはいっても軍事面では文句のつけようがないので、「軍閥主義」、「政治落后」(政治的に遅れている)、「土匪作風」(盗賊スタイル)などの言葉を使って政治的に中傷した。

張国燾側はこれに激怒した。二つの陣営の対立は中傷合戦に成り下がり、結果は張国燾側の不戦勝に等しい勝利だった。中央紅軍の惨めな状況は、誰の目にも明らかだったからである。中央紅軍に向けられた軽蔑は、そのまま指導部に向けられた軽蔑でもあった。

「あんな中央と毛沢東が、どうしてわれわれを指導できるものか？」というのが大多数の気持ちだった。この憤りは毛沢東一人ではなく中央全体に向けられ、それが洛甫、周恩来、博古の三人を毛沢東側に立たせる重要な要因として作用した。結果的に、毛沢東は書記処内で張国燾に四対一の多数を握ることになった。

三人にとっては、自分たちの指揮下にある将校や兵士たちまでが憤りを口にしはじめた以上、のるかそるかで毛沢東につくしかなかった。兵士たちからは、軍事面での「無能さ」や下士官たちに対する配慮のなさに苦情や不満が噴出していた。将校たちは、「幹部はまるで目的もなく……自分たちが何をしているのかわかっていなかった」「軍に休息と回復の時間を与えるべきだった」、などと張国燾に訴えた。一方、下士官たちは、指導部が傷病兵を見捨てたことや、正規兵を幹部やその妻の「カゴかき」に使ったことに対する恨みつらみを口にした。

毛沢東をはじめとする指導者たちが行軍のあいだずっと「轎（かご）に乗っていた」という

指摘には、とくに皆の怒りが集中した。長征に参加したある人物は、一般の兵士がどれほど腹を立てていたかを著者に説明した際に、「[指導者たちは]平等がどうしたとか言うくせに、担架の上でのんびり横になっていたんですからね、地主みたいに。わたしたちは小声で不平をつぶやいたものです……」と語った。一般の兵士に対しては、「指導者たちは、非常に困難な毎日を送っている。彼らは歩かず、荷物も運ばないが、頭脳をわれわれよりはるかに酷使している。われわれはただ歩き、ただ食うだけで、心配を抱えているわけではない」という説明があったという。さすがにこれほど低級な詭弁では、下士官たちが納得するはずもなかった。

　歩かずにすむかどうかは、生死を分けた。幹部休養中隊に入れてもらえる高い地位の人間は、負傷者であれ病人であれ、長征のあいだに死んだ者は一人もいなかった。担架や轎で運んでもらっていた指導者たちも、重傷者でさえ一人も死ななかった。特権階級は全員が生きのびたが、一方で、担架を運んだり看護兵や衛兵をつとめていた若者たち——一〇代の若者も少なくなく、なかには十二、三歳の子供さえいた——は疲労の末に次々に死んでいった。毛沢東の支配下における階級制と特権の冷酷さをはっきり示す統計値がある。いまや、中央紅軍は幹部のほうが兵士より多くなっていたのである。

党書記処内の味方三人の協力を得て、毛沢東は張国燾(チャンクオタオ)に軍事委員会副主席という形ばかりの地位を与えた。既決事項の追認どころか、ほとんど何もすることのないポストである。張国燾と部下たちは、張国燾に軍の統帥権を与えるよう要求した。毛沢東は、かたくなな沈黙で対抗した。反目が続くうちに、食糧がなくなった。地元の住民がかろうじて自給自足を維持しているようなチベット高地に、二つの軍を合わせて約九万の兵隊がひしめいていたからだ。大軍がやってきたおかげで、この地域の経済はめちゃくちゃになってしまった。「食べ物をめぐって兵士と住民が戦うようなありさまでした」と、紅軍のある将校は回想した。紅軍兵士たちは、地元の住民が翌年のために栽培していた大麦を刈り取ってしまった。この略奪行為――おそらく数千人の生死に影響したはずだ――を、毛沢東はいかにも彼らしい冗談ですませてしまった。「『これはわれわれの唯一の外債です』と毛はユーモラスに語った」と、アメリカ人エドガー・スノーが書いている。

当然、チベット人は紅軍に強い敵意を抱いた。彼らは射撃の名手だったので、森の奥から紅軍にゲリラ攻撃をしかけた。長征に参加した人々が残した日記には、「道端に多くの死体がころがっていた。ほとんどは蛮族に殺された落伍兵だった」「（蛮族の騎馬隊に斬り殺された）三人の落伍兵を見た」といった記述が残っている。

結局、毛沢東は張国燾（チャンクオタオ）に軍の統帥権を渡さざるをえない状況になった。七月一八日、張国燾は紅軍総政治委員に任命され、「全軍を直接統率指揮」することになった。毛沢東は、党の主導権を維持した。

一九三五年八月初旬、北進の詳細な計画がまとまった。目的は、毛沢東の言葉を引くならば、「ソ連に接近し、飛行機や大砲……支援を得る」ことだった。計画では、まず最初に甘粛省（カンスー）へ向かい、そこから一部隊をソ連の衛星国となっている新疆（シンチアン）に派遣して「飛行場と兵工廠を建設する」ことになっていた。この北進作戦のあいだに、毛沢東は張国燾が自分より先にソ連と接触しないよう策を講じた。

新しく決まった北進計画に従って、紅軍は二つの軍に改編されることになった。張国燾と朱徳（チュートー）が指揮する主力の「左路軍」は阿垻（アーパー）を攻略したのちに北上を続けることになり、一方の「右路軍」と呼ばれる小さいほうの軍団は東寄りの別ルートから班佑（パンユー）経由で北上することになった。毛沢東は、党中央とともに右路軍に加わった。右路軍は、林彪（リンピアオ）や彭徳懐（ポントーホワイ）などそれまでも毛沢東麾下（きか）にあった指揮官たちの部隊から編成されていた。ただし、林彪も彭徳懐も、張国燾のもとから派遣されてきた司令官二名の指揮に従うことになっていた。左路軍が出発して九日後の八月一五日、毛沢東は策動を開始した。政治局の名で張国燾に電報を打ち、「阿壩攻略をやめて主力も班佑経由で行軍せよ」と、進路の全面変更を命じたのである。つまり、左路軍も右路軍と同じルートをついてこい、という意味だ。毛沢東は既定の計画を破棄し、何万という張国燾の主力軍に進路を変更して毛沢東のほうへ歩み寄るよう要求したのである。

張国燾は八月一九日付で返電し、左路軍はすでに阿壩にきわめて近い地点まで来ており、この地域は食糧も豊富で、二日以内に町を攻略できる、と伝えた。そして、このまま阿壩ルートで北進を続ける方針を強く主張し、「こちらには北へ向かう道路が平行して三、四本あり、人口も食糧も十分ある」が、「班佑に向かう道路はまったく未知である」と返事をした。

毛沢東は政治的主導権を利用して張国燾に圧力をかけた。翌日、政治局の名で、左路軍は西に寄りすぎているという決議を張国燾に送りつけたのである。全会一致で決定したはずの進軍ルートが手のひらを返したように「非常に不適当かつ不利」であると決めつけられ、張国燾自身も「抵抗が最も少ないルートを選んだ」という理由で「日和見主義」であると非難された。「日和見主義」のようなレッテルを使うのは、政治的な罪を着せるぞ、という脅しである。

毛沢東がこうした行動に出たのは、張国燾に対して先手を取っておくためだった。また、この命令に従わせることによって張国燾の部隊に困難な行軍を強いることができる、という読みもあった。この時点で、左路軍のルートは順調な行軍を期待できるが、班佑を経由する右路軍のルート（毛沢東が自分で選んだルートである）は実際には非常に困難な道のりであることに、毛沢東は気づいていた。毛沢東が選んだのはきわめて危険な地域を通過するルートで、横切るのに少なくとも一週間はかかる広大な沼沢地が控えていた。ここは、そもそも住んでいる人間がいないから、食糧も宿泊する場所もない。天候は最悪で、瘴気がたちこめ、横なぐりの風雨が吹きつけ、雹がたたきつけるように降る。木がほとんど生えていないから、火を起こして暖を取ることもできない。足もとは危険な泥沼で、泥には毒が含まれているところも多く、一歩まちがえばズブズブとのみこまれてしまう。しかも、これが標高三〇〇〇メートルを超す高地で、夜間の気温は八月でも零度を下回る。

毛沢東は紅軍の戦力温存など考えもせず、自分に続いて張国燾も絶対にこの恐ろしいルートを行軍しなければならない、と主張した。脅迫まがいの最後通牒を送りつけておいてから、毛沢東は担架に乗せられて沼地に踏み出した。出発前には、気に入っていた『二十四史』全巻を含め、膨大な量の本を処分した。第一日目の行軍について、長征の記録には、「人っ子ひとり見かけず、五つの川を渡ったが、そのうち三つには橋がかかっておらず」、兵士たちは「ずぶぬれになって……雨の中、身を寄せあってうずくまったまま夜を明かした」とある。ブラウンは、兵士たちの苦難を迫真の筆で書き残している。

　高原は草に被われて一見それと判らないが、下はどろどろの黒い水の溜まった沼になっており、表面の草を踏み抜いたり、そこを通っている狭い道を外れると何でも彼でもいやおうなしに飲みこんでしまうのだった……われわれは土地の牛や馬を先に立てて進んで行った。ここの牛や馬は本能的に一番危険の少ない道を知っているからである。地上にはほとんどいつも灰色の雲が垂れこめ、一日に何度も冷たい雨が降り、夜はそれが霙（みぞれ）や霰（あられ）に変わるのだった。辺りは見渡す限り一軒の人家も、一本の木もなく、灌木（かんぼく）の茂みとてほとんど見られなかった。われわれは夜は湿原から少し高くなっている小さな丘の上で、座ったまま眠った。かけるものと言えば薄い布切れと軍の備品になっている大きな麦藁帽、それか油紙の合羽（かっぱ）、極く稀には敵から捕獲したマントだった。多くの兵士は寒さと疲労のため朝になってももう起きて来なかった。これが何と八月さ中の事なのである！

……出血性赤痢とチフスがまた蔓延しはじめた。

別の長征参加者は、次のように回想する。「あるとき、何人かが一枚の毛布をかぶっているのを見て、落伍兵だと思いました。それで、声をかけて起こそうとしたのです」――毛布の下の者たちは、死んでいた。糧食もほとんどなかった。「馬が死ぬと、それを食べました。前のほうにいる部隊が肉を食べ、後ろのほうの部隊は骨をしゃぶりました。何もかも食べつくしたあとは、草の根を食べ、革のベルトを食べました」

洛甫（ルオフー）の妻は、次のように回想している。

友人らの遺体をしょっちゅう目にしました……六日目、わたしは赤痢にかかりました。恥ずかしがっている余裕などありません。わたしは四六時中道端にしゃがんでは下痢をしていました。そしてズボンのひもを結び、いそいで隊列に追いつくのです。この状態が二日間続き、わたしは歯を食いしばって耐えました。七日七晩、まったく人影のない世界でした。八日目に沼地を抜けて村が見えてきたとき、人がいて、牛がいて、煙突から煙が上がっているのを見たとき、畑にカブが生えているのを見たとき、言葉では言い表せないほど幸せな気分でした……あの七日七晩は、長征の中で最も苦しい部分でした。班佑に着いたとき、死の世界から人間の世界にもどってきたような気がしました。

班佑に着いた夜、柳の枝を組んだ壁芯にしっくいがわりのヤクの糞を塗り重ねて作った小屋に腰を落ち着け、これまたヤクの糞を燃やした焚き火で衣服を乾かしながら、生きのびた者たちは至福の一夜を過ごした。林彪の軍団だけでも四〇〇人が死んだ——全体の約一五パーセントである。

毛沢東は張国燾の何万という部隊に対して、最初に決められた妥当な北上ルートから引き返し、この地獄のようなルートをたどるよう要求したのである。政治局の名をちらつかせて、毛沢東は張国燾に「速やかに班佑へ移動せよ」と圧力をかけつづけた。底なし沼の草原を抜けたあと、それがどれほど苛酷な行軍かを十分承知のうえで、毛沢東は張国燾にあてて、「毛児蓋［毛沢東が出発した地点］から班佑までは、距離も近いし雨風を避ける場所も多い」と真っ赤な嘘の電報を打ち、「傷病兵のうち歩ける者は全員連れてくるよう、物資や装備もすべて持ってくるよう……提案する」と伝えた。表面的には傷病兵を見捨てるなと言っているように聞こえるが、本当の狙いは張国燾(チャンクオタオ)軍の苦難をできるだけ大きくすることにあった。

張国燾が命令に従わないと言えば、毛沢東は正式に非難決議を取りつけて張国燾を紅軍指揮からはずすことができる。張国燾はしかたなく毛沢東のあとを追うことに同意し、大軍を沼沢地へ転じた。が、地獄の予兆を二日ほど味わったところで、張国燾は東進をいっそう躊躇(ちゅうちょ)する気持ちになった。九月二日、左路軍は増水した河に到着した。張国燾は毛沢東にあてて電報を打った。「河岸を三〇里［一五キロ］踏査したが、渡河地点が見つからず。架橋の材料入手も困難。食糧の残りはわずか四日分……」

翌日、張国燾はそれ以上の東進を断念し、毛沢東に対して、「上流に向け七〇里［三五キロ］踏査したが、やはり徒渉(としょう)も架橋も不可能」と伝えた。「全軍の食糧は残りわずか三日分……沼沢地は果てしなく、前進は不可能。死が待つのみ。案内人も見つからず。困窮の極み。明朝より阿壩(アーバー)に向けて撤退を開始する」。張国燾は、毛沢東に対する怒りを隠さなかった。「そもそも戦略全体が不自然である。前回は……部隊の食糧が尽きて大損害を被った。今回は班佑(パンユー)への移動を強要し、わが軍をこのような目に遭わせた……」。張国燾は軍を返した。

張国燾率いる主力軍は、毛沢東のせいで一ヵ月も引き回された。しかも、高地は殺人的な季節に移ろうとしていた。毛沢東の狙いどおり、張国燾は北上を中止して翌年の春までその場にとどまるという決断を下し、「北進の時機は失われた」と伝えてきた。左路軍は、兵士の三分の二が足の傷から感染して満足に歩くこともできない状態だった。北に向けて長征を続けるならば、傷病兵のほとんどを見捨てる以外にない状態だった。

もちろん、毛沢東にはすべてわかっていた。実際、張国燾の軍をこの状態に陥れることこそが、ルートの変更を強要した理由だったのである。これで、毛沢東は主要な目的を達することができた。すなわち、翌年まで張国燾を南方に足止めして、自分のほうが先にソ連と連絡を取れる態勢を確立したのである。

張国燾に北上を断念させたものの、毛沢東は大きな問題に直面した。張国燾は、軍の最高司令官として北上中止の命令を出した。毛沢東は党の名で命令を出すことはできるが、部隊が実際にどちらの命令に従うか、自分の部隊でさえ自分についてくるかどうか、自信がなかったのである。恐れていた事態は、九月八日に出来（しゅったい）した。張国燾が、右路軍に派遣されていた配下の司令官二名に対して、右路軍を南下させて左路軍と合流するよう命じたのである。

自分が軍に信望のないことを自覚していた毛沢東は、直接対決を避けた。党の名において異議を唱えることもしなかった。そのかわり、毛沢東は大嘘をついて自分の部隊をおびき出した。九月九日から一〇日にかけての夜、毛沢東と洛甫（ルオフー）は、ごく一部の人間にとんでもない作り話を聞かせた――張国燾（チャンクオタオ）が配下に命じて党中央に危害を加えようとしている、だからひそかに部下たちを集めてその夜のうちに宿営地を引き払わないといけない、と。★洛甫の妻は、真夜中にたたき起こされたことを覚えている。「『起きろ！　起きろ！　いますぐ出発だ！』と言われました。わたしたちが『何があったの？』『どこへ行くの？』と尋ねると、『質問は無用、とにかく急げ、行くんだ！……音をたてるな、松明（たいまつ）もつけるな……ついて来い！』と。わたしたちは一〇里（五キロ）ほど走り、峠を越えてようやく一息つくことができました」

★当時、この嘘は、ごく少数の人間に対して非常に曖昧な言葉でほのめかされただけだった。毛沢東は後になってこれを派手な話に仕立て、張国燾が部下に打電して毛沢東と党中央を『片づける』よう命じた、と語った。そして、それが公式の説明とされた。しかし、毛沢東がこの話を初めて持ち出したのは事件から一八ヵ月も経過した後の一九三七年三月三〇日で、いよいよ張国燾を粛清（しゆくせい）しようというときになってからだった。それまでは、「紅軍を分裂させた」という理由で張国燾を非難する党決議が採択されたにもかかわらず、決議文にこの夜の件は含まれなかった。毛沢東自身や麾下の部隊から張国燾に送信された数多くの電報を調べても、この件についてはひとつも言及がない。一九三六年六月に無線通信が復活した直後に毛沢東がモスクワに打電した張国燾を非難する電報の中でも、この件には一言も言及がない。さらに、一九三八年四月に中国共産党が張国燾の除名をモスクワに通知した報告書にも、この件は出てこない。これらの状況は、張国燾が毛沢東に危害を加える命令を出した事実がなかったことを示している。

自分の部隊をおびき出すと同時に、毛沢東は腹心を派遣して無線通信を担当する第二局を司令部から引き抜き、軍用地図を盗み出させた。

この場面で毛沢東に協力して決定的な働きをしたのは、新しく味方についた彭徳懐だった。わずか三ヵ月前、彭徳懐は毛沢東から軍事指揮権を奪おうとした。彭徳懐は張国燾とも仲が良かったし、張国燾も彭徳懐を味方につけようとしていた。が、彭徳懐は毛沢東の側についた。毛沢東が党の主導権を握っていたことに加えて、ソ連との関係においても有利な立場にあったことが、その理由だった。

九月一〇日朝、右路軍に配属されていた張国燾麾下の司令官が目を覚ましてみると、毛沢東らの姿が消えており、地図もなくなっていた。しかも、毛沢東部隊の後衛は銃の撃鉄（げきてつ）を起こして、追ってくるものがあればいつでも攻撃する態勢をとっている、と報告があった。逃亡部隊の進路に配置されていた将校たちは、どう見ても怪しげな逃避行に気づき、毛沢東の一行を力ずくで止めるべきかどうか司令官に問い合わせてきた。張国燾（チャンクオタオ）麾下（きか）の司令官たちは「紅軍は紅軍を攻撃せず」と結論し、その結果、毛沢東は逃げおおせたのだった。

　逃げる毛沢東部隊の後方から第四方面軍の宣伝隊が追ってきて、大きく手を振りながら、「高鼻子（カオビーツ）についていってはだめだ！　戻ってこい！」と叫んだ。高鼻子とは鼻の高い外国人のことで、この場合はオットー・ブラウンを指す。ブラウンも、張国燾が「必要とあらば武力で中央を解決せよ」と命令した、という嘘を吹き込まれて一緒に逃げていたのである。宣伝隊の声を聞いてはじめて軍の分裂を知った兵士たちのあいだに、混乱と不安が生じた。毛沢東の政治部はただちに部員を派遣して兵を追いたて、張国燾側に兵士が流れるのを防いだ。

　この時点で毛沢東の兵力は八〇〇〇足らず、しかも兵士たちは自らの意志で毛沢東に従ったわけではなく、だれもが事態の展開に当惑していた。これを見て、毛沢東は兵士たちの前に姿を見せた。きわめて珍しいことである。毛沢東は兵士たちに話しかけることはせず、ただ黙って道端に立ち、行軍を見守り、兵員数を数え、空気を読み取ろうとしていた。権威をつけるために、傍らに彭徳懐(ポントーホワイ)を立たせることも忘れなかった。大多数の兵士にとって、かなり上級の将校にとっても、毛沢東をこれほど間近で見るのは初めてだった。ふだんは、毛沢東は陰で糸を引くタイプだったのである。

毛沢東がつぎに手を打ったのは、蔣介石の邪魔がはいらないようにすることだった。それまで蔣介石が意図的に紅軍を通過させていたことは、いまや疑う余地のないところだった。ただし、蔣介石が邪魔せずに通過させたのは、弱体化した紅軍部隊だけだった。長征のあいだ、毛沢東の軍はほとんど攻撃を受けなかったが、張国燾の軍はたえず攻撃をしかけられていた。張国燾の軍が強大だったからだ。

したがって、毛沢東としては、いま北上しつつあるのはほんの小さな分遣隊であること、中国共産党中央が含まれていること、の二点を蔣介石が知っているほうが有利だった。果たせるかな、分裂からわずか数時間後には国民党はこれら二つの事実をつかんでおり、どの部隊が毛沢東についていったのか、その部隊がどれほど弱体であるか、といった点まで正確に把握していた。九月一一日、毛沢東が脱走した翌日には、蔣介石は甘粛省(カンスー)主席に、「毛沢東、彭徳懐、林彪(リンピアオ)を含む共匪(きょうひ)が北方へ逃走中であり、彼らは飢えて衰弱しきった状態である」と伝えている。

張国燾は毛沢東が意図的に情報を流したにちがいないと考え、翌日、毛沢東一行にあてて次のような電報を打っている。「諸君が出発した翌朝、［敵は］ただちに彭徳懐(ポントーホワイ)の部隊が北へ逃走したことを把握していた。反動派の……密告に注意していただきたい。我々の意見の不一致が何であろうと、敵に軍の行動を知られてはならない」

この機密漏洩のおかげで、毛沢東は目的地の黄土高原まで全行程を順調に進むことができた。陝西省(シャンシー)北部の黄土高原には、蔣介石の意向により、中国全土でただ一ヵ所の安全な基地が残されていた。毛沢東を含む党幹部は、長征以前からこの根拠地の存在を知っていた。モスクワも、長征開始よりはるか前の一九三四年五月三日の時点で、すでに、この根拠地の拡大をめざすよう毛沢東らに伝えていた。

蔣介石からの助け船のおかげで、このあとの一〇〇〇キロにおよぶ行軍は、軍事的にはほとんど障害がなかった。オットー・ブラウンも、「この区域では敵は実質上いないに等しく、土着民が待ち伏せして撃ってくるだけだった」と書いている。★蔣介石の部隊は影のように付きまとってはいたものの、それは単に毛沢東が中国中心部へ逆戻りするのを防ぐためだった。

★九月一七日に臘子口(ラーツーコウ)という峠で小競り合いがあった。ほんの少数の兵士がかかわった小規模の衝突だったが、のちに大規模な戦闘――そして大勝利――に話が膨らまされた。その理由は、張(チャン)国燾(クオタオ)との分裂を正当化するために、毛沢東としては分裂後に少なくとも一回ぐらい軍事的な手柄を見せておく必要があった、ということであろう。実際には、毛沢東は何の攻撃も受けずに臘子口を通過している。

この最後の行軍は、それまでに比べれば容易なものだった。ここ甘粛(カンスー)省南部には雪や雹(ひょう)もなく、木立の奥から狙撃してくるチベット人もおらず、燦々(さんさん)と陽光を浴びた穀物が金色の穂を垂れ、羊が草を食(は)み、畑を手入れする農夫の姿があった。地元の住民は友好的で、毛沢東も良い関係を保つよう心がけた。例のチベット族の歓迎に懲りた毛沢東は、紀律を厳重に守るよう命令した。このあたりの住民は六〇パーセントが回教徒だったので、紅軍兵士たちは豚を殺したり食べたりすることを禁じられ、回教徒からはたとえ金持ちでも何も盗ってはならない、と命じられた。

回族の住民は、紅軍兵士たちを家に迎え入れた。兵士たちは何ヵ月ぶりかで風呂の湯につかり、ひげを剃り、髪を切り、烙餅(ラオピン)、麺類、羊肉、鶏肉、ニンニク、コショウなどを使った回族の心尽くしの料理を味わった。オットー・ブラウンは、この歓待に「ひどく驚いた」と書いている。

ところが、この歓待が毛沢東に大きな頭痛の種を与えることになった。脱走兵が急増したのである。国民党の報告書によると、毛沢東の部隊が岷県に駐留していたあいだだけで、一〇〇〇人以上の紅軍兵士が脱走している。一〇月二日、毛沢東は軍の政治保衛機関に落伍兵を「収容」するよう命じた。「収容」は、しばしば処刑の意味で使われた。のちに中華人民共和国で軍総参謀長になった黄克誠は、「陝西省をめざして北進するあいだ、たえまなく落伍兵が出ていた。軍政治保衛機関は……ふたたび残酷な懲罰を採用しなくてはならなかった」と回想している。黄克誠自身も、「わたしは隊列から遅れないよう小心翼々としていた。遅れたら落伍者として処理されるのではないかと、いつもびくびくしていた」という。「処理する」というのは、マフィアの「始末する」と同じで、「殺す」の婉曲語法である。ある日、「疲労の極限」に達した黄克誠は、もうだめかもしれないと思ったという。「夜の一一時に兵舎にたどりついて、ようやく飛び出しそうになっていた心臓が落ち着いた」

毛沢東がめざす陝西省北部の革命根拠地にやっとのことで到着したとき、部隊の兵員数は四〇〇〇を下回るまでに減っていた。長征の最後の――最も楽な――一ヵ月のあいだに、脱走、落伍、病死、処刑などの理由から、残っていた兵員の半分以上が失われたのである。いまや、毛沢東の部隊は七年前の一九二九年一月に井岡山を出た当時とほぼ同じ大きさに戻ってしまった。しかも、部隊はこれ以上ないほど惨めな状態だった。ある将校が回想している。

　われわれは飢えて疲れきっていた。とくに、服はぼろぼろだった。靴も靴下もなく、毛布の切れ端を足に巻きつけている者が多かった……［われわれが到着した］呉起鎮（ウーチーチエン）はもともと極貧の村だったが、その……村の住民でさえ、われわれを見て異口同音に、なぜそんな情けない姿になったのか、と尋ねるのだった。まったく、われわれは乞食の集団にしか見えなかった。

　しかし、一九三五年一〇月一八日、陝北（せんほく）革命根拠地に足を踏み入れた毛沢東には、敗北感などみじんもなかった。「一生で最も困難なとき」――毛沢東は張国燾（チャンクオタオ）からの脅威をこう形容した――は終わり、いまや毛沢東は勝者だった。紅軍が一万キロの長征の末に崩壊寸前であるにせよ、丸一年続いた長征のうち四ヵ月近くが毛沢東のせいで余計に長くかかったにせよ、党はいまや事実上毛沢東のものだった。

　毛沢東がモスクワへ派遣した使者陳雲（チエンユン）は、一〇月一五日にコミンテルンに報告を提出した。毛沢東の勝ちがはっきりしたのを見て、モスクワは初めて毛沢東を中国共産党の首領と認めた。一一月、ソ連は陳雲の報告に慎重に手を加えた後に発表し、毛沢東を中国共産党の「百戦錬磨の政治的」指導者であると紹介した。二週間後、『プラウダ』は「中国人民の指導者、毛沢東」と題した特集記事を掲載し、お涙ちょうだいの美談を並べて、毛沢東を強堅な意志をもって病苦に立ち向かうチェーホフの主人公顔負けの指導者として紹介した。

一一月中旬、陝西省北部の根拠地にモスクワから伝令が到着し、一年余りとだえていたモスクワとの直接連絡が再開した。羊の毛皮の外套を着た商人に変装してゴビ砂漠を越えてきた伝令は、モスクワと無線通信を再開するのに必要な暗号表を頭の中に記憶するという方法で運び、無線通信士を伴っていた。数ヵ月のうちにモスクワとの無線通信が復活した。中国側で通信をコントロールするのは毛沢東だった。

伝令は、中国共産党はソ連の衛星国である外モンゴルとの国境をめざし、「ソビエト連邦に接近」すべきである、というスターリンの言葉を運んできた。「打通蘇聯（ソ連と連繫する）」作戦が、いよいよ本格的に進みはじめた。

蔣介石のほうは、私的な課題をまだ達成できずにいた。毛沢東の長征が終結した一〇月一八日、蔣介石はソ連大使ボゴモロフと会談した。長征が始まる直前に顔を合わせたとき以来の会談である。蔣介石はソ連に対して「秘密軍事同盟」をもちかけた。これは、華北五省に名ばかりの「自治」をちらつかせてこの地域を中国から切り離す策動を進めている日本に対象を限定した軍事同盟だった。これに対するソ連の返答は、蔣介石政権はまず「中国共産党との関係を調整」しなければならない、というものだった。蔣介石の朋友で中国版ＦＢＩの創始者陳立夫（チェンリーフー）は、ボゴモロフ大使およびレーピン大使館付武官とただちに秘密協議を開始し、中国共産党との取引内容について骨子の検討にはいった。協議では、中国共産党との「合作」まで言及された。

一連の会談の中で、陳立夫はボゴモロフに蔣介石の息子蔣経国（チアンチンクオ）の解放を求めた。陳立夫は著者とのインタビューで、次のように語った。「わたしは彼にこう言いました。『ソ連と中国はいまや同盟を結ぼうとしており、非常に良好な関係にあります。なぜ、貴国はわが国の指導者の息子をいまだに拘束しておられるのか？　なぜ、彼を解放できないのか？』と」（これは蔣介石本人には知らせずにやったことだ、と、義理堅い陳立夫は付け加えた――「大総統は、このような要求を持ち出してほしいとは思われなかったでしょうからね」。陳立夫の発言は、蔣経国の解放交渉に関わった少数の人々のあいだで、この話を蔣介石側から持ち出したことにしてはならない、話が外に漏れてもいけない、という了解があったことを示している）。

スターリンは、それでも人質を解放しなかった。蔣経国(チアンチンクオ)が両親のもとから引き離されて、ちょうど一〇年が経過していた。その年の三月、ウラル地方の重機製造工場で、蔣経国は寂しい人生をほんのり明るくする愛情を得た。ファイーナ・ヴァフレヴァという名のロシア人女性と結婚したのである。一二月には二人のあいだに最初の子供が生まれたが、この子にもまた父親と同じ囚われの境遇が待っていた。蔣経国自身の抑留はこの後も長く続き、一方の毛沢東は一段また一段と支配者への階段をのぼっていった。

第三部

権力基盤を築く

第一五章　劉志丹の死

一九三五〜三六年★毛沢東四一〜四二歳

　ここから一〇年にわたって、毛沢東は中国西北の黄土高原に本拠を置くことになる。黄土高原の近くを流れる黄河は長江に続く中国第二の河川で、この地域は中国文明発祥の地である。革命根拠地は一〇〇万近い人口と三万平方キロメートルを優に超す面積を持ち、位置的には大部分が陝西（シャンシー）省北部にあたり、西の一部が省境をまたいで甘粛（カンスー）省に及んでいた。中国の中央部から遠く離れていたおかげで、当時、ここは中国で唯一安定した赤色根拠地だった。

　黄土高原は、黄色い大地がどこまでも果てしなく広がる荒涼とした不毛の土地だ。近くのゴビ砂漠から風に乗って運ばれてきた微細な砂粒が堆積して時の経過とともに地層が形成され、その柔らかな地面のところどころに深さ数百メートルにも及ぶ絶壁にはさまれた細長い地溝が刻まれている。住居は、ほとんどが丘陵の斜面に横穴を掘った窰洞(ヤオトン)だ。見渡すかぎり人影のない風景も珍しくない。毛沢東が到着して最初に目にした「町」呉起鎮(ウーチーチエン)の住民は、わずか三〇人前後だった。このあたりは、人が少なく耕地が余っている、という中国のほかの地域では考えられない特異な条件の土地だった。蔣介石は、紅軍がぎりぎり生きのびることのできる地域を選んだわけである。

この根拠地を築いたのは劉志丹(リウチータン)という地元の共産党員で、兵員五〇〇〇の部隊を持っていた――毛沢東の部隊を上回る規模である。地元の共産党シンパから見れば、劉志丹は英雄だった。一九三五年七月に竣工したばかりの大聖堂を含む資産を接収されたスペイン人のカトリック神父から見れば、劉志丹は「天も地も怕(おそ)れぬ反骨の密謀家」であった。

劉志丹の根拠地へ向かう途中、毛沢東は、劉志丹の指導は「正しくないように思われる」と、とくに強調して指摘した。劉志丹が政治的に不健全である、という意味だ。そして、毛沢東はこの地域を管轄する党の北方局に対して極秘に粛清(しゅくせい)を命じたようである。九月中旬、党北方局の代表が根拠地に前ぶれなく現れ、さらに九月一五日には別の地域から兵員三四〇〇の紅軍部隊が根拠地に到着した。根拠地にやってきた党代表と紅軍部隊は、残忍な粛清を始めた。劉志丹は、自分のほうが大きな兵力を持っていたにもかかわらず、いっさい抵抗しなかった。劉志丹本人に対しても前線から戻るよう呼び出しがあり、根拠地へ戻る途中で自分が逮捕されることを知らされたにもかかわらず、劉はすすんで当局に出頭した。

党から派遣された代表二名は、劉志丹を「一貫して右寄りであった」(穏健すぎたという意味を権力側に都合よく言い換えた表現)と譴責し、劉志丹は「紅軍を消滅するために紅軍根拠地を創造した」蔣介石のスパイである、という言いがかりをつけて告発した。当局に自らすすんで出頭したことについても、忠誠のあらわれと評価するどころか、これを故意に歪曲して解釈し、「狡猾にも、党をだまして自分を信用させようとした」と告発した。聞くもおぞましい拷問がおこなわれた。劉志丹の同僚の一人は、真っ赤に焼けた針金で右の太ももを骨まで刺し貫かれた。生き埋めにされた者も多かった。このときの生き残りの一人が、一九九二年に次のように書いている。「わたしたちは重い足かせをはめられて監禁されていました……わたしたちを生き埋めにする穴はもうすでに掘ってあるのだ、と聞かされました……」。推定で二〇〇ないし三〇〇人が殺害された。

そこへ、毛沢東が到着した。良き調停者を演じる絶妙のタイミングである。毛沢東は逮捕と処刑の中止を命じ、一一月末に劉志丹と同志たちを釈放した。毛沢東は粛清を「重大な誤り」と処断し、二名をスケープゴートに仕立てて譴責した。

　こうして、毛沢東は地元の共産党指導部を破壊すると同時に自らを正義の味方に見せることに成功し、根拠地乗っ取りの地歩を得た。粛清のおかげで、毛沢東が登場したときには劉志丹をはじめとする指導部はすっかりおびえており（劉志丹は重い足かせをつけられていたせいで、ほとんど歩くことさえできなかった）、毛沢東はたいした抵抗も受けずに彼らを党の意思決定機関や軍の重要ポストから排除することができた。根拠地の創設者であるにもかかわらず、劉志丹は「第二八軍」軍長という低い地位に甘んじることになった。第二八軍は実際には新兵を寄せ集めた分遣隊で、しかも、毛沢東は第二八軍に自分の腹心を政治委員（すなわち軍長の上司）として送りこんだ。劉志丹は異議を申し立てなかった。それどころか、公に毛沢東の権威を支持する発言をし、粛清の被害者となった同志たちにも個人の苦難より革命の利益を優先させるよう説いた。

　毛沢東は自らの支配に正当性と威信を添えるために劉志丹の声望を利用しようと考えていたので、自分が劉志丹を粛清したようには見られたくなかった。しかし一方で、劉志丹をこのまま残しておくつもりもなかった――劉志丹がこの土地の人間だからだ。毛沢東は、これまで中国共産党が他の根拠地でやってきたように、ここでも食糧や金や戦力や労働力を地元住民から搾り上げるつもりだった。そういう政策を打ち出せば、地元出身の指導者は必ず抵抗し、場合によっては党に反対して農民蜂起を煽動しかねない。そういうことは、他の革命根拠地でほぼ例外なく起こっていた。今回、毛沢東はこれまでとは異なるやり方で劉志丹（リウチータン）という脅威を片づけることにした。

根拠地に落ち着くと、毛沢東はさっそくソ連支配地域までのルートを確保する計画に着手した。支援物資、とくに武器類の供給を受けるのが目的である。毛沢東の計画は、黄河を渡って東進し、さらに豊かな山西（シャンシー）省にはいって新たに兵員と食糧を獲得し、うまくいけば根拠地も築き、その後に北へ転じてソ連の支配する外モンゴルをめざす、というものだった。

遠征は、一九三六年二月に開始された。★紅軍は多少の略奪品と新兵を獲得したものの、モンゴル国境に近づくどころか、あっという間に蒋介石軍の反撃を受けて黄河の西側まで押し戻されてしまった。この短い作戦のあいだに、劉志丹は三三歳で死亡することになる。歴史書には戦死と書かれているが、圧倒的多数の証拠が暗殺であったことを示している。

★長征のときと同じく、紅軍はこの遠征の大義名分に抗日を謳い、自らを「抗日先鋒軍」と称して「東征抗日」などのスローガンをかかげた。しかし、これはまったくのプロパガンダで、毛沢東の部隊は日本軍に接近すらしなかった。

劉志丹は、一九三六年四月一四日、黄河の渡河場がある三交という町で撃たれた。中国共産党の説明では、進攻する紅軍部隊に応戦した敵の機関銃の弾丸一発が心臓を撃ち貫いたことになっている。が、劉志丹は突撃部隊にいたわけではなく、両軍の交戦に巻き込まれたわけでもない。劉志丹は二〇〇メートルほど離れた小高い丘の上から望遠鏡で戦況を見守っていた。劉の命を奪ったとされる機関銃はまったく別の方向を射撃しており、公式報告のとおりだとするならば、機関銃がいきなり方向を転じて一発の弾丸を放ち、それが奇跡的に劉志丹の心臓を貫いたということになる——しかも、二〇〇メートル離れたところから。この機関銃の射手は、スナイパー顔負けの腕前を持っていたことになる。

劉志丹が撃たれたとき、そばにいた人間は二人だけだった。一人は党の政治保衛局から部隊に派遣されていた裴という男で、中国版KGBの大物。長征中は共産党の銀行資産を運ぶ荷役夫の監視という重要な役割を担っていた。もう一人は護衛の兵士だった。劉志丹（リウチータン）が撃たれたあと、裴（ペイ）自身の説明によれば、護衛に「医者を呼びに」行かせたので、劉志丹が「完全に息を引き取った」とき傍らにいたのは裴だけだったという。劉志丹を殺したのは裴あるいは護衛兵であると考えてまちがいないだろう。

劉志丹が死んだのちの展開を見ると、陰で糸を引いていたのは毛沢東ではなかったかという疑いが強くなる。三交（サンチアオ）の戦いの一週間前、毛沢東は劉志丹に電報を打ち、第二八軍は「本日より司令本部の直属とする」と知らせている。この命令を出した理由として考えられることは、ひとつしかない――こうしておけば、劉志丹の身に起こったことに関する報告は通常の指揮命令系統を通らず直接毛沢東に上げられる、ということだ。電報を打った二日後、毛沢東は劉志丹をいったん解任された軍事委員会に復帰させている。つまり、劉志丹は高位の軍事ポストに昇進したことになる。このタイミングで死亡すれば、劉志丹本人は英雄視されるし、部下たちも気がすむというわけだ。そして、もうひとつ、一三日に劉志丹に三交行きを命じたのは、ほかならぬ毛沢東だった。その翌日に、劉志丹は殺されている。

劉志丹の埋葬に、未亡人は立ち会わせてもらえなかった。遺体をひと目見たいという未亡人を、「あなたは具合がよくない。見ればもっと悲しくなるでしょう」と、周恩来が止めた。これは事実上の命令である。七年後、劉志丹は特別な廟（びょう）に公式に祀（まつ）

られることになり、改葬にあたって未亡人の要請で棺の蓋が開けられたが、遺体はすでに朽ちていた。埋葬式にあたって毛沢東は碑文(ひぶん)を書き、劉志丹の死を「思いがけないこと」と呼んだ。この時期、毛沢東はとくに根拠地で問題が起こることを避けたい状況にあり、自らの権威を高めるために故人となった劉志丹を利用したのであった。

革命根拠地の幹部指導者の中で、前線で死亡した者は劉志丹ただ一人である。しかも、劉志丹の右腕となり左腕となって働いた二人の司令官も、劉志丹の死から数週間のうちに相次いで死亡している。楊琪(ヤンチー)は三月に死亡し、楊森(ヤンセン)は五月初めに死亡した。毛沢東が到着して数ヵ月のうちに、陝西(シャンシー)省根拠地の最高指揮官三人がそろって落命した——ほかの紅軍指揮官がこのような非運に見舞われた例はない。

劉志丹と二人の最高指揮官の死によって、毛沢東の根拠地支配に反逆する可能性のある深刻な危険因子はすべて取り払われた。これ以降、地元住民のあいだで小規模な反乱はあったものの、毛沢東の支配を脅(おびや)かすような大規模な暴動は起こらなかった。

第一六章　西安事件

一九三五〜三六年★毛沢東四一〜四二歳

一九三五年一〇月、長征の末に毛沢東が黄土高原にたどりついたとき、とりあえず生きのびること以外に毛沢東が目標としたのは、ソ連支配地域までのルートを開拓することだった。そうすれば、武器その他の支援物資を受け取って勢力を拡大できるからだ。一方、蒋介石のほうは紅軍を柵の中に封じておきたいと考え、その任に少し前まで中国東北の軍閥だった「少帥」こと張学良（チャンシュエリアン）を指名した。張学良は陝西（シャンシー）省の省都西安（シーアン）に司令部を置いていた。毛沢東の根拠地も同じ陝西省で、西安からは北に三〇〇キロほど離れていた。

武器の引き渡しに使えるソ連支配地域は二つあった。ひとつは新疆（シンチアン）で、根拠地からは西北西へ一〇〇〇キロ以上離れている。もうひとつは外モンゴルで、真北に五〇

○キロ強の距離にある。張学良率いる約三〇万の大軍は、この両方面を制する位置に駐留していた。

張学良のアメリカ人パイロット、ロイヤル・レナードは、この世慣れた人物の横顔を、「わたしが最初に受けた印象は……まさにロータリー・クラブの会長、という感じだった。恰幅が良く、羽振りが良く、くつろいだ愛想の良い物腰で……わたしたちは、ものの五分で友だちになった……」と書き残している。東北軍閥の父張作霖（チャンツオリン／ちょうさくりん）（「大帥」）が一九二八年六月に暗殺された★あと、張学良は父親の地盤を引き継いで中央政府に帰順し、そのまま東北の支配者としてとどまった。一九三一年に日本が東北を侵略すると、張学良は二〇万の軍を率いて関内（長城以南）に退き、その後さまざまな重要ポストを蒋介石から与えられた。表向き、張学良は蒋介石夫妻と親密な関係を装っていた。蒋介石より一三歳年下の張学良は、蒋介石を「自分の父親同然に思っている」と公言していた。

★張作霖爆殺事件は一般的には日本軍が起こしたものとされているが、ロシアの情報筋は、最近になって、事件は実際にはスターリンの命令にもとづいてナウム・エイティンゴン（のちのトロツキー暗殺の責任者）が計画し日本軍の仕業に見せかけたものであると主張している。

しかし、蔣介石の背後で、張学良は大総統に取って代わろうと企んでいた。英仏を合わせたよりも広い東北を治めてきた張学良としては、蔣介石の配下に甘んじることは面白くなかった。張学良は中国全土を支配したかったのである。そのために、張学良はヨーロッパに滞在中の一九三三年、ソ連の人間に近づいて訪ソを打診した。が、ソ連側はこれを警戒し、張学良の申し入れを断った。わずか四年前の一九二九年にスターリンが中国東北に侵攻し、その後中東鉄道の強行接収をめぐって、ソ連は短期間ながら張学良と戦火を交えたばかりだった。しかも、張学良はファシズムを賞賛する発言をし、ムッソリーニと家族ぐるみの親しい関係にあった。一九三五年八月に中国共産党の名でモスクワから出された声明は、張学良を「敗類（くず）」「売国賊」と呼んでいた。

ところが、その年の後半に張学良が毛沢東の見張り役に任命されると、モスクワの態度が一変した。張学良のさじ加減ひとつで中国共産党の置かれた状況が好転し、さらにソ連からの支援物資受け取りも容易になるということで、張学良はモスクワにとって価値ある存在になったのである。毛沢東が陝西省の根拠地に到着して何週間もたたないうちに、ソ連の外交官は張学良と踏み込んだ話し合いを進めていた。

張学良は、上海や首都南京に足を運んでソ連と秘密裏に協議を進めた。カムフラージュのため、張学良はプレイボーイの評判を利用してわざと軽薄な行動を見せた。アメリカ人パイロットは、ある日、張学良から「飛行機を垂直バンクで飛ばしてくれ、と頼まれた。片翼を街路につっこんだまま、友人らが逗留しているパーク・ホテルの前を飛んでくれ、というのだ。われわれの乗った飛行機は、ホテルの正面から三メートルもないほど近くを飛んだ。モーターの爆音が窓ガラスをカタカタと鳴らした」と回想している。この派手なショーをやってみせたとき、ホテルには張学良の女友達の一人が宿泊していた。「こんなことを言うと、あなたがたは笑うでしょうけれどね」と、一九九三年、九一歳になっていた張学良は著者に話してくれた。「当時、戴笠（タイリー）［国民党特務の大物］は必死になってわたしの居所を探していました。で、わたしが女の子たちといいことをしていると思っていたようです。だが、実際には、わたしは密談をしていた……」

張学良はソ連に対して、中国共産党と同盟する用意があること、しかも、「日本との決戦」に臨む——すなわち蔣介石が渋っている対日宣戦布告をする——用意があることを、はっきりと伝えた。そして、それと引き換えに、自分が蔣介石に代わって中国の支配者になるための後押しをしてほしい、と求めた。

この交換条件は、スターリンにとって非常に魅力的だった。とくに、中国が日本と全面戦争に突入するというのは、クレムリンの首領には願ってもない話だった。日本は一九三一年以来中国を蚕食しつづけていた。中国東北を併合したあと、日本は一九三五年一一月に華北にも別の傀儡政権を作ったが、それでも蒋介石は対日全面戦争に踏み切ろうとしなかった。スターリンは、いずれ日本が北へ転じてソ連を攻撃するのではないかと心配していた。

スターリンの狙いは、中国を利用して日本を中国の広大な内陸部へおびきよせ、泥沼にひきずりこむこと、そして、それによって日本をソ連から遠ざけることだった。モスクワは自らの狙いを包み隠したまま中国国内における対日全面戦争の気運を煽ることに力を入れ、大規模な学生デモに手を貸した。また、ソ連のスパイ、とくに孫文夫人で蒋介石の義姉にあたる宋慶齢は、圧力団体を結成して南京政府に行動を求めた。

蒋介石は日本に降伏する気はないものの、宣戦布告する気もなかった。現実的に見て中国に勝ち目はなく、日本と対決すれば中国の破滅につながると考えていたからだ。そこで、蒋介石は降伏するでもなく全面戦争に出るでもない、きわめて異例などっちつかずの態度を選んだ。それが可能だったのは、中国が途方もなく大きく、また、日本が徐々にしか侵略してこなかったからである。蔣介石は、そのうちに日本がソ連のほうを向いて中国のことを忘れるのではないか、という希望さえ抱いていたかに思われる。

張学良（チャンシュエリアン）の提案はソ連にとって好都合だったが、スターリンは張学良を信用していなかった。かつての東北軍閥ごときに中国を統（す）べて対日全面戦争を戦うほどの力量があろうとも思っていなかった。もし中国が内戦状態に陥ったら、かえって日本に征服されやすくなる——そうなれば、ソ連にとって日本の脅威が倍加するだけだ。

とはいえ、モスクワも張学良の提案を即座にはねつけるほど単純ではない。ソ連は提案を検討するふりを装って、気を持たせつづけた——張学良から中国共産党に対する協力を引き出すためである。ソ連の外交官は張学良に対し、秘密裏に中国共産党との直接コンタクトを確立するよう指示した。中国共産党の交渉担当者と張学良との第一回目の話し合いは、一九三六年一月二〇日におこなわれた。

ソ連は張学良に対してのらりくらりと時間かせぎをするだけだったが、毛沢東は張学良の野望を支援する意欲満々で、実質的な同盟関係を結びたいと考えた。毛沢東にとっては理想的なシナリオだったからだ。張学良がソ連に頼る形になれば、中国共産党はきわめて重要な役割を握ることになり、うまくいけば中国全土の支配者を陰で操ることさえ夢ではない。張学良（チャンシュエリアン）に反蒋同盟を持ちかけ、蒋介石に代わる新政権の首領として中国共産党は張学良を支持すると約束してこい——毛沢東は、張学良との交渉役李克農（リーコーノン）にそう指示した。毛沢東はまた、資金や武器は問題ないと伝えてこの提案がモスクワのお墨付きを得ているかのように「ほのめかしてこい」、とも指示した。

張学良は当然、毛沢東との約束に関してソ連の裏書きを望んだ。それだけに、上級使節をモスクワへ派遣してくれないかと持ちかけられたとき、張学良は、自分の願いどおりに事が運ぶかもしれないと思いこんでしまった。一月、上海から「董（トン）牧師」という人物が張学良の司令部を訪ねてきた。董は、一九二〇年代に上海の聖ペテロ教会で牧師をしていた共産党の秘密諜報員だった。神に背いた董牧師は、自分は上海で毛沢東の息子たちをひそかに預かっている、彼らをソ連へ送ってコミンテルンが運営する外国共産党指導者の子女専用の学校へ入学させようという計画がある、と話した。ついては、少帥のほうで毛沢東の息子たちのソ連留学に同行する使者を出していただけないだろうか、と。

毛沢東は、一九三〇年に国民党に処刑された妻楊開慧（ヤンカイホイ）とのあいだに三人の息子をもうけていた。母親が処刑された後、息子たちは上海へ連れていかれ、共産党の地下組織が面倒を見ていた。

子供たちは、悲惨な境遇に置かれていた。いちばん下の岸龍(アンロン)は、上海へ移されてまもなく四歳で死亡した。あとの二人、岸英(アンイン)と岸青(アンチン)も、人目を忍んで暮らさなければならないため学校にも行けず、董家以外で友だちを作ることもできず、しかも董家はいつもぴりぴりした雰囲気だった。董は子供たちを前妻に預けたのだが、そのおかげで前妻は危険と波乱の生活に巻き込まれるはめになった。それに、どのみち、前妻は毛沢東の息子たちにとくに愛情を抱いてもいなかった。幼い兄弟はたびたび家を飛び出し、浮浪児として暮らした。後年、上海孤児の映画を見た毛岸英は感情を昂(たかぶ)らせ、弟と自分もあのような暮らしをしていた、歩道で眠り、ごみ箱をあさって食べ物やタバコの吸い殻を拾っていた、と、妻に語ったという。つらい境遇で暮らす息子たちに、毛沢東は言葉ひとつも送ったことはなかった。

この時期、モスクワは毛沢東の息子たちをソ連へ移し、身の回りの世話をして学校へ通わせることを決定した。蒋介石が勢いを伸ばしつつあった時期に息子の蒋経国(チアンチンクオ)をソ連に連れてきたのと同じく、毛沢東の息子たちを人質とすることも目的のひとつだった。この決定にはスターリンも直々に関わっていた。毛沢東は何の異議も唱えなかった。

る。

張学良のほうで特使を出して毛沢東の息子たちをソ連まで送り届けてほしい、というモスクワの提案は、一石二鳥を狙ったものであった。つまり、毛沢東の息子二人の道中の安全を確保し、宿や食事や乗り物の手配を調え、乳母を含めた一行の相当額の旅費を負担するという役割を張学良に押しつけることができ、しかも、特使の派遣を要請してきたのは蔣介石の目が光っている中国国内では不可能な取引をモスクワが本気でやろうとしている証拠にちがいない、と張学良に思い込ませることができる。

張学良はこの提案を喜び、ただちに必要な手を打った。張学良の特使と毛沢東の息子二人は、六月二六日に中国からマルセイユに向けて出航した。モスクワは、ソ連行きの査証はパリで渡す、と連絡してきた。

同じ六月、中国南部の広東省と広西省が同盟を結び、蔣介石政権に叛旗を翻した。毛沢東は、この機会をとらえて同じように立ち上がり中国西北を紅軍と同盟した分離独立地域にしよう、と、張学良をたきつけた。中国共産党政治局に対しては、毛沢東は、同盟の目的は「外モンゴル」のようなソ連の衛星国を作ることにある、と説明した。

が、張学良は乗り気ではなかった。張学良は中国の一部ではなく全部を統治したかったのである。モスクワもこの計画には真っ向から反対だった。この時期、六月末、中国共産党とモスクワの無線通信が二〇ヵ月ぶりに復活した。復活して最初にコミンテルンに送信した電報で、毛沢東は中国西北の分離独立計画に対するモスクワの承認を求めた。計画はスターリンに伝えられたが、スターリンは首肯しなかった。スターリンは中国の統一を保ったまま日本を全面戦争に引きずりこみたいと考えており、中国の分割を望まなかった。

毛沢東が電報を送って何日もたたないうちに、両広事変は惨めな失敗に終わった。何よりも世論が分離独立主義に激しく反発したのである。スターリンは、蔣介石こそ中国をひとつに保つことのできる唯一の人物である、という確信を強めた。八月一五日、モスクワは中国共産党に対して重大な方針転換を命じた。蔣介石を敵視する方針を改め、同盟相手と考えよ、というのである。「蔣介石を日本軍と同様に扱うことは正しくない……諸君は……連帯して対日闘争にあたるため……紅軍と蔣介石軍の停戦をめざし、合意に達するべく努力しなくてはならない」「何よりも抗日の大義を優先させねばならない」。スターリンは、少なくとも当面のあいだ、統一中国の頭目として蔣介石を支持することを中国共産党に望んだのである。

モスクワは、蔣介石との同盟に向けて真剣な交渉にはいるよう有無を言わせぬ調子で命令してきた。九月に中国共産党と蔣介石のあいだで「統一戦線」に関する話し合いが始まった。蔣介石側は以前から歩み寄りの姿勢を見せており、長征が終結した時点でモスクワに交渉の申し入れをおこなっている。しかし、ソ連側は蔣介石に対して「中国［共産党］と直接」話をするよう求めた。中国共産党の地位を格上げするためである。

モスクワも毛沢東もこの方針変更を張学良（チャンシュエリアン）には伝えず、張学良にとって最大の関心事——蔣介石に取って代わること——について誤解を与えつづけたままにしておいた。七月下旬に張学良がソ連大使ボゴモロフに対して、「自分と［中国共産党］との連盟は倒蔣抗日が目的であり、ソ連もこれを支援してくれる」ものと「希望」する、と述べたとき、大使はモスクワがこの考えに真っ向から反対していることをおくびにも出さなかった。毛沢東のほうでも、モスクワの支援を望む張学良の思い込みを煽りつづけた。

中国の領袖（りょうしゅう）として蔣介石をかつぐ方針を固める一方で、スターリンは紅軍の強化を狙った秘密支援を後退させるつもりもなかった。一九三六年九月初旬、スターリンは大量の武器類を外モンゴル経由で中国共産党に送る計画を了承した。毛沢東からの要請は、「毎月三〇〇万ドルの援助」のほか、「航空機、重砲、砲弾、歩兵用ライフル、対空機関砲、舟橋（しゅうきょう）用台船」および航空機と重砲類を操作するのに必要なソ連兵を送ってほしい、というものだった。一〇月一八日、コミンテルンから毛沢東に対して、「物資は貴君が「一〇月」二日付電報で要請された内容を満たすには至らない……航空機と重砲は用意できない……」という連絡があった。それでも、貨物輸送を扱う「外国の会社」（GRUのダミー）が「車両一五〇台を運転手とガソリン付きで用意し、毎回五五〇ないし六〇〇トンの荷物を積んで……二往復できる」ことになった。運び込まれたライフルの数は、内戦が勃発したばかりのスペインにソ連が送ったライフルとほぼ同数だった。

一〇月、紅軍は外モンゴル国境近くの砂漠に設定された支援物資の受け渡し地点までルートを確保する作戦を開始した。この時点で毛沢東は根拠地に兵員二万の部隊を擁（よう）しており、他の紅軍部隊も毛沢東の呼びかけに応じて根拠地に集結しようとしていた。その中には、かつて毛沢東のライバルだったもののいまは力を失った張国燾（チャンクオタオ）の軍も含まれていた。張国燾はチベット国境で国民党の容赦ない爆撃にさらされながら冬を越した。凍死者は数千人にのぼり、雪盲（せつもう）になった兵士も多かった。この一年で、張国燾は一九三五年六月に毛沢東と合流したときの兵力八万のうち半数を失っていた。

依然として毛沢東の二倍の兵員を有していたものの、張国燾は格下の立場で毛沢東のもとへ戻ってきた。自分の命運が尽きたことを悟った張国燾は「非常に感傷的」になっており、「ときには涙を流すこともありました。『おれはもう終わりだ。陝北根拠地に着いたら、おれは監獄に入れられるのだ……』と言っていました」と、同僚が回想している。張国燾は収監こそされなかったものの、毛沢東はこのあとさらに張国燾の軍を痛めつけ、最終的には張国燾を粛清することになる。が、とりあえずこの時点では、毛沢東は外モンゴル国境へのルートを開くために張国燾の大きくて優秀な部隊を必要としていた。

毛沢東のもとへ参じたもうひとつの部隊は、無法者の名をとどろかせた賀龍率いる紅軍第二方面軍だった。賀龍は湖南・湖北の省境に根拠地を構えていたが★、蔣介石軍に追われて陝北根拠地へ逃れてきた。紅軍の三つの軍団は一九三六年一〇月九日に合流し、毛沢東は八万近い軍の指揮権を持つことになった。わずか一年前に毛沢東が率いていた部隊と比べ、兵員数にして二〇倍である。

★この根拠地においても、一九三二年から一九三四年にかけて残虐な粛清がおこなわれた。賀龍自身が、「この一回の粛清だけで、一万人以上が殺害された。現在［一九六一年］、この地には少数の女性同志が生き残っているが、これは、男性が先に殺害されたあと……［粛清者が］女性にとりかかる前に敵が来たからである……」「今日でも、この地域では……大きな穴から次々と人骨が掘り出されている」と回顧している。生存者たちの回想によると、多くの人間が「麻袋（マータイ）に入れられ、大きな石を縛りつけられて、洪（ホン）湖に投げ込まれた。漁師はこの湖で漁をしなくなった。あまりに多くの死体が浮いたからだ。湖の色も変わった」という。

これは大軍ではあったが、外モンゴルまでのルートを確保するには、強大な国民党軍を撃破しなければならなかった。蒋介石は当然、なんとしても紅軍を阻止する構えだった。一〇月二二日、蒋介石は自ら指揮をとるため西安（シーアン）に飛来し、張学良（チャンシュエリアン）は窮地に陥った。張学良は約束どおり蒋介石の計画について紅軍に警告を発し、紅軍に現金と冬用衣類も提供したが、これが限界で、蒋介石の命令に公然と背くことはできなかった。結局、張学良の軍は紅軍と戦うことになった。一週間もしないうちに、ソ連からの支援物資を回収する毛沢東の計画は頓挫した。黄河を渡った二万一八〇〇人の分遣隊は対岸に取り残され、紅軍本隊は陝北根拠地に撤退して、ふたたび黄土高原に閉じ込められた。

毛沢東は、「至急送金されたし」と、モスクワに資金援助を緊急要請した。コミンテルンはただちに五五万米ドルを送金したが★、これでは長期的解決はおぼつかなかった。食糧は粗末な黒豆しかなく、住居は大半が丘に横穴を掘った窰洞(ヤオトン)で、それさえ割り当てが及ばない部隊も多かった。すでに雪が降りはじめていたが、兵士たちはすりきれた衣服と草鞋(わらじ)しか身につけていなかった。前線の彭徳懐(ポントーホワイ)総司令は、羊飼いの穴ぐらで暮らしていた。これは地面を深さ一メートル幅二メートルに掘り下げただけのもので、砂漠のすぐ近くだったため猛烈な砂嵐に見舞われた。毛沢東でさえ、不自由を忍んで暮らしていた。党中央は保安(パオアン)という小さな町に押し込まれ、毛沢東と臨月の近い妻賀子珍(ホーツーチエン)は、天井から水が滴り落ちるようなじめじめした穴ぐらに住んでいた。ドアを開けようとした護衛兵が特大のサソリに刺されたこともあった。ペストを媒介するネズミも多くいた。猫の半分もある大きなネズミで、大胆にも眠っている人間の胸に乗ってしっぽを振り、顔を撫(な)でられた人が驚いて飛び起きるほどだった。

★この資金を含め、何度かの資金援助は、宋慶齢(ソンチンリン)がアメリカから送金したものだった。

一九三六年一〇月末になると、紅軍はいよいよ絶望的な状況に追い込まれた。張(チャン)

学良(シュエリアン)は、いまこそ紅軍に救いの手を差し伸べ、モスクワの歓心を買うチャンスだと考えた。張学良の計画は、まもなく自分の管区である西安(シーアン)へやってくる蔣介石を監禁する、という単純かつ過激なものだった。モスクワに求めていた明確な言質(げんち)はまだ得ていなかったが（張学良が派遣した使者は、あれこれ理由をつけてソ連行きの査証をなかなか出してもらえずにいた）、紅軍に救いの手を差し伸べてやり蔣介石の身柄を拘束すればスターリンの方程式も大きく変わるだろう、と、張は計算していた。これはギャンブルである。が、張学良はギャンブラーだった。「わたしの哲学はギャンブルだ」「一度や二度は負けることもあろうが、ゲームが続いているかぎり、いつかまとめて取り返せるときが来る」と、側近にも語っている。蔣介石が、自分の縄張りへやってくる――ギャンブラーにとって千載一遇のチャンスであった。

張学良はこの計画を毛沢東の秘密連絡係をつとめる葉剣英(イエチエンイン)と話し合い、自分はクーデター（中国語では「苦迭打(クーティエター)」と音訳されている）を起こそうと考えている、と語った。一〇月二九日、葉剣英は毛沢東に電報を打ち、「蔣介石を足止めするという提案がある」と、遠回しな表現で伝えた。一一月五日、葉剣英はクーデター計画を説明するために毛沢東のもとへ向かった。

蔣介石監禁は張学良の思いつきだったが、毛沢東が葉剣英を通じてこれを煽ったことは疑いない。ソ連の諜報機関に近いアレクサンドル・チトフは、「蔣介石を拘束する問題が……一九三六年一一月に葉剣英(イエチエンイン)と張学良(チャンシュエリアン)のあいだで話し合われた」と、記録を残している。毛沢東は、すべて承知のうえで、この計画をモスクワに黙っていた。自分のもくろみがスターリンの利益に逆行するものであり、スターリンが絶対に反対するとわかっていたからだ。スターリンにとって、蔣介石は従前にも増して重要な存在になっていた。一一月二五日、ドイツと日本は防共協定を結び、ソ連が最も恐れていた悪夢を眼前につきつけた――東西両側面を好戦的な敵国にはさまれ、しかも関東軍の支援を受けた内蒙軍がモンゴルの南境沿いに西進してソビエト中央アジアをうかがう、という図式である。日独防共協定が発表されたその日のうちに、スターリンはコミンテルン書記長ゲオルギ・ディミトロフに緊急指令を出し、中国共産党に対して「反蔣」を捨て「連蔣」に転ずる必要性を重ねて強く認識させるよう指示した。

「われわれは……中国に国防政府を必要とする。計画を立案せよ……」

　蔣介石を危険にさらすことで、毛沢東はスターリンの怒りを招く相当な危険を冒していた。そこで、安全策として、毛沢東は蔣介石の監禁事件から距離を置くことを考えた。計画決行直前、張学良から葉剣英にあてて、「重大な相談あり、至急来られたし」と、西安(シーアン)へ戻るよう促す電報が届いた。しかし、毛沢東は葉剣英を根拠地にとどめておき、一方で、張学良には葉剣英が西安へ向かっているかのような返事を送った。そのうえで、毛沢東は張学良に、共産党としては蔣介石と妥協する余地はまったくなく、紅軍は蔣介石との戦いを断固継続する所存である、という内容の電報を打って、張学良の計画をますます煽った。毛沢東は、張学良こそが共産党にとって唯一のパートナーであるという印象を与え、モスクワもこれを了承するであろう、とほのめかした。

一二月四日に西安入りした蔣介石は、身辺警護に関して何ら特別な措置は講じなかった。宿舎は西安郊外の温泉保養地として有名な華清池（ホワチンチー／かせいち）にあり、蔣介石の身辺には護衛数十名が付いていたが、門と敷地周辺は張学良の兵士が警備にあたっていた。さらに、張学良は実行部隊を宿舎に招き入れて下見をさせ、蔣介石の寝室まで確認させていた。

一二月一二日早朝、事件は起こった。蔣介石は毎朝欠かさずおこなう体操を終え、着替えを始めたところで銃声を聞いた。張学良の兵士約四〇〇人が宿舎を襲った。蔣介石の護衛兵が応戦したが、警護責任者も含めて多数が射殺された。蔣介石は裏手の山へ逃れたが、数時間後、裸足のまま寝間着一枚で岩の割れ目に潜んでいるところを見つかった。泥まみれの大総統は、背中にけがをしていた。

事件直前、張学良（チャンシュエリアン）は毛沢東にいよいよ決行することを告げた。秘書から電報を受け取った毛沢東は、破顔一笑（はがんいっしょう）して言った。「床に戻りなさい。朝には良い知らせが聞けるぞ！」

第一七章 「共匪」から国政へ

一九三六年★毛沢東四二～四三歳

蔣介石監禁の知らせが共産党司令部に届くと、大喜びの幹部たちが毛沢東の窰洞（ヤオトン）に詰めかけた。毛沢東は「ばかみたいに大笑いしていた」と、幹部の一人が回想している。蔣介石が拘束されたからには、毛沢東の望みはただひとつ、蔣の最期を見届けることだった。蔣介石が殺されれば、権力の空白が生じる――ということは、ソ連が介入して共産党と毛沢東の政権奪取に手を貸す絶好のチャンスになる。

西安（シーアン）事件後モスクワに打った最初の電報で、毛沢東は介入を真剣に考えてほしいと懇請した。毛沢東は言葉を慎重に選びつつ、中国共産党は「南京政府が蔣介石を罷免（ひめん）して人民裁判に付すことを要求」したい、と述べた。表現は婉曲だが、これは明らかに死刑判決を示唆するもので、蔣介石殺害に対するソ連の同意を求めている。スターリンの意図が自分の狙いとは異なることを承知していた毛沢東は、蔣介石の監禁を事前には知らなかったように装い、中国共産党は「数日のあいだ公式声明を発表しない」と約束した。

一方、モスクワから見えないところで、毛沢東は蔣介石殺害が実現するようさかんに画策していた。西安事件の発生後はじめて張学良に送った一二月一二日付の電報で、毛沢東は、「最善の選択肢は［蔣介石の］殺害です」と力説している。毛沢東は、事件後ただちに最強の外交官周恩来を西安に派遣しようとした。周恩来はその年の前半に張学良と交渉の席に着いたことがあり、二人は馬が合うように見えた。毛沢東は周恩来に対して、張学良を説得して「最後の手段を実行させる」（周恩来の言葉）すなわち蔣介石殺害に踏み切らせるよう指示した。

真の目的を伏せたまま、毛沢東は張学良に対して、周恩来を迎えに来てほしいと要請した。当時、共産党の司令部は西安から北へ三〇〇キロ近く離れた保安にあり、西安までは馬を走らせても数日かかったので、毛沢東は保安から近い延安（当時は張学良の支配地だった）まで張学良の専用機を迎えによこしてほしいと頼んだのである。延安には二〇世紀初めにこの地域で試掘をおこなっていたスタンダード石油が敷設した滑走路が一本あった。張学良に行動を急がせるため、毛沢東は一三日に空約束をした。「コミンテルンと申し合わせ出来、詳細は後日報告」と伝え、いかにも周恩来がモスクワとのあいだで調整した計画を携えて西安を訪れるかのようにほのめかしたのである。

張学良が求めていたのは中国共産党経由で聞かされる口約束ではなく、ソ連が公式に発表する張学良支持の言葉だった。しかし、一四日にはソ連の二大紙『プラウダ』と『イズベスチヤ』が一面に論評を掲載し、張学良の行動は日本を利するものであると強く非難して、蔣介石支持の姿勢を明確に打ち出した。蔣介石監禁から二日目にして、張学良は万事休したことを悟った。

張学良は、周恩来を協議に向かわせるという毛沢東の申し出に返事をしなかった。が、毛沢東はかまわず周恩来を出発させ、一五日に張学良にその旨を伝えて、延安まで迎えの飛行機を出してほしいと重ねて要請した。しかし、周恩来が延安に到着してみると、迎えの飛行機など影もなく、町の城門から中へも入れてもらえなかった。周恩来は氷点下の寒さの中、一晩じゅう城門の外に留め置かれた。毛沢東は張学良にあてて「衛兵は城門を開けず、当方の説明も聞かない」と電報を打ち、対処を強く求めた。張学良のかたくなな態度は、モスクワの方針に関して自分を欺いた中国共産党にどれほど痛恨の怒りを感じているかを表していた。

一七日になって張学良(チャンシュエリアン)は態度を軟化させ、大失策を収拾する方途を探りはじめた。延安(イエンアン)に迎えのボーイング機が飛来した。張学良のお抱えパイロット、アメリカ人のロイヤル・レナードは、つい最近まで自分の飛行機に対空砲火をしかけていた共産党の人間を乗せるのだと聞かされてショックを受けた。雪になったその日の午後、帰りのフライトで、レナードはささやかな腹いせをした。「わたしはわざと気流の悪いところを選んで飛んだ」と、レナードは回顧録に書いている。「ときどきふりかえってキャビンのようすを見ると、共産主義者どもが……片手で黒いあごひげを脇へよけ、もう一方の手に持った空き缶に吐いていた。いい気味だった」

張学良は怒りに歯を食いしばりながらも表向きは友好的な態度で周恩来を迎え、話を合わせた。★ 周恩来が蒋介石殺害を強く勧めると、張学良は耳を傾けるふりをして、「内戦が不可避な状況になって西安(シーアン)が［政府軍に］包囲されたら」と答えた。

★事件から五六年後、著者のインタビューに答える張学良はなごやかな雰囲気で話をしていたが、このときだけはモスクワと中国共産党に対する苦々しい思いをのぞかせた。決行の前に中国共産党はあなたに対するソ連の本当の姿勢を伝えていましたか、と尋ねたとき、張学良はとつぜん敵意をむきだしにしてかみつき、「もちろん、伝えてなどいませんでしたよ。あなたがたは、ずいぶんと奇妙な質問をする」と言った。

実際のところ、毛沢東は南京と西安のあいだに内戦を引き起こそうと画策し、そのきっかけを作るために紅軍部隊を南京へ動かすことを考えていた。一五日には、紅軍の幹部司令官たちに「敵の頭脳、南京政府を撃破せよ……」という命令をひそかに出している。が、この計画は反古にせざるをえなかった。そんなことをすれば紅軍にとって自滅的な結果を招きうるし、それによって南京・西安内戦が始まるという確証もないからだ。毛沢東にとって喜ばしいことに、一六日に南京政府が張学良に対して宣戦を布告し、部隊を西安に向かわせて、西安城外に駐屯していた張学良の部隊を空爆した。毛沢東は張学良に応戦を促し、さらに南京まで攻撃してこれを全面戦争に発展させるべきだと力説した。翌日、毛沢東は張学良に次のような電報を打った。「敵の要害は南京［と二本の幹線鉄道］。二万ないし三万……の部隊を鉄道路線の攻撃に向けられれば……大局は急転すべし。ご高慮いただきたい」。こうした行動に出れば張学良は南京に対して退路を断つことになり、蔣介石を殺害せざるをえなくなる、というのが毛沢東の狙いであった。

毛沢東が蔣介石殺害の策略をめぐらす一方で、スターリンは蔣介石救出に乗り出した。蔣介石拘束の翌一二月一三日、行政院長孔祥熙（蔣介石の義兄）は在南京ソ連代理大使を召還し、今回の事件に中国共産党が関与しているという「風聞が広まって」いること、「万が一蔣氏の安全が脅かされるようなことがあれば、国民の怒りは中国共産党のみならずソビエト連邦にも及び、日本と手を結んでソ連を攻撃せよと［中国政府に］圧力がかかる事態に発展する可能性がある」と申し渡した。スターリンは、西安事件が自らの戦略的利益に危急の脅威を及ぼすおそれのあることを理解した。

一四日深夜、コミンテルン書記長ディミトロフの執務室で電話が鳴った。スターリンからだった。「中国の事件は、きみの許可を得てのことか？」と、スターリンは訊いた。ディミトロフはあわてて否定した。「ちがいます！　そんなことをすれば、日本にこれ以上ない利益をほどこすことになってしまいます。この件に関するわが方の立場は変わっておりません」。スターリンは不気味な脅しをまじえながらコミンテルンに派遣されている中国共産党代表の役割について質問を続けた。蔣介石殺害を支持する内容の中国共産党あて電文を起草してスターリンに提出したのは、この中国人代表だったのだ。「きみのところのこの王明というのは何者だ？　破壊工作員なのか？

この男が蔣介石を殺せという電報を打とうとしたと聞いているぞ」。コミンテルンでディミトロフの補佐だった中国人の回想によれば、当時、コミンテルン本部で「蔣介石は片づけるべきだ」と考えない人間など「一人もいなかった」という。コミンテルンでスターリンの片腕といわれ、いつもは冷静なマヌイルスキーでさえ、「もみ手をして喜び、わたしを抱擁して、『われらの親愛なる友人が捕らえられたそうだ、ははは！』と大笑いしていた」という。

王明は、電文の草案はGRU副局長のアルトゥール・アルツーゾフの提案に従って書いたものだ、と弁明した。アルツーゾフはまもなく逮捕され、スパイ容疑で告発された。銃殺される前、アルツーゾフは血で書いた遺書で自らの潔白を主張したが、看守は冷淡に、それは「鼻血で」書いたものだ、と述べた。スターリンは王明を不問に付した。ディミトロフは自分の疑いを晴らすため、急いで毛沢東に罪を押しつけ、スターリンにあてた手紙の中で、「当方からの警告にもかかわらず……中国共産党は［張学良（チャンシュエリアン）と］きわめて親密かつ友好的な関係を結んだ」と書いた。ディミトロフは、毛沢東にとってさらに破滅的な見解を述べた。「彼ら［毛と同僚たち］との協調なしに、さらにまた彼らの加担なしに、［張学良が］あのような冒険主義に打って出ることは想像しにくい」。ディミトロフの言葉は、事件について事前に知らなかったという毛沢東の申し開きが虚偽であること、そして、毛沢東がモスクワの命令を軽視したことを明白に示すものであった。

スターリンは、毛沢東が日本と共謀しているのではないかと疑った。すでに、スターリンはソ連の「中国通」をほぼ全員非難し、拷問を加えて尋問させていた。蔣介石が監禁されて四日後、尋問を受けていた大物の一人が日本（とドイツ）によるソ連攻撃を挑発するトロツキー的陰謀に関与していたことを「告白」した。まもなく告白の中に毛沢東の名も登場し、毛沢東を日本のスパイおよびトロツキー主義者として告発する大量の調査書類がまとめられた。

ディミトロフは一六日付で毛沢東に対して厳しいメッセージを打電した。電報は蔣介石監禁を非難し、そのような行為は「客観的に抗日統一戦線を害するのみであり、中国に対する日本の侵略を利するのみである」としていた。「中国共産党は平和的解決に向けて断固たる立場を取らなければならない」というのがメッセージの重点だった。これは、蔣介石総統の解放と復位を確保せよ、という命令だった。

電報を受け取った毛沢東は「かっとなり……悪態をつき、地団駄を踏んで怒った」と伝えられている。毛沢東が次に打った手は、電報など届かなかったことにする、というものだった。毛沢東はディミトロフからの電報を政治局に伝えず、張学良（チャンシュエリアン）にも伝えず、張学良に蔣介石殺害を説得するため西安（シーアン）に向かった周恩来にも伝えず、★そのまま蔣介石を亡きものにする画策を続けた。

★後年、毛沢東は、コミンテルンからの一二月一六日付電報は「ごちゃごちゃになって解読できなかった」ので中国共産党はモスクワに対して一八日付で再送信を依頼した、と主張した。これは作り話としか考えられない。中国共産党の中核部署に勤務する無線通信士が著者に語ってくれた通常の手順によれば、電報が解読不能な場合には即刻モスクワに再送信を依頼するはずで、二日間も先延ばしする――しかもこのような危機的状況において――ことは絶対にありえないという。毛沢東は一九日に政治局に対して「コミンテルンからの指導が届かなかった」と述べている。

モスクワを相手にこうした立ち回りを演じるのは、かなり危険なことだった。毛沢東は自分が蔣介石監禁をけしかけた事実をクレムリンに隠していただけでなく、スターリンからの直接の命令を握りつぶし、公然と無視したのである。毛沢東にとっては、蔣介石を排除することによって開ける展望のほうがスターリンを怒らせる危険を上回っていたのである。

しかし、蔣介石のほうも簡単に消されるような人間ではなかった。張学良は、蔣介石を監禁した直後にモスクワの支持がないことを知ると、蔣介石に危害を加えないことに決めた。毛沢東など何の役にも立たないこともはっきりした。秘密の合意とは裏腹に、共産党は蔣介石監禁から三日間も沈黙を保ち、張学良（チャンシュエリアン）に対する支援を一言も表明しなかった。一五日になってようやく、共産党は公式声明を出した。しかし、毛沢東が以前にあれほど明確に口にしていた張学良を中国の元首とする件についてはいっさいの言及がなく、逆に南京政府の正当性を認める内容だった。

　張学良に残された選択肢は、蔣介石の側につくことしかなかった。つまり、蔣介石を解放するということだ。さらに、張学良自身の命を救うためには蔣介石とともに西安（シーアン）を離れて身柄を蔣介石の手に委ねる以外にないことも、わかっていた。南京には張学良の命を狙って刺客を差し向ける者が多数いると思われた。蔣介石のもとで軟禁される以外に身の安全を図る方法はなかった。それに、蔣介石を監禁先から南京へ送り届ける役目を果たせば、蔣の温情にあずかれる可能性もある。蔣介石は自分を殺さないだろう、という張学良の賭けは当たった。蔣介石とその後継者のもとで拘禁と保護を兼ねて五〇年以上におよぶ軟禁生活を送ったあと、張学良は釈放され、二〇〇一年にハワイで一〇〇歳の大往生をとげた。蔣介石や毛沢東より四半世紀も長生きしたことになる。

一二月一四日、モスクワが公式に事件を非難した日、張学良は監禁されている蔣介石のもとを訪れ、蔣介石の前に立って黙って涙を流した。蔣介石は、自分を捕らえた男に「少なからぬ自責の念」を見た。その日遅く、張学良は蔣介石に対して、事件は「愚かで軽率な行動」であったと悟りました、ついてはあなたを解放させていただきたい、ただし秘密裏に、と話をした。蔣介石は張学良に積極的に協力する姿勢を示し、南京が波風を立てないよう手を打った。南京政府が一六日に張学良に対して討伐を宣言したとき、蔣介石はただちにメッセージを出して南京に自重を求めた。南京は軍事行動を見合わせ、蔣介石の義兄宋子文（ソンツーウエン）を「私人」の身分で交渉に派遣した。蔣介石自身が反乱グループと交渉したのではまずいからだ。宋子文は二〇日に西安に到着し、その二日後には蔣介石夫人の宋美齢（ソンメイリン）も西安入りした。

二〇日、モスクワは毛沢東が握りつぶした電報を中国共産党に再送信し、「平和的解決」を命じた。今回は毛沢東もこれを握りつぶすわけにはいかず、「蔣介石の自由回復」を支援せよ、との指示を付けて電報を周恩来に転送した。

こうして、毛沢東は自分の目標をスターリンの思惑と一致させるべく方向転換することになった。中国共産党は蔣介石に対して「『剿共（そうきょう）』政策を停止する」よう要求し、また、西安（シーアン）で待機している周恩来との会談に応ずるよう要求した。蒋介石が周恩来との会談に応じたとなれば、共産党は国政における一流政党の地位に上ることができる。今日でいえば、どこかの悪名高いテロリスト集団の指導者がアメリカ大統領と会談するようなものである。

一二三日におこなわれた宋子文（ソンツーウエン）、張学良（チャンシュエリアン）、周恩来による交渉で、宋子文は個人的には周恩来の主張に同意すると述べ、中国共産党の要求を蒋介石に伝えると言った。しかし、蒋介石は周恩来との会談が解放の条件だと聞かされながらも、周恩来との直接交渉を拒んだ。話し合いは膠着（こうちゃく）状態に陥った。

モスクワは蒋介石に首肯させる方法を知っていた。蒋介石からは、西安事件直前の一一月、紅軍がソ連からの武器援助の受け取りに失敗して窮地に陥った時期にも働きかけがあったばかりだった。蒋介石政権の在モスクワ大使はこの機をとらえて蒋経国（チアンチンクオ）の帰国を要請したが、それに対してモスクワは拒絶の返事をした。いまこそ、カードを切るタイミングである。一二月二四日の夜遅く、前党書記の博古（ボークー）が特別な知らせを携えて西安に到着し、そのおかげで周恩来はクリスマスの日に蒋介石の寝室へ通された。周恩来は蒋介石に、ご子息は帰国するでしょう、と告げた。スターリンからこの約束を受け取った蒋介石はようやく共産党の要求に応じる姿勢を見せ、周恩来に

「南京へ直接交渉に来てよい」と言った。このときを境に中国共産党は公式に「共[きょう]匪[ひ]」ではなくなり、国政の舞台で政党として扱われるようになった。

西安における蔣介石と周恩来の会見は短時間であったが、長年にわたる紅軍と蔣経国の交換交渉に決着をつけた。そして、これをもって国共内戦が終結した。

その日の午後、蔣介石夫妻は西安を発った。張学良も同行し、自らすすんで自宅軟禁に置かれた。★蔣介石の人気はこのときが絶頂だった。蔣介石の乗った車が南京に入城すると、自然に集まった群衆が道の両側を埋めて大総統の帰還を歓迎した。爆竹の音が一晩じゅう続いた。この時代を知る人は、蔣介石の威光は真昼の太陽の如く輝いていた、という。が、その勝利は短命で、息子の帰国を実現させた取引が結局は蔣介石にはねかえることになる。毛沢東を封じ込めてスターリンの裏をかこうという蔣介石の計算は、はかない望みに終わった。毛沢東の封じ込めは不可能であり、ちっぽけだった中国共産党は「野党」第一党に昇格したのである。

★このときから張学良は中国史を飾る伝説的人物の一人となり、数限りない著書や論文に取りあげられて賞賛と非難の両方を向けられる存在となった。しかし、張学良に批判的な人々でさえ、張学良がソ連との陰謀に関わっていたことや、事件につながった張学良（チャンシュエリアン）の個人的野心についてはほとんど言及しない。長い人生を閉じるまで、張学良はこの事件を「純粋な動機」にもとづくものであったと主張しつづけた。一九九三年、著者に対して、張学良はこう語った。「蔣夫人はわたしをよく理解してくれて……あなたはお金が欲しくてやったのではない、領土が欲しかったのでもない、ただ犠牲［原文ママ］を求めただけなのですね、と言ってくれました」

第一八章　新しいイメージ、新しい生活、新しい妻

一九三七〜三八年★毛沢東四三〜四四歳

西安（シーアン）事件の余韻がおさまった一九三七年一月、モスクワは次の段階についての見解を毛沢東にはっきりと伝えてきた——中国共産党は暴力による政府転覆をめざす方針を放棄し、土地の没収や富裕層からの略奪をやめること。そして、南京を実質的に合法政府と認め、革命根拠地および共産党軍は蔣介石の管轄下にはいること。毛沢東はこの方針転換を純粋に戦術上の方便として受け容れ、中国共産党はモスクワから指示されたとおりの政策転換を南京政府に公約した。これによって、中国共産党に新しい局面が開けた。

見返りとして、蔣介石は共産党軍に一定の支配地域を与え、共産党政府と軍に資金を支給することになった。毛沢東は当然、できるだけ多くの領地と資金を獲得しよう

とした。結局、中国共産党は延安を首府とする面積一二万九六〇〇平方キロメートル、人口約二〇〇万の土地を与えられ、国民政府から相当額の資金給付を受けることになった。蔣介石はまた、四万六〇〇〇人余り（国民政府が正式に認めた数）の共産党正規軍に武器と給与を支給することになった。

　毛沢東の交渉を後押しするため、スターリンは蔣介石の息子をいましばらくソ連に留め置いた。そして、毛沢東が蔣介石から満足すべき譲歩を引き出したところで、ようやく約束を果たした。三月三日、ソ連政治局はいかにも持って回った言葉遣いで、「蔣介石の子息の帰国を妨げるものではない」という決定を下した。四月一九日、蔣経国は一一年を超す人質生活の末にようやく帰国し、父子の再会を果たした。★

★蔣経国はソ連を離れる前にスターリンから直々に教導を受け、ディミトロフから甘言と脅迫を徹底的にたたきこまれた。蔣経国は素直に聞くふりをし、帰国の途中にもディミトロフに対して「ご指示はすべて実行します」と電報を打った。ウラジオストクに着くと、蔣経国はKGBの支局へ連れていかれ、モスクワに対する服従を示す最後の儀礼として「わたしは党紀律を厳格に執行します」と誓約させられた。

一週間かかって鉄道でシベリアを横断するあいだ、蔣経国を保護監督する役割をつとめたのは、のちに中国共産党の諜報責任者となる康生(カンション)だった。これより数週間前、康生は毛沢東の息子たちに付き添ってパリからモスクワへ旅行した。一四歳の毛(マオ)岸英(アンイン)と一二歳の毛岸青(マオアンチン)は、ソ連行きの査証が発給されるまでパリに何ヵ月も足止めされていた。ソ連は二人に付き添ってきた張学良(チャンシュエリアン)の使者を入国させたくなかったが、正面切って入国を拒絶するわけにもいかないので、全員の査証を出さずにいたのである。西安(シーアン)事件を理由に、張学良の使者は査証発給を拒否された。毛沢東の二人の息子は一九三七年初めにモスクワに到着し、外国の共産党指導者の子弟のために作られた学校の寄宿生となった。岸英と岸青は父親に手紙を書き、写真を送った。毛沢東からの返事はめったに来なかった。

　毛沢東は息子たちのことに無関心だったが、対照的に蔣介石は息子に対して強迫的ともいえるほどの執着を見せた。一九三七年二月、スターリンが息子の帰国をなかなか認めないのに焦れて、蔣介石はまたひとつ中国共産党に譲歩をおこなったが、これは後々に重大な影響を及ぼすことになった。蔣介石は、共産党のスパイ邵力子(シャオリーツー)（一九二五年に蔣経国をソ連へ連れていった人物）を、メディア対策を統轄する国民党中央宣伝部長に任命したのである。邵力子（シャオリーツー）の仕事は、メディアと世論の強い反共姿勢を方向転換させることだった。蔣介石はモスクワに対して破格の好意を示したわけである。

これを境に、ソ連に関する報道は広範かつ好意的なものになった。中国共産党の善良なイメージ作りも進んだ。その年の夏には、邵力子と毛沢東のあいだで毛沢東の自伝を出版するアイデアが練られた。自伝は毛沢東をもっぱら善人として描き、抗日戦争に関する毛沢東の発言集を付録につけて、抗日愛国者のイメージも強調していた。毛沢東は、「日本帝国主義と断固戦い抜こう……」と、熱烈な愛国者を気取った題詞を書いた。本は一一月一日に発売され、ベストセラーとなった。毛沢東の成功を決定的にした神話、すなわち共産党こそが抗日に最も熱心であったという神話が作られたのは、この時期だ。実際、この神話のおかげで、のちに毛沢東政権の中枢となる人材も含めて何万もの人々が共産党に入党したのであった。

『毛沢東自伝』の大部分を構成するのは、一九三六年夏に毛沢東がアメリカ人ジャーナリスト、エドガー・スノーのインタビューに応じた際の内容である。毛沢東が自分の人生について広範に語ったのは、このときだけだった。スノーはまた、毛沢東および他の共産党員とのインタビューに圧倒的に依拠した内容の著書『中国の赤い星』を発表し、中国共産党の血塗られた過去を消してイメージ回復の基礎を作った。

毛沢東とスノーの出会いは偶然ではない。その年の春、毛沢東は上海の地下組織に対して自分の宣伝をしてくれる外国人ジャーナリストを探すよう依頼し、あわせて医者も一人見つけてほしいと頼んだ。慎重な吟味の結果、エドガー・スノーに白羽の矢が立った。スノーは、毛沢東が求める資質をすべて備えていた――アメリカ人であり、『サタデー・イブニング・ポスト』や『ニューヨーク・ヘラルド・トリビューン』といった有力メディアに記事を書いており、共産党に好意的だった。スノーは七月にレバノン系アメリカ人医師ジョージ・ハテムを伴って革命根拠地に到着した。ハテムはコミンテルンからの最高機密文書を薬箱に隠して持ち込んだ。スノーは根拠地に三ヵ月とどまった。ハテムのほうはその後死ぬまで共産党と行動を共にし、毛沢東の侍医の一人となり、中国共産党の外国諜報組織でも働いた。

毛沢東は、偶然のはいりこむ余地がないように、スノーの訪問に関して「安全、保密（秘密保持）、熱鬧（盛大）、隆重（丁重）」を旨とした詳細な指示を与えた。政治局は事前にスノーから提出させた質問に対する回答を念入りに調整した。毛沢東は、貴重な情報とまったくの虚構をないまぜにしてスノーに聞かせた。スノーはこれをそっくりそのまま呑み込んで、毛沢東と中国共産党指導部を「率直で、腹蔵（ふくぞう）なく、気取らず、潔い」と評した。毛沢東はAB（アンチ・ボルシェビキ）団の粛清など拷問や殺人の歴史を隠し、中国を横断した行軍に「長征」という巧妙な名前を付け、瀘定橋のような戦闘や英雄譚をでっちあげた。また、病気のときを除いて「長征六〇〇〇マイルの道のりの大部分を下士官たちと同じように自分の足で歩いた」と語った。モスクワとのつながりを完全に隠し、アメリカとの友好関係を望んでいる、とも語った。多くの人々が、これに完全にだまされた。

毛沢東はさらに用心のため、スノーがその後に書いたものをすべてチェックし、訂正や書き直しの筆を入れた。一九三七年七月二六日（『中国の赤い星』が出版される前）、スノーは当時延安にいた妻のヘレンにあてて、「わたしに話したことを取り消したいという人たちに関するメモは、もうこれ以上送らないでほしい……この調子では、削除ばかりでチャイルド・ハロルドみたいになってしまいそうだ」という手紙を送っている。『中国の赤い星』の中でスノーはこうした背景には言及せず、逆に、毛沢東は「わたしに対して一度も検閲をおこなったことがない」と書いている。同書の中国語版はスノーのコメントをさらに膨らませて、スノーが毛沢東の言葉を「正直で真実である」と評したように書いている。

『中国の赤い星』は一九三七年から三八年にかけての冬に英語で出版され、西側世論を毛沢東に好意的に転換させるうえで大きな役割を果たした。中国共産党は中国語での出版を計画し、不偏不党の印象を与えるべく『西行漫記』というタイトルをつけた。『中国の赤い星』と『毛沢東自伝』に加えて、スノーの資料をもとにした本がもう一冊出版された。この本も、中立的に聞こえるよう『毛沢東印象記』というタイトルがつけられた。

『中国の赤い星』――および抜粋を編集した他の二冊――は、中国国内の急進的青年層に多大な影響を与えた。多くの若者がスノーの本を読んで共産党に入党した。その中には、チベット族から初めて共産党員になった若者たちもいた。まさに、中国共産党ルネッサンスの始まりだった。毛沢東はのちに、この出版は「禹帝の治水にも劣らぬ功績があった」と言った。禹帝は、黄河の洪水を治めて中国文明の誕生をもたらしたとされる伝説の夏王朝の始祖である。

邵力子は、蔣介石のメディア対策責任者としてスノーに便宜を図り、毛沢東と共産党の評価を高めるうえで欠くべからざる役割を果たした。ほぼ一年後に蔣介石が邵力子を解任するころには、毛沢東と共産党のイメージはすっかり浄化されていた。

このあと一〇年にわたって、毛沢東は蔣介石から割り当てられた支配地域の首都延安で暮らした。毛沢東が延安に入城したのは、一九三七年元旦である。巨大な城門が堂々たる扉を静かに開き、共産党軍兵士の隊列が黄色い大地の果てまではるかに伸びる広い道を踏みしめて城門をくぐった。古都延安（その名は「延伸安寧」を意味する）は、町をぐるりと囲んで見下ろす黄土丘陵の背をつなぐように築かれた高く分厚い城壁に守られ、銃眼の開いた胸壁には荘重な武人の風格があった。青く高い空の下、凛と乾いて冷たい大気の中にひときわ高くそびえるのは、一〇〇〇年前に建てられた九層の宝塔である。宝塔の下方には、大小の廟宇が断崖に貼り付くように並んでいる。さらに下方へ視線を転ずると、泥で濁った延河が、唐代の詩人杜甫にちなんで名付けられた杜甫川と交わって一本になり流れていく。杜甫は延安の有名な牡丹を愛でるために何度もこの地を訪れたという。

延安は、文化の中心であると同時に商業活動の中心でもあった。この地域では油田が発見されていた。共産党軍はスタンダード石油が建設した居住地域を接収し、スペインのフランシスコ会が建設した数々の堅固な建物も接収した。その中には竣工したばかりの大聖堂もあり、ここでは党の重要な会議が多く開かれることになった。住宅の不足は、地元住民、とくに比較的裕福な住民の多くが数百軒の家を残して逃げていったことで、さらに軽減された。空き家の中には大きくて美しい建物もあった。毛沢東は、鳳凰山(フォンホワンシャン)と呼ばれる場所に建つ豪邸のひとつに移り住んだ。この家は延安の基準からすると広大な中庭を持ち、門をはいってすぐ正面に装飾を施した目隠しの壁——悪霊を撃退し、プライバシーを守るため——がある造りだった。二年ぶりにようやく、毛沢東は快適な住まいに落ち着いた。

場所と時代から考えて贅沢だったのは、毛沢東が壁暖房を入れさせたことだ。中国北方の暖房といえば、レンガのベッドを下から温める炕(カン)がふつうだったが、毛沢東は炕よりも自分の木製ベッドを好んだので、この最も贅沢な暖房方法が使われた。もうひとつの贅沢は、複数の住居を持ったことだった。のちに楊家嶺(ヤンチアリン)という地域に引っ越したあとも、毛沢東はこの鳳凰山の住居を手放さず、さらに棗園(ツアオユワン)と呼ばれる美しい場所に設けられた中国版KGBの敷地に移ったあとも、鳳凰山と楊家嶺の両方の家を持ちつづけた。これらの公(おおやけ)に知られた住居のほかに、毛沢東は人目につかない谷間に秘密の住居——一軒は楊家嶺の裏手、もう一軒は棗園の裏手——を持っていた。当時も現在も、こうした住居があったことは一般にはほとんど知られていない。

最も有名な楊家嶺の家は、毛沢東の数ある住居の中では最も質素で、地元農民に最も近い場所にあった。楊家嶺では一〇〇戸の家が峡谷を正面に見下ろす形で並び、背後の丘には当時は楡(にれ)や糸杉やポプラが青々と繁っていた。家はこの地域独特の窰洞(ヤオトン)で、黄土の山腹に横穴を掘ったような造りだった。毛沢東の住居は、瓦屋根の小さな門を構えた中庭に面して複数の窰洞（ヤオトン）が並ぶ形式の家だった。近隣に住む農民一家が毛沢東の洗濯人として雇われた。料理人は、毛沢東が自分で連れてきた。料理の腕だけでなく、安全確保のためでもあった。毛沢東は、穀物を碾（ひ）く際にも農民たちの石臼は借りなかった。「毛主席はものごとを安全の観点から考えておられました」と、地元の住民は著者に語った。毛沢東は、見えるものも見えないものも含めて、非常に厳重な安全策をめぐらしていた。

　毛沢東にとって、延安（イエンアン）での生活はほぼ一〇年ぶりに比較的穏やかで安寧な日々だった。平和で多少恵まれた生活を送れるようになって——また、にわかに魅惑的で教養のある若い女性が共産党の善良なイメージに惹かれて延安に集まってくるようになって——毛沢東はほぼ公然と女漁りを始めた。自分と同じく女ぐせの悪い同僚に、毛沢東は、自分は「最長でも四〇日」しかセックスなしではがまんできない、と打ち明けている。

　最初に騒動になったのは、二六歳の美人女優（で人妻）のリリー・ウー（呉莉莉（ウーリーリー）こと呉広恵（ウーコワンホイ））との関係だった。リリー・ウーは一九三七年初頭に延安へやってきて、スター女優になった。彼女のエレガントな服装と物腰は辺地の男たちをとりこにし、とくに肩まで垂れる髪は性的魅力のシンボルだった。共産党員の女性たちは大多数がぶかぶかの軍服を着ており、髪は虱対策のために剃ってしまっていた。毛沢東はリリー・ウーと関係を持つようになった。

リリー・ウーは延安を訪れていたアグネス・スメドレーと親しくなった。スメドレーはアメリカ人作家で、ずけずけとものを言う過激な女権拡張論者だった。スメドレーはコミンテルンのスパイだったが、御しがたいところがあり、モスクワは「彼女を隔離せよ」という指示を出した。にもかかわらず、しかもスメドレーのほうでも毛沢東に「めめしさ」と「肉体的な不快さ」を併せ持った「邪悪な資質」を感じていたにもかかわらず、毛沢東はスメドレーとの関係を深めようとして長時間のインタビューに応じた。彼女がアメリカ人だったからである。毛沢東はそのインタビューの写しをスノーに送り、「広く宣伝」してほしいと依頼している。

リリー・ウーがその美貌で毛沢東の色情を刺激する一方、美貌ではるかに劣るアグネス・スメドレーは蓄音機の音楽に合わせて踊るスクエア・ダンスを催して延安に旋風を起こした。ダンスは一気に広まった。最初のうちは「プライドが邪魔をして、彼[毛沢東]は踊ろうとしなかった。彼にはリズム感というものがなかった」と、スメドレーが書いている。毛沢東のダンスの相手をした女性は、毛沢東はただ「床の上を歩いている」のと同じだった、と語っている。が、まもなく、毛沢東はダンスが運動のひとつの形として――女性を手に入れる方法としても――役立つことに気づいた。延安(イエンアン)では毎週のようにダンスが催されるようになった。屋外で踊ることもあれば、かつて教会として使われた建物の中で踊ることもあった。延安はダンスに熱狂した。長征に参加した他の女性たちと同じく、毛沢東の妻賀子珍(ホーツーチエン)も最初はダンスを拒んだ。スノーは、「ダンスの際にからだを寄せて抱き合うのが、古い考え方の人々にはひどくみだらな行為に見えたのだろう」と述べている。口には出さないものの、嫉妬心も大きな原因だったと思われる。けれども、抑圧の奥に楽しみを求めるひそかな気持ちがあったのも事実である。やがて、賀子珍はダンスが大好きになり、また上手に踊った。

賀子珍にとって、毛沢東の女漁りは許しがたいことだった。六月のある晩、スメドレーは、「この豚の息子、亀の卵、女郎買いのろくでなし！　こんなところへ忍びこんでブルジョワのあばずれと寝るなんて、どういうことなの！」という賀子珍の罵声を聞いた。スメドレーがとなりの部屋へ行ってみると、賀子珍が懐中電灯で毛沢東に殴りかかっており、そばで護衛が呆然と立っていた。リリーと話をしていただけだ、という毛沢東の言い訳は通らなかった。賀子珍はリリーに飛びかかり、顔をひっかき髪を引っぱった。毛沢東は、そばに立ってただ見ているだけだった。

賀子珍は次にスメドレーに矛先を転じ、「帝国主義のあばずれ！」「出て行け、この疫病神（やくびょうがみ）！」とどなった。賀子珍はスメドレーを殴り、スメドレーも殴り返した。床に倒れた賀子珍は、毛沢東に言った。「あんた、それでも男なの？　それでも夫なの？　共産党員なの？　自分が見てる前で、帝国主義の売女（ばいた）に妻を殴らせて！」　賀子珍を起こしてやるよう毛沢東に言われて護衛が近づくと、賀子珍は護衛の足をすくって倒した。結局、護衛が三人がかりで賀子珍を運び出し、毛沢東がそのあとから黙ってついていった。

スメドレーはまもなく延安から退去させられた。リリー・ウーは延安から追放されただけでなく、中国共産党の書類からも削除された。

毛沢東はほかにも数々の女性と戯れた。その中には、存在が永久に消し去られた作家の丁玲（ティンリン）もいた。丁玲はボーイッシュでたくましく、美人というのではないが、才能と人柄がきわだっていた。毛沢東は丁玲に、「あなたのほっそりした筆を何にたとえよう？　モーゼルを持たせた精鋭三〇〇〇にたとえようか」というような称賛の詩句を贈っている。後年、丁玲はたびたび毛沢東のもとを訪れたことを回想している。ある日、毛沢東は冗談半分に延安(イエンアン)を小さな朝廷にたとえ、さまざまな位階を並べて、丁玲(ティンリン)が大声で呼びあげるままに各職に共産党指導者たちの名前を書き入れていった。「ぜんぶ書き終わると、彼はとつぜん言いました。『丁玲、これで文武百官はそろった。さて、朝廷というからには、いかに小さくとも、三宮六院に妃嬪(ひひん)が必要だ！　さあ、名前を言ってごらん、わたしが官に叙してやろう』」

毛沢東の女漁りに、賀子珍(ホーツーチエン)は堪忍袋の緒が切れた。一〇年近くにわたる結婚生活のあいだ、賀子珍は夫の薄情な仕打ちを耐え忍んできた。とくに、長征のあいだを含めて、妊娠と出産に対する毛沢東の無神経さ、賀子珍は「メンドリが卵を産むのと同じくらい易々と」子を産む、と軽口をたたく思いやりのなさに深く傷ついていた。そして、毛沢東が自分の子供に無関心で四人の子供を死なせたり捨てたりしても平気なくせに、自分をくりかえし妊娠させたことを恨んでいた。二人のあいだの五人目の子嬌嬌(チアオチアオ)は、一九三六年、保安(パオアン)の窰洞(ヤオトン)で生まれた。サソリが這いネズミが走り回る劣悪な環境だった。一年後、賀子珍はまた妊娠し、これがきっかけで鬱(うつ)状態になった。過酷な環境で出産をくりかえした賀子珍の健康はぼろぼろになり、それを埋め合わせる家庭生活にも恵まれなかった。しかも、それに加えて、こんどは夫が公然と他の女たちと寝るようになったのである。

共産党が延安に本拠を定めたあと、戦闘で重傷を負った幹部の中にはソ連へ行って治療を受ける者もいた。体内に残っている爆弾の破片の摘出手術を受けるという名目で、一九三七年一〇月初旬、賀子珍はソ連に旅立った。一歳の娘嬌嬌は延安に置いていった。

賀子珍がモスクワへ着いたのは、真冬だった。到着直後、賀子珍を含めて新しく到着した者たちは、モスクワにいた中国人仲間から、以前に知っていた人間とは連絡を取らないように、と警告された。ソビエト・ロシアは大粛清の最中で、多くの中国人が逮捕されていたのだ。孤独と恐怖に身も凍るような世界で、賀子珍は男児を出産した。生まれた子に、賀子珍は「リョーヴァ」というロシア名をつけた。しかし、この子は生後六ヵ月で肺炎にかかって死に、賀子珍はどうしようもない悲しみに沈んだ。来る日も来る日も、賀子珍は子供を埋葬した裏庭の小さな土盛りの前のベンチに座り、子供の名を呼んで泣き暮らした。

夫からは、暖かい言葉のひとつもなかった。子供が生まれたとき、賀子珍は毛沢東に手紙を書き、あなたにそっくりの息子です、と伝えた。毛沢東からは返事がなかった。子供が死んだと連絡したときも、返事はなかった。その後、毛沢東と別れて二年近くたった一九三九年夏、賀子珍は偶然に毛沢東が新しい妻を得たことを知った。賀子珍のようなロシア語を話せない中国人たちは、定期的に集まって、ソ連の新聞や雑誌の記事を中国語に訳して読んでもらう会を開いていた。あるとき、そうした会合で、ソ連の有名な映画監督ローマン・カルメンが毛沢東と会談したときのことを書いた記事を通訳が訳読した。カルメンは、毛沢東と「彼の妻」が月夜に窰洞（ヤオトン）の外で自分を見送ってくれた、と書いていた。何気なく書かれた「彼の妻」という言葉に、賀子珍（ホーヅーチエン）はひどく動揺した。賀子珍と同室だった人たちによれば、その後何日も、彼女は夜中じゅう寝返りを打って苦しんでいたという。それまでも賀子珍はひどい不眠症だったが、いまや、その精神は崩壊寸前だった。賀子珍の状態は、毛沢東からの短い手紙が届いてからいっそう悪化した。手紙の文面は、しっかり学習をして政治的に進歩するよう願っている、というそっけないものだった。そして、毛沢東は持って回った一文で賀子珍に結婚解消を告げた——これからは、われわれはただの同志である、と。

新しい結婚生活を始めた毛沢東は、賀子珍が中国に戻ってくることを望まなかった。賀子珍と一緒にソ連へ行った仲間たちが一九三九年になって帰国しはじめたころ、延安（イエンアン）から電報が届き、賀子珍はそのままソ連にとどまるように、と伝えてきた。そのため、賀子珍が延安に残していった幼い娘は、人生の最初の数年間を事実上の孤児として暮らすことになった。嬌嬌（チアオチアオ）は、昼も夜も幹部用の保育施設に預けられたままだった。一日の終わりに子供たちが親に引き取られて帰っていっても、嬌嬌には迎えに来る親がいなかった。後年、彼女はこのころのことを回想している。保育施設には、嬌嬌のほかにもう一人、だれも迎えにこない男の子がいた。その子は、「パパほしい！　ママほしい！　おうち帰りたい！」と泣き叫ぶのだったが、嬌嬌にはそれがどういう意味なのかさえわからなかった。大人になってから、嬌嬌は平静だが痛烈な口調で、「あのころ、わたしは孤児とさえ呼べないような『孤児』だったのよ！」と、友人に語った。

四歳のとき、嬌嬌はソ連にいる母のもとへ連れていかれた。再会したとき、賀子珍は娘を長く強く抱きしめ、はらはらと涙を流した。嬌嬌はとても幸せな気持ちだった。髪にパーマをかけ、スカートをはき、かかとのついた革靴を履いた母親を、とてもすてきだと思った。延安の女の人たちとはぜんぜんちがった。延安では、女性は皆ぶかぶかのズボンに恰好の悪い綿布の靴をはいていた。国民党の支配地域から延安に来た人たちも、同じ服装をしなければならなかった。しかし、嬌嬌の自慢の母親は、たび重なる妊娠、長征で負った傷、死んだ子供や捨てた子供たちのつらい記憶、積年の孤独などが重なって、心身ともぼろぼろになっていた。革命のあいだに経験した数々の凄惨な記憶も脳裏を離れなかったのだろう。まもなく賀子珍(ホーツーチエン)の精神は異常をきたし、怒りの矛先が娘に向けられるようになった。ほかの子供たちは、母親に殴られて泣き叫ぶ嬌嬌(チアオチアオ)の声をたびたび聞いている。賀子珍は精神科病院に入れられることになった。部屋から引きずり出されて車に乗せられるとき、賀子珍はものすごい声でほえたという。恐怖におびえた七歳の娘は部屋を飛び出し、森に隠れた。そして、無口で内向的な少女に育っていった。

一九三七年夏、賀子珍がソ連へ発つ前、毛沢東は江青(チアンチン)という若い女性に目をとめた。毛沢東の四人目の妻となる女である。江青は共産党のお仕着せを着ていても、スマートに見えた。ベルトをきつく締めて細いウエストを強調し、粋に傾けた軍帽からはつややかな黒髪がのぞいて、女らしいセクシーな雰囲気を漂わせていた。物腰は柔らかく素直で、とても甘い――聞く者によればわざとらしい――声をしていた。

江青は、一九一四年に宿屋を経営する酒びたりの男の娘として生まれた。妾だった母親は江青をわがまま放題に育て、六歳のときに骨を砕いた足を布できつく巻いて始めた纏足(てんそく)も、途中でやめることを許してしまった。江青は強い子供で、たびたびけんかをする両親のあいだに割ってはいり、母親に味方して父親の足にしがみつき、腕にかみついた。そのせいで、前歯を一本失っている。学校の同級生たちは、江青がいじめっ子だったことを覚えている。一二歳のとき、江青は教師につばを吐きかけて退学になった。一四歳で家出して旅回りの劇団にはいり、上海に流れ着いて、そこで女優として名を売った。が、女優は不安定な職業だった。一九三七年夏、仕事もなく、愛人の七歳になる息子にもがまんできなくなった江青は、延安（イエンアン）にやってきた。延安は、過激で新しいものを求める江青の興味をそそる場所でもあった。

江青は人の気を引く方法を知っていた。毛沢東の講義があると、江青は最前列に座って無邪気な質問をした。ある日、京劇の上演会があった。毛沢東は京劇が好きで、舞台を観に来ていた。その日の主演は江青だった。演劇が終わったあと、毛沢東は楽屋へ出向いて江青に自分のコートをはおらせてやった。翌日、江青はコートを返すために毛沢東の居所を訪ね、そのまま一夜を共にした。

やがて、毛沢東と江青は連れだって公（おおやけ）の場所に出るようになった。これは物議をかもした。彼女は過去のある女だったからだ。江青はすでに四人の男性と結婚または同棲した過去を持ち、上海ではゴシップ記事の常連だった。前夫の一人との波乱に満ちた関係は、とくにこの男性が有毒なマッチの頭を砕いて外科用のアルコールに混ぜたものを飲んで自殺を図ったことから、タブロイド紙の恰好のネタになった。

国際都市上海でさえ持て余した江青(チアンチン)を、禁欲的な延安(イエンアン)が受けつけるはずもなかった。しかも、江青に妻の座を奪われた賀子珍(ホーツーチエン)には、圧倒的な同情が集まっていた。賀子珍とともに長征を耐え抜いた仲間は、回想する。「わたしの大学の学生たちは、みな怒っていました。毛沢東に公開で書状を送る者もいれば、ひそかに書状を送った者もいました……わたしは三通の書状を書きました。内容は、おおざっぱにいうと、毛主席、江青と結婚なさらないよう望みます、［賀子珍は］からだを壊しているし、あなたがたのあいだには五人も六人も子供がいたではありませんか……江青の評判はかなり悪いです、というようなところでした」

党にとっては、もっと深刻な問題があった。江青には、かつて共産党員の疑いをかけられて国民党に逮捕投獄され、転向書類に署名して釈放された過去があったのだ。これは、党から見れば「裏切り行為」である。さらに、江青が看守の歓心を買うために食事の――さらにはベッドの――相手をした、とする申し立てもあった。上海その他の地域の地下組織からは、江青が「毛主席の結婚相手にふさわしくない」とする公式の苦情が打電されてきた。形式上の党ナンバー1だった洛甫(ルオフー)は、自分を含めて多数の反対意見をしたためた手紙を毛沢東に送った。毛沢東は届いた手紙をその場で破り捨て、使者に向かって、「あす結婚する。みんな、他人のことに口出しするな!」と吐き捨てた。翌日、毛沢東は延安の幹部二十数名を招いて「結婚」披露宴をおこなった。洛甫は招かれなかった。

毛沢東は、特務責任者の康生（カンション）を使って江青の身の潔白を証明させた。ソ連で活動していたころ、康生は毛沢東の息子二人に付き添ってモスクワへ行き、帰りに蔣介石の息子を中国まで護送する役目を果たした。康生は一九三七年一一月に延安へやってきたあと、すぐに毛沢東の手下となった。毛沢東は康生を中国版KGBの責任者に登用した。黄一色の黄土高原で、頭の先（黒い帽子）からつま先（珍しい革の乗馬ブーツ）まで黒ずくめの康生は目立つ存在だった。康生は黒毛馬に乗り、黒い犬（このあたりで唯一のペット）を飼っていた。刑務所における江青の行為が灰色であった証拠をつかんでいたものの、康生は毛沢東に対して「彼女の過去は政治的に何の問題もない」とする正式裁定を提出し、江青の潔白を保証した。実際には、毛沢東は江青にかけられた嫌疑が真実であることを知っており、死の少し前にそのことを認めた。しかし、毛沢東にとって、そんなことはどうでもよかった。毛沢東は江青が欲しかったのである。

毛沢東の四人目の妻は、のちに悪名高い存在となる。

第一九章　戦争拡大の陰に共産党スパイ

一九三七～三八年★毛沢東四三～四四歳

　一九三七年七月七日、北京近郊の盧溝橋（ろこうきょう）で中国軍と日本軍が衝突した。日本軍は七月末には華北の二大都市、北京と天津を占領した。蒋介石は宣戦布告しなかった。少なくとも当面は、全面戦争を望まなかったからだ。日本側も全面戦争を望んではいなかった。

　この時点で、日本には華北以遠に戦場を広げる考えはなかった。にもかかわらず、それから数週間のうちに、一〇〇〇キロ南方の上海で全面戦争が勃発した。蒋介石も日本も上海での戦争は望んでいなかったし、計画もしていなかった。日本は一九三二年の休戦合意に従って、上海周辺には海軍陸戦隊をわずか三〇〇〇人配置していただけだった。八月中旬までの日本の方針は、「進駐は華北のみとする」というものであり、「上海出兵には及ばない」と明確に付け足すことまでしていた。『ニューヨーク・タイムズ』の特派員で消息通のH・アーベンドは、のちにこう回想している。

一般には……日本が上海を攻撃したとされている。が、これは日本の意図からも真実からも完全に外れている。日本は長江流域における交戦を望まなかったし、予期もしていなかった。八月一三日の時点でさえ、日本は……この地域に非常に少ない兵力しか配置しておらず……一八日、一九日には長江のほとりまで追いつめられて河に転落しかねない状況だった。

アーベンドは、「交戦地域を華北に限定しようという日本の計画を転覆させる巧妙な計画」の存在に気づいた。確かに、そうした計画が存在したという点について、アーベンドの読みは当たっていた。アーベンドが読みきれなかったのは、計画の首謀者が蒋介石（アーベンドはそう思っていた）ではなく、ほぼまちがいなくスターリンだった、という点である。

七月、日本がまたたく間に華北を占領したのを見て、スターリンははっきりと脅威を感じた。強大な日本軍は、いまや、いつでも北に転じて何千キロにもおよぶ国境のどこからでもソ連を攻撃できる状況にあった。すでに前年から、スターリンは公式に日本を主要敵国とみなしていた。事態の急迫を受けて、スターリンは国民党軍の中枢で長期にわたって冬眠させておいた共産党スパイを目ざめさせ、上海で全面戦争を起こして日本を広大な中国の中心部に引きずり込む――すなわちソ連から遠ざける――手を打ったものと思われる。

「冬眠」から目ざめたスパイは張治中（チャンチーチョン）という名の将軍で、京滬（けいこ）警備（南京上海防衛隊）司令官だった。張治中は、一九二五年当時、黄埔（ホワンプー）軍官学校で教官をしていた。黄埔軍官学校は、広州（コワンチョウ）の近くにソ連が資金と人材を提供して設立した士官学校だ。学校設立当初から、モスクワは国民党軍の高い地位にスパイを送り込もうという確固たる意図を持っていた。張治中は回想録の中で、「一九二五年夏、わたしは共産党に心から共鳴し……『紅色教官』『紅色団長』と呼ばれていた……わたしは中国共産党に入党したいと考え、周恩来氏に申し出た」と書いている。周恩来は張治中に対し、国民党の中にとどまって「ひそかに」中国共産党と合作してほしい、と要請した。こうして、一九三〇年代半ばごろには張治中はソ連大使館と密接な連絡を取りあうようになっていた。

盧溝橋事件の発生当時、京滬警備司令官という要職にあった張治中は、日本に対する「先制攻撃」に踏み切るよう蔣介石に進言した。それも、事件があった華北地域においてではなく、一〇〇〇キロ南の上海における先制攻撃を進言した。上海には日本の海軍陸戦隊が少数駐屯しているだけで、この段階では何ら軍事行動にかかわっていなかった。張治中はこの進言をくりかえしたが、蔣介石は耳を貸さなかった。上海は中国にとって産業と金融の中心であり、国際的な大都市でもあったので、蔣介石はここを戦場にしたくなかったのである。しかも、上海は蔣介石政権の首都南京に非常に近い。蔣介石は、日本に攻撃の口実を与えないために、わざわざ上海から部隊や大砲を遠ざけたほどだった。

七月末、日本軍が北京と天津を占領した直後、張治中は蔣介石に重ねて電報を打ち、開戦に「先手を取る」よう強く主張した。張治中が執拗に主張をくりかえし、日本軍が上海攻撃の明白な動きを見せた場合にしか攻撃しないと言うので、蔣介石はその条件付きで承諾を与え、「攻撃開始については命令を待つように」と釘をさした。

しかし、八月九日、上海飛行場で、張治中が自ら精選した中国軍部隊によって日本海軍陸戦隊の中尉と一等兵が射殺された。さらに、一人の中国人死刑囚が中国軍の軍服を着せられ、飛行場の門外で射殺された。日本側が先に発砲したように見せかける工作である。日本側は事件を穏便に処理したいという意向を示したが、張治中（チャンチーチョン）は攻撃許可を求めて蔣介石を責めたてた。蔣介石はこれを却下し、一三日朝、張治中に対して、「一時の衝動に駆られて」戦争の口火を切ってはならない、いま一度あらゆる局面を「検討」したうえで計画を提出するように、と命じた。翌日、張治中は、「本軍は本日午後五時をもって敵に対する攻撃を開始する決意なり。計画は次のとおり……」と、蔣介石に迫った。一四日、中国軍機が日本の旗艦「出雲」を爆撃し、さらに日本海軍陸戦隊および地上に駐機していた海軍航空機にも爆撃をおこなった。張治中は総攻撃を命じた。しかし、蔣介石は「今夜は攻撃をおこなってはならない。命令を待て」と、張を制した。

待てども命令が来ないのを見た張治中は、翌日、蔣介石を出し抜いて、日本の戦艦が上海を砲撃し日本軍が中国人に対する攻撃を始めた、と、虚偽の記者発表をおこなった。反日感情が高まり、蔣介石は追いつめられた。翌八月一六日、蔣介石はようやく「翌朝払暁（ふつぎょう）を期して総攻撃をおこなう」と命令を出した。

一日戦闘をおこなったところで、蔣介石は一八日に攻撃中止を命じた。しかし、張治中は命令を無視して攻撃を拡大した。八月二二日に日本側が大規模な増援部隊を投入するに至って、全面戦争は避けがたいものとなった。

日本軍との戦いはおびただしい数の犠牲をもたらした。上海では中国軍一八〇個師団のうち七三個師団──しかも精鋭部隊──四〇万人以上が投入され、大部分が殲滅（せんめつ）された。中国が自力で育てた空軍（北部戦線には一機たりとも派遣しなかったほど蔣介石が大切にしていた空軍）のほぼ全部、そして軍艦の大部分が、この戦いで失われた。蔣介石が一九三〇年代初めから営々として築いてきた国民党軍の戦闘能力は、大幅に弱体化した。日本側も約四万の犠牲を出したが、中国側に比べれば損害ははるかに小さかった。

蔣介石が全面戦争に追い込まれたのを見て、スターリンは積極的に蔣介石の戦争続行を支援する動きに出た。八月二一日、スターリンは南京政府と不可侵条約を結び、蔣介石に武器を提供しはじめた。中国はライフル以外の武器を自国で製造することができなかった。スターリンはソ連からの武器購入代金として蔣介石に二億五〇〇〇万米ドルを融通し、★航空機約一〇〇〇機のほか戦車や大砲を売却し、加えて相当規模のソ連空軍を派遣した。モスクワは数百人の軍事顧問団を中国に派遣した。当初の顧問団長は中国語を話すヴァシーリー・チュイコフ大将、のちにスターリングラードの英雄となった人物だった。このあと四年にわたって、ソ連は中国にとって最大の武器供給国であったのみならず、事実上唯一の重火器、大砲、航空機の供給国であった。

★一九三七年一二月から一九三九年末までのあいだに、二〇〇〇人以上のソ連軍パイロットが中国で戦闘任務につき、日本の航空機約一〇〇〇機を撃墜し、日本占領下の台湾に対する爆撃までおこなった。

モスクワは戦局の展開に小躍りして喜んだ、と、ソ連外相マクシム・リトヴィノフはフランスのレオン・ブリュム副首相に対して認めている。ブリュム副首相によれば、「[リトヴィノフ外相は]自分個人もソ連も日本が中国を攻撃したことをこの上なく喜ばしく思っていると語り、ソ連は中国と日本の戦争ができるだけ長く続くことを望んでいる……[と付け加えた]」という。張治中（チャンチーチョン）と接触したソ連大使館付き武官レーピンとソ連大使ボゴモロフは、直後に本国に召還され処刑された。

蒋介石は上海事変の勃発に怒り、落胆し、張治中の正体に疑いを抱いて、九月に司令官の職を解任した。しかし、蒋介石はその後も張治中を使いつづけた。一九四九年に国民党政府が台湾へ逃れたあと、張治中は、もう一人の大物スパイ邵力子（シャオリーツー）と同じく、共産党政権下にとどまった。

日本と中国の全面戦争は、毛沢東にただちに利益をもたらした。それまで、蔣介石は、共産党軍に独立指揮権を認めよという共産党の要求を考慮することさえ拒否してきたが、ついにこれを認めたのである。こうして、共産党軍は蔣介石の指揮下に編入されたものの、毛沢東は自軍の指揮権を維持することになった。蔣介石は中国軍の最高司令官でありながら、共産党軍を直接動かすことはできず、命令は毛沢東に対する「要求」の形で出さなくてはならなかった。加えて、いまや中国共産党は事実上合法政党となった。刑務所に収監されていた共産党員は釈放され、共産党は主要都市に事務所を開き、国民党支配地域でも党機関紙を発行できるようになった。

しかも、これは毛沢東が抗日戦争から得た利益のほんの一端だった。抗日戦争はこのあと八年間続き、二〇〇〇万の中国人が犠牲になった。その結果、蔣介石政権の力は著しく弱まり、一方の毛沢東は共産党軍を一三〇万に大増強した。抗日戦争が始まった時点では、蔣介石と毛沢東の兵力は六〇対一だった。戦争が終わった時点では、それが三対一になっていた。

黒幕として日中全面戦争を実現させたスターリンは、共産党軍に対して積極的に戦争にかかわるよう命令し、中国共産党は国民党に適切に協力して蔣介石に抗日回避の口実をいっさい与えないよう行動すること、と、はっきり指示した。

　この時点で、共産党の正規軍は約六万だった。このうち、延安(イエンアン)を首都とする陝甘寧(シャンカンニン)（陝西(シャンシー)・甘粛(カンスー)・寧夏(ニンシア)）辺区(へんく)に駐屯する四万六〇〇〇は、「国民革命軍第八路軍」（八路軍(はちろぐん)）と改称された。総司令は朱徳(チュートー)、副総司令は彭徳懐(ポントーホワイ)であった。一方、華中、長江の東部流域には、一万の「新四軍(しんしぐん)」がいた。これは長征の際に居残りをつとめたゲリラ部隊で、当時の責任者項英(シアンイン)（毛沢東の古くからのライバルで、長征に毛沢東を参加させることに強く反対した人物）がひきつづき責任者をつとめることになった。

　八月下旬、八路軍を構成する三個師団は黄河を渡り、数百キロ東方の山西(シャンシー)省に敷かれた前線へ向かった。指揮官たちも、兵士たちも、日本軍との戦いに勇み立っていた。中国共産党指導者の大多数も同じ思いだった。

　しかし、毛沢東はそうではなかった。毛沢東は抗日戦争を、中国人民が一致団結して日本と戦う戦争、というふうにはとらえていなかった。蔣介石と同じ側に立つつもりはなかったのである。後年、毛沢東は側近たちとの会話で、「蔣介石と、日本と、われわれ――三国志だな」と語っている。つまり、この戦争を三つ巴(どもえ)の争いと見ていたのである。毛沢東にとって、抗日戦争は日本の力を利用して蔣介石を滅ぼすチャンスだった。後年、毛沢東は、日本が「おおいに手を貸してくれたこと」に対して一度ならず感謝の言葉を口にしている。戦後、訪中した日本の政治家たちが過去の侵略について陳謝すると、毛沢東は、「いや、日本軍閥にむしろ感謝したいくらいですよ」、彼らが中国を広く占領してくれなかったら「われわれは現在もまだ山の中にいたでしょう」と述べたという。これこそ毛沢東の本心だ。

毛沢東は、蔣介石の力を利用することなしに日本軍を中国から追い出す戦略など持ち合わせていなかった。また、蔣介石が敗北した場合に共産党軍が日本の占領軍に対抗できるとも思っていなかった。毛沢東にとって、すべての希望はスターリンにかかっていた。こうした計算を、毛沢東は一九三六年のエドガー・スノーとのインタビューでもはっきりと語っている。

ソ連も……極東の情勢を無視できないし、受動的立場にとどまることも出来ません。ソ連は、日本が全中国を征服し、中国をソ連攻撃の戦略基地とすることを満足気に傍観するでしょうか。それとも中国人民……援助するでしょうか。ロシアは後者を選ぶと思います。

つまり、抗日戦争に臨む毛沢東の基本姿勢は、共産党軍の戦力を温存し勢力範囲を拡大していく一方でスターリンが動くのを待つ、というものだった。したがって、日本軍が華北および上海方面から中国内陸へ侵攻してきたとき、毛沢東は蔣介石と交渉して、共産党軍を正面戦に投入せず国民政府軍の側面部隊として遊撃戦に使うことを了承させた。毛沢東は自軍を侵略者相手の戦闘に使いたくなかったのである。毛沢東は共産党軍の指揮官に対して、日本軍が国民政府軍を打ち負かすのを待ち、日本軍が進軍していったあとの後背地を領土として獲得せよ、と命じた。日本は、中国の広い地域を征服しても、それを占領維持することはできなかった――占領地域のほうが本国よりはるかに広大だったからだ。日本は鉄道や大都市を支配しているだけで、それ以外の小さな町や農村は早い者勝ちの取り放題だった。毛沢東は同時に、敗走した国民政府軍の兵隊を集めて共産党軍を拡大せよ、という命令も出した。侵攻していく日本軍の後方でおこぼれを拾って共産党軍を拡大強化していく、というのが毛沢東の作戦だった。

毛沢東は前線の指揮官につぎつぎと電報を送り、「戦闘ではなく……根拠地創造に集中せよ……」と指示をした。日本軍が山西（シャンシー）省に侵攻したときには、「山西全省にわれわれの根拠地を創立せよ」と命令した。当時は「日本が占領地を多く取れば取るほど好都合」という意識だった、と、毛沢東はのちに語っている。

毛沢東の方針に対しては、日本との戦闘を望む共産党軍の指揮官たちから反発の声が上がった。九月二五日、共産党軍は初めて日本軍と交戦した。山西省北東部、万里の長城近くの平型関（ピンシンコワン）で、林彪（リンピアオ）の部隊が日本の輸送部隊の後尾に待ち伏せ攻撃をしかけたのである。これは小規模な衝突にすぎず、非戦闘部隊（林彪によれば大半の日本兵が就寝中だった）を相手にしての戦いだったが、共産党軍が日本兵を殺害したのは、中国東北以外ではこれが初めてだった。全軍が毛沢東の命令に従っていたならば、この戦いは起こらなかったはずだ。林彪が一九四一年にソ連に滞在した（銃創の治療を受けに行った）あいだに書いた報告書によると、毛沢東は交戦許可を何度求めても拒絶したという。「日本軍と国民政府軍のあいだで戦闘が開始されたとき、わたしは日本に強力な一撃を加えるべく中央委［すなわち毛沢東］に何度か決断を求めた。しかし返事はなく、結局、自分独自の判断によって平型関付近で交戦することになった」

毛沢東は、平型関の戦闘を聞いて猛烈に怒った。この戦闘は「蔣介石を利する」だけで当方の目標――共産党根拠地を築くという目標――にとって何の足しにもならない、というのが毛沢東の言い分だった。その一方で、毛沢東は平型関の戦いを最大限に膨らまし、共産党は国民党より抗日に熱心である、と宣伝するのに利用した。共産党が平型関(ピンシンコワン)の戦闘にくりかえし言及した理由は、ひとつには、共産党にとってこの一戦がここ数年間で文字通り唯一の抗日実績だったからである。★もっとも、戦果はせいぜい二〇〇人程度の日本兵を殲滅しただけであった。

★林彪(リンピアオ)が一九四一年二月にソ連に提出した報告書によっても、このことは裏付けられている。林彪は、中国共産党は「今日に至るまで、この戦闘を宣伝目的で利用している。わが党のすべての文書の中で、重要な戦闘として引用されているのはこの一戦だけである……」と書いている。

これ以外にも、八路軍は国民政府軍との共同作戦に側面戦力として何度か参加し、小規模な戦勝をおさめた。しかし、毛沢東はつねに日本と戦うよりも根拠地獲得に集中するよう指揮官に求めた。一一月半ばには、日本軍が侵攻していったあとの地域に最初の新たな共産党根拠地が作られた。北京にほど近い晋察冀(しんさつき／チンチャーチー)（山西(シャンシー)・チャハル・河北）根拠地で、一二〇〇万の人口を擁し、延安のある陝甘寧(シャンカンニン)根拠地の何倍もの大きさだった。晋察冀をはじめとする広大な根拠地が「われわれの勝利につながる条件を生み出してくれた」と、後年、毛沢東は日本からの訪問者に語っている。

しかし、スターリンは中国共産党が日本と戦うことを望んでいた。そして、自分の望む政策を実行させるために、一九三七年一一月、自分に最も忠実な中国人を特別機に乗せて延安（イエンアン）へ向かわせた。王明（ワンミン）である。王明は何年も前から中国共産党のコミンテルン代表としてソ連で活動してきた。帰国直前、スターリンは王明を呼んではっきりと申し渡した。「当面最も重要なことは戦争［すなわち抗日］である……それが終わったら、内戦［すなわち共産党対蔣介石］に取り組めばよい」

　中国共産党指導部の大多数は、スターリンの方針に同意した。一二月、帰国した王明を加えて初めての政治局会議が開かれた。この会議で、王明は「抗日最優先」の方針を先頭に立って主張した。政治局会議の結果、共産党軍は国民政府軍司令部の指揮に従うべきであり、この軍は蔣介石が総司令で共産党軍はその一部である、という決定がおこなわれた。毛沢東はこれに反論した。しかし、スターリンからの明確な命令となれば、毛沢東も受け容れるしかなかった。

　党指導部は、毛沢東をナンバー1の地位から追放する決定を下すことによって毛沢東の方針に対する不満の意を表明した。モスクワは以前から、長いあいだ開かれていない中国共産党全国代表大会（前回は一九二八年）を開催するよう指示していた。全国代表大会では共産党の厳格なしきたりによって党のナンバー1が政治報告をおこなうことになっているが、中央政治局がその大役に選出したのは毛沢東ではなく王明（ワンミン）だった。つまり、党指導部は将来のナンバー1として王明を支持する、という意思表示をしたのである。

毛沢東は事実上の党指導者であり、モスクワもそのように認識していたが、その立場は正式に承認されたものではなかった。これは形式に非常にこだわる共産主義の世界においては、きわめて異例のことだった。党ナンバー1は、名目上はいまだに洛甫（ルオフー）だった。また、毛沢東はスターリンのような侵しがたい畏怖を感じさせる存在でもなかった。

毛沢東は、意思決定の中核である書記処に対する支配力も失った。一九二七年の国共分裂以来初めて中央書記処のメンバー九人全員がそろった会議で、五人が毛沢東不支持に回ったのである。反対派の先鋒は王明だった。新四軍の責任者項英（シアンイン）も、昔から反毛の立場を明確にしていた。長征で毛沢東からひどい妨害を受けた張国燾（チャンクオタオ）は、毛沢東を憎悪していた。周恩来と博古（ボークー）も王明の側についた。周恩来は積極的に日本と戦う考えに賛成だったので、よろこんで大勢側についたのである。毛沢東は少数派に転落した。★

★書記処の残り三人は、洛甫、陳雲（チエンユン）、康生（カンション）だった。

王明はモスクワの権威を背負っており、党の代表としてモスクワで活動していた実績、スターリンと会見した実績、世界の共産主義指導者たちと親交を結んだ実績があった。王明はロシア語に堪能で、クレムリンの事情に精通しており、野心も冷酷さも持ち合わせていた。ソ連に大粛清（しゆくせい）の嵐が吹き荒れた時期、王明は数多くの中国人共産主義者を監獄へ送り、処刑場へ送った。童顔短軀（どうがんたんく）で肥満ぎみの外見に似合わず、この自信満々の三三歳は毛沢東に深刻な脅威を突きつけた。

王明が実権を握った一九三七年の一二月を、毛沢東は非常な苦々しさをこめて後年たびたび振り返っている。一方、これとはきわめて対照的に、まさしく同じ時期に起こった大事件でありながら毛沢東が長い人生の中で一度も言及しなかったことがある——南京大虐殺だ。推定で三〇万人近い中国の民間人や捕虜が日本軍によって虐殺された事件であり、抗日戦争において同胞にふりかかった最大の悲劇であるにもかかわらず、当時もその後も毛沢東は南京大虐殺にいっさい言及していない。

一二月一三日に南京が陥落したあと、蔣介石は長江をさかのぼってさらに内陸の武（ウー）

漢（ハン）に臨時首都を移した。一二月一八日、王明（ワンミン）は中国共産党の渉外担当として、周恩来と博古（ポークー）を伴って武漢に赴いた。三人は蔣介石と良好な協力関係を作り上げた。共産党軍司令官たちも、国民政府軍との連携をはかるため武漢へ向かうことになっていた。毛沢東は延安（イエンアン）に取り残された。中枢からはずされた自分の立場を、毛沢東は恨みがましく「留守番」と呼んだ。ただし、この嘆き節の裏には重大な現実が隠されていた。毛沢東は、ほかの指導者たちが戦争に忙殺されているこの時期を狙って、延安を自らの絶対的支配地にしようと考えたのである。

延安に居を置きながら、毛沢東は、共産党軍が蔣介石率いる国民政府軍司令部の計画どおりに動くのを妨げるべく不屈の工作を続けた。一九三八年二月一九日、朱徳（チュートー）は、八路軍司令部は全体計画に従って東進する、と延安に打電した。これに対して毛沢東は、日本軍が延安を攻撃しそうだから引き返せ、と朱徳に返電した。実際には、日本軍はときおり空爆をおこなっただけで、延安を本格的に攻撃しようとしたことはなかった。

朱徳は、毛沢東は八路軍を前線から引き離そうとする策略にだまされているのだろう、と言って引き返すことを断った。毛沢東はそれでも諦めずに次々と電報を打ち、「とくに貴君ら二人は戻らなければならない」と、朱徳と彭徳懐（ポントーホワイ）を延安に呼び戻そうとした。朱徳と彭徳懐は三月七日にはっきりと「不（ブー）」の返事をして、部隊とともに東進を続けた。

合意ずみの戦略に対して毛沢東がしじゅう撤回命令を出すのをやめさせるため、王明（ワンミン）は二月末にふたたび政治局会議を開いた。妨害工作以外にも、緊急に解決しなければならない問題があった。一月、毛沢東の指示のもと、蔣介石の同意なしに、晋察冀（チンチャーチー）の新根拠地が公式に革命根拠地と宣言された。これは中国国内における共産主義への反感を惹起し、多くの人々が「われわれは何のために日本と戦っているのか？　日本を打ち負かしたあとは、共産主義者に乗っ取られるだけではないか！」と反発した。武漢で活動していた王明らのグループは、毛沢東の強引な行動に非常に腹を立てていた。

この会議においても、政治局の過半数は王明を支持した（そして、きたる党全国代表大会で王明が政治報告をおこなうことを再確認した）。王明がまとめた会議報告書には、共産党軍は「最高統帥」すなわち蔣介石に従わなければならず、抗日においては「統一された指揮……統一された紀律、統一された作戦計画と統一された作戦行動」が必要である、新たに樹立された革命根拠地はすべて「事前に国民政府の……同意と認可を受けなければならない」と記されている。王明はまた、「今日、国民党……打倒をはかろうとするのは、日本のファシスト……彼らの走狗……そしてトロツキー主義者だけである」と、毛沢東に対して非常に不穏な発言をしている。

　王明の言葉はモスクワの言葉であり、致命的告発になる可能性を含んでいた。そこで、毛沢東は「抗日最優先」の方針を受け容れたふりをすることにして、共産党軍司令官たちが国民政府軍司令部の命令に従うことを認め、以後「干渉」しないと約束した。

　不安に駆られた毛沢東は、モスクワに自分の本心を知られないよういろいろと手を打った。一九三七年一二月の政治局会議では、毛沢東は会議終了時に出席者全員のメモを「保管」するという名目で回収させ、誰かが毛沢東の発言を告げ口しようとしても引用できないようにした。モスクワに新たな使者を送る際には、自分の盟友任弼時が使者に選ばれるように画策した。任弼時はソ連に対して、毛沢東の方針はモスクワと何ら変わるところはない、と伝えた。

　一九三八年一月末、ソ連参謀本部からの使節V・V・アンドリアノフがひそかに延安を訪れた――それまでに中国を訪問したソ連人の中では最高位の人物である。アンドリアノフは、抗日に向けて共産党軍を強化するという特定の目的のために三〇〇万米ドル（今日の約四〇〇〇万米ドルに相当）という巨額の資金を運んできた。スターリンは、共産党軍に「三個師団ではなく三〇個師団」を持ってほしいと発言し、この大幅な軍拡のために資金を提供した――目的は抗日である。★

★王明は、モスクワで活動していたころ、毛沢東から「何度も電報があり、資金が緊急に必要なので毎月送金を続けてくれるようお願いしたいと言っている」と、コミンテルンに伝えた。

アンドリアノフは毛沢東に対し、貴君はどのような方針で戦争に臨むのか、と尋ねた。毛沢東は心にもない考えをまことしやかに披露し、自分は大型分遣隊を集中させて日本を「運動戦」によって攻撃しようと考えている、しかし国民党は彼らと協力しようとする自分の努力を門前払いしている、と述べた。さらに、毛沢東は熱意を示すため、日本軍――毛沢東に言わせれば無能で士気が落ちている――など国民党よりも弱い敵だ、とまで言ってみせた。

毛沢東は、非常に危険な立場にあった。前年にモスクワが自分に対する公的称賛をかなりトーンダウンさせたこと、ロシア革命記念日の基調演説で中国共産党を批判したことには、いやでも気づかざるをえなかった。西安（シーアン）事件に連座していたことも、スターリンの疑いを招いたにちがいない。事実、スターリンは毛沢東が「日本のスパイ」ではないかという疑いを抱いていた。毛沢東と関係していたコミンテルン当局者たちは逮捕され、拷問されながら尋問を受けていた。コミンテルンの諜報責任者オーシプ・ピアトニツキーも、その一人だった。★一九三八年四月、ピアトニツキーは「ブハーリン・グループ」なるものの共謀者として毛沢東の名を挙げた。ブハーリンはコミンテルンの指導者だったが、その後日本のスパイだったという嫌疑で処刑された人物である。

★ピアトニツキーは一九三七年七月七日に逮捕された。日本が華北に侵攻しソ連に脅威を与えるきっかけとなった盧溝橋事件が起きた日である。ピアトニツキーの尋問記録は、最初の日付が一九三七年一一月一一日になっている。同じ日、スターリンは中国共産党および毛沢東に抗日努力を迫るために帰国させることにした王明（ワンミン）を引見している。これらのことから、ピアトニツキーの逮捕は抗日戦争、中国共産党および毛沢東と関係があったと考えてまちがいない。

毛沢東に関する調査書類には、「中国共産党最深部に巣くったトロツキー主義の首謀者」と非難する文書が含まれていた。中国人のトロツキー主義者は日本のスパイとみなされることを考えれば、二重の意味で危険な告発である。

モスクワが中国に送り込んだ元トップ・スパイのボリス・メルニコフは、毛沢東をスカウトしたあと他の中国共産党指導者たちを連れて日本側へ寝返った、という嫌疑で告発された。スターリンはメルニコフをクレムリンへ連行させ、本人から直接事情を聴取した。メルニコフは八ヵ月にわたって中国共産党に関する厳しい尋問を受け、そのあと処刑された。中国に潜入した元ソ連スパイたちが日本のスパイだったという理由で大量に処刑されたのは、この時期である。毛沢東の運命も、どちらに転ぶか予断を許さなかった。

第二〇章　抗日より政敵排除・蔣介石打倒

一九三七～四〇年★毛沢東四三～四六歳

毛沢東の立場が不安定になった機会に乗じようと考えたのは、張国燾（チャンクオタオ）である。張国燾は一九三五年六月、長征の途上で毛沢東と顔を合わせた。そのとき、張国燾の率いる第四方面軍は兵力八万を誇っていた。一方、毛沢東が率いる第一方面軍（中央紅軍）は兵わずか一万で潰滅（かいめつ）状態だった。張国燾には中国共産党の指導者となるにふさわしい実績もあった。しかし、このあと数ヵ月のあいだに、毛沢東は張国燾の左路軍を徹底的に痛めつけたうえにチベット国境付近に足止めして衰弱させ、ソ連と連繫（れんけい）するための北上ルートを独占した。一九三六年一〇月に陝西（シャンシー）省北部の革命根拠地に到着したときには、左路軍は兵員が半減し、張国燾は毛沢東に対してすっかり格下になってしまった。それでもなお、毛沢東は張国燾の力を削ぐ手を緩めなかった。張国燾はいまだ毛沢東の倍の兵力を持っており、潜在的ライバルであることに変わりはなかったからだ。

その月、一九三六年一〇月、外モンゴル国境近くでソ連から武器の供給を受けるためのルート開拓作戦を実施するにあたり、毛沢東は精鋭ぞろいの張国燾軍に国民党軍の封鎖線突破を命じた。この作戦は失敗に終わり、張国燾軍の二万一八〇〇人――長征を生きのびた兵員の半数――が黄河の反対側に取り残された。これを受けて、モスクワは、それならばソ連支配下の別の地域すなわち新疆(シンチアン)地区で武器受け渡しをしてはどうか、と提案してきた。これは絶望的な作戦だった。人の住まない砂漠や勇猛な反共イスラム勢力の支配地域を一五〇〇キロ以上も横断しなくてはならないからだ。しかし、毛沢東はソ連の提案に飛びつき、張国燾の疲弊しきった軍隊にこの死の任務を命じた。部隊には「西路軍」という名がつけられた。

毛沢東は次々と矛盾する命令を出して西路軍を地獄からまた別の地獄へと右往左往させ、先々で激戦を戦わせて、張国燾軍に一層の無意味な犠牲を強いた。西路軍の指揮官は、延安(イエンアン)から指示される任務は「曖昧でくるくる変わる」と、苦々しい調子で書き残している。一九三七年二月初旬、西路軍は糧食も底を突きかけ、これ以上の進軍は無理なので延安へ撤退する許可を願いたい、と、砂漠の真ん中から打電してきた。これに対して毛沢東は、その場で持ちこたえて「最後の一人まで、最後の血の一滴まで、戦い抜け」と命じた。

三月なかばには、かつて張国燾(チャンクオタオ)軍の主力部隊だった西路軍はほぼ全滅した。敵に捕らえられた兵士は残虐な方法で殺された。甘粛(カンスー)省西部で最大の戦闘がおこなわれたあとでは、一〇〇〇人以上が生き埋めにされた。虐殺される前、待ち受ける運命を知らぬ大勢の捕虜たちを写した痛ましい写真が残っている。二〇〇〇人いた女性兵士は強姦されたあと、拷問を受けて殺されたり、あるいは地元の奴隷市場で売られたりした。初め二万一八〇〇人いた男女兵士のうち、四月末に新疆(シンチアン)にたどりついたのはわずか四〇〇人前後、それもほとんど死にかけたような状態だった。

いまや、毛沢東は張国燾の棺桶の蓋を閉じたも同然だった。毛沢東は、西路軍の失敗は「張国燾路線」に従って動いた結果である、と主張して、当時延安(イエンアン)にいた張国燾をスケープゴートに仕立てた。しかし、モスクワは張国燾を政治局から追放しようとする毛沢東の動きを支持しなかった。とはいえ、張国燾は第四方面軍幹部の面前で非難されるという屈辱を味わった。

毛沢東は張国燾の政治生命を葬り去っただけでなく、延安まで帰り着いた西路軍のわずかな生き残り兵士たちをも葬り去った。何がおこなわれたかを、地元の役人が語っている。

連中が追っ手を逃れてうち［の地域］に逃げてきたとき、わたしらはまず最初に歓迎会を開いて、連中の武器を預かりました。それから、こう言ったんです。「同志のみなさん、まことにご苦労さまでした。みなさんにはゆっくり休養していただくため、後方へ転属になりました」。わたしらは連中を何組かに分けて谷へ連れていき、亀の孫息子ども［罵り言葉］を生き埋めにしたのです。まず最初は、やつらを埋めるのは、そりゃ面白い仕事でしたよ。まず最初は、笑顔でこう言うんです。「同志のみなさん、がんばって穴を掘ってくださいよ。国民党軍のやつらを生き埋めにするんですからね」。連中はじつによく働きましたよ、せっせと鋤（すき）を動かして、顔の汗を拭き拭き……。穴ができあがったところで、連中を突き飛ばし、蹴とばして、みんな穴に放り込みました。最初、連中は冗談だと思っていたようでした。でも、わたしらが土をすくって穴を埋めはじめると、連中は、「同志、われわれは国民党兵士ではない！」と叫びはじめました。わたしらは、「ばか野郎、国民党だって何だって構うもんか。死んでもらうといったら、死んでもらうだけよ……」と罵ってやりました。

自慢げに話す男を、ここで聞き手がさえぎった。「これが党の命令だとは、どうしても信じられません」

しかし、男は喋りつづけた。「何をおっしゃる！　これは、うちの連隊長からの命令だったんですよ。連隊長は、高崗（カオカン）［地元の共産党指導者］同志の命令だと言っていました。もちろん、高崗同志は毛主席の命令を実行したんです。わたしらは毛主席の権威しか認めませんからね。毛主席がやれとおっしゃることは、何でもやりますよ」

張国燾（チャンクオタオ）自身も、「毛沢東が操る……虐待」にいろいろと苦しめられた、と、のちに書いている。張一家は、住んでいた家から追い出された。ある日、毛沢東の秘書がやってきて、毛沢東がこの家を使うから出て行け、と言って一家を追い出したのだ。張国燾の身のまわりの世話をしていた兵士は逮捕された。毛沢東は、張国燾の幼い息子までいじめた。張の息子は、学校の劇でトロツキー主義者の頭目張慕陶（チャンムートウ）の役を割当てられた。張国燾が学校へ行ってみると、「人々が寄ってたかって息子をあざけっていた。毛沢東もその場にいて、おもしろそうにこれを眺めていた。そして、悪意に満ちた高笑いを響かせ、『張国燾の息子が張慕陶役とは、ぴったりだ』と言った……わたしは息子がつけていた面をはぎ取り、息子を連れてその場を離れた。歩きながら、わたしは怒りのあまり叫んでいた。『野蛮人どもめ！……畜生にも劣るわ！』と」

一九三八年春には、張国燾の我慢も限界にきていた。ちょうどこの時期、毛沢東は抗日を命ずるモスクワの路線に逆らったことで立場がそれまでになく弱くなっていた。張国燾は、この機をとらえてモスクワの見解を代表する王明(ワンミン)と結ぼうと考えた。当時、王明は国民党政府の臨時首都である武漢(ウーハン)にいた。周恩来と博古(ポークー)も一緒だった。四月四日、張国燾は国民党・共産党合同で黄帝陵を祀(まつ)る行事に陝甘寧(シャンカンニン)辺区主席として出席するため、延安(イエンアン)を発って根拠地の外へ向かった。行事のあと、張国燾は西安(シーアン)を経由して、武漢にいる王明らに会いにいった。

毛沢東に反対する党中央指導者の大多数が時期を同じくして延安の外、すなわち毛沢東の魔手の届かぬ場所に集まるというのは、きわめて珍しい機会だった（毛沢東を最も激しく批判している新四軍(しんしぐん)の責任者項英(シアンイン)も、武漢近郊にいた）。張国燾が武漢で何を話したかは中国共産党の最も厳重に秘するところであるが、延安政府が後日モスクワに対して、張国燾が武漢滞在中に「党の団結を壊そうとした」と報告していることから見て、張国燾が毛沢東の追放を主張したのはほぼまちがいないと思われる。しかし、張国燾は成果なく武漢を離れざるをえなかった。おそらく、武漢にいた三人組は、モスクワが毛沢東追放を支持する可能性はないと考えたのだろう。張国燾は必死だったが、王明はこのとき自信の絶頂にあり、毛沢東が表向き多数意見に譲歩するふりをしながら内心に支配権奪還のすさまじい決意を秘めていることを理解できなかったのかもしれない。

話し合いは約一週間続いた。打開の道はないと悟った張国燾は共産党を離れて国民党に転ずる決心をし、四月一七日に離党を表明した。武漢の三人組は張国燾を引き止めなかった。張国燾は、延安に残してきた身重の妻と一二歳の息子を呼び寄せるために手紙を書いた。張国燾が良からぬ行動に出ないかどうか見極めるために、毛沢東は張の家族を二ヵ月足止めし、そのあと出発を許可した。張国燾の妻が武漢に着いたとき、周恩来は、「党とのあいだの橋を焼き払わないよう」ご主人に話しなさい、と、張の妻に忠告した。張国燾はその忠告を銘記した。かつて中国共産党軍事部長の職にあり、国民党軍の中枢にスパイを送り込む工作責任者まで務めたにもかかわらず、国民党に転向したあと張国燾は一人たりとも共産党スパイの名前を明かさなかった。実際、張国燾の口の堅さは国民党をひどく失望させた。張国燾が書いた一〇〇〇ページ以上にのぼる自伝も、不自然なほど秘密の暴露が少ない。張国燾が秘密をいっさい漏らさなかったことは、毛沢東が中国を征服する直前に張国燾一家が本土を離れたあと、一九五〇年代半ばに張の息子の一人が中国に戻ることを許されて広州(コワンチョウ)の大学に通った事実からもわかる。張国燾は毛沢東より長生きし、一九七九年、カナダ・トロントの老人ホームで八二年の生涯を閉じた。亡くなる前年にキリスト教に改宗している。

　張国燾の国民党転向を受けて、毛沢東は張の部下だった兵士たちの前で張国燾の名誉を失墜させる批判をおこない、党から除名した。延安にいた昔からの張国燾支持者たちはこの扱いに「非常に不満そうだった」と、国民党特務の戴笠(タイリー)が蔣介石に報告している。張国燾の支持者たちは秘密集会を開いたが、毛沢東の部隊が「その場で即刻彼らを片づけた。約二〇〇人が生き埋めにされた」。

　モスクワは、二ヵ月後に張国燾の除名を認めた。この期間に、毛沢東にとって非常に重大な変化があった。スターリンがコミンテルンの粛清(しゅくせい)に幕を引いたのだ。毛沢東は日本のスパイかもしれない、と示唆したピアトニツキーとメルニコフは、中国と関係のあった他のスパイたちとともに処刑された(二人は同じ日に処刑された)。毛沢東に関する調査書類はそのまま残され、一〇年後、スターリンはふたたびその内容を利用することになる。しかし、とりあえずのところ、毛沢東は危機を脱したのであった。

　クレムリンが張国燾の除名を承認し、自分に対する疑いも晴れたことを知った毛沢東は、ときを移さず王明（ワンミン）に襲いかかった。

この時期、毛沢東はモスクワに強力な腹心を送り込んでいた。長征以来ともに陰謀にかかわってきた「紅色教授」こと王稼祥（ワンチアシアン）である。一九三六年にモスクワとの無線連絡が再開して以来、毛沢東は治療のためと称して王稼祥のソ連行きを受け入れてくれるようモスクワに再三再四要請した。王稼祥は一九三七年七月にモスクワに着き、王明が帰国したあと中国共産党の駐コミンテルン代表となった。その王稼祥に、一九三八年六月、毛沢東は電報を打って帰国を要請した。王稼祥は、いまや、毛沢東の恰好の手駒だった。帰国前、王稼祥はコミンテルン書記長ディミトロフと会談したが、話題が党の団結に及んだとき、ディミトロフから、中国共産党は「毛沢東を筆頭とする指導部のもとで」問題を解決しなければならない、という発言があった。毛沢東はこの一句を利用して、自分の命運、ひいては党の方針を転換させた。

王稼祥は八月末に延安（イエンアン）に戻った。毛沢東はただちに王稼祥の名で「コミンテルンからの重要指示の伝達を聴取するため」の中央委員会全体会議を開催させ、王明らを延安に呼び戻した。中央委員会全体会議は長征開始前に開催されて以来で、前回から四年以上の間隔があいていた。臨時首都の武漢（ウーハン）は、このとき日本軍による激しい攻撃にさらされていた。にもかかわらず、毛沢東は前線の指揮官や幹部を後方の延安へ呼び戻した。王明は、いまは党指導部全員が首都を離れられるような時期ではない、と反対し、会議を武漢で開催するよう提案した。毛沢東は、「わたしはどこへも行かんぞ!」と宣言した。王稼祥は王明にあてて、「中央の意見に従いたまえ、さもないと……」と、脅しの電報を打った。

九月一五日、王明は不承不承に延安に戻った。王稼祥はまず政治局会議において発言し、ディミトロフの言葉を伝えた。これを受けて、毛沢東は、全体会議では自分が政治報告をおこなう、と宣言した――党ナンバー1の地位を奪還したわけである。王明は抵抗しなかった。中央委員会全体会議は、九月二九日に延安のフランシスコ会大聖堂にて開催された。祭壇に掲げられたレーニン像の下に着席した王稼祥は、政治局会議より広範囲の聴衆を前に、ディミトロフの言葉をくりかえした。こうして、中国共産党最高幹部の頭には、モスクワが明確に毛沢東を指導者と認めた、という意識が植えつけられた。

毛沢東は王稼祥に報酬として軍事委員会副主席の地位を含む大量の重要ポストを与えた。加えて、毛沢東はこの三二歳の独身男に美人でコケティッシュな花嫁を世話してやった。花嫁は医学校を出た二三歳で、毛沢東の旧友の娘だった。毛沢東は以前に名目上の党ナンバー1洛甫に小柄で活発な妻を世話してやったのに続いて王稼祥のハートも「赤い糸」で搦め捕り、二人の重要な人物をがっちり味方につけたのである。毛沢東はこうした縁組みが好きで、ことに性的に抑制された男の気持ちをくすぐるのが巧みだった。

毛沢東はいよいよ王明の追い落としにかかった。しかし、党の結束を乱すことはモスクワから厳重に止められていた——それに、面と向かって攻撃すれば王明が反撃に出る可能性もある。そこで、毛沢東はおなじみの手を使った。王明をはじめとする反対勢力が立ち去るまで会議を延々と長引かせ、彼らがいなくなったあとで攻撃に出る、というやり方だ。

毛沢東は、中央委員会全体会議を二ヵ月近くも延々と引きのばした。これほど長い中全会は例がない。しかも、武漢だけでなく国民政府軍の最後の港湾都市広州までが日本の攻撃を受けて陥落し国家が重大局面を迎えている時期に、である。日本軍の後方に樹立した共産党根拠地にも危機が迫っていた。「こちら緊急事態、彭徳懐司令官、大至急帰還されたし……」といった切迫した連絡が次々に飛び込んできた。しかし、毛沢東は自分の目的を達するまで軍司令官らを解放しなかった。

蔣介石は、首都をさらに内陸の重慶に移した。一〇月二八日には重慶で国民参政会が開かれることになっており、王明はこれに出席しなければならなかった。毛沢東は王明が重慶に発つ日にまだ中央委員会全体会議が続いているように日程を引き延ばした――一九二九年に福建省の革命根拠地を乗っ取ったときと同じ手である。

会議を引き延ばすために、毛沢東は政治局のメンバーひとりひとりが事実上同じ演説を二回は政治局会議で、もう一回は全体会議の場で、都合三回ずつおこなうことを主張した。毛沢東自身は政治報告を二週間も遅らせ、そのあいだ参加者たちは無為に時間をつぶして待つしかなかった。ようやく毛沢東の政治報告が始まったが、これが途方もなく長い演説で、しかも毛沢東は昼ごろまで眠る習慣だったため、演説が終わるまでに三日以上もかかった。

一〇月末には、毛沢東と対立する最も強力なメンバー――周恩来、項英、博古、王明――は延安を離れてしまった。彼らがいなくなったところで、毛沢東は猛攻撃に出た。とくに王明に対しては、「蔣介石の命令に従った」ことを非難し、長征以前に革命根拠地でおこなわれた血の粛清についてまで、当時そもそも根拠地にいなかった王明の責任を追及した。

反対者たちがいなくなったので、毛沢東は中央委員会全体会議で強引に自分の方針を通した。すなわち、革命根拠地を積極的に拡大し、必要とあらば国民党軍との戦いも辞さない、という方針である。毛沢東が自分の本心をはっきりと打ち出したのは、このときが初めてだった。日本軍の後方には多くの国民党部隊が群がり、共産党部隊と支配地を奪いあっていた。これまで、共産党は国民党との争いを避け、蔣介石との結束を最優先に掲げてきた。会議場に王明（ワンミン）がいたあいだは、毛沢東もその方針に完全に賛同すると述べ、蔣介石を「偉大な領袖（りょうしゅう）」と呼んで、新たな革命根拠地を中央政府の指導下に置くことに合意し、「すべての銃口を日本侵略者に向ける」と約束していた。さらに、「中華民族はついに立ち上がった！　一〇〇年にわたる欺凌、侮辱、侵略、抑圧の状態……は終わった」という宣言までしてみせた。これは、一九四九年に中華人民共和国の成立を宣言したときの「中国人はついに立ち上がった」という表現とほぼ同じだ。一般には一九四九年の宣言がしばしば引用され、最初とされているが、実際はそうではない。しかも、毛沢東が初めてこの表現を使ったとき、毛自身の言葉によれば、中国は「蔣介石の支配下」にあったのである！

王明が会議場からいなくなったとたんに、毛沢東は党幹部に対して、蔣介石こそが自分たちの究極の敵であり、蔣介石から権力を奪取すべくいまから準備を開始しなければならない、そのためには革命根拠地の拡大が必要であり、それを邪魔する国民党軍に対しては攻撃をおこなわなければならない、と発言した。これは、共産党幹部に重大な方針転換を促す命令だった。共産党の最大の敵は依然として蔣介石であり、蔣介石の軍を攻撃すべし、と、毛沢東は指示したのである。

毛沢東のこの方針を支えた重要人物は、華北で地下組織のネットワークを担当し、のちに中国国家主席となる劉少奇(リウシャオチー)だった。劉少奇はソ連に二回長期留学し、一九二一年にはレーニンと会見したこともあり、レーニンの親友の一人ラリーサ・レイスネルと情事を持ったこともあった。先見に優れた劉少奇は、権力奪取に関して毛沢東の非情な戦略に共鳴していた。中央委員会全体会議の直後、毛沢東は劉少奇を新四軍の作戦活動地域である華中を広範に統轄する責任者に任命した――項英(シアンイン)と新四軍を指導する立場である。

毛沢東は、八路軍(はちろぐん)副総指揮の彭徳懐(ポントーホワイ)からも支持を得ていた。彭徳懐は、共産党軍が勢力を拡大しようとするならば――地域によっては現状の勢力を維持しようとするだけでも――内戦は避けられないだろう、と予見していた。八路軍総指揮の朱徳(チュートー)も同じ考えだった。こうして、毛沢東は共産党軍全軍の指揮官たちから自分の方針に対する同意を取りつけた。

この方針はスターリンの指示に真っ向から反しており、毛沢東は自分の講話が王明を経由してモスクワへ漏れ聞こえることを恐れた。そこで、毛沢東は、自らの発言内容を厳重に秘する目的で会議出席者の口を封じる二つの「紀律に関する決議」を提出し、何人(なんぴと)も「党の内外を問わず他人に」「情報を漏洩する」ことを禁ずる、と命じた。つまり、会議の出席者は、たとえ総会の前半部分に出席していた同僚に対してでも、その人が議場を離れたあとで毛沢東が国民党軍に対する内戦を命じた、という情報を伝えてはならないのだ。毛沢東の王明(ワンミン)に対する攻撃について、あえて王明本人にすべてを知らせた人間はいなかった。

恐怖を広く浸透させるため、毛沢東はのちに特務責任者として悪名高い存在となる康生(カンション)を使った。康生は、ソ連で活動していたあいだに何百人という中国人の粛清を指揮した。康生の指示で多くが拷問され、処刑され、あるいは強制労働収容所に送られて死ぬまで重労働をさせられた。コミンテルンにおいては、康生は王明の下で中国共産党代表団の副団長をつとめ、王明の忠実な部下だった。二人が初めて延安(イエンアン)に到着した当時、康生は特務組織の訓練で「我們党的天才的領袖王明同志万歳!」(われらの党の天才的リーダー王明同志万歳!)と、連呼の音頭を取った。が、康生はすぐに毛沢東が勝ち馬であることを見抜き、忠誠の方向を転じた。康生が江青(チアンチン)の過去を揉み消して毛沢東との結婚を可能にしてやり、毛沢東との絆をいっそう強めたのは、この時期であった。毛沢東は康生を中国版ＫＧＢの責任者に任命し、自分の身辺警護担当者の選任を任せるほど信頼した。
重慶(チヨンチン)の国民参政会会議を終えた王明に対し、毛沢東の支配が完全に確立した延安への帰還命令が出された。延安に戻った王明は、統一戦線部長に任命された。名目上は重要なポストだが、まもなく単なる看板ポストに格下げされた。当時を知る人は、「首をうなだれ、重い足取りで……もの思いにふけりながら」延安の街頭を歩く王明の姿を見ている。が、王明は表立って非難されることはなかった。モスクワとのつながりが非常に強かったからである。したがって、一般党員から見れば、王明はいまだ指導部の一員であり、人気があった。「王明は雄弁家で、活気に満ちて人心を鼓舞する演説がうまかった。若い人たちに好かれていた」と、当時をふりかえる人は多い。毛沢東は演説が下手だった。王明は毛沢東の未解決問題として残った。

毛沢東の命令にもとづいて中国共産党が国民党に対して攻勢に転じた一九三九年以降、日本軍の後方で、共産党勢力と国民党勢力のあいだに支配地域をめぐる大規模な戦闘が頻発するようになった。たいていは共産党側が勝利をおさめた。一九四〇年一月には、朱徳(チユートー)と彭徳懐(ポントーホワイ)が指揮する八路軍は少なくとも二四万の兵力に成長していた

（戦争が始まった時点では四万六〇〇〇だった）。劉少奇（リウシャオチー）の指導下、上海・南京地域で作戦行動を続けている新四軍は、当初の三倍にあたる三万の兵力に成長していた。日本軍の後方に相当な大きさの根拠地が何十も作られた。北京からわずか八〇キロほどの晋察冀（チンチャーチー）根拠地だけでも、人口二五〇〇万の規模に成長していた。抗日戦争が始まって二年余りが経過したこの時点で、当初の愛国的熱情が現実主義に変わっていくにつれて、共産党軍指揮官の中には毛沢東の冷徹な展望の正しさを賞賛する者が多くなっていった。彭徳懐（ポントーホワイ）は一九四〇年二月の演説で、毛沢東を「政治的先見を備えた英明な指導者であり、先の展開を読んでそれに対処する能力を持っている」と形容した。周恩来が完全に毛沢東支持に転じたのも、この時期である。

毛沢東は中国共産党をうまく抱き込んだ。しかし、スターリンもつなぎとめておかなければならない。何ヵ月ものあいだ、毛沢東は国民党との衝突をモスクワに隠していた。一九三九年六月に戦闘が頻発し本格化するようになってはじめて、毛沢東は国民党と戦っていることをモスクワに知らせたが、それでも、戦いは純粋に自衛目的であり、むしろ国民党のほうが共産党を殲滅（せんめつ）しようとしているのだ、と説明した。

毛沢東はモスクワのあしらい方を心得ていた。一九三九年春、スターリンは毛沢東を撮影させるために、お抱えのドキュメンタリー映画監督ローマン・カルメンを延（イエン）

安（アン）へ派遣した。毛沢東は、カルメンの来訪に備えてスターリンの著書を書斎机に広げて置いた。さらに、表紙を飾るスターリンの写真がはっきり見えるような角度で本を手に持ち、カメラに向かって長時間ポーズを取った。毛沢東はスターリンのために乾杯し、自分が外国で行きたい場所といえばモスクワしかない、スターリンに会いに行きたいのだ、と語った。窰洞（ヤオトン）の入り口でカルメンと別れの挨拶をしたとき、暗闇の中で、毛沢東はわざわざモスクワの方角を尋ね、深いため息をついて長々と沈黙してみせた。「なんという温かさをこめて毛沢東はスターリン同志の話をするのだろう！」と、カルメンは書き残している。★

★初めて映画フィルムに焼き付けられた毛沢東の容姿がモスクワで公開されたのは、一九三五年だったらしい。第七回コミンテルン会議の前に、中国共産党指導者たちの姿を記録したニュース映画が上映された。のちにスターリンによって処刑されたコミンテルンのナンバー3ピアトニツキーは、毛沢東の映像を見て、「ごろつき」みたいだ、と感想をもらした。

最も決定的なモスクワ対策は、毛沢東をほめちぎり政敵をけなす人間をモスクワに送り込んだことだった。毛沢東は抜け目なく、自分の腹心を使者としてモスクワへ派遣した――最初は「紅色教授」こと王稼祥（ワンチアシアン）、その次は任弼時（レンピーシー）である。蒋介石に関してスターリンの命に背く行動に出た際には、さらに多くの腹心をモスクワへ送り込んだ。最初は林彪（リンピアオ）で、一九三八年末に銃創の治療を理由にソ連へ送りこんだ。林彪は日本人捕虜の外套（がいとう）を着ていたときに日本兵とまちがわれて国民党兵士に撃たれたのである。

林彪はモスクワに見せても問題のない書類だけを厳選して携えていったので、スターリンに毛沢東の策謀や本心が伝わることはなかった。林彪は毛沢東を「堅実で、決断力があって、確固たる原則を持った中国共産党指導者」と持ち上げ、周恩来は「ペテン師」であり、「憲兵上がり」の朱徳（チュートー）は「我々とは種類がちがう」と、こき下ろした。

林彪に続いて一九三九年六月にモスクワを訪れたのは、毛沢東の弟毛沢民（マオツオーミン）だった。毛沢民の訪ソも、表向きは「治療」が目的だった――ただし、ソ連側は、毛沢民の入院記録は一日もない、としている。毛沢民の主たる任務は王明（ワンミン）の評価を落とすことだった。毛沢民は王明を「壊人」（悪人）と呼んでさまざまに非難し、とくに、スターリンの前で中国紅軍の兵力を誇張した、と告発した――これは、致命的な告発になりうる内容だ。近く開催される党大会で王明の役割を格下げすることも、毛沢東の狙いだった。王明は党大会で毛沢東に続く二番手として「組織報告」をおこなうことになっていた。しかし、毛沢民はモスクワに対して、王明は「一度も実際の組織活動にかかわったことがない」と誣告し、王明は適任ではないと主張した。毛沢民は博古や李維漢（湖南省出身のベテラン党指導者、別名李羅邁）ら毛沢東の政敵についても誹謗中傷し、二人を「重罪」で告発してあらゆる指導的組織から締め出すべきだと主張した。博古については、「日和見主義者、トロツキー主義者、土匪」にも等しい、と非難した。

毛沢東が三人目に派遣した「特使」は、周恩来だった。周恩来はちょうどヨーロッパで戦争が勃発した時期にソ連に到着し、九月一四日にクレムリン病院に入院した。落馬事故で骨折後うまく整復できなかった右腕を手術してもらうためである。周恩来は、直前に毛沢東に帰伏したばかりだった。これは全面無条件降伏で、その後ずっと周恩来は毛沢東の忠実なる下僕でありつづけた。周恩来は毛沢東の評価を高めるべく熱心に働き、中国共産党指導部は「彼［毛］が総書記に選ばれるべきだと考えている」と、ソ連側に伝えた。また、中国共産党の方針が「抗日最優先」であることに変わりはなく、蔣介石との「統一戦線」に協力する方針である、と請け合った。さらに、周恩来は共産党軍の兵力と支配地域の拡大を詳細に報告し、八路軍は日本軍と二六八九回も戦闘をおこなった、というように数字を膨らませて話した。中国共産党の党員数については、開戦時の「七倍にあたる四九万八〇〇〇人に増大した」と報告した。

周恩来を利用する一方で、毛沢東は周恩来の評価が高くなりすぎないよう画策した。クレムリン病院に入院中の周恩来を見舞った毛沢民(マオツォーミン)は、周恩来は国民党との関係について「不健全な」見解を持っており、著名なトロツキー主義者張慕陶(チャンムートゥ)の銃殺に反対した、と、ソ連に告げ口した。

周恩来と一緒にソ連へ行ったオットー・ブラウンの存在も、毛沢東にとって気になるところだった。ブラウンは長征以前にモスクワから派遣された軍事顧問で、毛沢東がソ連に知られたくないことを喋る可能性があった。毛沢民は抜かりなくオットー・ブラウンの戦術を「反革命的」と非難した――ブラウンを銃殺刑にすることもできるほどの告発である。それこそ毛沢東らの狙ったところにちがいない、と、生き残ったブラウンは主張している。周恩来も毛沢民と口裏を合わせ、かつての友人で親しい同僚だったブラウンを「中国革命の敵」と呼んだ(ブラウンによれば、「周恩来が『首席検事』として登場」したという)。

後年、毛沢東は自分の政敵たちの行状を「告洋状」(他人のことを外国に告げ口する)と非難した。しかし、毛沢東ほどの誹謗中傷攻撃をおこなった人間は、ほかにいない。

第二一章 中国の分割を望む

一九三九～四〇年★毛沢東四五～四六歳

一九三九年八月二三日、ソ連はナチス・ドイツと不可侵条約を結び、翌月には二国でポーランドを侵略して分割した。中国人の多くは、スターリンがヒトラーと取引したことに憤激した。おそらくそうした感情を最も痛烈に表現したのは、中国共産党創設の父、陳独秀(チエントウーシウ)だろう。陳独秀は毛沢東を共産主義へ導いた人物だが、自主性が強すぎるとして党から追放され、国民党に逮捕されて長い年月を監獄で過ごしたあと、一九三七年の第二次国共合作成立にともなって他の政治犯とともに釈放された。今回のソ連の動きに対して、陳独秀は「悲憤(ひふん)」を表現した詩を書き、スターリンを疫神(えきじん)になぞらえて非難した。

伯強今画出……　　　　この日、疫神が姿を現し……
旁行越鄰国……　　　　傲然と隣国へ踏み込む……
……勛旧一朝烹……　　……英雄も旧友もまとめて煮殺す……
是非旦暮変　　　　　　是非は朝に夕に変わり
黒白任其情……　　　　黒白は気の向くままだ……

スターリンとヒトラーが不可侵条約を結んだことにより、スターリンが日本とも同様の取引をして中国を第二のポーランドにする、という可能性が生じた。実際、まさにこのとき、クレムリンは日本との停戦協定に調印し、外モンゴルと満州国の国境付近で続いていたソ連赤軍と日本軍との戦闘に終止符を打ったところだった。蔣介石はポーランドにおける事態の展開に深刻な懸念を抱き、その点をモスクワに質した。一方の毛沢東は、この展開を歓迎した。抗日戦争に関する毛沢東の全体戦略はソ連の介入を求めるという一点にあり、いままさにスターリンが中国の一部を占領して毛沢東を責任者の地位に就けるというシナリオが現実味をおびてきたからである。

その年の九月、日ソ停戦協定についてどう思うか、というエドガー・スノーの質問に対して、毛沢東は大歓迎だと答えた。「世界解放運動［すなわち毛沢東個人と中国共産党」の利益……に対するソ連の支援を妨げないかぎり」ソ連がそうした協定に調印してもかまわない、というのが毛沢東の考えだった。「中国解放運動に対するソ連の支援」がポーランド占領と「似たような形をとる可能性」があるかという質問に対して、毛沢東は、「それはレーニン主義の可能性として十分ありうる」と、はっきり肯定した。ポーランド式のシナリオは、いまや毛沢東が中国のモデルとするところであった。★

★ポーランド・モデルと日ソ停戦協定に関する毛沢東の発言はモスクワには不評で、あまりに率直すぎるとして厳しい譴責を受けた。コミンテルン書記長ディミトロフは毛沢東に対して、「本発言の破壊的本質は暴露されなくてはならない」「毛沢東をはじめ中国の同志諸君がエドガー・スノーのような外国人記者のインタビューに応じないよう、緊急に要請する。破壊的目的に利用されているからである」と打電した。毛沢東は公の発言を控え、スノーは一九六〇年に中国とソ連が決裂するまで共産中国への入国を許されなかった。

同様に、毛沢東は、一九四〇年代初頭のソ連によるフィンランド東部侵略についても、公式には発言しなかったものの、熱烈に支持した。六月二五日に発した秘密指示の中で、モスクワがフィンランドから広大な領土を割譲させたソ連・フィンランド講和条約について、毛沢東は「世界革命および中国革命の［傍点は著者による］勝利を保証するものである」とコメントしている。フランスがドイツ占領地域とヴィシー傀儡政権下の地域に二分されたときも、毛沢東はこれを中国の事情と比較している。一九四〇年一一月一日付で軍高級幹部に配付された指示の中で、毛沢東は暗号文を使って「中日関係調整のためにソ連が介入する可能性はまだ残っている」と書いた。毛沢東はフランスの分割政策に言及し、「ソ連の介入による調整と我々の継続的努力によって共産党勢力に有利な展開が得られる」とも書いている。ここでも、毛沢東はソ連と日本が中国を分割することを望んでいた。

　毛沢東は、理想的な分割ラインまで想定していた。中国を南北に二分して流れる長江である。側近たちを相手に、毛沢東は「長江を……境界線として、我々が半分を支配する……」ことを夢見ていた。

　ポーランドのシナリオを中国で再現するという考えは、実際、スターリンの頭の中にもあった。独ソ不可侵条約から間もない一九三九年九月、ソ連は中国の将来を中心問題に据えて日本と交渉を始めている。共産党軍および革命根拠地の拡大は対日交渉におけるソ連側の強みとなり、戦後の長期目標にも資するため、スターリンはこれにきわめて直接的な関心を抱いていた。

蔣介石軍との交戦に関して毛沢東がモスクワに報告した内容は、一九三九年から四〇年にかけての冬に大きく変化している。毛沢東は、戦闘の性質についてより率直に報告するようになった。独ソ不可侵条約の締結以前には、交戦は国民党側が共産党勢力を掃討しようとした結果であって共産党軍は自衛目的の応戦をしただけである、と言い訳していたが、条約締結以降は、蔣介石軍を踏み台にして積極的に共産党軍の勢力を拡大していく姿勢についてスターリンの承認を求めるようになった。一九四〇年二月二二日、毛沢東はモスクワに非常に強気の報告書を送り、蔣介石軍との交戦において「勝利はだいたい我が方にある」、「河北で［国民党軍を］六〇〇〇、上海で……一万を殲滅(せんめつ)した」と報告している。

スターリンは毛沢東を制止しなかった。それどころか、三日後、中国共産党に対して毎月三〇万米ドルという巨額の資金供与を承認した。その後まもなく、周恩来★はモスクワとの通信に使う新しい無線装置を携えて帰国し、装置を毛沢東に渡した。毛沢東のロシア語通訳をしていた側近によると、「毛主席だけがその無線装置を使う権利を持っていました。主席はすべての通信を個人的に取り仕切り、誰に何の情報を見せるか決めていました」という。

★新しい無線装置は非常に優秀で、日本軍は暗号解読どころか無線通信を傍受することさえできなかった。

一九三九年九月、独ソ不可侵条約が締結され、スターリンが日本とも同様の取引をする可能性が浮上したころ、毛沢東は日本の情報部と長期にわたる親密かつ極秘の協力関係を結んだ。蔣介石に対する破壊工作を強化し、共産党軍を日本の攻撃から守るためである。中国共産党側の工作責任者は潘漢年（パンハンニエン）、日本側は上海副領事で幹部情報将校の岩井英一（いわいえいいち）だった。潘漢年（はんかんねん）は、「日本陸軍、憲兵隊、警察職員各位　本証の所持人に関する照会はすべて日本総領事館に寄せられたい」と書かれた日本の特別な身分証明書を与えられた。延安（イエンアン）と直接接触できるよう、岩井の自宅には延安から無線技師が派遣されたが、これは「危険すぎる」として実際に使われることはなかった。

潘漢年は、蔣介石軍の抗戦能力、蔣介石と中国共産党との軋轢（あつれき）や列強各国との関係、香港や重慶（チョンチン）で活動中の英米スパイのリストなどの情報を岩井に提供した。こうした情報は日本から高く評価され、なかには在中国日本大使が「狂喜した」ほどの情報もあったという。一九四一年十二月に日本が香港を侵略した際には、岩井が中国共産党スパイの撤退を支援した。潘漢年が岩井に約束したように、スパイの一部はそれまでどおり日本に情報提供を続け、それ以外のスパイは上海へ移動して「われわれの『和平運動』を支援する」ことになった。「和平運動」とは、中国を降伏させるための日本の非軍事攻勢である。なかでも目立った組織は「興亜建国運動委員会」で、潘漢年が発足を手伝い、日本が資金を出し、組織の人材は共産党の地下党員が中心だった。

中国共産党は日本を使って国民党を背後から襲わせたのである。ある共産党スパイは、次のように回想している。

当時、わが党の日本および協力者に対する作戦は、「用敵人的手、来打撃敵人……」（敵の手を使って、敵を打て）でした。康生（カンシヨン）同志から、何度もこの言葉を聞かされました。協力者の組織にはわが党の同志が多数潜入していて、日本人のナイフを使って国民党を殺す、ということをやっていたわけです……わたしが個人的に知っていることで言えば、長江の南側で起こった日本軍による［国民党地下部隊の］掃滅作戦は、日本軍とわが党の協力による最高傑作［のひとつ］でした。★

★密約には、戦場における実際の共同軍事作戦までは含まれなかったようである。ただし、延安(イエンアン)のソ連軍参謀本部情報総局（GRU）責任者の報告には、一九四三年夏に山東省(シャントン)で共産党軍が「日本軍と協調して」国民政府軍を攻撃したことがあった、と記録されている。

蔣介石に対する破壊工作のほかに、日本側に働きかけて共産党軍が邪魔されず作戦行動を取れるようにすることも潘漢年(パンハンニエン)の任務だった。そのために、潘漢年は中国における日本の諜報活動責任者影佐禎昭(かげささだあき)中将に華北における秘密停戦を持ちかけることまでした。

華中では、共産党の新四軍(しんしぐん)が鉄道を攻撃しないかわりに日本軍は農村地域に展開する新四軍を攻撃しない、という取引が成立した。何年ものあいだ、日本軍の鉄道は問題なく運行され、新四軍は静かに勢力を拡大していった。共産党軍を攻撃対象にしなかった根本的な理由について、昭和天皇の弟である三笠宮が著者に明快に説明してくれた。三笠宮は、当時、支那派遣軍総司令部の一参謀だった。三笠宮の説明によれば、共産党は厄介な存在ではあるが戦略的重要性はない、というのが日本側の見方であったという。日本は蔣介石を主たる敵と考えていたのである。

一九四〇年春には、華北の農村地域は広範囲にわたって共産党の手に落ちていた。スターリンの黙認を得た直後の三月におこなわれた一連の戦闘では、共産党側は三万ないし四万の兵力を集中させて六〇〇〇を超す国民党軍を撃破した。華北に強力な地歩を築いた八路軍（はちろぐん）の指揮官朱徳（チュートー）と彭徳懐（ポントーホワイ）は、日本軍にせめて一矢を報いるのが自分たちの義務であると考え、四月一日、日本の輸送線に対する大規模な破壊工作の準備にはいるよう部隊に指示した。しかし、毛沢東は攻撃許可を出さず、かわりに、全軍は華中へ移動して根拠地をさらに奪取せよ、という命令を出した。朱徳と彭徳懐は作戦計画を放棄せざるをえなかった。

このとき、内戦が続く現状に心を痛めていた朱徳を蔣介石が重慶（チョンチン）に招き、解決策を話し合おうと持ちかけた。重慶へ向かう途中、朱徳は延安に立ち寄った。毛沢東からまもなく党大会が開かれるという連絡があったからだ。が、延安に着いてみると、党大会など影も形もなかった。朱徳は重慶へ赴くことを止められ、これ以降戦争が終わるまで、延安に事実上拘禁されてしまった。八路軍の総司令でありながら、朱徳は戦争に関わることができず、毛沢東に言われるまま承認の判を押すだけの存在に封じられた。

毛沢東は別の人間を重慶に派遣した。周恩来である。蒋介石との連絡係は、周恩来ただ一人に限られた。こうして、毛沢東は二つの重要拠点――モスクワと重慶――との通信連絡を完全に掌握する形となった。

一九四〇年五月、日中戦争は重大局面にはいった。日本軍は重慶に対する爆撃を強化し、まもなく重慶は世界で最も激しい爆撃を浴びた都市となった。このときから六ヵ月のあいだに重慶に投下された爆弾は、太平洋戦争のあいだに連合軍が日本全土に投下した爆弾総量の三分の一にのぼる量だった。一回の空襲による民間犠牲者は、一万人近くにものぼった。日本軍は長江をさかのぼって重慶に軍を進めた。日本政府はフランスに対して雲南とベトナムを結ぶ滇越鉄道を封鎖するよう要求し、イギリスに対しても雲南とビルマを結ぶ滇緬路を封鎖するよう要求した。海運の自由を失った中国と外国をつなぐルートは、ソ連からのルートを別にすれば、この鉄道と道路しか残っていなかった。フランスは六月二〇日に、イギリスも七月一八日に、不本意ながら日本の要求を呑んだ(ただし、イギリスが道路を封鎖したのはわずか三ヵ月間だけだった)。重慶では対日妥協の悲観論が高まった。蒋介石は――そして中国は――重大な危機に直面していた。

毛沢東にとって、蒋介石の危機は天賜の好機だった――状況が悪ければ悪いほど、好都合だった。のちに、毛沢東は、「彼ら［日本軍］が重慶……あたりまで侵攻してくれることを望んでいた」と語っている。そうなればソ連は介入せざるをえないだろう、というのが毛沢東の計算だった。

しかし、朱徳（チュートー）が延安（イエンアン）で事実上拘禁されたあと八路軍の指揮を引き継いだ彭徳懐（ポントーホワイ）は、重慶への攻撃を多少なりとも鎮静化させたいと考え、華北における日本軍の輸送線に大規模な破壊工作をおこなう計画を「百団大戦」という仰々（ぎょうぎょう）しい名前でふたたび持ち出した。七月二二日、彭徳懐は八路軍に対し八月一〇日の作戦開始に向けて準備にはいるよう指示し、毛沢東にこの計画を打電した。二回打電したものの、返事はなかった。三回目の電報にも返事が来ないのを見て、彭徳懐は二〇日に作戦開始命令を出した。

彭徳懐は、毛沢東がこの作戦を喜ばないだろうとわかっていた。これは蒋介石を助けることになるばかりでなく、共産勢力にも損害をもたらすことになる。日本軍はまちがいなく革命根拠地に報復攻撃をしかけてくるからだ。しかし、彭徳懐は党よりも国を優先させる決断を下した。

この作戦は約一ヵ月間継続し、日本軍に対して兵隊よりも施設を狙った攻撃がおこなわれた。日本側の言葉によれば、日本軍にとってこの襲撃は「完全に予想外のできごと」だったようだ。地域によっては、鉄道や幹線道路の損害は「きわめて深刻」かつ「甚大」であったと報告されている（一部の破壊工作は、徴用された民間人によっておこなわれた）。満州国の重要な鞍山(アンシャン)製鉄所に燃料を供給していた井陘(チンシン)炭鉱は大損害を受け、主要鉱は「少なくとも半年間は」採掘不能になった。日本軍は蒋介石軍と前線で対峙(たいじ)していた一師団の撤退と、華南へ向かう鉄道二路線を奪取する計画の暫時延期を余儀なくされた。

百団大戦がもたらした最大の成果は、中国人民、ことに猛爆にさらされていた国民党支配地域の士気向上だった。国民党系メディアは八路軍が攻撃に出たことを賞賛し、「われわれが分裂しているという敵の謡言(ようげん)攻勢に致命的打撃を与えた」と、快哉(かいさい)を叫んだ。重慶(チョンチン)からは周恩来が毛沢東に電報を打ち、百団大戦は「きわめて大きな影響」を与えた、「われわれは至るところでこれを鼓吹(こすい)している……いまこそ我が党の影響力を広めるべき……」と報告した。毛沢東は、この思いがけない成果を徹底的に利用した。

しかし、個人的には、毛沢東は怒りで煮えたぎっていた。ひとつには、この作戦によって共産党軍に大きな犠牲——朱徳(チュートー)によれば九万——が出たからだ。日本軍は、共産党の支配地域に対して苛酷な報復をおこなった。革命根拠地はまたたく間に約半分に縮小し、支配地域の人口は約四四〇〇万から二五〇〇万に激減した。しかし、彭（ポン）徳懐（トーホワイ）はすぐに八路軍と根拠地を建て直した。ほぼ二年余りで八路軍は一九四〇年以前の兵力四〇万を超えるほどに回復し、革命根拠地も取り戻した。

が、何より毛沢東を怒らせたのは、百団大戦のせいで蒋介石敗北の可能性——ひいてはソ連介入の可能性——が小さくなってしまったことだった。百団大戦は中国が日本占領下にあった八年のあいだに共産党勢力が実行した唯一の大規模作戦であったにもかかわらず、後年、毛沢東はこのことで彭徳懐に高い代償を支払わせた。

一方、日本軍による猛爆にさらされても重慶はいまだ陥落せず、蒋介石は持ちこたえていた。毛沢東はソ連介入を促す別の手を考えなくてはならなかった。蒋介石は、国民党と共産党の戦闘を止めるために両軍を物理的に離してしまおうと考えた。この時点で八路軍は華北の占領可能な地域をほとんど支配下におさめていたので、この地域では衝突が一段落していた。国民党軍と共産党軍の主たる戦場は、長江下流域、華中の上海および南京周辺に移っていた。蒋介石の計画は、新四軍を長江流域から撤退させて華北の八路軍と合流させ、そのかわりに共産党軍が華北で占領した地域はほぼそのまま支配を認める、というものだった。一九四〇年七月一六日、蒋介石はこの交換条件を「中央提示案」という形で提出し、新四軍に対して移動期限を一ヵ月後と通告した。

毛沢東は豊饒（ほうじょう）で戦略的にも重要な華中を手放すつもりなどなく、蔣介石の提示案をはねつけた。実のところ、毛沢東は、蔣介石が新四軍を排除するために武力を行使し、その結果全面的な内戦に発展すればよい、と願っていた。「もし内戦になればソ連が中国共産党の後ろ楯につくだろう、というのが毛沢東の計算だった」、そして毛沢東は「そのような展開になるよう一押しを加えたかったのだ」と、ソ連大使パニュシュキンが書いている。

その夏、毛沢東はモスクワに何度も電報を打ち、国民党に「深刻な打撃」を与えるのに手を貸してほしい、と要請した。新四軍は北方へ移動するどころか、一〇月初旬には黄橋（ホワンチアオ）という場所で国民党勢力に対して過去最大の攻撃をしかけ、一万一〇〇〇の国民党勢力を殲滅し、将軍二名を殺害した。蔣介石は報復を命令せず、共産党勢力に敗北した他の戦闘と同じく、このときも敗北について沈黙を通した。毛沢東とちがって、蔣介石は全面的な内戦を引き起こすことを恐れていた。内戦になれば、中国が日本に勝てる可能性はなくなるからだ。蔣介石は一〇月一九日付で、新四軍は一ヵ月以内に「規定地区」へ移動すべし、という命令をくりかえしただけだった。

毛沢東は、この二回目の期限も黙殺した。蔣介石を刺激して武力行使に追い込めば全面的な内戦に発展して「ソ連が介入するだろう」と、毛沢東は周恩来に語っている。しかし、今回も、蔣介石は挑発に乗らなかった。毛沢東は蔣介石の弱点を知っていた。一一月三日、毛沢東は周恩来にあてて、「蔣介石が最も恐れているのは内戦、そしてソ連である。したがって、ここをいじめてやればよい」と書いている。

一九四〇年一一月七日のロシア革命記念日、毛沢東はモスクワに対してそれまで最も好戦的な提案をおこなった。毛自身が署名した電報のあて先は、ディミトロフお、、、、、よびマヌイルスキー（コミンテルンにおける毛沢東の最大の支援者）となっていた。電報の写しはスターリンと国防相セミョーン・ティモシェンコにも回付された。毛沢東の計画は、蔣介石軍に背後から「一撃を加える」べく一五万の兵を急派する、というものだった。毛沢東はこれを「預防性的先発制人」と呼んだ。要は、共産党側から先に攻撃をしかける、ということだ。

毛沢東は、抗日戦争の真っ最中に全面内戦を始める許可をモスクワに求めたのである。ここまで大胆な冒険をしてみる気になったのは、最近の展開からスターリンが蔣介石攻撃に傾くのではないか、と考えたからだ。クレムリンは、日独伊三国軍事同盟に参加することを考えていた。もしここで毛沢東が攻撃をしかければ、すなわち日本と結んで国民党軍を挟撃すれば、蔣介石政権は崩壊するかもしれない。毛沢東が蔣介石政権打倒に貢献すれば、対日交渉に臨むスターリンの立場は非常に強くなる。日本と事実上手を結ぶという堕落した関係に踏み出すことを許してほしい、という毛沢東の請願がモスクワに届いたのは、ソ連のモロトフ外相がベルリンへ発つ直前だった。モロトフ訪独の目的のひとつは、中国と日本の戦争にソ連が主要当事国として割り込むにあたってヒトラーの協力を取りつけることだった。モロトフのメモには、「中国（蔣介石）にとって名誉ある［原文ママ］和平を達成することの必要性、およびその中で独・伊とともにソ連が調停を引き受ける用意があることについて意見を交換し……（満州国は日本領のままとする）」と書かれている。モロトフはヒトラーに、「［我々は］中国と日本を現況から脱出させる中間点を探らねばなりません……それに関して、ソ連とドイツは重要な役割を果たすことができると思います」と持ちかけた。しかし、ヒトラーは関心を示さなかった。

日本が中国に関して提示した条件は、スターリンの期待からはほど遠いものだった。日本政府は、「ソ連の影響範囲は外モンゴルと新疆（シンチアン）に限って認める」と言ってきた。これはソ連がすでに支配下におさめている地域であって、スターリンの心をそそるものではなかった。日本はまた、ソ連が「中国共産党の抗日活動を抑制する」ことに同意するという条件つきで「西北三省（陝西、甘粛、寧夏）を中国共産党根拠地として残すことを容認し承諾」してもよい、と伝えてきた。これもまた、スターリンから見れば満足にはほど遠い内容だった。中国共産党は、すでに、この三省よりはるかに広大な地域を占領していたのである。

モスクワと東京の交渉が不調に終わったということは、スターリンにとって日本からの攻撃を防ぐことが依然として最優先課題でありつづける、ということを意味した。つまり、毛沢東が望む蔣介石との全面戦争にはまだ許可が出ない、ということだ。スターリンは、日本を泥沼に引き込むために中国国内の一致団結を望んでいた。スターリンがチュイコフ将軍を新たに軍事顧問として重慶に派遣する決定をしたとき、チュイコフ将軍は、なぜ自分が「共産党軍ではなく蔣介石軍のもとへ」派遣されるのか、と尋ねた。これに対してスターリンは、「きみの仕事は日本侵略軍の動きを中国国内にしっかり封じ込めておくことなのだ」と答えた。★

★チュイコフに与えられた別の役割は、本人は回想記の中で言及していないが、共産党軍が日本の敗北後に政権を取るだけの力量があるかどうかを専門家の目から見て判断しモスクワに報告することだった。

結局、クレムリンが毛沢東に出した指示は、「待て」だった。一一月二五日に届いた命令は、「当面のあいだ、華中から部隊を移動させることに関してあらゆる方法で時間を稼ぎ、策略を用い、蔣介石と取引すること……当方から先に［蔣介石に対する］軍事行動を起こさないことが肝要である……」という内容だった。ただし、モスクワは、「しかしながら、もし蔣介石が……攻撃してきたならば、全力で反撃しなければならない……その場合、分裂と内戦の責任はもっぱら蔣介石の側にある……」とも伝えてきた。つまり、攻撃された場合には反撃してよい、ということだ。

毛沢東は、蔣介石のほうから戦いの口火を切る展開に望みを託した。しかし、新四軍の移動期限が迫り、やがて期限が過ぎても、何も起こらなかった。毛沢東は、「蔣介石のほうから大規模な攻撃をしかけてくる可能性は望めない……」と、結論を出した。

蔣介石が挑発に乗ってこないので、毛沢東は蔣介石が引き金を引かざるをえない状況を仕組むことにした。

第二二章　新四軍を死の罠にはめる

一九四〇～四一年★毛沢東四六～四七歳

華中に駐屯する新四軍(しんしぐん)の政治委員項英(シアンイン)は、毛沢東の古くからのライバルだった。一〇年前のＡＢ（アンチ・ボルシェビキ）団粛清(しゅくせい)のとき、毛沢東は拷問や殺人に反対した項英を始末させようとしたが果たせなかった。項英は長征に毛沢東を同行させることに反対し、毛沢東は権力奪取を企てる人間である、と警鐘を鳴らした。その後も項英は毛沢東を歯に衣着せず批判し、ときには嘲弄(ちょうろう)した。

約一〇〇〇〇人の参謀と八〇〇〇人の護衛部隊から成る項英の司令部が駐屯していたのは雲嶺(ユンリン)と呼ばれる絵のように美しい場所で、鋭くそそりたつ無数の奇峰のあいだを雲が目も眩(くら)む速さで移り、躍り、渦巻き、解けて、見る者の目を驚かす天下一の奇山黄山(ホワンシャン)にほど近いところにある。一九四〇年一二月の時点で長江の南側に駐屯していたのは、新四軍のうち項英（シアンイン）の部隊だけだった。新四軍の残り九割は、毛沢東の命令によって長江を北へ渡り、毛沢東の腹心劉少奇（リウシャオチー）が指揮する司令部の下に集結していた。

その月、毛沢東は項英の部隊が国民党部隊によって殲滅（せんめつ）されるよう仕組んだ。大虐殺を理由にスターリンを説得して、蔣介石に攻撃をしかける許可を得ようと考えたのである。さかのぼること数ヵ月、その年の七月に蔣介石は新四軍に対して華北へ移動するよう命令を出していたが、毛沢東はこれを公然と無視した。しかし、一二月になり、毛沢東は項英に宿営地を引き払って長江の北へ移動するよう命令した。

項英が取るべきルートは二つ考えられた。短いほうは真北へ向かうルート（北路）、もうひとつはまず南東へ進み、かなり下流で長江を渡るルート（東路）である。一二月一〇日、蔣介石は北路を指定し、二九日に毛沢東がこれを項英に確認した。

ところが翌日、毛沢東はとつぜん東路に変更するよう項英に伝えた。蔣介石が認めなかったルートである。毛沢東は蔣介石にこの変更を伝えなかったので、蔣介石は項英の部隊が合意したとおり北路を取るものと思っていた。一九四一年一月三日、項英の司令部に蔣介石本人から電報が届き、ルートを明記したうえで、「進路沿いの全軍に貴下の安全を確保するよう命じておいた」と伝えてきた。

項英はただちに返電し、指定された北路は取らないことになった、かわりに東路の安全確保を願いたい、と伝えた。しかし、この重要なメッセージが蔣介石に届くことはなかった――毛沢東が原因である。毛沢東は共産党軍の全指揮官に対して蔣介石と直接交信することを禁じ、すべての連絡を毛沢東経由でおこなうよう命じていた。したがって、項英は先のメッセージを毛沢東経由で送った。そして、毛沢東はそれを蔣介石に転送しなかった。こうして、一九四一年一月四日、底冷えする冬の雨の夜に、項英の部隊は出発した。自分の電報が蔣介石に届いていないことを、項英は知る由もなかった。★

★毛沢東がこの電報を握りつぶしたと断言できるのは、項英が出発してから九日が経過し多くの犠牲者が出たあとの一月一三日になって、毛沢東が蔣介石との連絡係をつとめる重慶（チョンチン）の周恩来に対して、「一月四日付……項英から蔣介石あての電報を貴方へ送った。言葉遣いが不適切なので、まだ送付していないならば送付しないでほしい」と伝えているからだ。毛沢東がまだ送付を止められると思っていたということは、その直前まで転送していなかったことを示している。

項英の部隊は、自分たちよりはるかに大規模な国民党部隊の真っ直中（ただなか）へ突っ込んでいく形になった。国民党部隊のほうは項英の部隊が来ることを知らされておらず、まして通過しようとしているだけだとは知らず、共産党軍が攻撃してきたものと思った。六日に戦闘が起こった。この地域を守っていた国民党第三戦区の顧祝同（クーチュートン）司令長官は、共産党軍を「皆殺しにせよ」と命令した。

項英（シアンイン）は半狂乱で延安（イエンアン）へ打電し、国民党側に攻撃を中止するよう伝えてほしい、と、毛沢東に嘆願した。しかし、毛沢東は何もしなかった。長江北岸で新四軍の主力部隊を率いていた劉少奇（リウシャオチー）が九日になって延安に打電し状況を伝えたときも、毛沢東は知らなかったふりをし、項英から最後に連絡があったのは五日で「そのあとは何も聞いていない」と答えた。

戦闘が凄惨をきわめた一月六日から九日までの四日間、毛沢東は、連絡は何ひとつ届いていない、と言い張った。この四日間、項英部隊の通信兵はくりかえし必死のSOSを発信しつづけた。そして、劉少奇の司令部は何の問題もなくこれを受信していた。新四軍司令部に対する殺戮（さつりく）が続いていた六日から九日までの四日間だけ毛沢東の通信装置が都合よく「故障して」いたとは信じがたい。たとえ機械に多少の不調があったとしても、毛沢東が何日間も通信再開の努力をしなかったことは説明できない。毛沢東には、情報を握りつぶすために「通信機のトラブル」を利用した前歴がある

（一九三六年に蒋介石が監禁された西安事件の際に、毛沢東はモスクワからの重要なメッセージを通信機のトラブルで受信できなかったと主張した）。毛沢東にとっては、虐殺が大規模であればあるほど、蒋介石を攻撃する言い訳になる。しかも、犠牲になるのは、どのみち排除したいと思っていた項英なのである。

九日に劉少奇から新四軍の苦境について言及があったあと、毛沢東の無線装置は奇跡的にふたたび機能しはじめた。その日以降、新四軍司令部から届いた緊迫した電文が記録に残っている。一〇日、項英の司令部は毛沢東に、「全滅の一歩手前……」「蒋介石と顧祝同に包囲を解くよう大至急申し入れを願う。さもなくば全滅を免れない」と必死に訴えている。毛沢東は何もしなかった。

同日、項英はふたたび蒋介石に打電した。今回もまた毛沢東経由である。電報は、蒋介石に届く前に握りつぶされた。毛沢東は、「貴方には転送しなかった……この電文は絶対に送付してはならない」と、連絡担当の周恩来に伝えている（一三日のことである）。

一一日夜、重慶で江蘇省党委の機関紙『新華日報』の創刊三周年を祝うレセプションに出席していた周恩来のもとへ、毛沢東からメッセージが届いた。周恩来はレセプションに出席していた人々の前で、新四軍司令部が包囲され攻撃を受けたようだ、と発表した。しかし、この段階でも、毛沢東からの電報は事態への対処を命ずる内容ではなく、「ご参考までに」といったニュアンスだった。

毛沢東がようやく「包囲を中止させるよう正式に申し入れをせよ」と周恩来に指示したのは、その翌日になってからだった。しかし、事態の深刻さは周到にトーンダウンしてあった（「彼らはあと七日は持ちこたえられると言っている」というように、数日前に前線から届いた必死の電文がひどく歪曲（わいきょく）されて伝えられた）。周恩来は一三日になるまで本格的な交渉を始めなかった。蔣介石のほうがそれより一日早く一二日に自主的に殺戮を止めさせた。

一月一三日、皖南（かんなん／ワンナン）事変と呼ばれるこの大虐殺が終わったところで毛沢東はとつぜん息を吹き返したように抗議に転じ、蔣介石に対する義戦を正当化する宣伝キャンペーンを開始するよう周恩来に命じた。「いったん決定が出たら、四川（スーチョワン）［蔣介石の根拠地］まで一気に攻め込むぞ」と、毛沢東は言った。「これで、完全に決裂……あとは、いかに蔣介石を倒すかの問題だ」

共産党軍の兵力だけでは、蔣介石軍にはとても太刀打ちできない。目標を達成するために、毛沢東はどうしてもスターリンの介入が必要だった。周恩来は一月一五日にソ連大使と会談し、中国共産党が緊急支援を必要としていることを強調した。しかし、ソ連大使の反応は冷淡だった。パニュシュキン大使は機密扱いの回想録に、毛沢東が項英（シアンイン）を陥れたのではないか、そして周恩来は嘘を言っているのではないか、という疑念を記している。★

★周恩来はソ連側に対して、新四軍司令部と延安（イエンアン）の無線連絡は一三日の午後以降に断たれた、と話した――これは、六日から九日まで通信が途絶えたと言った毛沢東の話と食い違う。毛沢東の話をそのまま伝えれば、明らかにソ連側は疑念を抱いたにちがいない。

一方、毛沢東は蔣介石との全面戦争をモスクワに直接訴えた。あるソ連人情報源によれば、毛沢東からモスクワへ「ヒステリックな電報が次から次へと」送られてきて、蔣介石は新四軍を全滅させ、次には八路軍（はちろぐん）を消滅させ、いずれは「中国共産党を粉砕する」ことを計画している、「わが軍が殲滅されてしまう危険がある」、と訴えてきたという。

コミンテルン書記長ディミトロフは、電報を受け取った一月一六日の日記に「内戦の危険」という語句を残している。また、新四軍を「わが方の部隊」と書いている。

モスクワは、蔣介石が中国共産党を「殲滅」しようとしているという毛沢東の主張を信用せず、毛自身にもそのように伝えた。毛沢東は、ふたたび大げさな文面の電報を送った。電報には、これはスターリンに読んでほしい、「スターリン同志に中国の形勢に関してご判断を仰ぎ、早急に具体的な軍事援助がいただけないかどうか、ご検討いただきたい」と、とくに注文がついていた。「軍事援助」というのは、単なる武器供与や資金援助ではなく、直接的な軍事介入を意味している。毛沢東のしつこい要求は、スターリンの機嫌を損ねた。一月二一日、レーニン忌の式典で、スターリンは新四軍の名目上の司令官葉挺（イエティン）——ソ連は以前に葉挺の強制労働収容所送りを検討したことがあった——をさげすんだ口調で「紀律に欠けるパルチザン」と呼び、「この男が「皖南（ワンナン）」事変を挑発しなかったかどうか、調べる必要がある。わが方にも、良きパルチザンであったが紀律に欠けていたために射殺せざるをえなかった人間が若干いた」と発言した。ディミトロフは毛沢東に対し、以前よりさらに強い調子で、「先に手を出してはならない……」と伝えた。

ディミトロフはスターリンにあてた書簡の中で、責任は毛沢東個人にある、とした。「中国の同志たちは……軽率にも分裂を求めている。われわれは毛沢東同志に対して、自らの不適切な見解に気づかせるため……を決定した……」。二月一三日、スターリンは中国共産党、特に毛沢東個人に対するディミトロフの命令を承認した。それは有無を言わせぬ絶対的な命令だった。「われわれは、分裂が不可避だとは考えない。諸君は分裂をめざしてはならない。反対に、諸君は内戦の勃発を防ぐため……可能な限りの努力を……しなければならない。この問題に関する諸君の現在の立場を再考していただきたい……」。同日の毛沢東からの返電はモスクワの命令に服するという内容だったが、蔣介石をやっつけるという決意は抑えがたく、「分裂は将来的には不可避である」と主張している。

モスクワからこうした決定が下されることを、毛沢東は何日も前から予見していた。毛沢東は非常に落ち込み、柄にもなくソ連にいる息子たち（めったに手紙など送ったことはなかった）に手紙を書いた。一月三一日付の手紙は、つぎのような内容だった。

わが息子たち、岸英（アンイン）と岸青（アンチン）へ

……二人とも進歩が見られて、父はたいへん嬉しい。岸英は文章がうまく、漢字もなかなかしっかりと書けていて、向上心がある。どれもたいへんすばらしいことだ。ひとつだけ、二人に言っておきたいことがある。若いうちはできるだけ

> 自然科学の学習に力を入れ、政治はほどほどでよい。政治も大切だが、いまの時点では、きみたちは自然科学の学習に専念すべきである……科学だけが真の学問と呼べるものであり、将来に無限の利用価値がある……

それまでの感情に乏しいメモのような手紙に比べると、この手紙は長くて情味が感じられ、子供たちに会いたがっているような雰囲気さえある。全体から、毛沢東のいかにも疲れたようすが伝わってくる。何より意外なのは、毛沢東が息子たちに政治を避けろと言っている点である！

蔣介石に全面戦争をしかけるという目的は達せられなかったものの、毛沢東はそれなりの成果も得た。なかでも満足すべきは、毛沢東を最も辛辣（しんらつ）に批判していた項英（シアンイン）の死である。項英は蔣介石が戦闘停止を命じたあと逃げのびたが、三月一四日深更、山奥の洞窟で睡眠中に副官に射殺された。この副官は少し前に反共に転じた人物で、項英がポケットに入れていた金（きん）や貴重品を奪って国民党に投降した。

死の二ヵ月前、項英が命からがら死の罠から脱出した時期、毛沢東は項英を激しく糾弾する文章を政治局会議に提出し、項英は「敵のスパイ」だったとほのめかした

(今日なお、項英は蔣介石とともに皖南事変の責任者として非難されている)。

毛沢東が得た成果は、項英の死だけではない。もうひとつの成果は、新四軍がそのまま華中に駐屯を認められたことだった。蔣介石は、抗日戦争の最中に全面的な内戦を始めることだけは何としても避けたかったのである。ソ連は蔣介石に対して、共産党軍の発展を妨害しないよう——まして撃退などしないよう——強大な圧力をかけた。チュイコフ将軍は、蔣介石がソ連の意向に沿って動くこととソ連が国民党に援助を継続することとの関係をはっきりと指摘した。蔣介石は我を忘れるほど怒っていた、と、ソ連大使パニュシュキンが書いている。「［蔣介石は］わたしの言葉を非常にいらいらしたようすで聞いていた。書斎の中を行ったり来たりして歩きまわり……わたしは同じ質問を三回くりかえさなければならなかった」

蔣介石は、アメリカからの圧力に対しても非常に弱い立場にあった。ソ連からの武器援助に頼る現状から抜け出すには、アメリカが唯一の希望だったからである。アメリカのフランクリン・ローズヴェルト大統領が（スターリンと同じく）最大の関心を寄せていたのは、中国をできるだけ日本と戦わせて日本を泥沼に沈めることだった。ローズヴェルトは中国共産党に対してまったく影響力を持っていなかったので、もっぱら蔣介石に圧力をかけ、共産党との内紛終結——責任の所在など、実際どうでもよかった――を蔣介石政権に対する援助の条件とした。米メディアは、皖南事変のあと、ワシントンが内紛を理由に五〇〇〇万米ドルの借款差し止めを検討している、と報じた。折しもヒマラヤ（「駝峰」と呼ばれていた）を越える航空路が一月二五日に開設された直後であり、アメリカからの援助がまさに大きな役割を果たそうとするタイミングだった。

　ローズヴェルトは国務省を信頼しておらず、中国に関する情報の大部分をエドガー・スノーを含めた個人的な情報網から得ていた。なかでも中心的な存在だったのは海兵隊将校のエヴァンス・カールソンという男で、カールソンはホワイトハウスに対して共産主義勢力を賞賛する内容のきわめて非現実的な報告をおこなった。ローズヴェルトはそれを鵜呑みにして側近グループに伝え、側近の一人はスノーの『中国の赤い星』も確かにカールソンと同じ見方をしている、と、大統領に進言した。皖南事変当時カールソンは重慶におり、直後にワシントンに戻って共産党側の見解をローズヴェルトに直接伝えている。

　イギリスに関しては、援助の点では重要性はなかったが、蔣介石は英米ブロックと近い関係を保ちたかったので、イギリスからの圧力も無視できなかった。イギリスの首相ウィンストン・チャーチルは蔣介石を嫌っており、蔣介石など軍事的には無能に等しく中国における英国権益にとっては脅威でしかない、と考えていた。英国大使クラーク・カーは蔣介石に対して、もし内戦になった場合はどちらが先に手を出したかに関係なく英国は蔣介石を支持しない、と伝えていた。皖南事変前後のカーの英国本国に対する報告は、非常に共産党寄りであった。カーは、周恩来は国民党の人材を総合計したのと同じだけの価値がある、と公言してはばからなかった。

　皖南事変のあと、モスクワは西側世界で大々的な反蔣宣伝を組織し、事変で一万人近くが虐殺されたと伝えた。実際には、犠牲者の総数は二〇〇〇人前後だった。部隊のうち三〇〇〇人は、最初の野営地まで引き返して長江を北へ渡る「北路」へ逃れた。この部隊は、何の妨害も受けず蔣介石が指定したルートを進軍した。

　蔣介石は項英（シアンイン）の部隊を陥れたわけではなかったが、宣伝が下手だった。国民政府は愚かにもこの時期に新四軍の解散を発表し、国民政府が意図的に新四軍を殲滅したような印象を与えてしまった。また、それまでにもっと大規模な衝突がいくらでもあり、国民党側が犠牲を被っていたにもかかわらず、それについて公（おおやけ）に抗議せず、むしろ内紛は国民の士気に悪影響を与え各国からの援助にも支障が出る（列強はすべて内紛のないことを援助の条件としていた）という理由から事実の公表を避けてきたという事情も、蔣介石にとって裏目に出た。蔣介石側が沈黙を通したことは、共産党にとってまことに好都合だった。朱徳総司令は、「むこう［国民党］が黙っているなら、こちらも黙っているまでだ。むこうは負けたのに黙っている。こちらは勝ったのだから、何も宣伝する必要はない」と述べている。蔣介石の拙劣な対応の結果、西側の多くの国々が、皖南事変は国民党軍が何の罪もない共産党軍を裏切って大虐殺したものだ、と誤解してしまった。

共産党の宣伝組織は優秀だった。重慶で情報の操作を指揮したのは、新四軍を故意に全滅させた毛沢東の凶悪な役割を知る唯一の男、周恩来だった。毛沢東の共犯者周恩来は、個人的な魅力を武器に西側要人の耳に次々と嘘を吹き込んでいった。周恩来と面識があったアメリカ人ジャーナリスト、マーサ・ゲルホーンは、当時もし周恩来に呼ばれたら地の果てまでもついていっただろう、と、著者に語ってくれた。が、彼女の夫アーネスト・ヘミングウェイは、周恩来の本性を、「彼はあらゆる機会をとらえて共産党の立場を売り込むのが非常にうまい」という表現で端的にとらえている。

アメリカでは、一月二二日付の『ニューヨーク・ヘラルド・トリビューン』紙が共産党側の主張にきわめて好意的なエドガー・スノーの記事を掲載した。記事は、「先の軍事衝突に関して初めて信頼すべき報告をお伝えする……」という書き出しで始まっていた。しかし、スノーの記事は香港在住の中国共産党スパイから聞いた話に全面的に依拠したものだった。

共産党側の主張が全世界に伝えられる一方で、それ以外の見方はアメリカ国内のモスクワ支持者や中国共産党支持者によって棚上げされてしまった。ヘミングウェイは皖南事変の直後に中国入りし、共産主義勢力に対する鋭い観察眼で次のように書いている。「……忠実な共産主義者として、彼らは……紙面上でどのような制限に同意しようとも……影響力を拡大しようとするだろう」。共産主義勢力の「きわめて優秀な宣伝活動」のおかげで、「アメリカは抗日戦争において彼らが果たした役割を過大に評価している。たしかに彼らは相当な働きをしたが、中央政府軍の働きはその一〇〇倍も大きかった」「スペインにおけるわたしの経験からすると、共産主義者たちは往々にして、本当に戦ったのは自分たちだけである、と印象づけようとするものだ」

　ヘミングウェイほど有名であれば、その見解は世論にかなりの影響を与えただろうと思われるが、右の文章は一九六五年まで日の目を見なかった。ローズヴェルト大統領の側近だったラフリン・カリーという男が、一九四一年の時点でこれを発表するのは好ましくない、「われわれの政策は内戦を思いとどまらせることにあるのだから」と説得したのである。

ホワイトハウスの大統領補佐官（首席経済顧問）ラフリン・カリーは、皖南事変直後に中国を訪れた。アメリカがソ連の秘密交信を解読した結果（VENONA資料）、カリーはソ連に協力していたことがわかった。ソ連のスパイだった、とする説もある。ローズヴェルト政権とスパイに関する最近の信頼できる研究は、カリーは「操りやすいシンパ」ではあったがスパイではなかった、しかしホワイトハウス内におけるソ連の「友人」ではあった、と結論している。このときの中国訪問で、カリーは共産党勢力にとって非常に有益な働きをした。重慶を訪れたカリーは、蔣介石にローズヴェルト大統領からの伝言（親書もあった）を預かってきたとして、次のように口を切った。「一万マイル離れたアメリカから見ていると、中国の共産主義者というのは、わが国でいう社会主義者のようなものではないかと思われます。われわれは、彼らの農民、女性、および日本に対する姿勢を好意的に見ています」

ローズヴェルトに提出した報告の中で、カリーはもっぱら蔣介石をこきおろし、共産主義勢力についてはきわめて好意的な見解を披露した。カリーは「共産党は大衆の支持を集めることのできた唯一の政党である」と書き、それが彼らの勢力拡大の理由である、と示唆した。皖南事変についても、カリーはローズヴェルトに共産党側の主張を伝えた。★

★カリーの行動でもうひとつ毛沢東を大きく助けたのは、ローズヴェルトとのあいだに好意的な意思疎通ルートを作ろうとする蔣介石の試みをくじいたことだった。蔣介石はカリーに対して、アメリカ大統領に進言できるレベルの政治顧問を国民党政府に派遣してくれるようローズヴェルト大統領にお願いしてほしい、と要請した。そして、初代駐ソ連大使をつとめたウィリアム・ブリットを候補に挙げた。ブリットならば蔣介石は個人的に知っていたし、反共主義者であることもわかっていた。しかし、カリーは蔣介石の要請を独断ではねつけた。蔣介石がブリットを顧問に望んだことをローズヴェルト大統領に伝えた形跡さえない。アメリカに戻ったカリーは、オーウェン・ラティモアという中国学者を顧問に推薦した。ラティモアはローズヴェルト大統領に会ったこともなければ、まして蔣介石が望んだように大統領に進言できる立場でもなかった。結局、カリーが蔣介石とローズヴェルトのコミュニケーションを握ることになった。

国際社会からの圧力があまりに強かったため、一月二九日、蔣介石は駐モスクワ大使に対して、共産党軍との関係修復のためクレムリンに介入を要請するよう指示した。事実上、ソ連に調停を依頼したのである。三日後、有頂天の毛沢東は軍幹部に、「蔣介石がいかに造反しようとも、じたばたしてみたところで結局は自分で自分の首を絞めるだけだ」と語った。毛沢東は「造反」という言葉を遣って、自分がすでに政権の座にあって蔣介石のほうが無法者であるかのような物言いをしている。蔣介石はソ連の要求をのんで、共産党勢力が占領地域をそのまま支配すること、南京や上海に近い中国中心部に共産党部隊をひきつづき駐留させること、を認めた。

毛沢東は自分の主張を宣伝するうえでエドガー・スノーのような西側ジャーナリストが非常に役立つことには早くから気づいていたが、英米政府が蔣介石の行動を縛るうえでいかに有用であるかについてはなかなか理解せず、英米両国に対して極端な敵意を抱いていた。一九四〇年一〇月二五日、毛沢東は党幹部を相手に、イギリスなどナチス・ドイツに占領されてしまえばよい、日本がずっと中国を占領しつづければよい、と話した。「最も厄介で、最も危険で、最も不吉な展開」は蔣介石が「英米ブロックと手を結ぶことだ」と、毛沢東は語った。

考えてみるがよい。日本がシンガポールを取れず……かわりに米海軍がシンガポールを取る。ロンドンは陥落しない……日本がアメリカに降伏する。日本軍が中国から出て行く。アメリカが中国の親英米派勢力に資金と武器を提供する……そうなったら、それこそ最悪の情況だ。

毛沢東にとって、この展開は日本に占領されるよりもっと絶望的だった。が、ある日突然、毛沢東の態度は大きく転換する。一一月六日、毛沢東は周恩来にこう書いている。「けさ、貴君からの三日付電報にあった重要情報を読んだ。つまり、蔣介石が英米ブロックに加われば、われわれにとって有利になるばかり、ということ……今後はこれに反対するのをやめて……英米とのつながりを強化していかなければならない……」

西側が毛沢東にとっていかに有用に働きうるかについて、周恩来が何か入れ知恵をしたにちがいない。このときから、周恩来は西側とくにアメリカとの人脈構築に力を入れるようになった。一九四一年一二月に日本が真珠湾を攻撃したあと、周恩来は西欧人を魅了する物腰を武器に攻勢をいっそう強め、中国におけるアメリカの存在(プレゼンス)は大幅に増大した。

一九四一年四月一三日、ソ連と日本は中立条約を結び、これによって日本は大量の兵員を東南アジアと真珠湾に振り向けることができるようになった。しかし、日ソ中立条約には、ソ連と日本のあいだで中国を分割するという条項は含まれていなかった。毛沢東の望んだポーランド式の展開は実現しなかったのである。

第二三章　恐怖の力で基盤を固める

一九四一〜四五年★毛沢東四七〜五一歳

一九四一年六月二二日、ドイツがソ連に侵攻した。毛沢東の計算は大きく狂った。ソビエト・ロシアは毛沢東にとって支援者であり、希望であった。それが大幅に弱体化した――あるいは中国に目を向けなくなった――のでは、助けにならない。毛沢東は何日も眠れない夜が続いた。★

★毛沢東はドイツの侵攻があることを知っていた。しかも、時刻まで数時間の誤差で把握し、クレムリンに警告を発していた。コミンテルン書記長ディミトロフは、中国共産党からの通報内容を、「ドイツがソ連を攻撃する……**決行日――一九四一年六月二一日！**」（太字はディミトロフによる）と、日記に書いている。こうした警告をわざわざ記した例は、この一件だけである。この情報は、中国共産党のスパイが入手した。ドイツ軍が実際に二二日に侵攻を開始したあと、クレムリンは後ればせながら中国共産党の協力に謝意を表したが、警告を見くびっていたふしがある。

とりあえず、蔣介石軍との戦いが危機的状況に陥っても、ソ連の介入は期待できなくなった。毛沢東は共産党軍に「国民党の全部隊に対する攻撃をすべて停止せよ」と命じ、ただちに戦闘をやめさせた。

弱体化したソ連との関係において、毛沢東は自己保存を最優先した。ドイツに攻め込まれたソ連は、中国共産党に対して、もし日本がソ連を攻撃したときには共産党軍が日本に武力で応戦すると確約してほしい、と要求してきた。スターリンにとって、西から攻め込むヒトラーに合わせて日本が東から攻め込み、巨大な挟み撃ちにあう、という展開は悪夢だった。万一そのような事態が出来（しゅったい）した場合、共産党軍は日本の部隊を何個「引きつけておく」ことができるか、と、モスクワは尋ねてきた。毛沢東に行動を促すために、ディミトロフは七月七日付の電報で、一〇〇万米ドルを分割で送金すると知らせてきた。二日後、コミンテルンは中国共産党に対して「具体的ステップ」を提出するよう指示してきた。

党指導部の大多数は、日本がソ連に侵攻した場合には中国共産党も何か行動を起こすべきだと考えていた。ふだんは慎重な劉少奇(リウシャオチー)も、もし日本がソ連を攻撃したら共産党軍は日本を牽制するために攻撃に出るべきである、とした電報を毛沢東に送った。しかし、毛沢東は、いかなる状況においても共産党軍を危険にさらすようなことはしない、と決めていた。七月一八日、毛沢東は劉少奇に、もし日本がソ連を攻撃したら（毛沢東は七月二日に「その可能性は非常に大きい」と発言している）、「大規模な軍事行動を起こすのは……良い考えではない……わが軍は弱い。軍事行動を起こせば、取り返しのつかない損害を被るのは必至である」と返電している。戦闘はソ連にやらせておけ、というのが毛沢東の姿勢だった。「すべてはソ連の勝利にかかっている」
毛沢東は八路軍(はちろぐん)の総司令代理彭徳懐(ポントーホワイ)にこの方針を説明し、ソ連との協調はすべて純粋に「戦略的［すなわち名目のみ］かつ長期的なものとし、実戦は含まない」こと、と指示した。また、各部隊に対しては、「敵［日本］を過度に刺激しないように」と、くりかえし警告した。

モスクワに対しては、共産党軍は弱すぎるのであてにしないでほしい、「われわれの人的・物的資源は欠乏しており、根拠地は縮小しており、弾薬は尽きかけており、形勢は日増しに困難になっている」、もし軍を動かせば「敗北を喫して根拠地も長期に堅持できなくなる可能性があり……そのような行動はわれわれ双方にとって利益にならないと考える……」と伝えた。「仮に日本がソ連を攻撃した場合、軍事作戦を協調的に実施するうえで当方の力量は大きくない」――つまり、中国にあまり期待しないでほしい、というメッセージである。

毛沢東は、共産党軍がこれまで日本と戦ってこなかったし今後も戦わない、ということを事実上認めたわけである。少し前まで、毛沢東はモスクワに対して、共産党軍は強大になった、八路軍だけで三二万九八九九人もいる、と、大口をたたいていた。それが一転して、銃の一発も撃てそうにない、と言いはじめたのである。

スターリンは、ドイツ軍がモスクワ郊外まで迫っていた一九四一年末、あるいはスターリングラード攻防戦直前の一九四二年七月など、自ら毛沢東にあてて何度か電報を打ち、日本軍を牽制してほしい、と要請した。が、いずれも成果はなかった。毛沢東の非協力的な態度は、モスクワを激怒させた。しかも、毛沢東は、ソ連軍はウラル山脈へ退いてゲリラ戦を戦ってはどうか、などと口をはさんでモスクワをいっそう怒らせた。ソ連国内には、毛沢東がこうした行動に出たのはソ連に対する信頼が欠如しているからだ、と指摘する声がある。さらに、チュイコフ将軍などは、毛沢東にはドイツ軍の侵攻に乗じてソ連を乗っ取ろうという野望があった、とまで指摘している。毛沢東が「スターリンはヒトラーには勝てない」と言ったとか、「社会主義は生まれて二四年になるのに八年のファシズムに歯が立たないのか」と言った、などの風説も流れた。

後年、モロトフは、「ソ連は［毛にこれだけのことをされたのに］、それでも毛沢東を支援したのですか？」と質問されて、歯切れの悪い口調でこう答えている。「そうです。そのとおりです。理解に苦しむ、とおっしゃるのはわかります。しかし、ものごとをそう杓子定規（しゃくしじょうぎ）に見てはいけません」「われわれは馬鹿に見えたでしょうが、わたしの意見では、われわれは馬鹿ではなかったのです」

実際、反目しあいながら、スターリンと毛沢東は互いを完璧に理解しあっていた。彼らの関係は、容赦なく自己利益を追求し互いに相手を利用する、という本質の上に成り立っており、長期的目標においても共通するものがあった。毛沢東の行動がどれほどクレムリンを怒らせようと、スターリンはけっして毛沢東と手を切ることはなかった。

日本軍とも国民党軍とも交戦がなく、ソ連は自国の苦境で中国に介入するどころではないので、毛沢東はこの機会をとらえて党の締めつけをはかり、蔣介石との全面戦争に備えて自分に絶対服従する組織を作り上げようと考えた。

一九四一年末、共産党の党員数はおよそ七〇万人に達していた。このうち九割以上は抗日戦争が始まったあとに入党した人々で、多くは国民党支配地域から共産党の革命根拠地へやってきた若き情熱に燃える理想主義者たちだった。彼らは教育程度が比較的高く、将来の共産党政権を支える有能な人材を必要とする毛沢東にとって非常に重要な存在だった。長征に参加した党員や革命根拠地で徴募した党員のほとんどは、読み書きのできない農民だったからだ。毛沢東は、若い志願入党者たちに狙いを定めた。

彼らはほとんど例外なく、中流階級の若者がかなり左傾化した一九三〇年代後半に入党した人々だった。当時は共産ソ連が中国の主要な——事実上唯一の——抗日同盟国であり武器供給国だった。ソ連に対する好意的な見方が中国共産党にも敷衍(ふえん)されて、多くの人々が中国共産党こそ抗日に熱心な政党であると思っていた。

国民党には多くの人々が失望していた。国民党の力では中国全土に及ぶ貧困と不正を根絶することはできない、という評価が広がっていた。長征以前の中国共産党による残虐行為は、知られていなかったか、忘れられたか、あるいは国民党のプロパガンダとして無視されたようだ。共産党が古い政策を捨てて新しく生まれ変わったと宣言したときに、それを信じた人たちもいた。実際、しばらくのあいだは、共産党の動きを見るかぎり変化は本物と思われた。外国人のあいだでも、共産党の主張を信じる人間は少なくなかった。その中には宣教師も含まれていた。一九三七年から三八年の重要な時期に国民党中央宣伝部長としてメディア対策をとりしきった共産党スパイの邵力子も、共産党の血なまぐさい過去を消して善良なイメージを広めるのに大きな役割を果たした。エドガー・スノーの『中国の赤い星』も、同様の役割を果たした。毛沢東は、共産党は誤解され中傷されている、という筋書きをせっせと売り歩いた。延安に新しく到着したグループを前に、毛沢東は、中国共産党は「ずっと前から美人だった」のに「醜く描かれていた」だけだ、と話した。

多くの若者たちが志願して毛沢東の首都延安へやってきた。毛沢東が彼らの締めつけにとりかかるころには、約四万人が集まっていた。ほとんどは一〇代後半から二〇代前半の若者で、国民党の支配地域で共産党に入党したあと延安に送られてきた人々だった。

革命のメッカと呼ばれる町に着いた若者たちは、とてつもなく興奮していた。志願してやってきたある若者は、そのときの気分をつぎのように書いている。「ようやく、丘にそびえる延安の町が見えてきた。ぼくたちは興奮のあまり泣きだした。トラックの上で歓声があがった……。みんな『インターナショナル』やソ連の『祖国行進曲』を歌いはじめた」

新しく延安へやってきた人々は「[古参兵の]悪臭を放つ着古した綿入れの上着がうらやましくてしかたなかった。何もかもが新鮮で、刺激的で、神秘的に見えた」とも書いている。

新しく来た人々はほとんどが「学校」や「研究施設」などに入れられて訓練を受け、共産主義思想を教え込まれた。が、大多数はじきに失望しはじめた。最大の原因は、彼らが理想として描いていた平等がまったく存在せず、むしろ政権によって明白に否定されていたことだった。延安は、どこを見ても不平等と特権だらけだった。すべての組織には等級の異なる三つの食堂が存在した。最も等級が低い人々は、中級の人々に比べて肉も食用油も半分くらいしか配給されず、一方でエリート階級はもっと多くの配給を受けていた。トップの指導者たちは、特別に栄養豊富なものを食べていた。

衣類も同様だった。地元で生産される綿布は織りが粗く着心地が悪いので、高級幹部用には根拠地の外から肌ざわりの良い綿布が取り寄せられていた。毛沢東は外から見える部分は一般の人々と同じものを着ていたが、下着は上等な生地で作られていた、と、毛沢東一家の洗濯や修繕をしていた使用人が著者に話してくれた。使用人には下着も靴下もいっさい支給されなかったので、しょっちゅう風邪をひいていたという。タバコ、ろうそく、便箋（びんせん）なども、同様に、等級によって配給量に差がつけられていた。

最高指導者の子供たちはソ連へ留学させてもらい、あるいは専属の乳母がついた。高級幹部の妻たちは病院での出産が許され、産後しばらく専属の看護師がついた。その下の等級に属する役人たちは、子供を特権階級用の保育園に入れることができた。一般の共産党員で結婚している人間は比較的少なかったが、そういう人たちは子供を作らないようにするか、子供がいる場合はたいへんな苦労をしなければならなかった。

厳しい生活環境と粗末な食事のせいで、病気にかかる人が多かった。薬品は乏しく、使わせてもらえるのは等級が高い党員だけだった。医薬品は国民党支配地域から特別に取り寄せていた。毛沢東にはアメリカから来た専属の医師ジョージ・ハテムがついていたほか、ソ連人の医師団もいた。何か——あるいは誰か（たとえば理学療法士）——が必要なときには、モスクワか重慶(チョンチン)にいる周恩来に手配を頼めばすんだ。高級幹部は病院で特別の治療を受けることができた。ただし、入院するには工作単(コンツオタン)位(ウェイ)（職場）の許可が必要だった。入院先でも、等級によって食事に差がついた。

日中戦争が始まったころ、延安(イエンアン)には国民党が派遣した赤十字の医療チームがいた。赤十字医療チームは、地元住民も一般の共産党員もわけへだてなく治療していた。ところが、延安当局はこれを追放しようとして、赤十字の薬は毒薬だ、とか、

「国民党がわれわれの同志を殺すために赤十字を送り込んだ！　われわれの飲み水に毒を入れ、細菌をまき散らそうとしている！」といった噂を流した。医療チームのほとんどは、まもなく根拠地から出ていった。一部の医師は強制的に延安に足止めされ、おもに共産党特権階級の治療をさせられた。

延安における特権を象徴する最大の存在は、たった一台しかない自動車だった。これはもともと救急車で、ニューヨークで洗濯業を営む中国人労働者たちが、戦傷者を運ぶために、と寄贈したものだった。しかし、この救急車は一人の兵士も運んだことはなかった。毛沢東が「私有化」したからだ。毛沢東の救急車は、客人の送り迎えにも使われた。一九三九年にはエドガー・スノーを乗せた。スノーはこのことに別に驚くようすもなく、「これがわが友人の宣教師を驚かせた毛の贅沢であった」と書き、この救急車は「かの洗濯業者たちから延安に何台も寄贈された中の一台で、ここでは空襲で負傷した民間人を近くの病院へ搬送するのに使われたりしている」と紹介している。実際には救急車は一台しかなく、民間人負傷者を搬送したことなど一度もなかった。救急車は「毛主席の車」と呼ばれていたのである。トップに近い人々でさえ、救急車は孫文（スンウェン）の未亡人宋慶齢（ソンチンリン）が毛沢東に「私用車」として贈ったものだと思っていた。

こうした現実にひどく怒っている人間もたくさんいた。ある若い志願入党者は、一九三九年春に、江青を車に乗せて通りかかった毛沢東を見た。江青は派手な「えんじ色の春服を得意そうに着ていた。江青と毛沢東は、周囲の注目を浴びてすごいスピードで走り抜けていった。通行人は二人に非難の眼差しを向けた」という。

自分の特権に人々が腹を立てていることを、毛沢東はじゅうぶん承知していた。ある日、毛沢東と昔から友人だった曾志が食事に来た。その後、毛沢東は彼女を何度か食事に招いた。あるとき、曾志は、「こうやって日曜日ごとにお訪ねすれば、おいしいものが食べられるわけね！」と口をすべらせた。すると、「主席の笑顔が凍りつき、ばつの悪そうな表情になった。まずいことを言ってしまった、と思った……」と、曾志は回想している。

党は特権を理屈で正当化しようとした。「特権は指導者同志の側から要求したものではない」と、理論派の第一人者が論陣を張った。「これは党の命令なのである。毛主席を例に挙げてみよう。党は主席に対して、一日に鶏一羽を食べるように、と命令することだってできるのだ」

こんな詭弁で人々が納得するはずもない。「延安では、万人に平等なものは三つしかない――日光、空気、それに便所だ」といった皮肉が口の端に上った。特権制度は、日本人共産党員や捕虜にまで及んだ。彼らの中で正式にセックスが許されていたのは、リーダーの野坂参三ただひとりだった。「毛沢東は彼に機嫌よくしていてもらいたかったのです」と、捕虜として延安にいたことのある日本人が著者に語ってくれた。「それで、毛沢東は彼の相手として延安で女性同志を提供したのです……われわれは文句を言いませんでした――少なくとも公然とは。みんな不満はありましたが、胸の奥にしまっていました」

どれほど失望しても延安から出て行くことはできないという掟に、やがて若者たちは気づいた。延安を出ようとする行為は脱走とみなされ、脱走者は処刑された。延安は、地域全体が刑務所のようなものだった。延安以外の場所は、ほかの革命根拠地も含めて、「外面（ワイミエン）」と呼ばれていた。ある人は、病院で二人の男が、「おれたちは病気じゃないのに、なんでこんなところへ入れられるんだ？」と叫んでいるのを見たという。訛りから察するに、どうやら江西（チアンシー）省出身で長征を生きのびた人たちのようだった。二人は大暴れして、武装した職員に押さえつけられていた。

「おれたちは家族に会いたいから家に帰らせてくれ、って頼んでんだ。なのに、許可が出ない。おれたちのことを頭がどうかしてるとか言って、こんなとこへ連れてきやがって」

二人は長征経験者に贈られるメダルをつけていた。幹部の一人が、「同志、栄えある革命の歴史を思い出したまえ！」と声をかけた。

「そんなもの、糞の役にも立たんわ。さんざんケガさせられて、死ぬような目に遭って。あげくが見ろ、ほかのやつらが役人になって、食い物も着る物も得して、おれたちには何のいいこともない。これなら家に帰って百姓したほうがましだ」

「ほう、頭の病気ではないようだな。要するに、きみたちは革命精神が動揺しているということだ」

この話をしてくれた人は、「延安の幹部のあいだでは、老若を問わず、望郷の念にかられている人が多かった」と回想する。農民出身の幹部は「とにかく家に帰らせてくれ、とストレートに要求する人が多く、上司に止められていた。脱走を試みる者もいたが、つかまれば即刻処刑だった。教育のある者は、もっとうまくやった。家に帰りたいとは言わず、いろいろ理由をでっちあげて党に『外面』への転勤を願い出た……」

「外面」との境界に近い場所で勤務する兵士の場合、脱走は比較的容易だった――そして、脱走は膨大な数にのぼった。ある旅団が一九四三年九月二九日付で定めた目標は、一、〇〇〇人の脱走兵捕獲だった。これは、一個旅団だけの数字である。延安の中心部に住んでいる人間の場合、脱走はほぼ不可能で、革命聖地へ志願してやってきた若者たちの大多数はむりやりに自分を納得させてこの地に定住するしかなかった。

この若者たちが毛沢東の将来の権力基盤となるわけだが、このままでは明らかに将来の党を担う人材として不十分だった。彼らは夢を求めて延安へやってきた。それを現実の中国共産党の戦力とするには、根本から叩き直す必要があった。この壮大な人間改造計画に毛沢東が着手したのは一九四二年だった。★毛沢東が最初に手をつけたのは、若者を代弁する急先鋒、王実味（ワンシーウェイ）という三五歳の作家に対する攻撃だった。王実味は熱心な共産主義者で、エンゲルスやトロツキーの著書の翻訳もしていた。あるとき、王実味の小論「野の百合」が延安の主要紙『解放日報』に連載され、これが毛沢東の関心を引いた。三月一三日に掲載された第一回目の記事で、王実味は次のように書いた。

★いわゆる「整風（チョンフオン）運動」である。

延安の若者たちは、最近、活気を失っているように見える。何やら腹に不満を抱えているようなのである。なぜか？　われわれの生活に何が欠けているのか？　栄養が足りない、ビタミンが足りない、という答えもあるだろう……あるいはまた、延安における男女比が一八対一で、若い男性の多くが妻を見つけられないからだ、という答えもあるだろう……さらにまた、延安の生活はあまりに単調で退屈すぎるのだ、という答えもあるだろう……

こうした答えが的外れだとは言わない。しかし……若者たちは……革命に従事するためにここへやってきたのである。犠牲的精神を持ってやってきたのである。彼らは美食やセックスや快楽を求めてやってきたわけではない。

若者たちの夢を破壊したのは制度化された特権であり、それに伴う横暴な態度や傲慢な態度なのである、と、王実味は筆を進め、偶然耳にした若い女性二人の会話を引用する。女性二人は、上司に対する不満を口にしていた。

「あいつったら、他人には小ブルジョワ的平等主義とか言うくせに、自分自身はどうなのよ……自分の特権のことしか考えていないくせに……自分の下にいる同志たちのことなんて、まるで関心がないんだから……！」
「言うことだけは立派だけどさ！　階級友愛とか。でも、煎じ詰めれば——ただの屁みたいなもんじゃない！　あいつには初歩的な人間の思いやりさえないんだから！……わたしたちのことを本当に考えてくれてる幹部なんて、ほとんどいないわよ」

一〇日後に掲載された二回目の連載で、王実味の筆はますます辛辣になった。

延安には等級制度も特権も存在しない、という人がいる。それは事実ではない。そういうものは実際に存在している。あるいは、たしかに等級制度や特権は存在するけれど、それは合理的なものだ、という人もいる。ここで、われわれは自分の頭を使って考えなくてはいけない。

王実味は、人々に自分の頭で考えるよう呼びかけた。しかも、彼の主張は筋が通っており、説得力があった。

わたしはけっして平等主義者ではない。だが、食事や衣類にまで等級を設けることは不必要であり、不合理であると考える……たとえば、病人が麵の一杯も食べられずにいる……のに、その一方で健康そのものの「大人物」がどう見ても必要とも合理的とも認めがたい特典を享受しているとしたら、下の者たちの気持ちは離れていくだろう……

この記事を読んだ毛沢東は新聞を机にたたきつけ、「ここは誰が支配しているのだ？　王実味か、マルクス主義か？」と、怒りをあらわにしたという。毛沢東は受話器を取り上げて、『解放日報』の締めつけを命じた。

王実味は、さらに辛辣な文章を壁新聞に発表した。毛沢東は壁新聞を若い知識人たちのガス抜きの場として寛大に扱っていた。壁新聞は読者数が限られているし、知識人たちに破り捨てることも消すこともできるという点で、毛沢東には好都合だった。王実味の壁新聞は、「党に正義を打ち立てなければならない。不公平を排さなければならない……同志諸君、自らに問うてみたまえ……諸君は、『大人物』が恐くて本音を言えない人間か？　罪をでっちあげて『小人物』を迫害することに長けている類なのか？」と呼びかけていた。王実味の筆は特権の問題を超え、党の暗部に切り込んでいった。

王実味の壁新聞は南門の外、延安(イエンアン)で最も人通りの多い場所に掲示された。皆が言いたくてもあえて言わなかったことを痛烈に代弁する数行の壁新聞に、黒山の人だかりができた。王実味は英雄になった。

ある晩、毛沢東は河を渡り、カンテラの光に照らされた壁新聞を見に行った。そこには熱心に壁新聞を読む人々の姿があり、毛沢東は王実味の人気が非常に高いのを知った。そして即座に、「標的が見つかったぞ」と言った。のちに、毛沢東は、「たくさんの人が彼の記事を読もう……として遠くからやってくる。だが、わたしの記事は誰も読もうとしない！」「王実味が王者であり覇者であり……王実味が延安の支配者で……われわれは敗者である……」と愚痴をこぼしている。

毛沢東は王実味に同調する若者たちを震えあがらせるために、王実味を罪に問うことにした。とはいっても、正面から王実味の主張と対決することはできないので、王実味がトロツキーとスターリンについて非公式に喋ったことを公(おおやけ)にしてトロツキー主義者の罪を着せた。王実味はトロツキーを「天才」と呼び、一方のスターリンは粛清(しゅくせい)によって「底知れぬ罪悪を無数に作り出した」「愛すべきところの見出せぬ人物」であると発言していた。モスクワ裁判についても「疑わしい」と発言していた。王実味は断罪され、投獄された。短い人生の最後の数年間を、王実味（ワンシーウェイ）は独房に監禁され、精神的圧力をかけられて過ごした。一九四四年に国民党支配地域から何人かのジャーナリストが延安（イエンアン）にはいることを許されたとき、王実味は車椅子に乗せられた姿で彼らの前に連れてこられ、ロボットのような表情で告白をおこなった。「彼は何度も何度も、『わたしはトロツキー主義者です。わたしは毛主席に反対しました。わたしは万死に値する罪を犯しました……でも毛主席はとても寛大で……衷心（ちゅうしん）より主席に感謝いたしております』と、同じことをくりかえし喋った」という。ある記者は、「過去の『錯誤』に言及したとき、彼はこちらが恐ろしくなるほど険しい表情をしていた……わたしが見るところ、彼は心をひどく病んでいると思う……」と書いている。

　王実味の尋問にあたった人間が、のちに明かしている。「彼は命令されたとおりに喋ったのです。もちろん、ほかに選択肢はありません。あのあと、彼はベッドの上で激しく懊悩（おうのう）していました。両手の拳をきつく握りしめ、表情には極度の不満が刻まれていました」。一九四七年に共産党勢力が延安から撤退したとき、王実味も一緒に連れていかれた。そして、行軍中のある晩、王実味は斬殺され、涸（か）れ井戸に投げ捨てられた。四一歳だった。

毛沢東が王実味を標的に指名したあと、一九四二年末まで集会がくりかえし開かれ、若い志願入党者たちは王実味を批判するよう命じられた。が、若者たちが強い抵抗を示していることに毛沢東は気づいた。まだ恐怖の締めつけが足りない――毛沢東は彼らを恐怖の力で支配するために別の方法を考えなければならなかった。

そこで、毛沢東と中国版ＫＧＢの責任者康生（カンション）は、全員にまとめて嫌疑をかける、という方法を考え出した。つまり、国民党支配地域の共産党組織はほとんどが蔣介石に協力するスパイ組織だった、と言いがかりをつけたのである。その結果、若い志願入党者の大多数にスパイ容疑がかかることになった。彼らはみな、こうした組織のどれかに属していたか、あるいはそうした組織の紹介を受けて延安へやってきた者たちだったからだ。この言いがかりの根拠とされたのは、たった一件の「証拠」だった――一九歳の志願入党者が七日七晩にわたって睡眠を与えられず保衛局の尋問を受けた結果、とうとう言われたとおりの内容を白状した、というものだ。

この「証拠」を根拠にして、毛沢東は一九四三年四月以降、延安のすべての志願入党者を何らかの形で拘禁し「審査」にかける、という作業に着手した。何千人という若者たちが逮捕され、黄土丘陵に新しく掘られた洞窟監獄に放り込まれた。棗園（ツアオユワン）――中国版ＫＧＢの敷地で、毛沢東もここに住んでいた――の裏手の小さな渓谷だけでも、三〇〇〇人を超す囚人を収容するための監房が掘られた。収監されなかった者たちも、大半が自分の所属する組織に拘禁されることになった。どの組織も封鎖され、番兵が巡回して、事実上の監獄と化した。毛沢東はすべての組織に対して「歩哨(ほしょう)を配置し夜間外出禁止令を敷くこと。訪問者を禁止し、出入りの自由を認めないこと」を命じた。看守と尋問官の役割を与えられたのは、それぞれの組織でスパイの嫌疑をかけられなかった者たちだ。彼らはおもに国民党支配地域から来た人々を除いた残りで、どこの組織でもたいてい少数派であり、組織によっては全体の人数の一ないし二割しかいなかった。

一般の工作単位(コンツオタンウエイ)（職場）を事実上の監獄に変えてしまうというやり方は毛沢東の発想による重要な新機軸で、毛沢東は中国を統治した全期間を通じてこの方法を使いつづけた。この点においては、毛沢東はヒトラーもスターリンも遠く及ばないシステムを作り上げたといえる。すなわち、人民の中から一部を看守に仕立て、それまで同じ職場の同僚だった人々を一方は囚人、一方は看守という立場にして同じ敷地内に生活させる、というシステムである（共産中国においては、職場と住居が同じ敷地内にある場合が多かった）。このようにして、毛沢東は共に働き生活する人間どうしのあいだに大きなくさびを打ち込んだだけでなく、拷問を含む抑圧に手を染める人間の数を大幅に増やした。スターリンやヒトラーの場合、こうした目的にはおもに秘密警察のエリート（ＫＧＢやゲシュタポ）を使い、犠牲者も一般の目に触れない場所に隔離されていたが、毛沢東はこうした活動の範囲を大きく広げたのである。投獄された若者たちには、スパイであることを告白し他人を告発するよう強大な圧力がかけられた。目的は、スパイを発見することよりも恐怖を喚起することにあった。本物のスパイ狩りは、特務によって常時秘密裏に従来の方法でおこなわれていた。本当にスパイの嫌疑をかけられた人間は「迅速かつ秘密裏に音もなく処刑された」と、毛沢東の助手をつとめた師哲（シーチョー）が著者に語ってくれた。★

★処刑は、ときに別の役割を果たすこともあった。師哲はある病院で大きな水槽を見たときのことを語ってくれた。「水槽の中には、男性の死体がはいっていました。年齢は三〇歳前後、ホルムアルデヒドに漬かっていました」。病院職員の話によると、解剖用の死体が必要になったとき、三人の「反革命分子」を医療目的のために殺してもよい、と「康生（カンシヨン）が許可してくれた」ということだった。

見せかけのスパイ狩りは、拷問の口実となった。眠らせないのは標準的な拷問テクニックで、ときには二週間も眠らせずに尋問を続ける場合もあった。鞭で打つ、手首を縛って吊るす、膝が壊れるまでねじる（老虎凳（タイガーベンチ））などの昔ながらの拷問もおこなわれたし、心理的苦痛を与える方法――洞窟監房に毒蛇を入れると脅すことから、模擬処刑で脅すことまで――も使われた。夜になると、無数に並んだ洞窟監房の奥から肉体を引き裂かれる苦痛の絶叫が静寂の丘陵に響き渡り、延安（イエンアン）に住んでいるほとんどの人々の耳に届いたという。

拷問――婉曲に「逼供信（ビーコンシン）」と呼ばれた。強いて（逼）供述させた内容（供）を証拠（信）とする、という意味――に関して、毛沢東は自ら直接指示を与えていた。「糾（きゅう）正（せい）は早すぎても遅すぎてもよくない」と、毛沢東は一九四三年八月一五日に命令している。「早すぎれば……運動がきちんと展開しない。遅すぎれば……［拷問された者たちの］傷が大きくなりすぎる。したがって、精密な注意を払い、適時に糾正することが原則である」。毛沢東は、犠牲者たちをまだ使える状態で残しておこうとしたのである。

毎月毎月、延安では尋問中心の生活が続いた。恐怖を煽（あお）る群衆集会もくりかえし開かれた。煽られて逆上した群衆の前に引き出された若い志願入党者が、自分はスパイであったと自白させられ、他のスパイを名指しするよう強要される。名指しされた者は壇上に引き出され、むりやり罪を認めさせられる。潔白を主張して屈しない者はその場で縛り上げられ、スローガンを叫ぶ群衆のヒステリックな罵声を浴びながら監獄へ引き立てられ、あるいは模擬処刑にかけられる。こうした集会が作り出す恐怖は耐えがたいものだった。群衆集会は「きわめて影響の重大な神経戦である。人によっては、どんな拷問よりも破壊的な結果をもたらす」と、当時、毛沢東に近いある幹部が語っている。

★尋問と群衆集会のほかにも、人々は思想改造会議で徹底的に思想をたたき込まれた。娯楽は、歌もダンスも含めてすべて中止された。ようやく一人になれる時間も、「思想検査」——それまでファシズムの日本以外では例を見なかった慣行——を書くことに費やされ、とても神経が休まるものではなかった。「三回書かせ、五回書かせ、何度でも書かせるように」と、毛沢東は命令した。「全員に思想自伝を書かせせることだ……これまで一度でも党に対して良からぬ思想を抱いたことがあれば、ひとつ残らず書き出すよう全員に伝えなさい」。加えて、他人から非公式に伝えられた情報——毛沢東政権はこれを「小広播」(小放送)と呼んだ——も書かなければならなかった。「自分が発言した党に対して良からぬ内容を書くと同時に、XさんやYさんが言ったことも書け、というわけです。自分の記憶を際限なく探り、際限なく書きつづけなくてはならない。本当にいやな作業でした」と、延安(イエンアン)時代を経験したある人が著者に語ってくれた。「良からぬ内容」の基準は、わざと曖昧にしてあった。そうすれば、人々は恐怖心から書かなくてもいいことまで書くだろう、という計算である。

★心身を消耗させる集会に人民を駆り出して屈服させ気力を失わせるやり方は、毛沢東による統治の絶対不可欠な要素として定着していくことになる。

多くの人々がこれに抵抗しようとした。しかし、抵抗すれば、それは即その人がスパイである「証拠」とされてしまう。「やましいことがないならば、党に報告できないことなどないはずだ」という理屈である。プライバシーの概念を引き合いに出すこともできなかった。共産主義者は「私的」なものを求めてはいけないからだ。抵抗が最も顕著だった行政学院では、ある男性がささやかながら勇気ある抗議のしるしに、「夜に妻と交わす睦言(むつごと)も書かなくてはいけないんでしょうか？」と質問した。周囲でクスクスと笑いが起こった。もちろん、この男性を含む周囲の大多数がスパイであるとされた。毛沢東は一九四三年八月八日に、行政学院では「一人の［原文ママ］人間を除いて、教員も職員も全員が『スパイ』であり、『学生も多くがスパイである。おそらく、半分以上はスパイだろう」と発言した。こうした圧力の下で、スパイの嫌疑を逃れるために必死になって八〇〇項目を超す会話を紙に書いた者もいた。

「小広播」の記述を強いることによって、毛沢東は人民に告げ口させあう環境づくりに大きな成功を収めた。毛沢東は人と人との信頼関係を破壊し、延安時代だけでなくその後にわたって人々に意見交換を躊躇(ちゅうちょ)させる社会を作った。また、「小広播」を抑制することによって、ほかの情報入手経路をすべてコントロールしたうえで、事実上唯一の非公式情報源までも封じてしまった。人民は外の世界の報道にはいっさい触れることができず、ラジオ放送を聞ける人間も一人もいなかった。自分の家族も含めて、外の世界と手紙をやりとりすることさえ禁じられていた。国民党支配地域からの連絡は、すべてスパイ活動の証拠とみなされた。情報に対する飢餓状態は人々の脳死を招いた——思考の出口がないという状況も、これに拍車をかけた。他人との意見交換もできず、考えをひそかに書きとめることもできなかった。整風(チョンフォン)運動のあいだ、人々は日記まで提出するよう圧力をかけられた。多くの人々は、思考することさえ恐れるようになった。思考は無駄なだけでなく危険な行為となった。自分の頭でものを考える習慣は衰退していった。

二年におよぶこのような洗脳と恐怖の支配によって、正義と平等を熱烈に信じていた生気あふれる若い志願入党者たちは、ロボットに作り替えられた。一九四四年六月、何年ぶりかで外部のジャーナリストが延安（イエンアン）にはいることを許されたとき、重慶（チョンチン）から来た特派員は不気味な画一性に気づいた。「ひとつの質問を二〇ないし三〇人にぶつけてみると、知識人から労働者まで、［どんな内容の質問であろうと］みな同じような答えが返ってくる……愛情に関する質問に対してさえ、どうやら集会で決定された答えがあるようなのだ」。そして、予想したとおり、「彼らは異口同音に、党は自分たちの考えについて何ら直接的コントロールをしていない、と、強い口調で言うのである」。

　このジャーナリストは、「ぴりぴりと神経の張りつめた雰囲気」に「窒息しそう」だった、「ほとんどの人が、ものすごく一途で深刻な表情をしていた。幹部の中では、毛沢東氏だけはしばしばユーモアのセンスを見せ、周恩来氏は会話が非常にうまいが、それ以外の幹部はほとんど冗談のひとつも口にしない」と書いている。エドガー・スノーの妻で一九三七年に延安に滞在したことのあるヘレン・スノーは、当時はまだ毛沢東に聞こえないところで「ほら、あそこ、神様が歩いていくよ」などという会話を耳にしたものだ、と、著者に語ってくれた。しかし、七年後にはそんな軽口をたたく人間は一人もいなくなった。毛沢東は皮肉や嘲笑的表現を禁止した（正式には一九四二年春以降）のみならず、ユーモアそのものを処罰の対象とした。毛沢東政権はこうした言辞を一網打尽に取り締まる「説怪話」（でたらめな話をする）という罪を発明し、懐疑的な発言や苦情から気の利いた冗談に至るまで、すべてにスパイのレッテルを貼る根拠とした。

要するに、毛沢東は能動的・自発的な協力（自発的協力は、つまるところ、取り下げ可能な協力でしかない）など必要ない、と考えたのである。必要なのは、革命を志願してやってきた人間ではなく、ボタンひとつで整然と動く歯車なのである。そして、毛沢東は望むものを手に入れた。

一九四四年初め、ソ連はドイツに対して攻勢に転じていた。ソ連が日本と開戦しそうなきざしも見えてきた。日本が敗北すれば、そのあと蔣介石軍と戦うのに幹部党員が必要になる。そこで、毛沢東は恐怖の支配をトーンダウンしはじめた。

被疑者たちを監禁し不安と苦痛の中に置いたまま、党の情報機関は強要によって自白させられた莫大な数の人間の中に本物のスパイがいるかどうかを審査しはじめた——当然、長く遅々として進まぬ作業である。が、ひとつだけ、情報機関が最初から知っていたことがあった。本物のスパイは若い志願入党者の一パーセントをはるかに下回る人数しかいない、ということだ。

この時点で、毛沢東は、ほかの革命根拠地でも延安（イエンアン）に倣（なら）ってスパイ狩りをするように、と命令した。ただし、延安がやっているというだけの理由で個別審査方式でやってはいけない、と、はっきり釘をさした。全員に恐怖による締めつけをひととおり経験させることが必要である、という意味だ。ほかの根拠地でも延安と同様の恐怖を作り出すために、毛沢東は中国版KGBが示した「一パーセント」という数字を「一〇パーセント」に膨らませて、延安はこの方法で多数のスパイを見つけ出した、と、偽りの指導をした。

それからさらに一年が過ぎ、一九四五年の春になって、毛沢東はようやく被疑者全員の名誉回復を指示した。その時点で、毛沢東はソ連が日本に宣戦することを予測していた。そうなれば、すぐに中国全土の覇権を賭けた戦いが始まる。そのときに備えて、急いで幹部を準備する必要があったのだ。

共産党に志願入党した若者は延安だけで何万人にものぼり、全員が整風（チョンフォン）運動で精神的混乱と苦悶の地獄を味わった。その結果、精神に破綻をきたした者も多く、一生を廃人として送ることになった者もいた。延安時代を経験した人々は、谷間の洞窟に押し込められた若者たちの姿を覚えている。「精神に異常をきたした人間がたくさんいた。けたたましく笑っている者もいれば、泣きじゃくっている者もいた」、「毎夜毎夜、狼のような絶叫や遠吠え」が聞こえた、という。

非業の死を遂げた人々の数は、数千人にのぼった可能性がある。多くの人間にとって、自殺は苦しみを終わらせる唯一の方法だった。崖から飛び降りた者もいれば、井戸に身投げした者もいた。子供や配偶者がいる者は、彼らを先に殺してから自殺するケースが多かった。一度で死にきれず何度も自殺を図る者も少なくなかった。ある物理学教師はマッチの頭（有毒）を飲んだが死にきれず、首を吊ってようやく目的を果たした。自殺未遂者は、情け容赦なく糾弾された。ある者は割れたガラスを飲んで自殺を図ったが果たせず、息を吹き返したとたんに「自己批判を書け」と言われた。抗議の自殺もあった。抗議の自殺をしたあと、遺体となって二度目の抗議を果たした例もあった。拘禁され尋問されていたある男性が崖から飛び降りて自殺し、彼のクラスメートたちがこの男性の遺体を尋問係が住む窰洞（ヤオトン）の向かいに埋葬したのだ。亡霊になって恨みを晴らしに戻ってくる、という含みである。

ある役人が一九四五年三月に指導部にあてた書簡で指摘したように、志願入党した若者たちは「革命への情熱に重大な打撃を受けた……彼らの頭と心に刻まれた傷は非常に深い」ものだった。それでも、毛沢東は彼らを自分のために働かせることができると確信していた。どんなに不満でも、彼らはすでに共産党組織に取り込まれており、精神的にも肉体的にも組織から抜けることはきわめて困難だったからだ。ほかに選択肢のない多くの若者にとって、自らの信念にすがる以外に道はなかった。そのほうが、犠牲になるにしても納得しやすかった。毛沢東はこうした若者たちの理想主義を巧妙に利用し、つらい経験は「為人民服務」(人民に奉仕する)――毛沢東が新造した絶妙な表現で、のちに広く知られる言葉となる――の一部として受け容れなくてはならない崇高な犠牲であり、救国の大業のために魂を浄化する経験なのである、と納得させた。

多くの人々の心にわだかまっていた恨みを和らげるため、一九四五年春、毛沢東は公開の場で何度か「謝罪」のジェスチャーをしてみせた。整風運動の犠牲となった若者たちを蔣介石軍と戦う前線へ送り出す少し前のことである。典型的な謝罪の形は、人民の前で帽子を取って首を垂れる、あるいは敬礼する、というジェスチャーだった。ただし、毛沢東は寛大にも他人の責任をかぶって謝罪している(「中央を代表して謝罪したい……」)という形を演出した。あるいは、「延安全体が多くの錯誤を犯した」というように、他人にまで――犠牲者自身にまで――罪を広げる演出もあった。「諸君に気持ちの良い風呂にはいってもらおうという意図だったが、過マンガン酸カリウム「虱を殺すために使われた」を入れ過ぎたために、諸君の繊細な皮膚が傷ついてしまったのだ」――犠牲となった者たちは甘やかされすぎていたから傷つきやすいのだ、という意味である。毛沢東の口からは、「闇夜の白兵戦で誤って味方を傷つけてしまった」「あれは父親が息子を殴るようなものである。だから恨まないでほしい」「さあ立ち上がり、服に付いた泥を払って戦いを続けよう」といった類の詭弁がすらすらと出てきた。

こうした場面で、大半の聴衆は涙を流した。諦念と安堵のいりまじった涙である。大多数の若者は、自分を手ひどく裏切った組織のために戦いつづけた。彼らは毛沢東が政権を掌握する道具に使われたあと、こんどは中国人民全体を虐げるシステムの一部として働くことになる。毛沢東は、大衆を鼓舞激励する能力によってではなく、大衆を引きつける魅力によってでもなく、基本的に恐怖という手段を使って、こうしたシステムを作り上げた。

整風運動によって、毛沢東は党全体を徹底的に締めあげた。直接弾圧の犠牲にならなかった人々も、例外なく他人――同僚、友人、はては配偶者まで――を非難する行為を強要された。そして、それは非難された側だけでなく、非難した側にとっても、いつまでも消えない心の傷となった。群衆集会に参加させられた人々の脳裏には、悪夢のような光景が焼きついた。自分の知っている人々が糾弾される光景におびえ、次にあの壇上に引き出されるのは自分かもしれないという恐怖が頭から離れなかった。容赦なくプライバシーに踏み込まれ、際限なく「思想検査」を書かされる日々がストレスをさらに増大させた。一〇年後、毛沢東は、自分が踏みつぶしたのは党の八〇パーセントではなく、「事実上一〇〇パーセント、それも力ずくで踏みつぶした」と語っている。

こうして、毛沢東は蔣介石と戦うための強力な基盤を作り上げた。整風(チョンフォン)運動がもたらした最大の成果は、国民党とのありとあらゆる関係が徹底的に明らかにされたことだった。毛沢東は「社交関係表」を作り「全員にあらゆる種類の社交関係を細大漏らさず［傍点は著者による］書かせよ」と命じた。整風運動を終了するにあたって、当局は一人一人の党員に関する調査書類（檔案(タンアン)）をまとめた。この作業を通じて、毛沢東はきたるべき決戦に備えて国民党がスパイを潜入させてくる可能性のあるルートをすべて把握することができた。事実、国共内戦のあいだ、国民党組織の防諜がザルの目のように甘かったのと対照的に、共産党組織への潜入に成功した国民党スパイはほとんど皆無だった。毛沢東は水も漏らさぬ組織を作り上げたのである。

毛沢東はまた、蔣介石に対する憎悪を徹底的に植えつけて「問答無用」の反蔣集団を作り上げた。若い志願入党者が大挙して延安（イエンアン）にやってきたころ、中国共産党は蔣介石と戦争状態にはなく、多くの若者たちは毛沢東が望むほど蔣介石を憎悪していなかった。毛沢東の発言にもあるように、「なかには、国民党はすごく良い、すごく立派だ、と思っている者もいる」ような状況だった。「新しい幹部は蔣介石に対して非常に大きな幻想を抱いており、一方で古くからの幹部は階級憎悪が弱まってきている」と、当時の高級幹部が指摘している。蔣介石は、誰が何と言おうと中国の抗日リーダーだった。一九四三年に英米から領土返還（香港を除く）をとりつけたのは、蔣介石だった――毛沢東でさえ大祝賀行事を命ぜざるをえなかったほどの歴史的快挙である。中国がアメリカ、ソ連、イギリスと並んで「世界の四強」に叙せられたのも、蔣介石が達成した成果だった。中国が国連安全保障理事会の常任理事国となり――のちに毛沢東がこの地位を継承した――拒否権を持つことになったのも、蔣介石の手柄である。

当時、蔣介石こそが軍閥を廃し、国家を統一し、抗日戦争を先頭に立って指揮する近代中国の建設者である、という見方が多くの国民の認めるところであり、毛沢東としてはこのイメージを打ち砕く必要があった。恐怖の弾圧運動の中で、毛沢東は党に対して、「中国を建設するのは誰か？ 国民党か、中国共産党か？」という問題に関して「再教育」を命じた。蔣介石のイメージを打ち壊すためには、当然、毛沢東が近代中国の建設者であるという神話を作り上げる必要があった。

毛沢東は「スパイ狩り」の中で蔣介石の欠点をあげつらい、憎悪を植えつけるための誇張した話を作り上げた。「スパイ狩り」自体も、日本のスパイではなく国民党のスパイを見つけ出すことが目的であり、国民党と日本が大ざっぱにひとくくりで扱われることもあった。整風（チョンフオン）運動の中で、毛沢東は一般の共産党員に、蔣介石こそ敵である、という観念をたたきこんでいった。

共産党内に激しい反蔣感情を喚起するために、毛沢東は二年前の皖南（ワンナン）事変と同じような国民党部隊による「大虐殺」事件を計画した。今回犠牲となった人々の中には、毛沢東の二人の弟のうち生き残っていた毛沢民（マオツオーミン）が含まれていた。

毛沢民は、はるか西北の新疆（シンチアン）で活動していた。新疆は何年か前からソ連の実質的な衛星国となっていた。一九四二年、この地区の軍閥が反共に転じ、生命の危険を察知した毛沢民ら地元共産党組織の指導者たちは、毛沢東に何度も電報を打って撤退許可を求めた。しかし、毛沢東からの返事は、その地に踏みとどまれ、というものだった。一九四三年初め、毛沢民を含め一四〇人以上の共産党員とその家族が軍閥政府に連行された。毛沢民の妻、息子、毛沢東が「娘」と呼んでいた劉思斉（リウシーチー）（のちに毛沢東の息子の妻になる）も、囚われの身となった。

新疆の軍閥は重慶（チョンチン）の国民党政府に帰順したので、共産党としては当然、重慶との連絡役である周恩来を通じて国民党政府に彼らの釈放を願うのが筋だった。ソ連からも、そうするよう周恩来あてに指示があった。中国共産党指導部からも、書記処の名で二月一〇日に周恩来に同じ内容の要請がなされた。二日後の二月一二日、毛沢東は周恩来に別の電報を打った。これは毛沢東一人の署名による電報で、国民党側と交渉すべき具体的内容を指示する文面だったが、その中に新疆で囚われている中国共産党員の釈放要請は含まれていなかった。いまや毛沢東の命令のみに従って動くようになっていた周恩来は、国民党と何度も交渉を重ねながら、新疆の件は一度も議題にしなかった。

当時重慶にいた林彪（リンピアオ）は、六月一六日、ソ連大使パニュシュキンとの会談会場に周恩来より早く到着し、周恩来が何の手も打っていないこと、「命令」は「延安（イエンアン）」から来たこと、をパニュシュキンに告げた。林彪より遅れてやってきた周恩来は、三ヵ月ばかり前に蒋介石に手紙を書いたが返事がなかった、と主張しはじめた。このとき林彪は「うなだれて座っていた」と、パニュシュキンはモスクワに報告している。周恩来がうそを言っているのは明らかだった。事実、周恩来と林彪（リンピアオ）は六月七日に蔣介石に会ったばかりだったのである。そのとき、蔣介石はたいへん友好的な態度で応じたが、周恩来は新疆（シンチアン）で囚われている同志たちの話題はいっさい持ち出さなかった。

結局、毛沢東の弟沢民（ツォーミン）を含む三人の共産党指導者が、政府転覆の陰謀を企てた罪で九月二七日に処刑された。しかし、たった三人では犠牲者が少なすぎるため、毛沢東は「大虐殺」と大騒ぎするわけにはいかなかった。しかも、毛沢東は処刑を非難する声明さえ出さなかった。共産党が実際にそういうことを企てていたのではないか、という疑いを喚起しかねないからだ。★毛沢民の死は、何年ものあいだ公式には「なかったこと」になっていた。

★三人以外に囚われていた人々は、毛沢民の妻や息子遠新（ユワンシン）を含めて、蔣介石の認可によって後日釈放された。

第二四章　王明に毒を盛る

一九四一〜四五年★毛沢東四七〜五一歳

恐怖という手段を使って一般の共産党員を組織の歯車に仕立てる一方で、毛沢東は指導部の締めつけにも着手した。毛沢東の狙いは、党中央の指導者全員を徹底的につぶして足下に平伏させ、最終的には自分が絶対的指導者となって二度とモスクワの恩寵(おんちょう)という後ろ楯を必要としない地位を手にすることだった。毛沢東は、スターリンがドイツとの戦争に気を取られているタイミングを選んで動いた。

一九四一年秋、毛沢東は一連の政治局会議を開き、過去にどんな形であれ自分に反抗した者たちに卑屈なまでの自己批判をさせ、忠誠を誓わせた。名目だけの党ナンバー1洛甫(ルオフー)、長征の前に毛沢東から実権を奪ったかつての党ナンバー1博古(ポークー)★を含めて、大多数はおとなしく毛沢東の言うなりになった（周恩来は重慶(チョンチン)にいた）。しかし、延安（イエンアン）にいた指導者の中で一人だけ、毛沢東にへつらうことを拒んだ人間がいた。一九三七年末にモスクワから帰国して以来毛沢東にとって最大の脅威だった王明（ワンミン）である。

★博古（ポークー）は一九四六年に飛行機事故で死亡した。

ドイツがソ連に侵攻した後、毛沢東は、ソ連を援護するために日本を牽制してほしいというモスクワの要請を断った。この対応にスターリンは立腹しているにちがいない、と、王明は考えていた。一九四一年一〇月、王明はコミンテルン書記長ディミトロフから毛沢東に送られてきた電文をたまたま目にした。そこには、日本とドイツによるソ連挟撃（きょうげき）を防ぐために中国共産党はいかなる対日攻撃策を講じるつもりか、といった非常に厳しい質問が一五項目も並んでいた。モスクワが毛沢東に対して苛立っている確かな証拠をつかんだ王明は、自分の個人的・政治的運命を逆転させるチャンスに賭けた。王明は自虐的な自己批判を拒絶し、蔣介石や日本に対する毛沢東の政策を批判した。また、王明は大規模な公開討論の場で毛沢東と議論を戦わせる機会を要求し、この問題をコミンテルンまで上げる覚悟であると宣言した。

毛沢東が当初抱いていた計画は、指導部のメンバーから絶対無条件の服従をとりつけたうえで長く先延ばししてきた全国代表大会を開いて党の頂点に上りつめる、というものだった。毛沢東はすでに七年近く事実上のナンバー1として党を牛耳ってきたが、相応の地位や肩書を持っていなかったのである。しかし、王明の反抗によって毛沢東の計画は狂った。不屈の闘士王明が全国代表大会で毛沢東の戦争方針について討論でも始めたら、出席者たちが王明の側に付く可能性はじゅうぶん考えられる。毛沢東は代表大会を棚上げせざるをえなくなった。

　予期しなかった展開に、毛沢東は激怒した。怒りは筆先から文字となって噴出した。この時期、毛沢東は王明および過去に王明に味方した者たちを激しく罵倒する九編の文章を書いて、書いて、書き直した。怒りの対象には、すでに毛沢東の忠僕となっている周恩来まで含まれていた。この九編の文章は、今日でも厳重な極秘扱いとなっている。毛沢東の秘書の話によると、「すさまじい感情の奔出であり、辛辣で過激な表現に満ちた」文章だという。たとえば、同僚たちに言及した部分には「浅ましいかぎりの虫けらども」とか、「やつらの中には本物のマルクスの半分もありはしない、生き生きとしたマルクス、芳しきマルクスの半分もありはしない……あるのはインチキのマルクス、死せるマルクス、悪臭芬々たるマルクスだけだ……」といった文章が書きつづられているという。

毛沢東はこの九編を何度もくりかえし書き直したあと、しまいこんだ。そして、三五年後に人生の幕を閉じるまで、このとき書いた文章に異常なまでの執着を持ちつづけた。一九七四年六月、王明（ワンミン）が亡命先のモスクワで死去し、周恩来が末期膀胱癌（ぼうこう）に苦しんでいたとき、毛沢東はこの文章を文書庫から取り寄せて音読させた（当時、毛沢東は目がほとんど見えなくなっていた）。一九七六年に死去するわずか一ヵ月前にも、毛沢東はいま一度この文章を音読させている。

一九四一年一〇月に毛沢東に対決姿勢を示した直後、王明は急病で倒れて入院した。王明自身は、毛沢東に毒を盛られたと主張している――このときの件については、真偽はわからない。はっきりしているのは、翌年の三月、王明がまもなく退院するという時期に毛沢東が彼を毒殺させようとした、という事実だ。王明は挑戦的態度を変えず、「ほかの全員がこびへつらいに堕ちたとしても、わたしは絶対に頭を下げない」と言明していた。ひそかに書いた詩の中で、王明は毛沢東を「反ソ連、反中国共産党」と呼んでいた。さらに、毛沢東は「個人独裁を狙っている」、「彼はやることなすこと自分のためで、それ以外には何の配慮も払わない」とも発言していた。おそろしく弁の立つ王明がいずれ毛沢東反対論をぶつことは、目に見えていた。

毛沢東が毒殺作戦に使った手先は、金茂岳（チンマオユエ）という名の医師だった。金茂岳は、もともと国民党が派遣した医療チームの一員として延安（イエンアン）にやってきた。国共合作が最も盛んだった時期の話だ。金茂岳は産婦人科の免許を持った医師だったので、共産党は金を延安に引き止めた。王明が入院したとき、金茂岳が主治医になった。金医師が王明を毒殺しようとしたことは、一九四三年半ばに延安の主要な医師たちを対象に実施された公式調査によって立証されている。著者はその調査結果を入手したが、これは現在でも秘密扱いである。

一九四二年三月初めの時点で、王明は「退院許可」の状態だった。金医師は「歯を抜く、痔核を切除する、扁桃を切除する」等々、さまざまな手術を勧めて王明を病院にとどめておこうとしたが、別の医師が異議を唱えたため、これらの手術は却下された。調査によれば、扁桃（へんとう）の手術も痔核（「大きい」との所見）の手術も「危険を伴う手術となった可能性がある」とされている。

ところが、一三日の退院直前に金医師が何らかの錠剤を処方し、それを飲んだ直後に王明は倒れた。調査報告書には、次のように記載されている。「三月一三日、錠剤を一錠服用したところ、［王明は］頭痛を訴えた。三月一四日、錠剤を二錠服用したところ、嘔吐が始まり、肝臓に激しい痛みを訴え、脾臓が腫脹し、心臓付近にも痛みを訴えた」。金医師から処方された薬をさらに服用したところ、王明は「急性胆嚢炎および……肝腫大と診断されるまでに症状が悪化した」

調査では、錠剤の種類は明らかにできなかった。処方箋がなかったからだ。錠剤の種類と投与量に関する質問に対して、金医師は「非常に曖昧な回答」をしたという。しかし、調査によって、王明が錠剤を服用したあとで「中毒症状」を呈した、ということは証明された。

金医師は、さらに別の錠剤を処方した。大量の甘汞とナトリウム化合物である。この二つの薬剤は、合わせて服用すると猛毒性の昇汞が発生する。調査報告書には、このときの処方は「数人の人間を殺すのにじゅうぶんな量」であったと書かれている。報告書は「水銀中毒のさまざまな症状」を詳しく指摘し、「王明が毒を飲まされたのは事実である」と結論している。

金医師から渡された錠剤をぜんぶ飲んだとしたら、王明は死んでいただろう。しかし、王明は怪しいと思って途中で薬の服用をやめた。六月にはいって、金医師は治療を装った殺人の試みを中止した。理由は、ソ連から非常に高い地位の連絡員ピョートル・ウラディミロフが新たに延安に着任したからである。ウラディミロフは将軍の階級を持ち、中国西北での活動経験があり、中国語を流暢（りゅうちょう）に話し、中国共産党指導部にも個人的な知り合いがいた。ウラディミロフの報告はスターリンに上げられることになっていた。ウラディミロフは、ソ連軍参謀本部情報総局（GRU）の軍医で同じく将軍の階級を持つアンドレイ・オルロフと無線技師一人を伴っていた。

ウラディミロフとオルロフが着任してまもなく、七月一六日に、モスクワは初めて王明が「九ヵ月にわたる入院治療の結果、瀕死の状態にある」と知らされた。この段階では、王明はまだソ連から来た二人に毒殺疑惑を打ち明けていなかったものと思われる。毛沢東に命を握られているうえに、証拠がなかったからだ。王明はまずウラディミロフに対して、毛沢東はソ連を軍事的に援護するつもりなどない、と伝え、スターリンと毛沢東のあいだを裂こうとした。ウラディミロフは七月一八日の記録に、王明が「もし日本が［ソ連を］攻撃した場合、ソ連は［中国共産党を］あてにすべきではない、と言った」と書き残している。

ほどなく、ウラディミロフは毛沢東に対して非常に批判的な見方をするようになった。「スパイがわれわれの一挙手一投足を見張っている」、「ここ数日、［康生（カンション）は］一人のロシア語教師を、生徒としてそばに置いてやってくれ、と、わたしに押しつけようとしている。これほど美しい中国人女性は見たことがない。彼女のおかげで、われわれは気の休まる暇がない……」。数週間もしないうちに、ウラディミロフは料理人を解雇した。「康生（カンション）が送り込んだ密告者」にちがいないと確信したからだった。

一九四三年初め、王明（ワンミン）の容態は急激に悪化した。ソ連軍医オルロフも加わった医師団は、国民党支配地域あるいはソ連での治療を進言した。しかし、毛沢東は王明が延安（イエンアン）を離れることを許さなかった。

王明は、生きてモスクワへ逃れるためにはスターリンに自分の政治的有用性を売り込むことが肝要だ、と承知していた。一月八日、王明はスターリンを受取人に指定した長い電文をウラディミロフに口述した。王明自身の説明によれば、毛沢東による「反ソ・反党」の「さまざまな犯罪」を詳述したという。電文の最後に、王明は、「モスクワで治療を受けるために迎えの飛行機を出していただくことは可能でしょうか。モスクワに着いたら、毛沢東の犯罪の詳細に関しても、コミンテルン指導部にお話しします」と付け加えた。

王明のメッセージは、ウラディミロフがかなり穏便な表現に書き直したうえで、二月一日にコミンテルン書記長ディミトロフのもとへ届けられた。毛沢東は王明が危険なメッセージをソ連に送ったことに気づいたようで、即座に王明を逆告発する電文をディミトロフに送信している。それでも、ディミトロフは王明に「モスクワへ運ぶ飛行機を派遣する」と約束した。

この時点で、金茂岳(チンマオユエ)医師はふたたび王明の命を狙った。ディミトロフから電報が届いた直後の二月一二日、金医師はまたも致死的な甘汞(かんこう)とナトリウム化合物を組み合わせて処方したのである。さらに一週間後、金医師は浣腸液と称して致死量に相当するタンニン酸を処方した。今回、王明は処方された薬を服用せず、念のため保存しておいた。

毛沢東はあきらかに重大な危機感を抱いたらしく、唐突な行動に出た。三月二〇日、完全に秘密の政治局会議――王明を除く――を招集し、政治局および書記処の主席に就任して党の最高指導者の地位を得たのである。政治局会議の決議は毛沢東に絶対的権力を与え、「すべての問題について……主席が最終決定権を有する」とした。王明は中核である書記処から外された。

毛沢東が名実ともに党のナンバー1となったのは、このときが初めてである。が、これはきわめて内密に処理された一件であり、中国共産党に対してもモスクワに対しても完全に秘されていた。毛沢東の一生を通じてこの経緯は秘密扱いにされ、知っている者はおそらく一握りの人間だけであったと思われる。

王明は毛沢東の秘密工作をどこからか耳にしたらしく、この段階になって初めて毒殺疑惑をソ連側に明かした。三月二二日、王明（ワンミン）はオルロフに金（チン）医師から処方された薬を見せた。ウラディミロフがその件をモスクワに報告した。モスクワからはただちに返電があり、処方された薬は「緩慢な中毒を起こす」もので「重篤な場合には死亡する」と伝えてきた。王明は、処方された薬を延安（イエンアン）の医療責任者傅連暲（フーリエンチャン）にも見せた。そして、これが調査につながり、王明毒殺の企てがはっきりと証明された。

しかし、陰謀に長（た）けた毛沢東は、この調査さえ自分に都合よく利用した。たしかに調査によって王明毒殺の企ては明らかになったが、毛沢東は調査が継続中であることを理由に王明のモスクワ行きを差し止めたのである。

毛沢東にとって、スケープゴートを仕立てるのは苦もないことだった——今回は金茂岳（マオユエ）医師である。三月二八日、ウラディミロフは、江青（チアンチン）が「まったく不意にわたしに会いにやってきた」と書いている。「彼女は、『金医師は信用できない人物で、おそらく［国民党の］スパイだろう』［と言った］……」

五六年後、埃っぽい北京のくすんだコンクリート・ビルの一室で、著者は延安の公式調査報告書をまとめた一五人の医師団の最後の生き残りであるY医師に会うことができた。八七歳になるY医師は心身ともに矍鑠（かくしゃく）としており、テープレコーダーを入れたインタビューに応じてくれた。

Y医師が語ってくれたところでは、医学的調査をおこなう決定が下されたあと、Y医師は王明が本当に毒を飲まされたのかどうかを確かめる仕事を与えられた。Y医師は「一ヵ月のあいだ王明のそばから離れず、彼の書斎で睡眠をとる」生活をし、毎日王明の尿を熱してその中に銀片あるいは金片を浸し、それを顕微鏡で検査した。その結果、尿に水銀が含まれていることが証明されたという。Y医師は上司にあたる医師に、「王明は徐々に中毒を起こすよう投薬されていたようです」と報告した。しかし、その後数週間にわたって何の動きも起こらなかった。毒薬投与が暴露されてから三ヵ月以上もたった六月三〇日、ようやく医学的調査が開始された。七月二〇日にまとめられた報告書には、王明が金茂岳医師に毒薬を投与されたことはまちがいない、と書かれ、金医師自身が署名した。署名のあとに括弧書きで、「若干の項目につき別紙にて陳述する」とあったが、それは実行されなかった。ある会議の真っ最中に、同僚たちが見ている前で、金医師は王明の妻の足もとに身を投げ出して泣いた。Y医師もその場にいた。Y医師の話によると、金医師は「ひざまずいて、自分がまちがっていました、許してください、と言った」という。「彼はまちがいを認めました。もちろん、故意にやったとは認めませんでしたがね」。実際には、金茂岳医師は医療便覧をポケットに入れていつも持ち歩いていた。便覧にははっきりと甘汞(かんこう)とナトリウム化合物を組み合わせて処方してはいけないと書いてあり、しかも金(チン)医師はその部分に下線まで引いていたという。Y医師は、この件で、「ごらんなさい、ここに、この処方は厳禁、非常に危険、と書いてあるじゃありませんか！　しかも、あなたは自分で下線まで引いている！」と、金医師を追及した。金医師は黙っていたという。ところが、金医師は処罰されるどころか、棗園(ツアオユワン)にある国家保衛局の敷地にかくまわれ、特務エリートの中で暮らすことになった。そして、その後も共産党指導部の医師として医療活動を続けた。毛沢東が金医師の能力や信頼性にわずかでも疑問を持っていたとすれば、このようなことは考えられない。★

★金茂岳(マオユエ)医師は江青(チアンチン)ととくに親しく、一九四二年夏には江青に人工妊娠中絶と卵管結紮(けっさつ)の手術をおこなっている。共産党が政権を取ったあと、金医師は党指導者やその家族が利用する北京病院の院長に就任した。一九五〇年九月三〇日の夜、毛沢東の義理の娘が盲腸炎でこの病院に担ぎ込まれた。手術には近親者の同意署名が必要だったが、夫の岸英(アンイン)が不在だったため、金医師が代わって手術同意書に署名している。

調査報告には毛沢東の名前はもちろん出てこないが、ソ連側ははっきりとわかっていたようで、「王明(ワンミン)は毒薬を投与され……毛沢東と康生(カンション)が関係していた」という記述が残っている。

王明のモスクワ行きを阻むうえで毛沢東の重要な協力者として動いたのは、今回も、重慶(チョンチン)の連絡事務所にいた周恩来だった。ソ連の航空機が延安(イエンアン)に飛来するには蔣介石の許可が必要だったので、毛沢東は表向き周恩来に対して王明を迎えに来るソ連機の飛行許可を蔣介石に申請するよう要請する一方で、王明を出国させたくないという意向もはっきりと示した。周恩来は抜かりなく、「国民党が王明を延安から出す許可をくれない」とソ連側に伝えた。が、実際には、当時重慶にいた林彪(リンピアオ)がソ連大使パニュシュキンに対して、周恩来は国民政府にその件を一度も要請していない、なぜなら「延安」から「指示」があったからだ、と暴露している。

ちょうどこの時期、周恩来は毛岸英を父毛沢東のもとへ送り届けるソ連機の飛行許可を蔣介石に申請し、許可を得た。一九三七年以来ずっとソ連で暮らしていた岸英は二一歳になっており、血気盛んな士官学校生で、ソ連共産党に入党していた。岸英はスターリンに三度手紙を書き、ドイツ戦線に行かせてほしいと願い出た。

しかし前線に送ってもらえなかったので、一九四三年五月一日に士官学校を卒業したあと、毛岸英（マオアンイン）は中国へ帰国する許可を申請した。毛岸英は毛沢東の長男であり、事実上たった一人の跡継ぎと見られていた。毛沢東のもう一人の息子毛岸青（マオアンチン）には精神障害があった。毛岸英は（ディミトロフ経由で）父親に電報を打った。毛沢東からは、蔣介石が飛行許可を出した、と返電があった。毛岸英は帰国の準備を整え、国際児童保育院の校長に、「弟から目を離さないようにお願いします……弟には悪気はありません。ただ耳がよく聞こえないのと、神経が参っているだけです」と、岸青の世話を頼んだ。

八月一九日、ソ連航空機がモスクワを発ち、王明（ワンミン）を迎えに延安（イエンアン）へ向かった。この飛行機には岸英が乗っているはずだった。が、その日、岸英はディミトロフに呼び出されていた。延安に着陸した飛行機に岸英の姿はなかった。これは、息子を解放する前に王明をよこせ、というモスクワからのメッセージだった。

しかし、毛沢東は王明を出国させなかった。ウラディミロフが次のように記録している。「医師たちは……王明が……飛行機による移動の負担に耐えられないだろう……と言わされて……飛行機の乗員たちはできる限り離陸を延期して待ったが、「毛の」思いどおりになってしまった」

一〇月二〇日にもふたたびソ連機が延安に飛来し、四日間待ったものの、結局ソ連人情報員を何人か乗せただけで、やはり王明を乗せられないまま離陸した。ウラディミロフは、「[オルロフ医師の姿を]見たとたん、王明は泣き出した……彼は……まだ歩くことができず……[王明の]友人はみな彼のもとから去って……王明は文字どおり独りぼっちの境遇に置かれている……」と記録している。王明が体調を崩してから二年、毒薬の投与が始まってから一九ヵ月が経過していた。この長く苦しい日々、王明の妻は献身的に夫を看病し、夫の前では気丈に平静を保ちつづけていた。しかし、ときにはドアに鍵をかけ、苦悩を吐き出すこともあった。まだ幼かったころに一度だけ母親が土間の床を転げ回り、足を蹴り、タオルで声を殺して泣いている姿を見たことがある、と、王明の息子が著者に話してくれた。当時、彼は幼すぎて事の意味を理解することはできなかったが、ショッキングな光景は記憶に深く刻みこまれた。

延安では「多くの人たちが王明が水銀中毒で死にかけたこと、誰かが王明を殺そうとしたことを知っていました……噂が広がったのです」と、Y医師は語った。上層部の役人だけでなく、医療関係者に知り合いのある一般党員のあいだにも、噂は広まった。あまりに多くの人間が噂をしはじめたため、毛沢東は陰でささやかれている疑惑を払拭する必要があると考えた。そのためには、公（おおやけ）の場で王明に疑惑を否定させなければならない。

一一月一日、二度目に飛来したソ連機が離陸した一週間後、毛沢東は高級幹部の大集会を開いた。毛自身も壇上に着席した。王明(ワンミン)は呼ばれなかった。注目の証人は拘禁先から引っぱり出されてきた軍の古参幹部で、一年あまり前に王明夫人から夫が毒を盛られているという話を聞いた、夫人は毛沢東が背後にいることを強く示唆した、と証言した。これを受けて王明夫人が登壇し、激しい言葉でこの証言を否定した。一一月一五日、王明夫人は毛沢東および政治局に書簡を送り、自分も夫もそのような考えは心に抱いたことさえなく、毛沢東に対してはただひたすら感謝の念を抱くのみである、と誓約した。これをもって、毒殺疑惑は正式に幕引きとなった。

毛沢東はスターリンの意向を驚くほど大胆不敵に無視してみせたことになる。モスクワがあてもなしにはるばる延安(イエンアン)まで飛行機を寄こすはずがないことは、わかりきっている。しかも、この時期、延安にいたソ連人の周辺で奇妙なできごとが連続して起こっていた。ソ連人の使っていた無線局がめちゃくちゃに壊されたり（何者かの破壊工作に見せかけてあった）、ソ連人が番犬――オオカミ対策も兼ねて――として連れてきた犬たちが射殺されて見つかったりしたのである。毛沢東が大胆にもこういうことをしたのは、自分の勝ちを確信していたからであり、スターリンにはどうしても自分の存在が必要であることを知っていたからだ。この時期、一九四三年一〇月三〇日に、スターリンはアメリカに対して、ソ連は最終的には対日宣戦布告するつもりである、と伝えている。毛沢東に対するソ連からの武器支援は急増していた。

ディミトロフは王明の出国について一一月一七日に改めて毛沢東に打電したが、毛沢東は返事をしなかった。ディミトロフが王明に送った電文は、悲観的な文面だった。ディミトロフ夫妻の養子となった王明の娘が元気でやっていることを伝えたあと、ディミトロフは万策尽きたといった調子で、「貴君の党関係の問題については、そちらで解決をめざしていただきたい。当面、こちらから介入することは得策ではないようだ」と書いている。

しかし、スターリンは毛沢東に警告しておく必要があると考えた。一二月二二日、スターリンはディミトロフに命じて、次のようなきわめて異例の電文を毛沢東あてに送らせている。

言うまでもなく、コミンテルン解散後は★、当指導部は……中国共産党の内部問題に介入することはできなくなる。しかし……中国共産党の現状況が感じさせる危惧に関して、若干コメントしておかざるをえない……外国占領軍に対する戦闘を縮小する方針は、政治的に誤っていると考える。また、民族統一戦線から離脱しようとする現在の動きも誤りである……

★解散は一九四三年五月二〇日。これはスターリンが西側同盟国の機嫌をとるためにおこなった多分に形式的な処置であり、モスクワと毛沢東の関係にはほとんど影響を及ぼさなかった。

ディミトロフは、毛沢東の諜報責任者康生（カンション）について「疑わしい」と述べ、康生は「敵に協力している」と断じた。また、毛沢東に対して、王明（ワンミン）（と周恩来）を「罪に陥れるために展開された運動」は「誤り」である、と指摘した。毛岸英（マオアンイン）に関しては、電文の冒頭で険（けん）のある書き方をしている。

貴君のご子息に関して。軍事政治アカデミーに入学できるよう手配した……彼は有能な青年であり、まちがいなく貴君の信頼すべき良き片腕となるだろう。彼からは、よろしく、とのこと。

ディミトロフは、毛岸英の帰国が大幅に延びていることについて一言も触れなかった。また、王明と毛岸英に同時に言及することで、毛岸英は蔣経国と同じく人質である、というメッセージをこの上なく明確な形で毛沢東に突きつけたのだった。

一九四四年一月二日、ウラディミロフの翻訳によってディミトロフからの電文を理解した毛沢東は、即座に怒りをあらわにし、その場ですぐに返信を書いた。それは一項目ずつ木で鼻を括ったような反論を並べた内容だった。

ディミトロフ同志へ

一、われわれは抗日闘争を縮小していない。それどころか……

二、国民党との合作に関するわれわれの路線は変わっていない……

三、われわれと周恩来の関係は良好である。彼を党から切り離すつもりは毫もない。周恩来はたいへん進歩した。

四、王明は種々の反党活動に従事してきたものであり……

五、中国共産党はスターリン同志およびソビエト連邦を熱愛し崇敬していることを断言し保証するものである……

六、王明（ワンミン）は信頼に値しない。彼はかつて上海で逮捕された際に、獄中で共産党員であることを認めた由、複数の証言がある。王明はこのあと釈放されている。★［ソ連で粛清（しゅくせい）された］ミフとの関係を疑わせる証言もある……

康生（カンション）は信頼できる人物である……

毛沢東

★釈放の経緯について王明の説明が不十分であり、したがって疑惑がある、という意味。

毛沢東は直情的な人間だったが、ふだんはそうした感情が表に出る前に抑えていた。ある側近が毛沢東の「沈着冷静さ」や「自制心」に言及したとき、毛沢東は、「わたしは腹を立てないわけではない。ときには怒りのあまり肺が破裂するかと思うことさえある。しかし、自制しなければいけない、内心を見せてはいけない、と自戒しているのだ」と答えている。

ディミトロフからの電報を読んだとき、毛沢東は珍しく激昂した反応を見せた。感情を爆発させた理由は、息子に対する思いが深かったからではなく、モスクワから恫（どう）

喝されるという経験が初めてだったからだ。しかし、毛沢東はすぐに直情的な対応を後悔した。毛沢東にはモスクワを怒らせる余裕はなかった。とくに、ドイツに対する戦況が好転しはじめ、ソ連は日本に宣戦布告しそうなところまで勢いを盛り返していた。ソ連の後押しで政権を握るチャンスが近づいていた。

翌日、毛沢東はウラディミロフのところへやってきて、ディミトロフからの電報について「じっくりと考えてみた」と言い、前日の電文はもう送信してしまったかと尋ねた。もしまだなら、「内容を書き直したい」というのだ。

しかし、電報はすでに送信されたあとだった。不安になった毛沢東は、ウラディミロフの機嫌をとりはじめた。一月四日、毛沢東はウラディミロフを観劇に招待し、「顔を合わせるやいなやソ連……とI・V・スターリン……に対する尊敬の念を口にしはじめた……毛沢東はソ連で教育を受けたり労働を経験した中国人同志を心から尊敬する、と言った……」。次の日、毛沢東はふたたびウラディミロフを訪ねた。「どうやら、毛は一月二日にディミトロフに送った電報が無礼で無分別なものだったことを自覚しているようだ」と、ウラディミロフは書いている。一月六日、毛沢東はソ連人たちを招いて夕食会を催した。「何もかも仰々しく、愛想よく……卑屈なほどだった」。翌日、毛沢東は午前九時――毛にしてみれば真夜中――にウラディミロフのところへ一人でやってきた。そして、「唐突に王明(ワンミン)の話を始めた――これまでとは全くちがう、ほとんど友好的といってもいいような口調で！」話を終えたあと、毛沢東は腰を下ろしてディミトロフあてに新しく電文を書き、ウラディミロフにいますぐ「カチカチと打電してください」と言った。「毛は動揺したようすで、挙動に緊張や不安がにじみ出ていた……ひどく疲れているようすで、一睡もしていないように見えた」

二通目の電文は、卑屈なほど神妙な調子だった。

頂戴したご指示に誠心より感謝申し上げます。ご指示を徹底的に研究し……しっかりと執行……党内の問題につきましては、当方の目標は団結であり、王明に対しても、同様の政策……どうか、ご安心ください。あなたのお考えも、お気持ちも、心によく留めてまいります……

そのあと、毛沢東は二度にわたって王明を長時間訪問した。

ディミトロフからは、二月二五日、毛沢東の二通目の（恭順奉承）電報にたいへん喜んでいる、という返事が届いた。毛沢東の二通目の電報および後続の書状からは、協力していきましょう、というメッセージが読み取れる。

三月二八日、毛沢東は息子岸英（アンイン）にあてた電報の送信をウラディミロフに依頼した。電報には、中国へ戻ることは考えないように、とあった。毛沢東は息子に「おまえが学業でよい成績をおさめていることにたいへん満足している」と伝え、「わたし［毛］の健康については心配しなくてよい。元気にしている」と書いた。そして、岸英に対して、マヌイルスキーとディミトロフに「どうかよろしく」伝えてほしい、彼らは「中国革命……に力を貸してくれた。中国人同志や子息らが［ソ連で］教育を受け、養育や生活に不自由しなくてすむのは、この人たちのおかげなのだから」と、ことづけている。

つまり、毛沢東はモスクワに対して、岸英を人質としてそちらに置くことを承知します、と伝えたわけだ。この了解にもとづいて、毛岸英はソ連に留まることになった。

ディミトロフは一方で、王明にも妥協を求めた。不和が生じたのは自分の落ち度ではないと抗議したものの、王明としてもほかに打つ手がなく、毛沢東との関係修復を約束した。ただし、モスクワに対しては、毛沢東を野放しにしないよう求めた。

結果は痛み分けとなったが、毛沢東のほうがかなり有利だった。毛沢東は王明を延安に留め置き、殺害しないかぎりは、中傷を含めて王明を好きなように処分できた。実際、王明に対する中傷は一九四二年から延安でおこなわれた整風運動の中心となり、党員たちに王明の悪いイメージを植えつけるための洗脳集会が際限なくくりかえされた。あるとき、王明不在のまま（王明が幹部党員と接触する機会を作らないよう毛沢東が手を回していた）開かれた糾弾集会で、王明の妻が演壇に上がり、糾弾内容は真実ではない、王明本人をこの場に連れてきて真実を明らかにさせてほしい、と訴えた。誰ひとり動かないのを見て、王明の妻は毛沢東の足もとに身を投げ出し、大声で泣きながら毛沢東の足にすがり、公正な対処を求めた。毛沢東は石のごとく不動のまま、その場に座っていた。

整風運動が終息するころには、王明は党最大の敵であるという観念が人々の頭に焼きつけられ、それ以降、王明は毛沢東の覇権に対抗できなくなった。それでもなお、毛沢東は王明を脅威とみなした。王明が屈服しなかったからである。五年後、王明はまたもや命を狙われることになった。★

★一九四八年に訪ソを計画したとき、毛沢東は自分が不在のあいだに王明が何かを企てるのではないかと疑った。そのため、王明は慢性便秘症の治療薬という名目でライゾールを処方された。ライゾールは溲瓶（しびん）の洗浄に使う強力な殺菌消毒薬で、腸に注入すればたいへんなことになる。王明が激痛に声を上げたとき妻がすぐに使用を中止したおかげで、王明は死なずにすんだ。王明以外の中国共産党指導者でこれほど多くの「医療事故」に遭っている人間はいない――というより、重大事故はほかには一件も起こっていない。ライゾールを処方した医師がその後も毛沢東の内科主治医にとどまったことを見れば、この件が事故でないことは明白である。

一九四八年七月七日に部外秘として出された通知およびその他の医事資料にはこの「医療事故」が記載されているが、薬剤師に罪を着せている。一九九八年九月、この薬剤師の友人が著者の依頼に応じて薬剤師本人に電話をかけてくれた。挨拶をかわしたあと、当時の同僚だった友人は、「いま、ここに作家の人がいるんだけど、例の浣腸液のことであなたに話が聞きたいんだって」と切り出した。いきなり質問をぶつけられたにもかかわらず、薬剤師は一瞬の躊躇（ちゅうちょ）もなしに、「知りません、知りません」と答えた。

「何の薬を処方したのですか？」

「何の薬だったか、知りません。忘れました」

薬剤師の応答からは、五〇年のあいだこの一件が頭の中から消えたことがない、という印象が感じられた。

王明に対して毒殺を企てる一方で、一九四三年、毛沢東は周恩来に対する攻撃も開始した。周恩来はすでに毛沢東の汚い仕事に多く協力しており、毛沢民（マオツォーミン）を見殺しにした件や、モスクワでの治療を求める王明の出国を阻止した件などにもかかわっていた。

しかし、毛沢東はそれだけでは満足しなかった。周恩来に奴隷的服従を強いるだけでなく、完全に慴伏させなければ気がすまなかったのである。一九四二年から四三年にかけての整風運動では、周恩来も大物スパイの嫌疑をかけられそうになった。という事実、国民党支配地域にある共産党組織の大半は蔣介石のスパイ組織である、という告発の背景には、周恩来を陥れようという意図も含まれていた。こうした組織の責任者は周恩来だったのだ。延安を吹き荒れる整風運動の直中に周恩来を置くために、毛沢東は重慶に脅迫まがいの電報を打って周恩来を召還した。一九四三年六月一五日付の電文には、「人の噂を避けようとして……ぐずぐずするな」という言葉が並んでいる。七月になって延安に戻ってきた周恩来に対して、毛沢東は開口一番、「心を敵営に置いてきてはだめだ！」と、警告を投げつけた。周恩来は恐怖に震えあがって毛沢東にひたすらこびへつらい、自分のために開かれた「歓迎」パーティーで毛沢東への賞賛の言葉を延々と並べた。さらに、一一月の政治局会議では、五日間にわたって、自分は「きわめて大きな罪過を犯しました」、自分は王明の「共犯者」でした、（誤った主人に対して）「奴隷の如くふるまいました」等々と自己批判をおこなった。

さらに大規模な党の集会でも、自分を含めて指導部はどうしようもない無能ばかりで、そのような自分たちの失敗から党を救ってくださったのは毛主席でした、と述べた。こうして毛沢東の前に完全にひれ伏した周恩来は、このあと三十有余年、死の直前まで、毛沢東の卑屈な奴隷でありつづけた。

毛沢東が最後に牙を抜こうとした相手は、八路軍（はちろぐん）の総司令代理をつとめる彭徳懐（ポントーホワイ）だった。彭徳懐は、一九三〇年代に毛沢東と対立した。一九四〇年には、毛沢東の意向に反して、抗日戦争でただ一度の共産党軍による大規模な日本軍攻撃（百団大戦）を指揮した。ほかにも、彭徳懐は毛沢東を激怒させることをした――毛沢東の語彙の中ではもっぱら宣伝用にとどめておくべき理想を、彭徳懐は実際に実現させようとしたのである。「民主主義、自由、平等、友愛」などというものは「われわれの政治的必要性」に応じて概念として展開するだけでよいのだ、と、毛沢東は発言していた。そして、彭徳懐が「そういうものを本物の理想として説いている」と非難した。

毛沢東がそれまで彭徳懐を大目に見てきたのは、彭徳懐が共産党軍を拡大し根拠地を運営するうえで非常に有能だったからだ（彭徳懐指揮下の根拠地は、延安と比較して地元住民との関係がはるかに良好であり、圧制的な雰囲気もはるかに少なかった）。

一九四三年秋、毛沢東は彭徳懐（ポントーホワイ）を延安（イエンアン）に召還したが、すぐには攻撃目標にしなかった。同時に多くの攻撃目標を抱えたくなかったからだ。彭徳懐は、延安で目についた多くの問題点を歯に衣着せず批判した。個人崇拝を確立しようとしている毛沢東の姿勢に対しても、遠慮なく「まちがっている」と言った。ある日、監獄から釈放されたばかりの若い党員と話していた彭徳懐は、憂いに沈んだ面持ちで、「光栄的孤立とは、なんとも難しいものだな」と嘆息した。

一九四五年初頭から、毛沢東は彭徳懐の威信と声望に泥を塗り彭徳懐の気概をくじく作戦を開始した。彭徳懐を批判する長時間の集会が連続して開かれ、毛沢東の手下が彭徳懐に侮辱や非難を浴びせた――この経験を、彭徳懐は、「四〇日間いたぶられつづけたようなものだった」と述懐している。彭徳懐を攻撃する集会は日本の降伏直前まで断続的に続いたあと、中止された。蒋介石軍と戦うためには、彭徳懐のような力量のある指揮官が必要だったからだ。このときまでに、毛沢東は自分に反対するすべての人間を徹底的に服従させる作戦を完了していた。

第二五章　中国共産党最高指導者

一九四二〜四五年★毛沢東四八〜五一歳

整風(チョンフォン)運動の結果、毛沢東は入党したばかりの若者から古参の党幹部にいたるまで非常に多くの敵を作ったため、それまでにも増して身の危険を感じるようになり、身辺警護を大幅に強化した。一九四二年秋には、特別の中央警衛団が設けられた。毛沢東は楊家嶺(ヤンチアリン)の公邸を引き払い、周囲から隔絶された中国版KGBの本拠棗園(ツァオユワン)に常住するようになった。棗園は、延安(イエンアン)の城門を出て数キロのところにある。高い壁に囲まれ厳重に警備された敷地にあえて近づく者はいなかった。近くへ行ったりすれば、即刻スパイと疑われるからだ。棗園の中に、毛沢東はどんな空襲にも耐えられる特別の住居を作らせていた。

が、それでも毛沢東は安心できなかった。棗園の奥、野菊を分けて小道をたどり、柳やポプラに目隠しされた丘のふところへはいっていくと、さらに秘密の住居がある。ここは后溝（ホウコウ）と呼ばれ、丘の中腹に毛沢東専用の要塞のような窰洞（ヤオトン）が複数作られていた。小道は車が通れるように拡幅され、扉の前まで車で乗りつけられるようになっていた。毛沢東がここに住んでいることを知っているのは、ほんの一握りの人間だけだった。

　主室には、毛沢東のほかの住居と同様に二つ目の扉が作られていて、丘の反対側へ出られる抜け穴に通じていた。秘密の通路は大講堂の舞台にも通じており、毛沢東は建物から外へ出ることなしに大講堂の演壇に上れるようになっていた。講堂も毛沢東の窰洞も丘の斜面と木立で非常に巧妙にカムフラージュされていて、実際に入り口の前に立ってみるまで、そこに何かがあるとは気づかないほどだ。しかし、毛沢東のほうからは小道を近づいてくる人間を容易に監視できた。講堂は、延安（イエンアン）のほとんどすべての公共建築物と同じくイタリアで建築を勉強してきた人物が設計したもので、ゴシック建築の教会に似たデザインだった。講堂は、特務の会合が何度か開かれた以外には使われなかった。毛沢東はこの一帯を極秘にして、自分ひとりのものにしておきたいと考えていた。今日では、毛沢東が使っていた窰洞はまったく人目に触れることなくひっそりと残され、大講堂は荒れはてた聖堂の亡霊さながらの姿を茫漠（ぼうばく）たる黄土台地にさらしている。

「あの小道への入り口は、わたしが管理していました。訪ねてきたからといって誰でも入れてもらえる場所ではありませんでした」と、毛沢東の警護助手だった師哲(シーチョー)が著者に語ってくれた。ここには指導部の人間もめったに訪ねてこなかった。訪ねてきた場合には、護衛を一人だけ連れてはいることが許されたが、それも「毛沢東が住んでいる場所の近くまでは許されなかった」という。その先は、毛沢東の腹心が訪問者一人だけを毛の住居まで案内することになっていた。

整風(チョンフォン)運動は、毛沢東の片腕で殺しの責任者だった康生(カンション)のような人間さえも震えあがらせた。師哲は、この時期、康生が毛沢東の影にひどくおびえていたのを見ている。康生は中国共産党内で多くの人間にスパイ容疑をでっちあげる役目を引き受けてきたが、下手をすればそれが自分にはねかえるおそれもあった。康生自身の過去にも灰色の部分があったからだ。康生がいつどこで中国共産党に入党したのかは謎だ。証人は一人もおらず、康生が保証人として名前を挙げた人間は関係を否定した。毛沢東のもとには康生に関する疑惑をつづった手紙が多数届いた。康生が国民党に逮捕されたときに転向した、という内容の手紙もあった。最も破滅的なのは、一九四三年一二月にディミトロフ（すなわちスターリン）が毛沢東に対して、康生（カンション）は「疑わしい」「敵に協力している」と糾弾した事実である。実際、一九四〇年の時点で、ソ連側は康生を中国共産党指導部から排除するよう強く求めている。

　毛沢東は康生の怪しげな経歴を問題視するどころか、逆に好都合と見ていた。ヴィシンスキーのような元メンシェビキを登用したスターリンと同じく、毛沢東も人の弱点を利用してその人間の首根っこを押さえるのがうまかった。毛沢東はその後も康生を中国版KGBの責任者に据え、人々のあら探しや非難をさせた。康生は一九七五年に死ぬまでずっと毛沢東を恐れており、死の直前にも毛沢東に対して自分の「潔白」を訴えていたという。

　毛沢東は康生の残虐嗜好（しこう）と歪んだ人格をとことん利用した。康生はモスクワ滞在中に公開裁判を身近に経験し、スターリン式の粛清（しゅくせい）に手を染めた。犠牲者が群衆集会で恐怖に押しつぶされるようすを楽しんで見守り、苦悶する犠牲者をもてあそんで喜んだ。犠牲者を処刑前に執務室へ招いて最後の会話を楽しんだと伝えられるスターリンと同じく、康生も死刑囚を助かったと思わせて次の瞬間に奈落の底へ突き落とし、相手の反応を見て楽しんだ。康生はサディストだった。故郷の地主が作男をロバのペニスで作った鞭で打ち据えた話をとくに好んで口にした。康生には観淫（かんいん）の嗜好もあった。一五歳の少女が肉体を武器に男を誘惑して情報を入手した話をでっちあげたとき、康生はこの少女をあちこちに連れていってくりかえしその話をさせ、飽くことなく何度も聞いていたという。毛沢東が康生と親しくなったのは、ひとつには、康生が毛沢東のために性愛文学の作品を入手し、猥談の相手をしたからだった。

のちに、康生は整風運動の責任者としてスケープゴートにされたが、康生はすべて毛沢東の命令に従ったにすぎない。事実、整風運動のあいだ、毛沢東は中国版KGBではなく各職場の党責任者に犠牲者の選定や処遇を任せる方式を採用して、康生の権力を制限した。将来の共産中国にソ連のKGBとそっくり同じ組織を作らせないためである。

整風運動でもう一人たいへんな恐怖にさらされたのは、劉少奇だった。スパイ組織と名指しされたいくつかの組織が劉少奇の監督下にあったことに加え、劉自身も何度か国民党に捕らえられており、裏切りを疑われる最前列にいた。劉少奇が毛沢東の機嫌を損ねるようなことをひとつでもすれば、毛沢東はいつでも劉少奇をスパイの頭目として告発させることができた。一九四二年末に延安に戻ってきた当初、劉少奇は整風運動に反対していた。しかし、それは最初のうちだけで、「すぐに態度を変えて」康生（カンション）にすりよっていった、と、ソ連の連絡将校ウラディミロフが回想している。それ以降、劉少奇（リウシャオチー）は毛沢東の方針に従い、整風（チョンフォン）運動の片棒をかついだ。★劉少奇は非常に有能だったので、毛沢東は劉を自分の副官に取り立てた。一九六六年に文化大革命で失脚するまで、劉少奇は毛沢東の右腕でありつづけた。

★のちに劉少奇は恐怖の弾圧に反対の声を上げるよう一部の幹部を激励したが、それは一九四五年に整風運動が終わったあとのことだった。一九五〇年、劉少奇はソ連大使ニコライ・ローシチンに対し、整風運動は「多大な犠牲を伴う不当な手法だった」と語った。

この時期、のちに強大な権力を持つことになる二人の女性が迫害の味を知った。一人は毛沢東の妻、もう一人は文化大革命において毛沢東の副官となる林彪（リンピアオ）の妻である。どちらの女性も、整風運動の中でスパイ組織と名指しされた国民党支配地域の党組織を通じて延安（イエンアン）へやってきた。一九四三年のある日、林彪が重慶（チョンチン）にいたあいだに、妻の葉群（イエチユン）が馬に縛りつけられて連行された。幸運なことに、夫の林彪は毛沢東の非常に数少ない昔からの友人だった。七月に延安に戻った林彪は妻の審査を管轄している党組織に踏み込み、「ばかやろう！」と叫んで鞭を机にたたきつけた。「こっちが前線で戦っているあいだに、おまえたちは後方で人の女房をいたぶるのか！」。林彪の妻は釈放され、問題なしとされた。短期間であれ強烈な恐怖にさらされた経験がきっかけで、葉群の心はかたくなに歪みはじめた。文化大革命で夫とともに権力を握ったとき、葉群は犠牲者を苦しめる側に回った。

のちに毛沢東夫人として悪名を馳せることになる江青（チアンチン）も、延安の整風運動で恐怖の味を知った。江青には、国民党に逮捕された前歴があった。釈放されたのは、転向を表明し、看守の相手をした——康生が後年明かしたところによれば、看守と寝た——からだった。一九三八年に毛沢東が江青との結婚を望んだとき、そうした過去が大きな問題になった。毛沢東の妻となった江青をあえて批判する者はいなかったが、それでも江青はいつも誰かに過去を暴露されるのではないかとおびえながら暮らしていた。整風運動の中で、江青自身も「思想検査」を書かされ、批判を受けなければならなかった。江青は病気を理由に雲隠れしようとしたが、妻に対して家から出なくていいと言い渡した林彪とちがい、毛沢東は江青に職場へ戻って一通りの恐怖を体験するよう命じた。多くの人々が経験した試練に比べれば江青の経験した恐怖など取るに足らないものだったが、それでも、江青はそのあと生涯にわたって自分の過去におびえながら生きることになった。二〇年あまり後に絶大な権力を握ったとき、江青は意識の中から消し去ることのできないこの恐怖に駆られて、自分の過去を知る多くの人々を投獄し、死へ追いやった。何よりも、江青（チアンチン）は夫を恐れていた。前妻の賀子珍（ホーツーチエン）とちがい、江青は毛沢東の女遊びに大騒ぎして怒ることはしなかったし、まして毛沢東と別れることなど考えもしなかった。どのような汚い仕事でも、毛沢東に命じられれば、江青は忠実に実行した。

整風（チヨンフオン）運動は、一方で、江青に他人を迫害する楽しみを教えた。最初の犠牲者となったのは江青の娘の乳母をしていた一九歳の女性で、江青の指図によって監獄に入れられた。元乳母は、五五年後にこの事実を公表した。

毛沢東と江青は、子供を一人もうけた。一九四〇年八月三日に生まれた女児、李訥（リーナー）である。李訥が一歳半になるまでに、乳母はすでに三人交代していた。三人目の乳母は山西（シャンシー）省出身の貧農の娘だった。彼女の父親は、紅軍のために荷物を背負って凍結した黄河を渡る途中で死んだ。彼女自身も小さいころから紅軍の靴を作る仕事を始め、やがて地区の共産党組織に取り立ててもらうまでになった。党指導者たちの家庭で働く乳母には、彼女のような「信頼できる」女性が選ばれた。

健康診断と訓練を受けたあと、彼女は毛家の乳母兼使用人に採用された。仕事の中には江青の洗髪も含まれていた。希望どおりの洗い方をしないと江青は激怒したという。一九四三年のある日、乳母はとつぜん呼び出された。行ってみると、江青と二人の職員がいた。「おまえはここへ毒を持ち込んだだろう！　白状しろ！」と、江青が叫んだ。その夜、乳母は棗園（ツアオユワン）の裏手にある后溝（ホウコウ）の監獄に放り込まれた。乳母は、牛乳に毒を入れた疑いで告訴された。毛沢東一家が飲む牛乳は、棗園で特別に飼育されている牛から搾った乳だった。事の真相は、下痢をした江青が料理長と当番兵をさんざん尋問したあと、乳母を収監して尋問するよう康生（カンシヨン）に命じたのだった。

乳母は、女性たちが大勢収監されている窰洞（ヤオトン）に入れられた。昼間、女性の囚人はおもに糸紡ぎをさせられた。ノルマは非常に多く、達成するには働きづめに働かなくてはならなかった。糸紡ぎをさせておけば囚人は動きまわれないから警備が容易だし、生産的でもあるので、糸紡ぎは囚人管理にもってこいの作業とされていた。夜は尋問の時間で、乳母は「さっさと白状しないか、この糞ったれが！」といった言葉をさんざん浴びせられた。夜間は囚人の自殺と脱走を防ぐために看守が監房を巡回した。九ヵ月後に乳母は釈放されたが、このとき経験した恐懼（きょうく）は一生記憶から消えなかった。

整風運動を通じて、毛沢東はもうひとつきわめて大きな目標を達成した。個人崇拝の確立である。この時代を経験した人たちは一様に、この時期に「毛主席こそわれわれのただ一人の英明なる指導者である、という意識が頭の中にしっかりと植えつけられることになった」と記憶している。それまでは、毛沢東を賞賛する一方で納得できない点があると言ってもかまわなかったし、江青(チアンチン)との結婚に陰口を言いつつそれでも毛沢東を指導者として支持するという姿勢も許された。初めて毛沢東の演説を「学習」するよう指示されたとき、人々のあいだからは、「相も変わらずの内容じゃないか」「もう一回読む気になんてなれない」「単純化しすぎている」など、不平の声がはっきりと聞かれたものだった。「毛主席万歳」の唱和に抵抗を感じた人間も、少なからずいた。ある人は当時の思いを、「これは皇帝に向かって言う言葉じゃないか。なぜ、われわれがこんなことをするのだ？　わたしは不快だったので、唱和を拒否した」と回想している。このような各人各様の発言——あるいは思考——は整風(チヨンフオン)運動によって一掃され、毛沢東は神格化されていった。毛沢東崇拝は民衆の中から自然に湧き出た感情ではなく、恐怖の力によって押し付けられたものだった。

個人崇拝の確立に至るひとつひとつの段階は、すべて毛沢東自身によって周到に計算されていた。毛沢東は主要メディア『解放日報』をすみずみまで支配し、「毛沢東同志は中国人民の大救星である！」というような巨大な見出しを打たせた。毛沢東バッジの仕掛け人も毛本人で、最初は整風運動の最中にエリートだけに配布された。一九四三年、毛沢東は自分の顔をかたどった巨大な金のレリーフを作らせ、大講堂の正面に飾らせた。毛沢東の肖像画が初めて大量印刷されて一般家庭に販売されたのも、毛沢東賛歌「東方紅（トンファンホン）」が日常的に歌われるようになったのも、この年だった。

のちに広く使われるようになる「毛沢東思想」という言葉が「紅色教授」こと王稼祥（ワンチアシアン）の書いた論文中で初めて脚光を浴びたのも一九四三年のことだったが、これも毛沢東が陰で糸を引いていた。当時のことを、王稼祥の妻が回想している。それによると、ある夏の日、まだ木に生（な）っているナツメヤシの実が緑色だったころ、毛沢東がふらりと王稼祥の住居に姿を見せた。しばらく冗談まじりに麻雀の話をしたあと、毛沢東は王稼祥に七月の党結成二二周年に向けて文章を書いてほしいと依頼し、内容についてはっきりとした示唆を与えた。毛沢東は最終原稿をチェックし、全員の必読記事に指定した。

毎日毎日はてしなく続く集会で、毛沢東の単純化された理屈が人々の頭にたたきこまれた——党内の悪いことはすべて毛沢東以外の人間のせいである、成功はすべて毛沢東のおかげである。これを徹底するために、歴史はしばしば真実とはまったく逆の内容に書き直された。毛沢東の采配が原因で長征最大の敗北を喫した土城（トゥーチエン）の戦いが、いまでは「毛沢東の戦略戦術原則に違背」するとどうなるかを示す例として引き合いに出されるようになった。共産党軍が日本軍に対して初めて攻撃に打って出た平型関の戦いは、毛沢東の意向に反しておこなわれたにもかかわらず、いまや毛沢東の手柄とされた。「とにかく、党員と幹部に対して、毛沢東同志の率いる中央指導部は完全に正しいということを明確に伝えるように」と、毛沢東は指示した。★

★国民党に処刑された労働運動指導者鄧中夏が一九四三年に、延安で『中国職工運動簡史』という小冊子を発行した。この原本はもともと一九三〇年にソ連で出版されたもので、毛沢東の役割には何も言及していなかったが、延安での出版に際して、「一九二二年、毛沢東同志の指導のおかげで湖南省の労働運動は疾風怒濤の発展を遂げ……」などの文章が新たに挿入された。

一九四五年初頭、毛沢東は長らく延期してきた党全国代表大会を招集して中国共産党最高指導者の地位に就任するための根回しを完了した。中国共産党第七回全国代表大会は、四月二三日、延安にて開催された。一九二八年の第六回大会から一七年が経過していた。毛沢東は絶対的な支配体制を確立できるまで、大会の開催を先延ばししてきたのである。

毛沢東は代表大会の出席者リストから自分にとって不都合な人間を丹念に排除しただけでなく、その大多数を五年間にわたって事実上の監禁状態に置き、しかも延々と続く整風(チョンフォン)運動の中でいたぶった。整風運動以前の代表約五〇〇人のうち、半数はスパイの疑いをかけられて言語に絶する迫害を受けた。自殺した者もいれば、精神に破綻をきたした者もいた。多くが代表から外された。かわりに、毛沢東に対する忠誠の証明された新しい代表が何百人も任命された。

中央大講堂の演壇上方には、「毛沢東の旗幟(きし)の下、勝利へ前進しよう！」と書いた巨大な横断幕が掲げられた。毛沢東は中央委員会、中央政治局、中央書記処のすべてにおいて主席に選出された。中国共産党創設以来初めて、毛沢東は正式に、そして公式に、党の最高位に就いたのである。ここまで来るのに、二四年の歳月がかかった。毛沢東にとっては感極まる瞬間であった。感情が昂ぶり、例によって自己憐憫(れんびん)が顔を出した。これまでの苦難の道のりを微に入り細にわたって回顧するうちに、毛沢東は涙ぐんでいた。

毛沢東は、中国共産党のスターリンになった。

第四部

中国の覇者へ

第二六章「革命的阿片戦争」

一九三七〜四五年★毛沢東四三〜五一歳

抗日戦争のあいだ毛沢東の司令部が置かれていた延安（イエンアン）は、瑞金（ロイチン）のようなそれまでの根拠地とは少し異なる方針で運営されていた。中国共産党が「統一戦線」に合わせて政策を修正したため、「階級敵人」を名指しして強制労働や没収の対象とするやり方は大幅に縮小された。が、人民から搾取できるだけ搾取するという方針は、課税という形で続けられた。

当時、延安には辺区外から二つの大きな収入があった。ひとつは第二次国共合作に伴って国民党から（最初の数年間）給付された資金、もうひとつはモスクワからの莫大な秘密資金である。一九四〇年二月、スターリンは自ら月額にして三〇万米ドル（今日の額に換算すると、おそらく年額四五〇〇ないし五〇〇〇万米ドル）の資金援助を決裁した。これだけの収入があったにもかかわらず、延安政府は苛酷な徴税政策を続けた。

陝甘寧辺区（シャンカンニン）内の主な歳入源は穀物税で、税収は共産党占領下で急増した。辺区が中国共産党の支配下にはいって最初の五年間の税収記録が残っており、それによると、公式発表の数字は次のようになっている（単位は石（シー）、当時の一石は約一五〇キログラムに相当）。

一九三七年	一三、八五九
一九三八年	一五、九七二
一九三九年	五二、二五〇
一九四〇年	九七、三五四
一九四一年	二〇〇、〇〇〇

一九三九年以降に税収が急増しているのは、毛沢東が積極的に進めていた根拠地および軍の拡大を支える資金が必要だったからだ。強制的・暴力的な徴税が多くおこなわれたことはまちがいない。陝甘寧辺区政府の秘書長だった謝覚哉（シエチユエツァイ）は、一九三九年

六月二一日の日記に、農民たちは収税吏に「死ぬまで追いつめられている」と書き残している(謝覚哉(シエチユエツアイ)は地位が高く、毛沢東と若いころからの長年にわたる関係があったおかげで、日記を保存しておくことのできた数少ない一人だった)。一九四〇年、ひどい天候不良と凶作にもかかわらず、穀物税は二倍に増税された。さらに一九四一年には、収穫高が前年比で二、三割減であったにもかかわらず、穀物税はふたたび倍増された。

毛沢東は地元の住民から嫌われていた。本人もその事実を知っていたが、それが政策に影響を及ぼすことはなかった。後年、毛沢東は、農民が重税に不満の声を上げていたという話を高級幹部に語っている。あるところで県長が雷に打たれて死んだとき、農民が「天には眼がないのか！　なぜ毛沢東の上に雷を落とさなかったのだ？」と言った、という話である。毛沢東がこの話を口にしたのは、自分は不満の声にきちんと耳を傾けており、その結果として穀物税を減税した、と主張するためだった。が、実際には、この落雷事故と農民の発言は一九四一年六月三日のことであり、一方、延安(イエンアン)政府がその年の税を前例のない高率にすると発表したのはこれから何ヵ月もあとの一〇月一五日だった。つまり、毛沢東は農民の怒りの声を聞いたうえで、税率を倍に引き上げたのである。しかも、その年の一一月には、さらに新税として馬の飼葉（かいば）税が課税されることになった。

別の機会に、毛沢東は、重税に不満を持った者が「錯乱したふりをして」（毛沢東の表現）襲いかかってきて自分を殴ろうとした、という話も披露したことがある。これ以外にも、毛沢東は触れていないが、ある農民が毛沢東の肖像画の両目の部分をくりぬいた、という話も広く伝わっている。尋問された農民は、「毛主席には眼がないからだ」と答えた。「毛沢東の統治下には正義がない」という意味である。こうした不満の声に対して、毛沢東はただ数字をいじっただけだった。一九四二年と一九四三年に政府が発表した税収は、現実より少なくとも二割は割り引いた数字だった。

共産党政府は、陝甘寧（シャンカンニン）辺区の税率は国民党支配地域よりはるかに低い、と主張した。が、ほかならぬ辺区政府秘書長の謝覚哉が日記の中で、一九四三年の住民一人あたりの穀物税は「大後方［国民党支配地域］の水準と比べても高い」と書いている。また、穀物税が「年間収穫量とほぼ同じ」年もあった、とも書いている。謝秘書長の日記には、政府に九二パーセントという途方もない高率の穀物税を搾り取られた一家の話も出てくる。「税を払ったあとは自分たちの食べるものが何も残っていない」農家も多かったという。多くの人々が辺区からの逃亡を企てた。共産党側の記録でも、一九四三年に延安県だけで一〇〇〇世帯以上が逃亡したという。辺区全体が二四時間態勢の監視下にあり、延安県はフランスとほぼ同じ広さの陝甘寧辺区の中で辺区の境界線から離れた位置にあったことを考慮すると、これはけっして小さな数字ではない。

共産党政権は、延安が蔣介石による厳重な経済封鎖を受けている、という作り話を吹聴した。が、実際には国民党支配地域とのあいだには活発な交易がおこなわれており、蔣介石が陝甘寧辺区の北側に配置した鄧宝珊将軍は共産党と長年にわたってつながりのある人物だった。鄧宝珊の娘は共産党員で、実際に延安に住んでおり、将軍もしばしば娘のもとを訪ねていた。将軍は共産党員の秘書も使っていた。また、辺区の境界線を兼ねる黄河の重要な渡河地点二ヵ所について、共産党軍の占領を許していた。おかげで延安政府は他の根拠地と自由に連絡を取り合うことができた。さらに、鄧宝珊は部下を使って共産党軍のために武器弾薬の購入までしてやっていた。蔣介石は、この現状を知りながら見て見ぬふりをしていた。毛沢東は共産党側の主張が通らなければ全面内戦も辞さないという強気を見せており、蔣介石はそれを避けたかったのである。

延安地方はかなりの天然資源に恵まれていた。なかでも、塩はすぐに現金化できる最も重要な資源だった。延安地方には七つの塩湖があり、一九四一年に書かれたある報告書によれば、「ただ集めてくればいい」という好条件だった。しかし、この地域を支配するようになって最初の四年間、共産党政府は塩の産出をまったくおこなわず、それまでの在庫を使い切ってしまった。一九四一年の報告書には、「何十年もかけて蓄積されてきた塩の在庫が売り切れて」辺区は「塩飢饉の状態である」と記されている。共産党政権はせっかくの資源を最大限に利用するどころか、利用の計画さえ立てなかった。これは、毛沢東が延安を他の占領地域と同じく一時的な腰掛けとしか考えておらず、長期的な生産活動には無関心で焼畑式に等しい経済政策をおこなっていた事実を映している。

一九四一年半ば、共産党政権は遅まきながら、塩を穀物税に次ぐ「第二の「辺区内」財源」と認識するようになり、塩はまもなく辺区の移出利益の九割以上を占めるようになった。塩の産地は辺区の東北部にあり、一方で取引場は南の辺境を越えた場所にあった。鉄道はなく、船が航行できる河川もなく、まして自動車などなかったので、塩は約七〇〇キロにわたる曲がりくねった険しい山道を人力で運ぶ以外になかった。昔、延安の県知事は、清朝の皇帝に、「塩の運搬は最も苛酷な賦役であります」「貧しくて役畜を用意できない者は塩を自分で背負って運ばざるをえず、その辛苦は言語に絶するものがあります……」と書き送ったことがある。辺区政府秘書長の謝覚哉（シエチユエツァイ）は、「今日でも事情は昔とたいして変わっていない」と書いている。

辺区政府は無数の農民世帯に運搬の強制労役（無報酬）を課した。謝をはじめとする穏健派は何度も毛沢東に書簡を送ってこのような苛酷なやり方に反対したが、毛沢東は、「何ら批判されるべき政策ではなく、それどころか完全に正当である」と、批判をはねつけた。毛沢東はさらに、農民には「強制的に」この労役をさせるように、それも「農閑期に」やらせるように、と、わざわざ命じている。傍線は毛沢東が引いたもので、農民は農作業も怠けるべからず、ということを強調している。

農民たちは、巨大にして非効率的な行政を下支えさせられたわけである。一九四四年から四五年にかけて延安（イエンアン）に滞在したイギリスの無線通信技術者マイケル・リンゼイは、行政のあまりの無能ぶりに失望して「延安の問題点」と題した文書をまとめた。その中でリンゼイは、体制がイニシアチブを抹殺している、体制が原因で人々は改善策の提言を恐れるようになっている、何か提案すれば致命的な政治告発に歪められてしまうおそれがあるからだ、「技術者は全員［原文ママ］、最初の機会をとらえて逃げてしまった」と書いている。文書のコピーが周恩来に届けられたが、その後リンゼイには何の連絡もなかった。

肥大化した官僚制度に反対の声を上げた人々は、これ以前にもいた。一九四一年一一月、陝甘寧辺区（シャンカンニン）に設けられた形だけの議会で、非共産党員の議員が「精兵簡政」（精鋭の軍隊と簡要な行政府）という古くからの言葉を引いて軍と政府の縮小を提案した。毛沢東は宣伝用にこの格言を採用してみせた。が、実際には幹部党員の数も兵士の数も削減する気などなかった。中国を征服するために、毛沢東はさらに多くの幹部とさらに多くの兵士を求めていたのである。

延安時代に軍と政府が縮小されて人民の負担が軽くなったという話は、これもまた共産中国の「建国神話」である。実際に政府がやったことは、幹部や兵士の中から政治的に信頼できない人間（「落后分子」という言葉が使われた）や年配者や病人を間引いて、彼らを肉体労働に配置転換しただけだ。配置転換のルールには、落后分子は「国民党による誘惑を避けるため辺区中心部に配置せよ」と書かれている。要するに、逃げられない場所に移せ、ということだ。が、こうした間引きをしてもなお、一九四三年三月に作成された秘密文書によれば、「辺区全体で見た場合」行政職員は増加しており、それは一般大衆に対する支配を強化するために主として基層の行政職員が増えたことが原因である、とされている。一方で、毛沢東は行政トップの統合や再編を利用してますます支配を強めていった。

一九四一年六月にドイツがソ連に侵攻したのを見て、毛沢東はモスクワからの資金援助がとだえた場合に備えて別の資金源を探しはじめた。答えは阿片(あへん)だった。数週間後、延安(イエンアン)は大量のケシの種を購入した。一九四二年にはケシの栽培と阿片の取引が大々的に始まった。

内輪では、毛沢東はケシ栽培事業を「革命的鴉片(ヤーピエン)（阿片）戦争」と呼んでいた。延安では、阿片は「特貨(トーフオ)」（特別の商品）という婉曲表現で呼ばれていた。著者が毛沢東の側近だった師哲(シーチヨー)にケシ栽培のことを尋ねると、師哲は「確かにあった」と答えたあと、「このことが知れたら、われわれ共産党員にとって非常にまずいことになる」と付け加えた。師哲はまた、ケシ畑の周囲には栽培を隠すためにおもにコーリャンのようなありふれた作物を植えていた、とも教えてくれた。一九四二年八月、ソ連の連絡将校が毛沢東と麻雀をしながら、共産党が「公然と阿片生産にかかわっている」のはどういうわけか、と単刀直入に質(ただ)したとき、毛沢東は何も答えなかった。汚れ役の担当だった鄧発(トンファー)が毛沢東に代わって口を開き、阿片は「貨幣を山と積んだ隊商を連れ帰ってくるんですよ……それを使ってわれわれは［国民党を］成敗する、というわけです！」と答えた。詳細な調査報告によると、その年のケシ栽培は辺区の中でも最も地味の肥えた地域三万エーカーを使っておこなわれていたという。

阿片の主産地は共産党に好意的な国民党の鄧宝珊（トンパオシャン）将軍が軍を敷く辺区北方に広がっており、実際、鄧宝珊は「鴉片王」（阿片王）として有名だった。毛沢東は鄧宝珊に測り知れぬほど多くの便宜をはかってもらっており、返礼として毛沢東のほうでも鄧宝珊の阿片取引に便宜をはかってやっていた。蔣介石が鄧宝珊を別の軍区に移そうとしたときには、毛沢東は即座にこれを妨げる行動を起こし、重慶（チョンチン）にいた周恩来に「蔣介石に異動の即刻中止を申し入れよ」と命令し、鄧宝珊に代わる部隊が派遣されたならば「武力をもって全滅させる」と、蔣介石を脅した。蔣介石は異動を撤回した。毛沢東は一九四五年の第七回全国代表大会における演説の中で鄧宝珊の名を二回も挙げて、その働きを高く評価していることを示した。一度などはマルクスと並べて言及したので、ソ連の連絡将校ウラディミロフは、「毛沢東がマルクスと一緒に……名前を出したこの鄧宝珊というのは、いったいどういう人物なのだ？」と尋ねたという。とはいえ、毛沢東はこの恩人を全面的に信用していたわけではない。一九四九年に共産党が政権を取ったあと、鄧宝珊は本土に残り、功績を認められて高位の名誉職を与えられた。しかし、鄧宝珊が外国旅行を申請したときには、許可は下りなかった。

阿片は毛沢東の財政問題をたった一年で解決した。一九四三年二月九日、毛沢東は周恩来に、延安(イエンアン)は「財政難を克服し、二億五〇〇〇万法幣(ファーピー)相当の……貯蓄ができた」と告げている。「法幣」は国民党支配地域で使われていた通貨で、毛沢東は「国民党支配地域に進出するときのために」、すなわち蔣介石との決戦に備えて、金銀とともに法幣を蓄えていた。この額は陝甘寧(シャンカンニン)辺区の一九四二年予算の六倍にあたり、純粋な貯蓄である。一九四三年、ソ連は毛沢東の阿片売上高を四万四七六〇キロと推定している。値段にすると、二四億法幣という天文学的な数字である（当時の為替レートでだいたい六〇〇〇万米ドルくらい、今日の価格にすればおよそ六億四〇〇〇万米ドルになる）。

一九四四年初頭、謝覚哉(シエチユエツアイ)の言葉を借りるならば、共産党は「たいへんな金持ち」になっていた。巨額の法幣準備金は「まちがいなく特貨(トーフオ)のおかげである」と、謝秘書長は日記に書いている。延安の党員、とくに高級幹部の生活は劇的に向上した。ほかの根拠地からやってきた幹部は、延安の豪勢な食事に驚いたという。ある幹部は、食事は「何十皿も出て」「どのテーブルにも食べ残しが大量にあった」と述懐している。

毛沢東は体重が増えた。「鴉片王」鄧宝珊(トンパオシヤン)が一九四三年六月に久しぶりに毛沢東と会ったとき、最初の挨拶の言葉は、「毛主席は太られましたね！」だった。これは褒め言葉である。

農民にとっては、阿片がもたらした主たる恩恵といえば、共産党軍に家財を徴発される回数が減った、ということだった。それまでは、なけなしの財産や農作業に欠かせない道具まで徴発されることが珍しくなかったが、阿片で財政が豊かになったあと、毛沢東は地元住民との関係改善を命じた。共産党軍は徴発した品物を返還しはじめ、場合によっては兵士が農作業を手伝うこともあった。毛自身が後年になって認めているように、一九四四年春まで「地元住民は」党に対して「神か悪魔のように恐れ畏まって距離を置いていた」、すなわちいっさい関わらないようにしていた。これは、共産党が延安を占領してから七年も経過した時点での話である。共産党員は、仕事上必要な場合や新年の形ばかりの挨拶回りを除いては、最初から最後まで地元住民とはほとんど接点を持たなかった。地元住民と共産党員の結婚や親睦は、きわめて珍しいことだった。

阿片がもたらした富は地元住民の生活向上にはつながらず、住民の生活水準は地域を占領している共産党員に比べてはるかに低いままだった。等級が最も低い共産党員に配給される肉の量（年間一二キロ）でさえ、平均的な地元住民の口にはいる肉の量

（年間一一・五キロ）に比べれば五倍ほどの格差があった。共産党政権は蓄えた巨額の現金には手を付けず、あらゆる機会をとらえて住民から搾取を続けた。一九四三年六月には、まもなく蔣介石が延安（イエンアン）を攻めてくるという触れこみで、一般住民が「自発的に寄付」をさせられた。たきぎ、野菜、豚や羊、なけなしの金（多くの場合、一生かかって貯めた虎の子）などが、こうして搾り取られた。

謝覚哉（シェチュエツァイ）の日記には一九四四年一〇月一二日付で中国共産党の巨額の蓄えについての記述があるが、その前後には農民の悲惨な生活が書かれている。日記には、死亡率が上昇しているだけでなく、死亡率は出生率を大きく上回っており、ある地域では五対一になっている、と書いてある。その理由として、謝秘書長は、「衣食住が不十分なこと」、「不潔な水を飲んでいること」、「医者がいないこと」をあげている。政府が小火器の所持を禁じたことも、死亡率上昇の大きな原因を作った。銃を取りあげられたせいで、延安では民家の前庭までオオカミがうろつき、ヒョウが丘陵を自由に歩き回るようになった。★人々は、大切な家畜が食い殺されないよう家の中で飼わざるをえない状況になった。その結果、衛生状態は極度に悪化し、多くの病気が発生した。銃が使えないため、狩猟によって食料を得ることもできなくなった。

★銃の規制は水も漏らさぬ厳重さだった。一九四〇年代後半に共産党勢力に誘拐されたオーストリア人医師は、オオカミの声が聞こえたら共産党根拠地にはいったと思ってまちがいない、と述べている。著者がインタビューした人々の中で、戦争中に延安で銃の発砲音を聞いた記憶のある人は一人もいなかった。ある夜、延安の町はずれでソ連人無線技師が二匹の番犬の一匹を襲ったオオカミを射殺したところ、ただちに毛沢東の衛兵が現れて、銃声のおかげで毛沢東が「非常に不安定な状態」になった、と苦情を申し入れた。また、べつのときには、ソ連人連絡将校ウラディミロフが自分の番犬に襲いかかってきた狂犬(狂犬病は珍しくなかった)を射ち殺したことがあった。このときも、ただちに毛沢東の衛兵が駆けつけて、毛沢東は「非常に動揺させられた」、銃声で「仕事の邪魔をされた」、と苦情を言った。

死亡率が最も高かったのは、人口のかなりの部分を構成する入植者たちだった。彼らは延安地域に余分な耕地があると聞いて移住してきた人々だった。毛沢東は入植者を歓迎する発言をくりかえしていたが、実際に延安へやってきた入植者に対してはほとんど何の援助も差しのべなかった。入植者たちは山岳地域に連れていかれ、独力で自活せよと放り出されて、次々と死んでいった。ある地域では、二年間で三二パーセントが死亡した。子供の死亡率が六〇パーセントにものぼることを、毛沢東は知っていた(生きのびた子供たちはほぼ全員が文字を読めないまま育っていた)。にもかかわらず、「人民や家畜が大量に死んでいく状況に対してまともな対策がとられたことは一度もなかった」と、行政トップにいたある人物は述懐する。一九四四年四月になって対策を迫られたとき、毛沢東は、冬になったらこの問題を話し合おう、と言った。そして確かに、その年の一一月には公衆衛生の問題が議題となった。共産党が一〇年近く前にこの地域にやってきて以来、初めてのことである。しかし、この問題のために支出がおこなわれたという記録は残っていない。

　地元住民にとって、阿片は天文学的なインフレをもたらす原因ともなった。国民党支配地域よりはるかにひどいインフレだった。「われわれは重大なインフレーションを起こした。これはわれわれが貧しいからではなく、金持ちだから起こったインフレである」と、謝覚哉（シエチュエツァイ）が一九四四年三月六日の日記に書いている。

　このインフレの主要な責任は、毛沢東にある。一九四一年六月、毛沢東はこの地域で流通していた共産党通貨の辺幣（ビエンビー）を無制限に発行するよう独断で命令を出した。最初の計画では通貨発行量の上限が決められていたのだが、毛沢東は予算案を見て、「辺幣を一〇〇〇万元以内に制限しなければならないという考えにとらわれてはいけない……手足を縛ってはいけない」と書いた。毛沢東は政府や軍に「惜しまず」金を使うよう指示し、「将来に［制度が］崩壊するというなら、崩壊させればよい」として、地元経済にはまったく配慮を示さなかった。謝覚哉によると、一九四四年には塩の価格が一九三七年の二一三一倍になった。食用油は一二五〇倍、綿布は六七五〇倍、布地は一万一二五〇倍、マッチは二万五〇〇〇倍になった。

このような超インフレーションが起こっても、政府からの配給で生活している者たちには打撃はなかった。大多数の人間よりも全体をよく俯瞰（ふかん）できる立場にあったソ連大使パニュシュキンは、超インフレで打撃を受けたのは苦役を強いられている者すなわち農民であった、と述べている。農民は、衣類、塩、マッチ、家庭用品、農具などの必需品——あるいは医療費——を現金で支払わなければならなかった。医療は役人を除いてつねに有料だった。それも、医療が受けられるとしての話である。ある革命根拠地の病院職員は、「われわれは小麦がほしいときだけ老百姓（ラオパイシン）（普通の人々）の診療を受け付けていた」と話している。

インフレの程度を実感できるのが、嫁をもらうにあたって支払う結納の額だ。一九三九年には、花嫁の値段は六四元だった。一九四二年には、七歳の女児で七〇〇元、成人女性で一三〇〇元、未亡人で三〇〇〇元に値上がりした。一九四四年には、未亡人の値段は一五〇万元になった。

高利貸が跋扈（ばっこ）し、利率は、謝覚哉（シエチュエツァイ）の記録によると、平均で月に三〇ないし五〇パーセントだった。謝秘書長はまた、市の日から次の市の日まで（五日間）で一五ないし二〇パーセントという途方もない高利があったことも記録に残している。これらの利率は、共産党支配以前の最高利率と変わらなかった。現金を手に入れるために、多くの農民は作物を前売りした。前売り価格は収穫時のたった五パーセント、という例もあった。

「利率の引き下げ」は、当時の共産党政府の二大経済公約のひとつだった。もうひとつの公約は、土地賃貸料の引き下げだった。土地賃貸料については具体的な規制があったものの（収穫物を差し出す相手が地主から国に変わっただけで、規制自体が無意味だったが）、貸付利率については政府は何も制限を設けず、「……調整は民間に任せるべきである、融資が枯渇しないよう政府は利率を低く設定しすぎないこと」という声明を出しただけだった。政府は何の融資も提供しなかったから、金を借りたい人間は民間に頼るしかなかった。利率に限度を設けた革命根拠地もあったが、延安（イエンアン）政府は民衆のあいだで最も強欲な高利貸が最も無力な農民を食いものにする構造を放置した。

一九四四年三月、政府は際限のない紙幣発行を中止し、辺幣（ピエンピー）を回収しはじめた。

こうした方針転換を促したのは、ひとつには、五年ぶりにソ連人以外の外国人――アメリカ人宣教師やジャーナリスト――が延安にやってくる、という事情だった。革命根拠地が超インフレではみっともない、というわけだ。しかし、借金に苦しむ人々にとってはデフレも恩恵とは言えなかった。謝秘書長は四月二二日の日記に、「通貨の価値が下がろうと上がろうと、苦しむのはいつも貧しい人々だ……物価が高い時期に背負った借金を返すために、彼らはこんどは余計に財産を処分しなければならない。多くの者が役畜を売ろうとしていると聞いた」と書いている。

ケシの栽培も、この時点で中止された。アメリカ人に見られたくないという事情もあったが、そもそも生産過剰になっていたのだ。実際、余剰の阿片は頭痛の種だった。強硬論者の中には延安の民衆に二束三文で売ってしまえと主張する者もいたが、毛沢東はこれを認めなかった。阿片中毒の農民では役に立たないからだ。しかし、ケシの栽培にたずさわるうちに阿片中毒になってしまった農民もいた。政府は地元住民に阿片吸飲の習慣を捨てるよう厳重な期限つきで命令を出し、「薬を与えて中毒患者の治療を支援する」、「貧しい者」は治療代を支払う必要がない（もちろん少しでも支払える者は支払わなくてはいけない）、と呼びかけた。

事情を知る指導部に対しては、毛沢東はケシ栽培は党の「一二つの誤り」のひとつであったと認めたものの、その舌の根も乾かないうちにこれを正当化している。一九四五年一月一五日、毛沢東は、党の誤りのひとつは「長征のあいだにわれわれが民衆からものを取ったことである」と発言する一方で、すぐに、「だが、そうしなければ、われわれは生き延びることができなかった」と続けた。「もうひとつの誤りは、某物［あるもの、すなわち阿片］の栽培である――しかし、そうしなければ、われわれは危機を乗りきることができなかった」

毛沢東が中国全体を征服したあとも、延安の極貧状態は変わらなかった。一九五四年にこの地域にやってきた共産主義ハンガリー（この国自体、けっして裕福ではない）からの訪問者は、延安近郊の村々が「信じがたいほどみすぼらしく貧困にあえいでいる」とコメントした。実際、革命根拠地はすべて、解放後も中国の最貧地域から脱することができなかった。理由は、まさにそれらが革命根拠地だったからである。スウェーデン人の熱狂的共産主義者と毛沢東が一九六二年に交わした会話が残っている。

J・ミュルダール　わたしは延安地域の視察からつい最近戻ってきたところで

毛沢東　す。

ミュルダール　あそこは中国の中でもたいへん貧しく、落后的で、発展の遅れている……地域です。

毛沢東　わたしは村で暮らしてみました……農村の変化を研究したかったのです。

ミュルダール　それならば、延安に行ったのは非常にまずい考えだったと思いますよ……延安はとにかく貧しく、遅れています。あそこの村へ行ったのは、よい考えではありません。

毛沢東　しかし、延安には偉大な伝統があります――革命、戦争――つまり、なんといっても、延安が始まりで――
[相手をさえぎって] 伝統ですか――[大笑]。伝統ですか――[大笑]

第二七章

ソ連軍がやってくる！

一九四五〜四六年★毛沢東五一〜五二歳

一九四五年二月、スターリンはクリミア半島のヤルタでローズヴェルト米大統領およびチャーチル英首相と会談し、ドイツの降伏から二、三ヵ月後にソ連が太平洋戦争に参戦すると確約した。これはすなわちソ連軍が中国に侵攻するということで、毛沢東にとってはいよいよ中国を自分のものにするチャンスが巡ってきたわけである。すでに一九二三年の時点で、毛沢東はいみじくも、共産主義は「北方からソ連軍によって中国にもたらされなくてはならない」と予言していた。二二年後、その予言は現実になろうとしていた。

スターリンが対日戦争に駆け込み参戦することについて、ローズヴェルトもチャーチルも異議はなく、むしろソ連の参戦を望んでいた。当時、アメリカはまだ原子爆弾の実験を終えておらず、ソ連が参戦すれば日本の降伏が早まって連合軍の犠牲も少なくてすむだろう、という空気が支配的だった。参戦するからには「見返り」が必要だというスターリンの要求を、ローズヴェルトもチャーチルも容認した。二人とも、スターリンに参戦を決断させるのにニンジンをぶら下げる必要などない、ということに気づいていなかったらしい。ヤルタ会談では、外モンゴルにおける「現状」維持（実質的にスターリンに外モンゴルの継続支配を認める）だけでなく、時代を数十年さかのぼって帝政ロシアが中国国内に有していた利権の復活まで認められた。その中には、中東鉄道や大連（ターリエン）と旅順（リューシュン）における治外法権などが含まれていた。★

★ヤルタ宣言にはこれらの条項は日本のロシアに対する賠償として書かれているが、現実にはこれらの利権は中国からの搾取である。チャーチルは、「ソ連が中国の負担において賠償を要求するならば、香港に関する我が国の決定にも有利に働く」という観点からこれを歓迎した。話し合いが中国領土に関する内容であったにもかかわらず、中国国民政府はこの件について何も知らされず、事前の相談もなかった。アメリカは、スターリンの許可が出るのを待って合意内容を蒋介石に伝えることを約束してスターリンに振り回され、しかもそのあと蒋介石から承諾を取り付ける交渉役を引き受けて、ますます自分の首を絞める愚を犯した。結局、蒋介石がアメリカからヤルタ会談の合意内容について通告を受けたのは、会談から四ヵ月以上も経過した六月一五日であった。これは同盟の相手国をあまりに軽視した扱いであり、後日に禍根を残した。

　スターリンは終戦直前に対日参戦して、これを口実に中国に侵攻し、毛沢東の政権奪取に道を開いた。この方針が中国共産党にそれとなく伝えられたのはヤルタ会談直後の二月一八日で、モスクワは「極東問題の解決に際して中国共産党の利益にじゅうぶん配慮する考えである」、という記事がソ連政府機関紙『イズベスチヤ』に掲載された。

　毛沢東は狂喜乱舞した。ソ連に対する親善の情は延安（イエンアン）在住のソ連人連絡員の性生活にまで及び、『イズベスチヤ』の記事が出て数日もしないうちに、彼らは女性をあてがわれた。二月二六日、毛沢東はソ連人連絡将校ウラディミロフに、「この町でお目にとまった美人は一人もいませんか？」「遠慮はご無用ですよ……」と、水を向けた。毛沢東は、一週間後にも同じ話題を持ち出した。「どうです、魅力的な女性もいるでしょう？どの女性も、たいへん健康です。そう思いませんか？　オルロフさんにも、一人ぐらいいかがでしょう？　あなたも、誰か気に入った娘がいるのではありませんか？」

　ウラディミロフは、次のように書いている。

夕方になって、一人の女性がやってきた……恥ずかしそうにわたしに挨拶し、家の片づけに来ました、と言った……

わたしは丸椅子をひとつ持ち出して、家の塀の近くにたった一本だけ生えている木の根元に置いた。そして、彼女は椅子に腰を下ろした。緊張しているようだが、笑顔を浮かべていた。そして、わたしのいろいろな質問に感じよく答えた。そのあいだじゅう、脚を組んだまま用心深く待っていた。小さくて細い足に草鞋(わらじ)をはいていた……

たしかに、彼女はとびきりの美人だった！

……彼女の話では、大学に入学したばかりだという。なんという若さだろう……

四月五日、ソ連は日本に対して日ソ中立条約の不延長を通告した。一ヵ月後、ドイツが降伏した。おりしも、毛沢東に最高指導者の地位を与える中国共産党全国代表大会が開催されている最中だった。毛沢東は、共産党の勝利も近い、と、代表委員たちを激励した。また、ソ連軍はまちがいなく共産党軍の援助に回るはずである、と発言し、満面の笑みを浮かべながら自分の首に手刀を当てて、「そうならなかったら、わたしの首を献上しましょう！」と言った。そして、スターリンに対して毛沢東の生涯で最も親情あふれる賛辞を寄せた。「スターリンは世界革命の指導者か？　然り」「われわれの指導者は誰か？　スターリンである。スターリンに次ぐ指導者はいるか？　いない」「われら中国共産党員はすべてスターリンの弟子である」「スターリンはわれら全員の師である」

一九四五年八月九日深夜零時一〇分、アメリカが世界初の原子爆弾を広島に投下した三日後、一五〇万を超えるソ連・モンゴル連合軍が太平洋岸からチャハル省まで続く四六〇〇キロ余りの長大な戦線を越えて中国に侵攻した。バルト海からアドリア海に至るヨーロッパ戦線をはるかにしのぐ長大な戦線である。四月、毛沢東はソ連軍の侵攻地点付近に配置した共産党軍に対して、「ソ連と協調して戦う」準備を整えるよう命令した。ソ連・モンゴル連合軍が中国に侵攻すると同時に毛沢東は不眠不休で部隊を動かし、ソ連・モンゴル連合軍と連繋して侵攻後の領地を占領する作戦を開始した。毛沢東は執務室を棗園の講堂に移し、次々に訪れる軍の指揮官に指示を与え、机がわりの卓球台で電文を起草し、手を休めるのは食べ物をかき込むときだけだった。

ヤルタ合意のもとではソ連は中国侵攻前に蔣介石と条約を締結することになっていたが、スターリンは構わず軍を進めた。一週間後、ソ連軍が中国国内に何百キロも侵攻した状況下で、蔣介石政権の外相は不承不承に中ソ友好同盟条約に署名した。これによって、外モンゴルは正式に中国から切り離されることになった。代償として、蔣介石はソ連に対して蔣介石政権を中国の唯一合法な政府と認めさせ、ソ連が占領した領土を蔣介石政権以外には返還しない、と約束させた。

そうした約束にもかかわらず、スターリンはさまざまな抜け道を見つけて毛沢東を支援した。手始めは、撤兵スケジュールの遵守を拒否することだった。スターリンはソ連軍を三ヵ月以内に撤退させるという口約束をしたが、この条項を合意文書に記載することを拒んだ。その結果、撤退期限は拘束力のない「議事録」の形で添付されるにとどまった。実際にはスターリンは三ヵ月をはるかに超えて中国に軍を駐留させ、この占領期間を利用して蔣介石の目標達成を阻み、ひそかに領土や資産を毛沢東に移譲した。★

★スターリンは独自の侵略目標も抱いていた。外モンゴルに隣接する中国の蒙古地方を一部分離し、それをソ連の衛星国である外モンゴルに併合しようと考えていたのである。ソ連・モンゴル連合軍による占領勢力は実際に内モンゴル臨時政府を作り、併合の準備を整えたが、計画はそこで放棄された。

日本は八月一五日に降伏した。中国各地で爆竹が鳴り、路上で祝勝会が始まり、涙の乾杯がくりかえされ、太鼓と銅鑼（どら）の音が響いた。中国のほぼ全土が八年にわたって戦火にさらされ、なかには一四年間も戦争に翻弄された地域もあった。そのあいだ、中国人民の少なくとも三分の一が日本による占領を耐え忍び、何千万人という中国人が命を奪われ、無数の人々が生涯癒えぬ傷を負い、九五〇〇万人以上――世界最大の数字――が故郷を追われて難民となった。人々は平和を待ちこがれていた。

が、やってきたのは、内戦が国全体を巻き込んで一気に激化する、という展開だった。国共内戦において、スターリンは毛沢東を支援する動きに出た。事実、ソ連軍は日本が降伏したのちも侵攻をやめず、数週間にわたって南進を続けた。中国北部でソ連が侵攻した地域は、東欧でソ連が占領した全地域よりも広い面積に及んだ。ソ連軍の落下傘部隊はかなり西方の包頭（パオトウ）にも降下した。包頭は延安（イエンアン）の真北にある鉄道の起点で、中国東北の端から西へ約七五〇キロの地点にあたる。ソ連軍の支援を得た中国共産党勢力は、八月末までにチャハル省と熱河省の大部分を、それぞれの省都張家口と承徳を含めて占領した。張家口は北京から北西方向、承徳は北京から北東方向に、ともにわずか一五〇キロほどの距離である。毛沢東は一時期、首都を延安から張家口へ移すことを計画し、書類や荷物を積んだ駱駝の列が張家口めざして延安を出発したこともあった。

最大の収穫は、中国東北だった。東北には中国最大の埋蔵量を誇る石炭、鉄、金の鉱床があり、広大な森林があり、重工業の七割が集中していた。この地域は三方――シベリア、モンゴル、北朝鮮――をソ連の支配地域に囲まれており、シベリアとの国境だけでも二〇〇〇キロ以上にわたる長さだった。「東北を取れば、われわれの勝利は確実だ」と、毛沢東は党に語っている。

東北には、共産党も国民党も軍隊を配置していなかった。一四年のあいだ、この地域は有能無情な日本軍に占領されていたからだ。ただし、共産党ゲリラは蔣介石軍よりはるかに東北に近い場所にいた。ソ連軍はただちに日本軍の兵器庫を近くにいた共産党軍に開放した。その中には東北最大の瀋陽兵器庫があり、中国共産党の極秘文書によれば、ここだけでおよそ「一〇万挺の銃、何千基もの大砲類、大量の弾薬、布地、糧食」が手にはいったという。わずか数ヵ月前まで、八路軍はわずか一五四基の重砲しか所有していなかった。

武器弾薬だけでなく、兵隊もたなぼた式に中国共産党の支配下にはいった。日本の傀儡国家満州国の政府軍二〇万近くがまとまってソ連に投降したため、ソ連はこれを共産党軍に再入隊させる形で中国共産党に引き渡した。ソ連軍による強奪や破壊行為によって働く場所を失った何十万という人々も、共産党軍に入隊した。ソ連占領軍は工場や機械類を丸ごと「戦利品」として運び去り、生産施設を破壊していったのである。ソ連軍によって持ち去られた機械設備類は八億五八〇〇万米ドル相当（現在の再調達価格で二〇億米ドル）と推定され、これによって多くの国民が生計の道を断たれた。中国共産党が東北へ派遣した兵員は当初六万だったが、これが雪だるま式に増大して三〇万になった。

このような中国共産党への支援はソ連が蔣介石と締結したばかりの条約に明らかに違反するため、極秘のうちに実行された。アメリカ式の訓練を受けアメリカ製の武器を装備した蔣介石の精鋭部隊は、ソ連の占領地域から遠く離れた華南やビルマ方面に足止めされていた。部隊を大至急東北へ移送するために、蔣介石はぜひともアメリカの軍艦を必要としていた。アメリカは蔣介石に対して毛沢東との和平交渉を求めた。

アメリカからの圧力に屈した蔣介石は、毛沢東を重慶（チョンチン）へ招いた。アメリカの中国政策は故ローズヴェルト大統領（一九四五年四月一二日死去、副大統領ハリー・トルーマンが後継に昇格）が敷いた「無理にでも和解させる」という方針が基本であり、在中国アメリカ大使は、蔣介石と毛沢東が合意に達したあかつきには二人をそろってホワイトハウスへ招待する、という考えを示唆していた。

毛沢東は重慶へ行くのを嫌がり、蔣介石の招待を二度断った。最大の理由は、蔣介石は信用できない、自分に危害を加えるかもしれない、という懸念だった。重慶へ行くとなれば、毛沢東としては一九二七年に軍の実権を握って以来初めて自分の縄張りから出て行く機会となる。毛沢東は蔣介石に対して、自分のかわりに周恩来を行かせる、と返事した。しかし、蔣介石は首脳会談の相手は毛沢東でなくてはならないとして譲らず、最後には毛沢東もこれを受けざるをえなかった。スターリンは毛沢東に三回も電報を打って、重慶へ赴くよう促した。毛沢東の領土獲得をひそかに応援する一方で、スターリンは毛沢東に和平交渉の駆け引きをきちんと演じるよう要求した。重慶での会談を拒絶すれば、毛沢東は和平を望んでいないという印象を与えてしまうことになる。そうなれば、アメリカが蔣介石全面支持に傾くおそれがあった。

毛沢東はスターリンから圧力をかけられたことに憤慨した。この件は毛沢東のスターリンに対する最大の不満となり、毛沢東は死ぬまで何度もこの話を蒸し返した。

スターリンは毛沢東に対して、ソ連もアメリカも毛沢東の身の安全を保証する、と伝えた。蔣介石版ＦＢＩの創始者陳立夫（チエンリーフー）が著者に語ったところによれば、国民党としては「アメリカが安全を保証した以上」毛沢東の生命を狙うつもりはまったくなかった、という。国民党組織の要所要所に潜入させたスパイ、とくに重慶衛戍（チョンチンえいじゅ）司令張鎮（チャンチエン）がひそかに自分を守ってくれるはずであることも、毛沢東は承知していた。それでも、毛沢東は飛行機が撃墜されることを恐れて、米大使パトリック・ハーレーが延安（イエンアン）まで迎えに来て重慶まで同乗することを要求した。

こうしてあらゆる安全策を講じたうえで、八月二八日、毛沢東はようやくアメリカの飛行機で重慶へ飛んだ。延安には劉少奇（リウシャオチー）を責任者として残した。飛行機が着陸したあとも毛沢東はハーレー大使の傍らにぴたりと付いて離れず、蔣介石が用意した専用車を断ってハーレー大使の車に同乗した。

毛沢東は同時に、自分がいちばんよく理解している安全策を実行した。すなわち、自分が重慶にいるあいだ国民党軍に対する攻撃を続けるよう共産党軍に命じたのである。毛沢東の身に何かあれば共産党勢力は内戦を激化させるぞ、という脅しである。

毛沢東は近々（米軍機で）八路軍司令部へ移送されることになっている共産党軍司令

官たちに対して、存分に暴れまくるよう指示した。きみたちが派手に戦えば、それだけわたしの身は安全である、というわけだ。共産党軍が上党(シャンタン)戦役に勝利をおさめたとき、毛沢東は喜色満面で、「たいへん良い！　戦闘が大きいほど、勝利が大きいほど、わたしが生還できる希望も大きくなる」と述べた。

　重慶滞在中、毛沢東がパニックに陥ったことが一度あった。ハーレー大使が九月二二日に重慶を離れ、続いて蔣介石が二六日に重慶を発ったのを見て、自分に対する暗殺計画があるのではないかと恐れたのである。周恩来がソ連大使館へ派遣され、毛沢東をソ連大使館に滞在させてくれるよう交渉したが、ソ連大使アポロン・ペトロフは態度をはっきりさせず、モスクワへ打電して指示を仰いでも返事を得られなかった。毛沢東はこの対応に激怒した。

　毛沢東は重慶へ足を運んだことで多大な収穫を得た。立ち会った一人に言わせれば「囚人対看守の交渉のよう」だったものの、毛沢東は蔣介石と対等に会談した。各国は毛沢東を逆賊でなく政治家として大使館に招待した。毛沢東もこれに応えて如才なくふるまい、チャーチルの特命全権公使で生真面目なカートン・ド・ヴィヤール将軍の「[共産党軍は]日本を破るうえでたいした貢献をしていないと思う」し、毛沢東の軍隊は「単なる嫌がらせ程度でそれ以上の価値はない」という辛辣(しんらつ)なコメントを笑って受け流した。共産党軍がアメリカ軍士官ジョン・バーチを殺害し手足を切り落とした事件について在中国アメリカ軍司令官アルバート・ウェデマイヤー将軍から面と向かって追及されたときも、毛沢東はあわてなかった。ウェデマイヤーが、アメリカは中国に原子爆弾と五〇万の軍隊を持ち込む用意がある、と、脅しに近い発言をしたときも、毛沢東は沈着冷静な態度を崩さなかった。批判や追及をうまくいなす対応で、毛沢東は絶大な宣伝効果を上げた。

重慶（チョンチン）の和平交渉は四五日間続いたが、すべては芝居であった。毛沢東は行く先々で「蒋委員長万歳！」と叫び、中国指導者として蒋介石を支持すると表明した。しかし、この発言に実（じつ）はなかった。毛沢東は中国を自分のものにしたいと考えており、そのために内戦は避けて通れないと覚悟していた。

蒋介石も内戦が避けられないことは承知していたが、アメリカを満足させるために和平合意が必要だった。合意を遵守する意図などなかったものの、蒋介石は一〇月一〇日に調印された「双十協定」を支持する姿勢を示した。そして、こうした行動は少なくとも短期的には蒋介石に見返りをもたらした。毛沢東が重慶に滞在しているあいだ、アメリカ軍は華北の主要都市天津と北京を占領し、蒋介石に代わって二市を維持した。また、蒋介石の精鋭部隊を船で東北へ移送しはじめた。

双十協定が調印されたあと、蔣介石は毛沢東を招いて一晩話し合った。翌日、蔣介石と毛沢東は朝食を共にし、そのあと毛沢東は延安へ戻った。毛沢東が帰ったとたん、蔣介石は本音を日記のページに吐き出した。「共産党は不誠実であり、卑劣であり、畜生以下である」

一〇月一一日に延安に戻った毛沢東はただちに蔣介石軍を東北から締め出す軍事作戦に着手し、林彪を東北の共産党軍司令官に任命した。何万もの幹部党員がすでに東北へ派遣されており、新設の東北局の下に組織された。東北局の指導部は、九月中旬にソ連軍によってひそかに延安から瀋陽へ空輸されていた。

毛沢東は、万里の長城の東端にあたる山海関に部隊を展開するよう命じた。八月二九日、共産党軍はソ連軍と協力して中国本土から東北への通路にあたるこの要害地を占領した。毛沢東はソ連軍に対して海港と空港の守備を要請した。ソ連軍の後押しを受けた共産党軍は、匪賊を装って、蔣介石の部隊を上陸させようとしたアメリカ艦船に発砲した。米司令官ダニエル・バーベイ提督が乗った艦載ランチを狙撃して海上へ追い返すという戦果もあげた。

結局、アメリカ第七艦隊は山海関のすぐ南にある秦皇島に入港し、ここで蔣介石の精鋭部隊を上陸させた。一一月二五日から二六日にかけての夜、蔣介石軍は山海関(シャンハイコワン)を強襲した。毛沢東は、この戦いを「決戦」と心得て山海関を死守せよ、と命令したが、蔣介石軍の師団は共産党軍を蹴散らし突破した。共産党軍はあっけなく潰走(かいそう)し、国民党軍司令官の一人は、「われわれのほうは人数が少なくて、共産党軍が放棄していった武器をぜんぶ回収できないくらいでしたよ」と、自慢そうに嘆いてみせた。

　共産党軍は塹壕(ざんごう)戦の経験がないばかりか、近代戦そのものをまったく経験したことがなかった。ゲリラとして戦ってきた共産党軍の第一原則は、毛沢東が定めた「敵が前進してきたら退く」であった。今回も彼らはそのように戦った。一方、蔣介石軍は日本軍との大規模な戦闘を経験していた。ビルマでは、国民党軍は一回の作戦行動で共産党軍が八年間に中国全土で打ち破った日本軍の兵員数を上回る規模の日本軍部隊を撃破した実績があった。国民党の東北最高指揮杜聿明(トウーユイミン)は日本軍との大規模な戦闘を指揮した経験が豊富だったが、東北に展開する共産党軍の総司令林彪(リンピアオ)は八年前の一九三七年九月に平型関(ピンシンコワン)でたった一度待ち伏せ攻撃をおこなった経験があるだけで、その後はほとんど硝煙臭さえ嗅いでいないようなありさまだった。日本軍との交戦を極力回避しつづけてきた結果、毛沢東は近代戦を戦えない軍隊を持つことになってしまった。

共産党軍も抗日戦争のあいだ何度か正面戦を経験してはいたが、その大半は国民党軍の弱小部隊が相手であり、蔣介石軍の精鋭部隊と戦った経験はなかった。共産党軍指揮官の一人は、蔣介石の精鋭部隊は体力気力が充実して訓練も行き届いた「アメリカ式の部隊」で戦闘意欲も高い、と、毛沢東に書き送っている。共産党軍は訓練が不十分なだけでなく、士気も低かった。日本との戦争が終わったいま、多くの兵士はとにかく平和を望んでいた。共産党軍は「打敗日本好回家」（日本を打ち破って家へ帰ろう）という宣伝歌を使っていた。日本の降伏後、この歌はいつの間にか歌われなくなったが、望郷の思いは歌声のように容易に消せるものではなかった。

東北へ向かった共産党軍の主力は山東（シャントン）から派遣された兵士たちで、行軍中の彼らに向けて飛ばされた檄（げき）は、高邁な理想ではなく物質的利益を強調するものだった。軍長陳毅（チエンイー）は、士官たちを前にして次のように訓話した。「延安（イエンアン）を発つにあたり、毛主席から諸君に伝えてほしいと言われたことがある。諸君はこれから良い地方へ行く、非常に楽しい場所へ行く。そこには電灯がともり、摩天楼がそびえ、金子銀子（きんすぎんす）がたっぷりある……」。別の指揮官は、「東北では三食とも米や白い小麦粉［良い食事］が食べられる」し、「全員に昇級が与えられる」、と訓示した。それでも士気を高めることは難しく、部隊全員が乗船を終えて出航するまで行き先が東北であることを知らせない指揮官もいた。

徒歩で東北へ移動した部隊の将校たちは、兵士の士気が最低だったことを記憶している。ある将校は、つぎのように述懐する。

最大の頭痛の種は脱走だった……一般に、われわれ党員、分隊長、戦闘部隊長などは、それぞれに担当の「鞏固対象」（脱走しそうな人間）を監視することになっていた。歩哨（ほしょう）当番から雑役から使い走りまで、あらゆる作業を一緒にやるようにした……「鞏固対象」が小便をしたいと言えば、見張っている側も、「おれもちょうど行こうと思っていた」と言うのである……憂鬱（ゆううつ）、望郷、不安——こうした徴候には即座に対応する必要があった……戦闘のあと、とくに敗戦のあとは、監視を強める必要があった。

脱走者の大半は野営の準備を終えたあとで逃げるので……通常の歩哨に加えて秘密の歩哨も配置した……万策尽きて、とうとう日本軍が労働者の脱走防止に使っていた手を使う部隊もあった——夜のあいだ、全員のズボンを回収して司令部に保管するのである。

それでも、信用できるはずの幹部党員までが脱走した。山東（シャントン）から東北へ移動になったある師団の指揮官は、一一月一五日、毛沢東にあてて「脱走、落伍、傷病」で当初の兵員三万五〇〇〇のうち三〇〇〇を失った、と報告している。これ以前にも、別の部隊の指揮官は、「昨夜一晩だけで……八〇名以上が逃走した」と報告している。脱走率が五〇パーセントを超して、当初の四〇〇〇人強が二〇〇〇人以下になってしまった部隊もあった。東北で共産党軍に入隊した新兵たちも、戦う相手が国民党軍だと知ると大挙して脱走してしまった。共産党軍の統計でさえ、一九四五年一二月末から一九四六年一月初めの一〇日間だけで四万人以上が国民党側に逃げたことを認めている。東北における共産党軍の兵員数は国民党軍をはるかに上回っており、日本軍が残していった武器弾薬で装備も十分だったが、それでも脱走を防ぐことはできなかった。

　毛沢東のナンバー2劉少奇（リウシャオチー）は、蔣介石軍を東北から締め出しておくことなど共産党軍には不可能であろうと予見していた。劉少奇は毛沢東とは異なる戦略を持っていた。毛沢東が重慶（チョンチン）に滞在しているあいだ、劉少奇は東北の共産党軍に対して、ソ連およびソ連衛星国との国境付近に堅固な根拠地を築くことに集中し、そこで近代戦に必要な訓練を受けられるようにすることが重要だ、と指示した。一九四五年一〇月二日、劉少奇（リウシャオチー）は、「主力部隊は山海関（シャンハイコワン）に展開して蔣介石の進軍を防ぐのではなく、ソ連、モンゴル、朝鮮との国境に展開して足場を固めるように」という命令を出した。加えて、劉少奇は、大都市から撤退する準備をし、農村部に分散して根拠地を建設せよ、と指示した。

しかし、重慶（チョンチン）から延安（イエンアン）に戻った毛沢東は劉少奇の命令を取り消し、一〇月一九日付で、主力を山海関および鉄道の主要接続地に集中せよ、という命令を出した。別の命令にあるように、毛沢東は一刻も早く「東北全体を手中に収め」たかったのである。しかし、共産党軍の力量ではそれは無理だった。

毛沢東と軍との関係は、概して疎遠だった。毛沢東は軍に出向いて兵士をじかに激励したことなど一度もなかったし、前線を視察したこともなく、後方の部隊を慰問したこともなかった。軍に関心がなかったのだ。東北に派遣された兵士の中にはマラリアにかかっている者が多く、熱で弱った兵隊をむりやり何百キロも行軍させるために、一人の病人を健康な兵士が前と後ろからサンドイッチのようにはさみ、腰にロープをつないで引っぱって歩いた。傷病兵に関して、毛沢東は彼らを地元の農民に預け

て置いていく、という対処法を好んだ。しかし、地元農民とて生きるか死ぬかの生活であり、薬など入手できるはずもなかった。★

★二年後、共産党軍の大軍を国民党支配地域の奥深くへ送り込めと主張する毛沢東に対して、指揮官たちからは、頼るべき作戦基地もなしに傷病兵をどうするのか、という質問が出た。毛沢東はいとも気軽に、「簡単なことだ……傷病兵は群衆のもとに残していけばよい」と答えた。

戦況を見れば、毛沢東が近いうちに勝利をおさめることは見込めそうになかった。スターリンはこの現実に合わせていちはやく方針を修正した。一九四五年一一月一七日、国民党軍が東北南部を強襲したあと、蔣介石はソ連の「態度がとつぜん変化した」ことに気づいた。ソ連は中国共産党に対して大都市を明け渡すよう指示し、一刻も早く東北全体の覇者になり、さらには中国全土で勝利をおさめたい、という毛沢東の希望に引導を渡した。

この決定が毛沢東に壊滅的なショックをもたらすことを承知していたスターリンは、毛沢東をなだめるジェスチャーを見せた。一八日にソ連から届いた電報には、「毛岸英（マオアンイン）が〝四一〟［延安の暗号名］へ行くことについて貴殿の許可を求めている」とあった。スターリンはようやく、息子を返すと言ってきたのである。これは毛沢東にとって朗報ではあったが、東北を手中にする野望の埋め合わせにはならなかった。毛沢東はソ連に対して必死の懇願を続け、共産党軍には山海関（シャンハイコワン）を死守せよと不毛な命令をくりかえしたが、その両方が失敗に終わったのを見て、とうとう神経衰弱で倒れてしまった。一一月二二日、毛沢東は棗園（ツアオユワン）を出て、高級幹部専用の特別病院に（入院患者を全員追い出してから）入院した。何日ものあいだ、毛沢東はベッドから起き上がれず、一睡もできず、全身を震わせ、手足を痙攣（けいれん）させ、脂汗をにじませたまま横たわっていた。

　毛沢東の側近師哲（シーチヨー）は途方に暮れ、スターリンに助けを求めてはどうかと提案した。毛沢東もこれに同意したので、師哲はスターリンに電報を打った。スターリンからはただちに返事があり、医師を派遣すると言ってきた。毛沢東はその申し出を受けたが、二時間後に気が変わった。スターリンの使者に自分を無防備にさらすことにいささかの躊躇（ちゅうちょ）を覚えたのである。毛沢東は師哲に電報の送信を止めるよう頼んだが、すでに送信されたあとだった。

　これより数日前、スターリンは延安（イエンアン）に派遣していたソ連軍参謀本部情報総局（GRU）の医師オルロフを、延安で活動していた他のGRU連絡員全員とともにモスクワに召還していた。オルロフは三年半にわたって一度も帰国することなく延安に滞在し、ようやくソ連に帰国したところだった。にもかかわらず、モスクワに到着したとたんに、オルロフはスターリンからの命令で延安へ戻ることになった。哀れなオルロフは、KGB出身のメルニコフという医師を伴って、一九四六年一月七日に延安に戻った。二人の医師による診察の結果、毛沢東は深刻な病気ではなく、精神的疲労と神経性ストレスによる症状であろう、と診断された。医師たちは毛沢東に対して、もっと多くの仕事を部下に委任すること、リラックスすること、散歩をして新鮮な空気に触れること、を助言した。ところが、まもなく、こんどはオルロフが神経衰弱になってしまい、モスクワに帰国を願い出た。オルロフの帰国願いは却下された。

ソ連から医師たちを運んできた飛行機には、毛沢東の息子毛岸英（マオアンイン）も乗っていた。ソ連を離れる前、スターリンは自らの名が刻印されたピストルを毛岸英に贈った。一九二七年に毛沢東が当時四歳だった岸英を含む三人の息子と妻楊開慧（ヤンカイホイ）を捨てて共匪（きょうひ）の人生に足を踏み出してから、一八年の歳月がたっていた。いま、毛沢東の目の前に現れた岸英は、二三歳の立派な青年になっていた。空港で出迎えた毛沢東は息子を抱きしめ、「ずいぶん大きくなったね！」と声を上げた。その夜、毛沢東はスターリンに感謝の手紙を書いた。

毛沢東は病院を退院し、牡丹亭（ムータンティン）と呼ばれる名建築を接収した軍司令部に移った。司令部の周囲には大きな牡丹園が広がっており、なかには中国最高の品種もあった。花好きで当時は名ばかりの軍総司令に封じられていた朱徳（チュートー）は、部下たちとともにこの壮麗な牡丹園に繊細な桃の果樹を植え、魚の泳ぐ池を作り、バスケットボール・コートを設けた。毛沢東は岸英（アンイン）と多くの時間を過ごした。日干しレンガでできた住居の外で四角い石のテーブルに腰を下ろして会話に興ずる父子の姿がよく見られた。日干しレンガの家のすぐ横には、地下深く掘られた毛沢東専用の防空壕もあった。当時、麻雀やトランプでたびたび毛沢東父子の相手をした人物は、毛沢東の息子に対する愛情あふれるしぐさを目にしている。毛沢東の健康は徐々に回復し、春には全快した。

毛沢東にとって最大の慰めになったのは、東北の大部分がいまだ共産党の支配下にあるという事実だった。スターリンは約束の三ヵ月をはるかに超えて東北に居座って睨みをきかせ、国民党には最小限の幹部を都市に送り込む以上の進出を許さなかった。中国共産党は大多数の都市から撤退を余儀なくされたが、そのかわりに広大な農村部で地歩を固めていった。

ソ連軍がようやく東北から撤退したのは、一九四六年五月三日、侵攻から一〇ヵ月近くたったあとだった。中国共産党を利するために、ソ連は国民党には撤退直前までスケジュールを知らせず、一方で中国共産党とは連携をとりながら、共産党軍が再入城を始めた都市部を含めて東北の資産が共産党の手に渡るよう撤退のタイミングを計った。毛沢東はふたたび軍に対して命令を出し、鉄道路線上の主要都市を「いかなる犠牲を払ってでも」「マドリードのように」死守せよ、と、スペイン内戦で命をかけて首都を守った英雄たちを引き合いに出して軍を激励した。

毛沢東の副官劉少奇（リウシャオチー）は、今回も、共産党軍の力量では蒋介石軍を食い止めるのは無理である、都市の大部分は放棄すべきだ、と進言した。東北を守る林彪（リンピアオ）も、毛沢東に対して「[都市部を]維持できる可能性はけっして大きくない」、共産党軍は「都市を防衛するのではなく、敵の戦力を消滅する」戦略をとるべきだ、と提言した。農村部を固めるべきだという点において、林彪は劉少奇と同意見だった。しかし、毛沢東は、都市を死守しなければならない、と主張して譲らなかった。★

★その後、「農村部から都市を包囲する」、あるいは「都市の死守よりも敵の消滅を主とする」といった英明な戦略を打ち出したのは毛沢東である、という神話が作られた。実際には、前者の戦略は劉少奇が提言したもの、後者の戦略は林彪が提言したものであり、毛沢東はこうした方針を余儀なくされるまで激しく反対しつづけた。

しかし、それに続く一連の戦闘によって、毛沢東の軍隊はまだまだ蔣介石軍と互角に戦うような力量でないことが明らかになった。ソ連軍が撤退してわずか数週間のうちに、国民党軍はソ連に最も近いハルピンを除く東北の主要都市すべてを奪い、共産党軍は崩壊寸前まで追い込まれて大混乱のうちに北方へ敗走した。空からは爆弾が降りそそぎ、地上では国民党軍の戦車や車両部隊が背後に迫っていた。林彪(リンピアオ)軍の政治委員は、のちに、「全軍が瓦解」して「完全な無秩序」に陥った、と認めている。ある将校は、北へ逃げる部隊が四二日間連続で追撃された、と述懐する。「もうこれでだめだ、と思いました……」

共産党軍は軍事的に崩壊しただけでなく、一般の民衆にもきわめて不人気だった。一四年も続いた戦争と日本軍による残虐な統治のあとで、人々は国がまとまることを望んでおり、国民党軍を政府軍とみなしていた。林彪は次のように毛沢東に報告している。「民衆は、八路軍は政府軍と戦うべきではない、と言っています……彼らは国民党を中央政府とみなしています」

中国共産党には、さらに不利な要素があった。民衆の意識の中で、中国共産党は憎むべきソ連と結びついていたのだ。中国東北に侵攻したソ連軍は生産設備を略奪しただけでなく、一般民衆の住居も略奪した。ソ連兵による強姦も多発した。ヤルタ合意の内容が一九四六年二月になって公表され、スターリンが中国東北に広大な治外法権を得ていたことが明らかになると、東北の多くの都市に加えて東北以外の地域でもソ連に抗議するデモが起こった。民衆のあいだには、中国共産党はソ連軍の尻にくっついて東北へ進駐しただけで中国のためになっていない、という感情が広がっていた。デモの参加者たちが「中共応該愛国」（中国共産党は国を愛するべきだ）と叫ぶと、見物人のあいだから拍手が上がった。中国共産党はソ連から武器をもらうかわりに女を差し出している、という噂まで流れた。

地元住民の共産党に対する態度も、国民党を迎える態度とは大きく異なっていた。共産党軍の将校が次のように回想している。「吉林（チーリン）にたどりついたとき、われわれは空腹でのどが渇いていた……通りには人っ子ひとり見えなかった……ところが敵の部隊が入城してくると、どこからか人々がいっせいに湧き出してきて小旗を振り、歓呼して彼らを迎えるではないか……われわれの怒りを想像してほしい！」

共産党軍の兵士たちは落胆し、高級将校にまで怒りをぶちまけた。林彪の乗ったジープが退却する部隊に行く手を阻まれたとき、護衛兵が「首長」のために道を空けてくれと声をかけたところ、兵士たちから「その首長とやらに聞いてくれ、おれたちは大毛子（ターマオツー）の国へ逃げていくのか?」という罵声が投げつけられた。「大毛子」は、地元の人々がソ連兵を軽蔑して呼ぶ名である。

この時点では、共産党軍は国境を越えてソ連側へ押し出されるか、あるいは小さなゲリラ部隊に分散して山中へ逃げるか、そのどちらかしかないと思われた。林彪（リンピアオ）もそういう展開を覚悟していた。六月一日、林彪は毛沢東にハルピンを放棄する許可を求めている。ハルピンは中ソ国境から約五〇〇キロのところにあり、共産党勢力が占領している最後の大都市だった。中国共産党東北局も、翌日、「当局は辰兄（チエンシユン）「ソ連軍の暗号名」にそろそろ「ハルピンを」離れる時期だと伝えた……」と、撤退を観念した電報を毛沢東に送った。毛沢東は二度にわたってスターリンに「軍事援護」または「共同作戦」の形で直接介入を懇請したが、スターリンは、介入すれば国際問題になる可能性があるとして、これを断った。ただし、共産党部隊がソ連領へ逃げ込むことは認めた。六月三日、毛沢東はやむなくハルピンを放棄して「長期体制で」ゲリラ戦に移行する計画を承認した。

まさに絶体絶命の状況だった。そこへ救いの手を差し伸べたのは、アメリカだった。

第二八章 ワシントンに救われる

一九四四～四七年★毛沢東五〇～五三歳

蔣介石がアメリカ政官界で好かれていないのは、周知の事実だった。毛沢東は、この点に働きかければアメリカが蔣介石に対する支持を控えて共産党軍により好意的な態度を示すのではないか、と考えた。そして、中国共産党は本当の共産主義政党ではなく、穏健な農業改革運動の一種であってアメリカとの協力を望んでいる、というアメリカの錯覚を助長すべく巧妙な手を打った。

一九四四年半ば、ローズヴェルトは延安（イエンアン）に使節団を派遣した。最初のアメリカ人一行が到着した直後、毛沢東は党の名前を変更する考えを吹聴（ふいちょう）した。「われわれは以前から党名の変更を考えていました」と、毛沢東は八月一二日、延安駐在のソ連人連絡員ウラディミロフに伝えた。「『共産党』ではなくて、何か別の名前で呼ぶのです。

そうすれば状況は……もっと好転するでしょう。とくにアメリカとの関係は……」。ソ連側も、ただちに賛成の意を表明した。その月の後半、モロトフは同じせりふを当時のローズヴェルト大統領特使パトリック・ハーレー将軍の耳にささやいた。「［中国には］『共産主義者』を自称した人々……もいましたが、彼らは共産主義にはいっさい何の関係もないのです。経済の現状に対する不満を表明する目的で共産主義者を自称していただけです。経済状況が良くなれば、このような政治傾向など忘れてしまうでしょう。ソ連政府は……『共産主義分子』と関係したことは［ありません］」★

★モスクワと毛沢東が示し合わせた芝居にだまされた多くの人間は、その後何十年にもわたって、毛沢東をアメリカ側に勝ち取るチャンスはあったのではないか、アメリカは毛沢東をソビエト陣営から切り離すチャンスを取り逃がしたのではないか、と言いつづけた。しかし実際には、毛沢東は常々ひそかに、アメリカに対する友好的態度は「蔣介石と戦うための便法にすぎない」と、中国共産党に伝えていた。

ローズヴェルトの後継者ハリー・トルーマンが一九四五年一二月に内戦を中止させる目的でアメリカ軍最高司令官ジョージ・マーシャルを中国に派遣したのを受けて、

共産党側は芝居に一層力を入れた。マーシャルは一九二〇年代に中国で軍務についていた時代に蔣一族の汚職を見てきたせいで最初から蔣介石に対して良い印象を抱いておらず、アメリカと中国共産党には多くの共通点がある、という共産党の主張に共感しやすい素地があった。周恩来はマーシャルとの初めての会談で、中国共産党がどれほど「アメリカ式の……民主主義を望んでいるか」という話をして、巧みにマーシャルの心をつかんだ。一ヵ月後、周恩来はマーシャルに、毛沢東はソ連よりアメリカを好んでいる、という真っ赤な嘘を吹き込んだ。「ちょっとしたエピソードをお聞かせしましょうか、関心がおありかもしれませんから……。最近、毛主席がモスクワを訪問するのではないか、という噂が立ったのですよ。それを聞いた主席は大笑いして、半ば冗談ですが、外国にバカンスに行くなら……むしろアメリカに行きたいものだ、と言ったのです……」。マーシャルは、この話をそのままトルーマン大統領に伝えた。その後何年間も、マーシャルはトルーマンに対して、共産党のほうが国民党より協力的だったと主張しつづけた。

マーシャルは毛沢東という人間を理解していなかったし、毛沢東とスターリンの関係も理解していなかった。一九四五年一二月二六日の時点で、マーシャルは蔣介石に対して、「ソ連政府が中国共産党と連絡を取りあい助言を与えていたかどうかをはっきりさせることは非常に重要だった」と、この点がいまだ証明されていないかのような発言をしている。後年（一九四八年二月）になっても、マーシャルは米議会に対して、「中国で［共産軍が］国外の共産党勢力から支援を受けているか否かという点については何ら具体的な証拠はない」と述べている。これは、とんでもない無知だ。アメリカはイギリスと同じくソ連の電信を傍受しており、その中には延安（イエンアン）あての通信もあった。両者の関係は明らかだったはずだ。ほかのアメリカ政府高官も、中国共産党に関してマーシャルに強く警告していた。延安に派遣されたアメリカ使節団の団長がまとめた最終報告書は、「共産主義は全世界に広がっている！」という警告文で始まっている。★

★ワシントンがモスクワに派遣したベテラン外交官アヴェレル・ハリマン大使は、マーシャルが特使に任命されたことに以前から危惧を抱いており、何よりもマーシャルが「ソ連の危険性」を十分に認識していない点を心配していた。

マーシャル特使は、一九四六年三月四日から五日にかけて延安を訪問した。マーシャルを迎えるにあたって、毛沢東は準備に万遺漏（ばんいろう）なきよう細心の注意を払った。その一環として、毛沢東は息子の毛岸英（マオアンイン）を農村へ送り出した。岸英には、この機会に農民の仕事や中国の習慣を学ぶとよい、と伝えたが、本当の理由は、英語を話す息子がアメリカ人の注目を引く存在になっていることに苛立っていたからだった。岸英がソ連から戻ってまもないころ、毛沢東は息子をAP通信の特派員ジョン・ロデリックに紹介した。ロデリックは土曜の夜に催されたダンスパーティーの会場の片隅で毛岸英にインタビューした。それを知った毛沢東は激怒した。父は「インタビュー記事を最後まで読むことさえしなかった」「父は記事をくしゃくしゃに丸め、わたしに厳しい口調で言った……外国人記者のインタビューにあんなに無防備に応じるとはどういうことだ！　指示も受けずに！」と、毛岸英が回想している。毛岸英はスターリンのソ連で厳しく訓練されてきたはずだったが、それでも毛沢東陣営の「超」がつくほど堅固な紀律レベルから見れば甘かったのである。毛岸英が表舞台から追放される一方で、英語を話せない江青（チアンチン）はいよいよ「ファースト・レディ」としてのデビューを飾ろうとしていた。

　マーシャルがトルーマン大統領に提出した報告書は、幻想と錯覚に満ちていた。マーシャルは、「毛沢東と長時間の会談をおこない、当方はきわめて率直に発言いたしました。毛沢東はいっさい敵意を見せず、最大限の協力を約束しました」と書いている。東北における共産党勢力について、マーシャルは「まとまりのない集団に毛が生えた程度のもの」と説明し、さらに驚くべきことに、「延安司令部は［東北の］指揮官たちとほとんど連絡が取れていない」と報告している。このときすでに、ソ連軍はDC3型機で中国共産党幹部を東北へ空輸しており、延安は東北に展開する何万という共産党勢力と日々連絡を取り合っていたのである。

マーシャルが延安に滞在しているあいだにも、毛沢東はソ連軍参謀本部情報総局（GRU）連絡員オルロフ医師を呼んで、会談内容について報告している。

マーシャルは毛沢東にとてつもなく大きな貢献をしたことになる。一九四六年晩春、毛沢東が壁際まで追いつめられて絶体絶命の状況にあったときに、マーシャルは蔣介石に対して強力な——そして決定的な——圧力をかけ、東北へ敗走する共産党勢力に対する討伐作戦を中止させた。すなわち、共産党軍をこれ以上深追いするならばアメリカは蔣介石を援助しない、国民党部隊を東北へ移送する作戦も中止する、と申し渡したのである。五月三一日、マーシャルは自分個人の名誉を引き合いに出して、蔣介石に次のような書状を送った。

政府軍が東北進撃を継続している現下の状況では、わたくしの立場に重大な疑義が生じる局面に立ち至っていることを、くりかえし……申し上げ……ざるをえません。従って、政府軍による進撃、攻撃、追撃を終了させる命令をただちに出されるよう、重ねて要請するものであります……

蔣介石はこの要求に折れて、一五日間の停戦に同意した。まさに、毛沢東が東北における最後の砦ハルピンを放棄してゲリラ戦に転ずる覚悟を決めたタイミングであった。事実、毛沢東は六月三日付で戦術変更の命令を出したところだった。が、停戦の知らせを聞いた毛沢東は、六月五日付で、「持ちこたえよ……とくにハルピンは死守せよ」と、新たな命令を出した。流れがここで変わった。

おそらく、マーシャルの一方的な命令は、内戦の結果を左右した最も重要な決定だったと言えるだろう。この時期を経験した共産党軍関係者は、林彪（リンピアオ）から古参兵に至るまで一様に、この休戦は蔣介石の犯した決定的な失策だった、と非公式に認めている。あのとき侵攻を続けていれば、蔣介石は少なくとも共産党勢力がソ連国境沿いに大規模で強固な根拠地を築くのを阻止できた可能性が大きい。そうなれば、根拠地とソ連が鉄道で結ばれることもなく、その鉄道を使って大量の重砲が運び込まれることもなかったはずだ。さらに、蔣介石が合意した二週間の停戦を足がかりに、マーシャルは停戦を四ヵ月近くに引き延ばし、東北全域に拡大し、さらに東北の北部を共産党勢力に占守させることまで提案した。蔣介石が強硬な態度に出れば、マーシャルと正面衝突することは目に見えていた。この時期、マーシャルの「態度は尋常でない猛々しさだった」と、蔣介石は回想している。

蔣介石には、マーシャルだけでなくトルーマン大統領からも圧力がかかっていた。七月半ば、二人の著名な反蔣知識人が国民党支配地域で射殺された。同月のアメリカの世論調査では、蔣介石に対する援助に賛成する意見はわずか一三パーセントで、五〇パーセントが「干渉すべきでない」という意見だった。八月一〇日、トルーマンは蔣介石に非常に厳しい文面の書簡を送り、二人の暗殺事件に言及して、アメリカ国民は中国情勢を「非常に強い反感をもって」見ている、と伝えた。そして、「平和的解決に向けて」進歩が図られなければアメリカの立場を「見直す」必要もあるかもしれない、と、蔣介石を脅した。

こうした圧力を受けて、蔣介石は東北における攻撃を一時停止した（東北以外の地域では共産党軍を追撃し、それなりの戦果をおさめていた）。蔣介石の側近の一人陳（チエン）立夫（リーフー）はこの方針に異議を唱え、「スペインのフランコ将軍のようにやるべきです」

と、蔣介石に進言した。「共産主義と戦うならば徹底的に戦うべき」であって、「やったりやめたり」では効果がない、「戦って休戦して、休戦して戦って……というのではだめです」。しかし、蔣介石はアメリカからの援助を必要としていた。内戦期を通じて蔣介石はアメリカから三〇億米ドル（無償資金援助として一六億近く、事実上の武器供与として約八億五〇〇〇万ドル）にのぼる援助を受けており、結局はアメリカの圧力に屈することになった。

こうして、毛沢東は東北の北部に一〇〇〇キロメートル×五〇〇キロメートルという巨大な根拠地を確保することになった。面積においてドイツをはるかにしのぎ、ソ連およびその衛星国と長い地続きの国境で接し、鉄道で結ばれた堅固な根拠地だった。毛沢東は高級幹部との懇談でこの根拠地を安楽椅子にたとえてみせ、安心してよりかかれるソ連という背もたれが背後にあり、左右に北朝鮮と外モンゴルというひじ掛けがある、と言った。

四ヵ月の中休みを得たおかげで、共産党軍は二〇万にのぼる旧満州国軍の兵士やその他の新兵を統合し、軍を立て直すことができた。共産主義の支配になじまない兵士は、「清洗（チンシー）」すなわち粛清（しゅくせい）（殺害を意味する場合が多い）された。機密資料の数字によると、この戦域内の共産党軍で「清洗（チンシー）」された者の数は「脱走」と合わせて三年間に一五万という驚くべき数にのぼっている。これは、戦死、捕虜、負傷退役の合計数（一七万二四〇〇）に近い数字だ。

戦闘意欲を高めることも、共産党軍再建の重要な課題だった。この中心となったのは、兵士を集めておこなわれた「訴苦会」と呼ばれる集会である。大多数の兵隊は貧農出身で、それまでに飢えや不正をいやというほど味わっていた。集会は、兵士たちのそうしたつらい記憶を呼びさまし、心の傷を掘り起こした。参加した兵士たちは、熱に浮かされたような興奮状態になった。毛沢東に提出された報告書には、ある兵士は訴苦会であまりに激しい悲しみや怒りを吐き出したために「気を失った」。意識は戻ったものの、彼は二度と正気には戻らず、いまでは呆けたようになってしまった」という記録が残っている。感情がクライマックスに達したところで、党は興奮した兵士たちに、「蔣介石にこの仕返しをする」ために戦おう、と呼びかけた。蔣介石政権がすべての苦しみの根源だ、と思い込ませたのである。こうして、兵士たちは各々戦う動機を見出した。訴苦会に参加した人々は、あとで冷静になって考えてみれば信じられないが、その場ではすっかりそういう気持ちになった、と証言している。

こうした洗脳を拒否した人間も多数いた。なかには懐疑的な言葉を口にした者もいた。そういう人間はただちに「搾取階級」の一員として非難され、「清洗」の列に加えられた。

政治的再教育と並行して、軍事訓練も集中的におこなわれた。この面ではソ連の協力が決定的役割を果たした。共産党部隊が初めて東北へ進軍したとき、ソ連兵は共産党軍の兵士たちを山賊の集団とまちがえたくらいだった。共産党軍の兵士はとても正規兵には見えず、近代兵器を扱うこともできなかった。休戦期間中、ソ連は航空科、砲兵科、工兵科を含む本格的な軍事教練施設を少なくとも一六ヵ所開設した。多数の中国人将校がソ連へ渡り、あるいは旅順（リューシュン）や大連（ターリエン）のソ連居留地へ行って、軍事訓練を受けた。スターリンがヤルタ合意で手に入れたこの二つの港湾は、いまや崩壊した共産党軍の部隊や幹部を受け入れる東北南部の聖域にもなっていた。共産党の兵士はここに避難し、訓練を受け、新しい武器を受け取った。

モスクワによる共産党軍の再武装は急速に進められた。ソ連は日本製の航空機九〇〇機、戦車七〇〇輌、三七〇〇基以上の大砲や迫撃砲や擲弾（てきだん）発射筒、一万二〇〇〇挺（ちょう）近い機関銃、さらに松花江（ソンホワ）に浮かぶ相当規模の小型艦艇部隊、おびただしい数の装甲車や高射砲、何十万挺ものライフルを共産党軍に引き渡した。日本の主要な武器庫があった北朝鮮からは、貨車二〇〇〇台以上に満載した兵器や軍用資材が鉄道で運ばれてきた。さらに、外モンゴルからも日本軍から鹵獲した武器が届いた。ソ連製の武器も運び込まれた。ドイツ製の武器はマークを削って、アメリカから奪った武器のように見せかけてあった。

加えて、ソ連はひそかに日本人の戦争捕虜を何万人も中国共産党に引き渡した。日本人捕虜部隊は、みすぼらしい共産党軍を強力な戦闘集団に変身させるうえで大きな役割を果たし、共産党軍が持っている兵器の大部分を占める日本製兵器の操作、手入れ、修理方法を教えるうえでも重要な役割を果たした。中国共産党の空軍を育てたのも、日本人捕虜だった。日本人パイロットは飛行機に同乗して共産党軍パイロットに操縦を教えた。数千人にのぼる熟練した日本人医療スタッフは、共産党軍の負傷兵にはそれまで縁のなかった高度の専門治療をほどこして非常に歓迎された。なかには共産党軍の戦闘に参加した日本人部隊もあった。

もうひとつ、きわめて重要な役割を果たしたのは、ソ連占領下の北朝鮮だった。ソ連は北朝鮮から武器を供給しただけでなく、日本軍やソ連軍のもとで訓練された二〇万の強者ぞろいの朝鮮人正規兵部隊も派遣した。加えて、中国東北と八〇〇キロの国境を接する北朝鮮は、中国共産党が「我們隠蔽的后方」（我々の秘密後方）と呼んだように、貴重な抜け道としても役立った。一九四六年六月、敗走中だった共産党軍は、部隊や傷病兵や軍事物資を北朝鮮に退避させた。国民党軍が東北の中央部をほぼ制圧していたため、共産党軍は南北に分断される形になっていたが、北朝鮮を経由することによって南北の連絡を取り、あるいは中国東北と中国東岸、とくに重要な山東(シャントン)省との連絡を取ることができた。この巨大な輸送システムを監督するため、中国共産党はピョンヤンおよび朝鮮の四つの港に事務所を開設した。

ソ連の貢献の中でも大きかったのは、鉄道網を復旧させたことだった。一九四六年末に東北北部の共産党根拠地が確立されたあと、ソ連の専門家チームがこの地域の広大な鉄道網を復旧させ、一九四七年春にはソ連まで鉄道が開通した。共産党軍が東北全域の制覇にむけて最終攻撃を準備していた一九四八年六月には、スターリンは前鉄道相イワン・コヴァリョフを総監督として派遣した。ソ連は全体で一万キロを超す線路を修理し、主要な橋梁(きょうりょう)だけでも一二〇ヵ所を改修した。この鉄道網は共産党軍が大量の兵士や重砲類を迅速に移動させることを可能にし、その年の秋に主要都市への攻撃を可能にした点で、決定的に重要な役割を果たした。

ソ連、北朝鮮、モンゴルからの大規模な援助は極秘のうちに実行され、今日なおほとんど明らかにされていない。中国共産党は細心の注意を払って秘密を守った。毛沢東は林彪(リンピアオ)に対して、共産党根拠地が「朝鮮、ソ連、外モンゴルからの支援を受けた」事実に言及している部分は党内の秘密文書からも削除するように、と指示している。★モスクワも例によって、ソ連が毛沢東を支援しているという話など「最初から最後まで作り話である」と嘯いた。実際には、中国共産党が「粟と小銃だけ」で戦っている、という毛沢東の主張こそ作り話であった。

★林彪に対しては、「我々は政治的、経済的、軍事的民主主義のために闘争している、と書きなさい……階級闘争というスローガンを前面に打ち出してはいけない」という指示も与えている。

ただし、ソ連からの援助と引き換えに、毛沢東の支配地域に暮らす人民は苛酷な代償を負わされていた。毛沢東はこの援助によってスターリンに借りを作ることを嫌い、さらに多くの援助を求め得る立場を確保しておきたいと考えて、一九四六年の八月と一〇月、二回にわたって援助の代償を食糧で支払うことをソ連に申し出た。ハルピン駐在のソ連通商代表は、最初、この申し出を謝絶した。そこで、一一月、毛沢東は最も信頼する腹心の一人劉亜楼をモスクワへ送り、強引に話を進めさせた。こうして、中国共産党が毎年一〇〇万トンの食糧をソ連に送る、という秘密合意が成立した。

その結果、共産党の支配地域では飢饉が起こり、餓死者が出た。兵站責任者によると、延安地方では一万人を超す農民が一九四七年に餓死している。毛沢東はこの状況をじゅうぶん承知していた。その年、毛沢東は自らこの地方を旅行し、村の子供たちが毛沢東の随員の厩舎でこぼれた豆を拾い歩いたり、女たちが米のとぎ汁を奪い合ったりするのを目にしている。米のとぎ汁を奪い合うのは、とぎ汁の中にわずかでも残っている栄養分を求めてのことだ。となりの山西省根拠地では、故郷に里帰りしてきた警衛連長が毛沢東に対して、人々が餓死している、自分の家族も命があるだけでも運がいいほうだ、と報告している。しかも、これは収穫期直後の話だ。一九四八年の民間人餓死者は東北だけで数十万人にのぼり、共産党軍の兵士でさえ半ば飢餓状態が珍しくなかった。

真相を知る者はほとんどいなかったが、共産党支配地域でこの時期に発生した飢餓は、主として毛沢東が食糧を輸出したことが原因だった。しかし、民衆に対しては、食糧不足は「戦争」のせいである、と説明された。このときすでに、後年の「大飢饉」の予兆が現れていたと言える。「大飢饉」もまた、毛沢東が作り出したものだった。そして、このときも、食糧をソ連へ輸出するという毛沢東の決定が飢饉の原因だった。

一九四六年六月にマーシャルの強引な命令に屈して停戦を受け容れたとき、蔣介石は軍事的にまだ毛沢東よりはるか優位に立っていた。この時点では、国民党軍の兵員は四三〇万で、毛沢東の一二七万を大幅に上回っていた。東北においては共産党軍に対する攻撃を控えたものの、中国本土においては蔣介石は共産党軍をほとんどの拠点から駆逐した。一〇月には、共産党軍が唯一占領していた主要都市張家口(チャンチアコウ)を攻撃し、ここからも共産党勢力を追い払った。さらに南では、共産党軍は長江流域から事実上完全に排除された。すべての戦域において、毛沢東は東北で失敗した戦術をくりかえし、いかなる犠牲を払っても大都市を奪取するよう命じた。たとえば、六月二二日に毛沢東が中国東部に関して出した命令は、蔣介石が首都を戻したばかりの南京を包囲せよ、というものだった。毛沢東はこの計画を「危険度ゼロ」の作戦と呼んだが、結局は他の作戦と同じように断念する結果となった。

こうしてかなりの損害を出したものの、毛沢東の自信は少しも揺らいでいなかった——東北北部の根拠地があったからだ。蔣介石は一九四六年一〇月に攻撃を再開したが、四ヵ月の休戦を得て戦力を強化した共産党軍の守備を打ち破ることはできなかった。一九四六年から四七年にかけての冬は最も寒かった冬として人々の記憶に残っているが、この時期、国民党軍は、林彪（リンピアオ）のもとで生まれ変わった共産党軍相手に一進一退の厳しい戦いを強いられた。数ヵ月の苛酷な戦いの中で、林彪は戦将としての本領を発揮した。毛沢東は林彪のやり方を称賛を込めて「残忍で狡猾（こうかつ）」と評価した。林彪の戦術のひとつは、酷寒の気候を利用することだった。零下四〇度、小便を出すだけでペニスが凍傷にかかるほどの寒さの中、林彪は部隊を何日も雪と氷の中に待機させて待ち伏せ攻撃をおこなった。古参兵の推測によれば、凍死者および凍傷で身体の一部を失った共産党兵士の数は一〇万近くにのぼったという。国民党軍には、これほどの犠牲者は出なかった。軍服が共産党軍より上等だったこと、指揮官が共産党軍ほど冷酷無情でなかったこと、が理由である。

一九四七年春には、東北北部の共産党根拠地は磐石の強さを築いていた。マーシャルは一月に中国を離れ、これによってアメリカの調停努力は終了した。その後、アメリカは蔣介石にかなりの援助を注ぎ込んだが、もはや流れを変えることはできなかった。共産党が二〇年以上も前からひそかに追求してきた目標、「ソ連と連繫（れんけい）する」という目標は、ついに達成された――それに手を貸したのは、無意識であったにせよ、ワシントンだった。毛沢東が中国全土を勝ち取るのは、いまや時間の問題だった。

第二九章　スパイ、裏切り、私情で敗れた蒋介石

一九四五～四九年★毛沢東五一～五五歳

　ソ連国境の広大な共産党根拠地を叩くのに失敗した一九四七年初頭の段階で、蒋介石は事態がまずい方向へ進んでいることに気づいていた。国民の多くも同じ認識だった。蒋介石は、士気を高めるために何が何でも勝利を必要としていた。そこで、蒋介石は毛沢東の首都である延安（イエンアン）を攻略する計画を思いついた。首都を奪えば「きわめて大きな意義」があるだろう、と、蒋介石は三月一日の日記に書いている。その日、蒋介石はこの重大な任務を無条件に信頼できる男に託した。次男（養子）蒋緯国（チアンウエイクオ）の後見人であり、緯国の結婚式で蒋介石の代役をつとめた男、胡宗南（フーツオンナン）将軍である。

　著者は調査の結果、胡宗南が共産党の「冬眠スパイ」であったと確信するに至った。胡宗南は一九二四年、国民党の黄埔（ホワンプー）軍官学校に入学して軍人の道を歩みはじめ

た。黄埔軍官学校はソ連が創設し、資金も人材もソ連が提供した。孫文（スンウェン）がソ連の後押しを得て中国を征服しようと考えたころのことである。蔣介石が校長をつとめ、周恩来はきわめて重要な政治部主任の地位にいた。多くの共産党スパイがこの学校に潜入し、卒業して国民党軍の将校になった。

黄埔軍官学校時代、胡宗南は地下共産党員ではないかという強い疑いをかけられたことがあったが、★立派な地位にある友人が身元を保証してくれたおかげで疑いを晴らすことができた。その後、胡宗南は蔣介石の諜報責任者戴笠（タイリー）と友人になり、結婚相手を紹介してもらうほどの仲になった。二人は非常に親しくなったので、戴笠は胡宗南の部隊にいる自分の部下に対して、諜報活動に関するすべての報告を自分に届けると同時に胡宗南にも届けるよう指示した。その結果、戴笠の部下はだれもあえて胡宗南に関する疑惑を報告しようとしなくなった。

★これは、胡宗南が胡公冕（フーコンミエン）という男と親友だったことが一因だった。胡公冕は当時すでに多くの人から共産党の地下党員であると見られており、現在では北京政府もこの人物が共産党のスパイであったことを認めている。抗日戦争のあいだ、延安の南に駐屯していた胡宗南は、胡公冕を自分の代理として毛沢東と接触させていた。

一九四七年、胡宗南（フーツォンナン）は蔣介石から延安（イエンアン）攻略の任務を与えられた。胡宗南が任務を受けたその日、毛沢東の机の上にメッセージが届いた。毛沢東は延安城下に疎開命令を出し、住民たちは武装民兵に追いたてられるようにして城外の丘陵地へ疎開した。共産党中央は、行政機能の大部分を黄河を越えて東側にある別の根拠地へ移した。三月一八日から一九日にかけて、胡宗南は延安を攻略した。国民党側はこれを大勝利と発表したが、実際に国民党軍が占領したのは、もぬけの殻となった延安の町だった。毛沢東の命令によって、延安に住んでいた党員や住民は逃げる前に食糧だけでなく家財道具から台所用品に至るまで何もかも埋めてから町を出た。

毛自身は攻撃開始のほんの数時間前まで延安にとどまり、ことさらに悠然と、のんきに見えるほどの態度で、足を止めて延安のシンボルである宝塔をしばし眺めたりしていた。運転手のほうは、国民党軍がすぐ近くまで迫っていることを毛沢東に思い出させようとして、アメリカ製ジープ（帰国するアメリカ使節団が寄贈していった）のエンジンを吹かしたりしていた。毛沢東は周囲から信頼を勝ち得るために、悠揚（ゆうよう）迫らぬ態度を演じてみせたのである。少し前、毛沢東が軍の大半を延安から出し、自分のもとにわずか二万の兵だけを残すと発表したとき、高級将校たちは口もきけないほど驚いた。二万の兵では、胡宗南が動かそうとしている総勢二五万の一〇分の一にも満たない。

毛沢東は参謀長となった周恩来と江青（チアンチン）を連れ、ジープに乗って北の方角へ出発した。道々、毛沢東と周恩来はお喋りに興じ、笑い声を上げ、護衛に言わせれば「遊山にでも行く」ような雰囲気だった。

延安から北東に三〇キロ、青化砭（チンホワピエン）という場所で、黄土丘陵が雨水や洪水で深くえぐられてできた谷底を走っていたとき、毛沢東は運転手にスピードを落とすよう命じた。護衛兵たちは、毛沢東と周恩来があちこちを指さし、何か考えるふうにうなずいているのを見て、首をかしげた。その理由がわかったのは、一週間後だった。三月二五日、胡宗南麾下（きか）の第三一旅団司令部と兵員二九〇〇人の部隊は、まさにこの地点で共産党軍（少し前に人民解放軍に改編）の待ち伏せ攻撃を受けたのである。

第三一旅団は、前日に突然、胡宗南将軍からこの道を通るよう命令を受けた。毛沢東の部隊は、もっと前から配置についていた。しかも、毛沢東はこの作戦に手持ちの兵員二万をすべて投入した。銃撃が始まる前に第三一旅団は待ち伏せ攻撃に気づき、胡宗南に無線で連絡した。胡将軍は第三一旅団に対してそのまま前進するよう命令し、逆らえば軍法会議にかける、と脅した。こうして、二九〇〇人の兵士が全滅させられた。一方で、胡宗南（フーツォンナン）は軍の主力を青化砭（チンホワピエン）とは別の真西の方角へ派遣し、待ち伏せ攻撃された旅団の救出に向かえないよう計らっていた。

三週間後の四月一四日、毛沢東は羊馬河（ヤンマーホー）という場所で、まったく同じ方法で勝利を手にした。ここでも、胡宗南の旅団は待ち伏せ攻撃の中へまっすぐ突っ込んでいった。死傷したり捕虜になった兵士は五〇〇〇人にのぼった。前回と同じく、胡将軍は主力を深い渓谷をへだてた別の場所へ派遣しており、待ち伏せ攻撃を受けた旅団は羊馬河で孤立する形になっていた。

三度目の「圧勝」は五月四日で、共産党軍は国民党軍の重要な前線補給基地蟠龍（パンロン）の攻略に成功した。このときもまた、胡宗南将軍は主力を無意味な追撃作戦に派遣しており、補給基地の守備は手薄になっていた。補給基地守備隊からも、主力部隊からも、共産党の部隊が基地の近くに「潜伏している」という連絡があったが、胡将軍は、どうせ虚報にちがいない、と取り合わなかった。主力部隊のほうは、攻撃目標地点に到達したものの、町はもぬけの殻だった。

蟠龍の補給基地を襲った共産党軍は、大量の食糧、衣類、弾薬、医療品などを手に入れた。逆に、国民党軍は餓死寸前の状況に追い込まれた。なかには腐敗の進んだ共産党軍兵士の遺体から靴を取ろうとした兵士もいたが、「どんなに洗っても、あのすさまじい異臭は消えなかった」という。病人も多発したが、薬品はまったくなかった。

国民党軍による延安（イエンアン）攻略から二ヵ月足らずのあいだに三つの勝利をおさめたあと、共産党は、毛沢東がこの時期ずっと延安近郊にいた、というニュースを流した。狙いは明らかだ。たとえ首都延安は明け渡したとしても、中国共産党の最高指導者はこの地域で依然として活動を続けており、事態を完全に掌握している、というメッセージである。

この一年間、毛沢東は延安城内に置かれた胡宗南の司令部からおよそ一五〇キロ以内の地域を八〇〇人の随員とともに転々としていた。一行は徐々に数が増え、最終的には騎兵を含めて一四〇〇人になった。相当規模の通信部隊も同行しており、一日二四時間態勢で中国各地の部隊、根拠地、およびソ連と連絡をとりあっていた。

毛沢東にとって、各地を転々と移動する生活は、陝甘寧（シャンカンニン）辺区に支配権を確立して以来一〇年ぶりだった。主席用の担架が用意されていたが、長征のときとは異なり、毛沢東は自分で歩いたり馬に乗ったりして移動するほうを好んだ。おかげで、体調は非常に良くなった。毛沢東のコックは唐辛子や腸詰めなど毛沢東の好物を欠かさず持ち歩いた。毛沢東は地元の人々と食事を共にしたり食堂で食事をとることはほとんどなかった。衛生上の配慮、そして毒殺に対する用心である。この時期、毛沢東はぐっすりと眠ることができ、睡眠薬の服用もやめて、非常に意気軒昂(けんこう)であった。あちこちを観光し、東北から来たニュース映画撮影隊の前でポーズしてみせたりもした。江青(チアンチン)はスチール・カメラを手に入れ、たくさんの写真を撮った。写真は江青の趣味になり、のちにはかなり腕も上がった。黄河の東側にある根拠地からソ連人医師が頻繁に通ってきて毛沢東の健康状態をチェックし、スターリンに報告した。

この年の末まで、延安(イエンアン)地域の大部分は依然として共産党が支配しており、胡宗南(フーツオンナン)率いる国民党軍は次から次へと大規模な待ち伏せ攻撃の餌食になった。敗戦のパターンはいつも同じで、孤立した国民党部隊が共産党部隊に集中的に包囲されて惨敗し、一方で主力部隊はどこか別の場所で独り相撲を演じている、という図式のくりかえしだった。百戦錬磨の砲兵大隊も丸ごと捕虜にされ、共産党軍砲兵部隊の主要部分を形成することになった。胡宗南の精鋭部隊も、別の派手な待ち伏せ攻撃で全滅した。この部隊は、延安が危ういので帰還せよという偽りの命令を受けて引き返す途中、山中の狭い谷で砲撃を受けて全滅した。胡宗南の部隊がこのように大敗をくりかえして壊滅していく一方で、毛沢東は魔法のように勝利を招き寄せる兵法の天才と言われるようになった。

一度だけ、毛沢東は危機一髪の状況に遭遇した。一九四七年六月のことだ。毛沢東は二ヵ月近くにわたって王家湾（ワンチアワン）という村で農家に長逗留していた。毛沢東にとって、地元住民とこれほど近い距離で暮らすのは初めてだった。王家湾で、毛沢東は散歩や乗馬を楽しむ日々を過ごした。気候が暑くなってくると、戸外の日陰で読書ができるよう護衛兵が木を切り出してきて柱を立て、小枝や木の葉で屋根をかけてあずまやを作った。ここで毛沢東は毎日本を読み、気分転換に英語の勉強をした。

六月八日、胡宗南麾下（きか）の指揮官劉戡（リウカン）が大軍を率いて王家湾の近郊に現れた。共産党支配地域から運良く脱出を果たした地元住民が毛沢東の居場所を知らせたのである。毛沢東は見たこともないほど激しく怒り、周恩来をどなりつけた。どの方向へ逃げるべきか、切迫した議論が交わされた。最も近い安全地帯は黄河の東側にある革命根拠地で、渡河場には船や車が常時用意されていた。しかし、そこまでの距離が遠すぎる。そこで、毛沢東は西へ、すなわちゴビ砂漠の方角へ逃げることにした。ただし、その前に用心のため多数の村人を集めて強引に反対の方角へ疎開させ、おとりとした。

毛沢東は雷雨の中を逃走した。足場が滑りやすくて馬で進めない山道は、護衛の背中に背負われて進んだ。居所を探知されないように、無線連絡は禁止された。ただし、一台の無線機だけはノンストップで通信を続けた。★胡宗南(フーツオンナン)と連絡をつけて部下の追撃をやめさせるのが目的だったことは、ほぼ疑いない。

★毛沢東は胡宗南の軍隊に潜入させた共産党スパイと無線で定期的に連絡を取っており、「彼らは完全にわれわれがコントロールしていた」と、無線技師たちが一九九九年に著者に語った。技師たちは、「スパイのうち何人かは、今日なお正体を明らかにしていない」と付け加えた。

そして、事態はまさにそのとおりに展開した。六月一一日、劉戡(リウカン)の部隊は毛沢東のすぐ背後、物音が聞こえ松明(たいまつ)の明かりが見えるほど近くまで迫っていた。毛沢東の護衛兵は、「髪が逆立つ」ような恐怖におびえた。護衛兵が命をかけて毛主席を守り抜く覚悟を固めたところへ、毛沢東が満面に笑みを浮かべて窰洞(ヤオトン)から出てきた。そして、敵の部隊は自分たちの前を素通りするはずだ、と予言した。ちょうどそのとき、あっけにとられた護衛の目の前を、国民党軍の兵士たちが全速で通り過ぎていった。誰も毛沢東の一行に手を出す者はいなかった。胡宗南が劉戡に対して、あらゆる作戦を打ち切って当初の目的地保安(パオアン)（毛沢東がかつて首都を置いた町）へ全速で向かうよう命令したのである。

この危機に際して、毛沢東をソ連へ救出してほしい、という内容の緊急要請がスターリンに打電されたようだ。六月一五日付のスターリンからの返電は明らかにそうした要請に回答する内容で、毛沢東を救出するために飛行機を出す用意がある、と伝えている。

スターリンからの電報が届くころには、毛沢東は危機を脱していた。電報受信の前日、毛沢東は黄河の東側にある根拠地の幹部にあてて、「今月九日から一一日にかけて、劉戡の四個旅団が我々の前で観兵式を見せてくれた……住民に多少の損害が出た以外に損害なし。いまごろ、劉［戡の］軍は延安と保安のあいだを走り回っているだろう」と、上機嫌なメッセージを打電している。今回はスターリンの救出を受けずにすんだものの、将来の万が一に備えて、毛沢東はただちに黄河東岸に滑走路を作るよう命じた。

劉戡は、その後まもなく死を迎えた。一九四八年二月、劉戡は延安（イエンアン）と黄河のあいだにある宜川（イーチヨワン）の増援に向かうよう命じられた。宜川へのルートは三本あったが、胡宗南が指示したのは、両側に木々の繁茂する狭い渓谷を通過するルートだった。劉戡軍の斥候（せっこう）は、共産党兵士が多数集中しているのを発見した。明らかに待ち伏せ攻撃である。劉戡は胡宗南に無線で連絡し、待ち伏せ部隊を攻撃し進路を変更する許可を求めた。胡宗南は問答無用でこれを却下した。

劉戡麾下の師団長王應尊は、のちにこう書いている。「この命令は現下の状況と我々の利益をまったく無視したものだった。これを聞いたあと、将校も兵卒も意気消沈した……みな無言でうなだれて行進した……」。劉戡の部隊は敵の包囲網の真っ直中へ突き進み、事実上全滅した。司令官も五、六人が戦死し、劉戡は自害した。王應尊師団長は辛くも逃げのび、のちに胡宗南将軍と会見した。師団長の記述によれば、「胡宗南は」あんな命令を出しておきながら白々しく遺憾の意を口にし、戦力が足りないならなぜ無理に突き進んだのか、と言った。わたしは腹の中で、命令したのはあんただろう、こっちは銃弾を雨あられと浴びて殺されたんだ、と言い返していた……」。師団長は、次のようにも書いている。「劉戡の第二九軍が全滅したあと、もちろん胡宗南軍に士気など残っているはずもなかった。さらに、蔣介石の支配地域全体が精神的にひどく動揺していた……」。この敗北によって、延安戦域における国民党軍の運命は決まった。延安攻略によって国全体の士気を高め信頼を勝ち取ろうとした蔣介石の狙いは失敗に終わった。

胡宗南の指揮がことごとく惨敗に終わっていることを、蔣介石は承知していた。一九四八年三月二日の日記に、蔣介石は、「この大惨敗によって［胡宗南麾下の］主力の三分の一以上が犠牲になった」、胡宗南は「失敗の轍を重ねて踏んでいる」、と書いている。にもかかわらず、胡宗南が忠臣を装って辞表を提出したとき、蔣介石はこれを受理せず、「宜川におけるわが軍の損失は、国民党軍の剿匪作戦中最大の挫折であるのみならず、まったく無意味な犠牲だった。優秀な司令官らを失い、軍が全滅した。まことに痛哭の極みである……」と慨嘆しただけだった。おざなりな調査の結果、全滅の責任は死んだ劉戡になすりつけられた。国民党組織には伝統的に内輪で庇い合う風土があり、ことに、胡宗南が蔣介石からこれほどの愛顧を受けているとわかった以上、問題を荒立てようとする者はいなかった。

　胡宗南が信じがたい惨敗を丸々一年にわたってくりかえし、しかもすべて明らかに同じパターンの失敗をくりかえしていたにもかかわらず、蔣介石が厳正な処分を下さなかったという事実は、人を使う立場に立つ人間としての器量と判断力の限界をはっきりと物語っている。蔣介石は自分の好きな人物を無条件に信用し、何があってもその人物を――しばしば感情的に――擁護した。また、蔣介石は頑固で、自分の誤りをなかなか認めようとしなかった。蔣介石はさらに、胡宗南の要請に応じて重要戦域の部隊を他地域へ移すことまで許した。アメリカの首席軍事顧問デイヴィッド・バー少将の観察によれば、胡宗南(フーツォンナン)は蔣介石を「説き伏せて」「西安(シーアン)守備隊を極端に増強させた。それが結果的に華東における国民党の破滅につながった」。バー少将は、この戦域における主要な敗戦は「部隊を西へ移動させた決定から直接生じた結果である」とし、西安に移された部隊は結局役に立たないか潰走(かいそう)するかのどちらかだった、と指摘している。

一九四八年三月二三日、毛沢東はようやく延安(イエンアン)地域を離れ、黄河を渡って東方の革命根拠地へ向かった。毛沢東はこの移動を公(おおやけ)にし、渡河場ではわざわざ動員された農民たちが毛沢東を見送るシーンを演出させた。毛沢東は地元の幹部らと握手を交わしてから船に乗り込んだ。この異例なほど開放的な演出は、毛沢東がこそこそ逃亡するのではないということを世間に示すためだった。共産党軍のほうが形勢有利になりつつあるという認識は、一ヵ月後に胡宗南が延安から完全撤退したことによって一層明白になった。延安を占拠していた一年のあいだに、胡宗南は一〇万もの兵員を失った。延安奪回は共産党にとって「たなぼた」の宣伝チャンスだったはずだが、毛沢東はきわめて控えめに対応した。側近の師哲(シーチョー)は、毛沢東がこのチャンスを最大限に利用するものと思っていた。「それで、わたしは主席のそばで待っていた……しかし、何も起こらなかった」。毛沢東は、これ以上胡宗南に注目を集めたくなかったのである。

胡宗南はこの後もさらに派手な失敗をくりかえして蔣介石に痛手を与え、最終的には何十万もの兵員を死なせ、国民党軍が保有していたアメリカ製兵器の三分の一を失った。蔣介石が台湾に逃れたとき、胡宗南も同行した。台湾に着いたとたん、胡宗南は「我が軍および国家に最大の損害をもたらした」という理由で弾劾（だんがい）された。しかし、蔣介石が胡宗南を守ったおかげで、弾劾は成立しなかった。そればかりか、蔣介石は胡宗南を中国東北に対するスパイ潜入作戦の責任者に任命した。作戦は、ことごとく失敗に終わった。胡宗南は、一九六二年に台湾で死去した。今日でも、胡宗南の正体は明らかにされていない。晩年、蔣介石は自分の判断に疑問を感じるようになっていたと思われるふしがある。蔣介石の侍衛長（のちに台湾の行政院長）郝柏村（ハオボーツン／かくはくそん）が著者に語ったところによると、蔣介石は晩年、黄埔（ホワンプー）軍官学校を話題にするのを嫌ったという。黄埔軍官学校は一般には蔣介石の支持基盤といわれているが、この学校からは多くの共産党スパイが巣立っている。

一九四八年から一九四九年にかけて国共内戦の帰趨（きすう）を決めた三大戦役においても、蔣介石の敗北に共産党スパイが重要な役割を果たした。最初の戦役は東北の遼瀋（りょうしん）戦役で、蔣介石は総司令に衛立煌（ウエイリーホワン／えいりつこう）という将軍を任命した。このケースでは、蔣介石は衛立煌に共産党スパイの噂があるのを知っており、実際にそうかもしれないと疑っていた。それにもかかわらず、一九四八年一月、蔣介石はこの決定的に重要な戦役において五五万の精鋭部隊をそっくり衛立煌に預けた。

衛立煌は、一九三八年に中国共産党に入党を申請した。毛沢東は一九四〇年にモスクワへ情報を送り、中国共産党は衛立煌に対して正体を秘したまま国民党組織内にとどまるよう指示した、と伝えた。衛立煌が国民党を裏切る決心をしたのは、どうやら、蔣介石が自分を思ったほど高い地位に取り立てないことに強い不満を抱いた結果だったようだ。当時、衛立煌は腹心たちにこう言っている。「わたしは共産党に転向しようと思う…… 延安（イエンアン）はわたしを厚遇してくれる……共産党と協力してあの男「蔣介石」を引きずり下ろそうじゃないか」

蔣介石は共産党脱党者から衛立煌の正体を聞いていたので、衛立煌がビルマで日本軍相手に「百勝将軍」と呼ばれるほどみごとな戦績をおさめたにもかかわらず、一九四五年以降も衛立煌を軍のトップに任命するのを見送った。衛立煌はますます不満を募らせ、中国を捨てて外国で暮らすようになった。

衛立煌が一九四八年に呼び戻されてこのような重大な任務を与えられたのは、蔣介石がなりふりかまわずアメリカの機嫌を取ろうとして、アメリカ人のあいだでビルマ戦績を高く評価され「リベラル」の大物と見なされていた衛立煌を起用したからだ。当時瀋陽(シェンヤン)のアメリカ領事館副領事だったウィリアム・ストークスは、蔣介石が衛立煌を総司令に任命したのは「アメリカからさらに多くの装備や資金を引き出そうとする虚しい企てでした。衛立煌はアメリカでは立派な実績のある軍事指導者と見られていましたからね」と、著者に語った。

蔣介石から電話を受けると、衛立煌はただちにパリのソ連大使館に連絡を入れ、以後あらゆることを中国共産党と示し合わせながら動いた。東北剿共(そうきょう)総司令に就任した衛立煌は、手始めに国民党の部隊を数ヵ所の大都市に集中させた。これによって、人民解放軍は戦わずして東北の九〇パーセントを支配下におさめ、大都市を包囲できた。

毛沢東は衛立煌に対して、東北戦域内で国民党軍の全部隊を殲滅(せんめつ)したいので指揮下の部隊を絶対に東北から出さないようにしてほしい、と要請した。これを受けて、衛立煌は、東北からの完全撤退(米首席軍事顧問デイヴィッド・バー少将もそれを勧めていた)に向けて部隊を東北最南の鉄道拠点錦州(チンチョウ)に移動せよ、という蔣介石からの再三の命令を無視しつづけた。それでも蔣介石は衛立煌を更迭(こうてつ)せず、何ヵ月にもわたって説得を続けたが、そんなことをしているうちに、一〇月一五日、共産党軍が錦州(チンチョウ)を攻略して何十万という国民党部隊の大部分を東北に閉じ込めてしまった。続いて、共産党軍は大都市に立てこもった国民党軍をあっという間に孤立させ、一個部隊ずつ潰していった。一一月二日に瀋陽(シエンヤン)が陥落し、東北全土が毛沢東のものになった。

東北における職務怠慢を理由に、蔣介石は衛立煌(ウエイリーホワン)を自宅軟禁に処した。衛立煌を軍法会議にかけるべきだという声もあったが、部下にも敵にも処刑どころか処罰さえ好まなかった蔣介石は、衛立煌の責任を追及しなかった。衛立煌は悠々と香港へ出国した。一年後、中華人民共和国が独立を宣言した二日後に、衛立煌は毛沢東にあてて「英明なる領導……輝煌(きこう)たる勝利……偉大なる領袖(りようしゆう)……歓騰鼓舞し、竭誠(けっせい)擁護し……雀躍万丈におよび……」といった言葉をちりばめた電報を打ち、盛大にしっぽを振ってみせた。が、派手な賛辞とは裏腹に衛立煌は毛沢東の支配する中国には戻らず、一九五一年にはCIAに接触して第三勢力の旗揚げを画策したりした。一九五五年になってようやく、衛立煌は本土に帰国した。

毛沢東は甥の毛遠新(マオユワンシン)との会話の中で、「衛立煌が帰国したのは、結局香港で事業に失敗して破産したからだ。あのような男は軽蔑に値する……」と、衛立煌を情け容赦ない言葉で切り捨てている。そして、毛沢東はその軽蔑を目に見える形で示した。かつて衛立煌の連絡員をつとめた共産党情報員らに対して衛から食事などの饗応を受けてはならないと指示し、衛立煌が一九六〇年に北京で死去するまで冷ややかな対応を変えなかった。衛立煌の協力が遼瀋(りょうしん)戦役において決定的な役割を果たしたことは、今日でも秘されている。敵の最高司令官が指揮下の部隊——多くは蔣介石の精鋭部隊——を次から次へと皿に載せて献上した事実が知れれば、毛沢東の軍事的天才としての輝きが鈍るからである。

遼瀋戦役のあいだ、毛沢東は一度も東北へ足を運ばず、北京から南西へ二四〇キロの西柏坡(シーパイポー)に新しく設立された司令部にいた。一九四八年一一月初旬に東北を制圧したあと、毛沢東は東北に展開していた林彪(リンピアオ)軍に南下を命じた。いまや兵員一三〇万強に成長した林彪軍に与えられた次の任務は、華北に配備された六〇万の国民党軍との戦いだった。華北の国民党軍を率いるのは傅作義(フーツオイー／ふさくぎ)総司令、一九三六年に中国軍が初めて日本の関東軍を破った際の指揮官として有名な抗日の愛国将軍である。北平と天津を中心とする華北地方における林彪と傅作義の会戦は平津(へいしん)戦役と呼ばれ、国共内戦の行方を決める三大戦役の第二戦となった。

衛立煌とちがって、傅作義は共産党スパイではなかった。が、実の娘を含めて、周囲には共産党スパイが多数いた。傅作義(フーツオイー)の娘は、この時期、共産党の命令に従ってつねに父のそばに寄り添い、その動きを逐一党に報告していた。蔣介石はこの事情を薄々知っていたが、何の対策も講じなかった。

一一月の時点で林彪(リンピアオ)軍の南下を待たずして、傅作義はすでに降伏を心に決めていた。蔣介石にはその決心は伝えなかった。傅作義は蔣介石政権に失望し、自分の支配地域——もちろん、中国文化の中心であり華北剿匪(そうひ)司令部が置かれている北京も含めて——に無意味な荒廃をもたらす戦いを避けたいと考えていたのだ。とはいえ、傅作義は共産党の支配に明るい幻想を抱いていたわけではない。傅作義は、当時、共産党による支配は「残酷……恐怖と暴政」をもたらすだろう、と公言していた。それだけに、降伏という選択にも苦悩した。矛盾の中で傅作義は徐々に精神的に崩壊し、平手で自分の顔を打ったり自殺を考えたりするようになった。

蔣介石は傅作義のこのような状態を知っており、一二月一二日の日記に、傅作義は「ひどく落ち込んだ精神状態……正気を失いかけているように見受ける」と書いている。それでも、蔣介石は傅作義を解任しようとしなかった。傅作義が辞任を申し出ると、蔣介石は感傷的になって「萬難照准」（どうあっても認められぬ）と答え、辞表を受け取らなかった。

毛沢東は傅作義の娘を通じて傅総司令の精神状態を細大漏らさず把握しており、悩める総司令に対して簡単に降伏を許すのでなく、この状況をうまく利用してもっと大きな成果を得ようと考えた。すなわち、誉れ高き抗日の英雄傅作義を撃破したように演出して、毛沢東は兵法の天才であるというイメージを世間に売り込もうと考えたのである。華北剿匪総司令傅作義から降伏の申し出を携えた使者が送られてきたとき、毛沢東は申し出を受諾するでもなく、さりとて拒絶するでもなく、二ヵ月にわたって態度を保留し、そのあいだ傅作義の軍に対する攻撃を続けた。すでに、傅作義は戦闘の指揮をとれるような状態ではなかった。ある将校は、重要な戦いの最中に指示を仰ごうとしたところ、「傅総司令はおろおろし、口ごもり、心ここにあらずといったようすで、『なりゆきに任せてやってくれ』と言った。それを聞いて、わが軍はもう終わりだと思った……」と回想している。予想どおり、共産党軍は次々に都市を攻略し、中国第三の都市天津も一九四九年一月一五日に陥落した。「名将キラー」のイメージを確固たるものにしたあと、毛沢東はようやく傅作義が申し出ていた北京明け渡しを受諾した。こうして、傅作義総司令は毛沢東に徹底的に敗北したあげくに和睦を求めた、という形ができた。しかし、本来ならば、何万もの人命を犠牲にした平津戦役はまったく必要のない殺し合いだったのである。精神に破綻をきたした傅作義は、一九七四年に中国本土で死去するまで、言われるがままに毛沢東に協力した。

平津（へいしん）戦役とほぼ同じころ、第三のさらに本格的な戦役が華中地域、蔣介石政権の首都南京の北方で展開していた。淮海（わいかい）戦役の名で知られるこの戦いは、一〇〇万を優に超す人命を巻き込み、一九四八年一一月から一九四九年一月まで続いた。淮海戦役における国民党軍の総司令は共産党スパイでもなく、神経衰弱の将軍でもなかったが、総司令のすぐ下の戦略的ポストに共産党の冬眠スパイが配置されていた。とくに、そのうちの司令官二名は、一人は一〇年前から、もう一人は二〇年前からの地下共産党員で、淮海戦役の開始から四八時間もしないうちに戦場となった都市の大門を開放して共産党軍の突入を手引きした。

これとは別に、重要な破壊工作を実行した人間が二人いた。いずれも蔣介石の司令部で戦略立案に深く関わっていた劉斐（リウフェイ）と郭汝瑰（クオルーコイ）である。この二人は意図的に誤った作戦や進言をくりかえして国民党軍を戦いのたびに劣勢に立たせ、一方で国民党軍の戦闘計画を共産党に知らせていた。

蔣介石はとくに郭汝瑰を頼りにしており、ほぼ毎日のように電話で連絡を取り合い、破壊的な進言に従って軍を動かした。実際に、この時期、郭汝瑰は野戦司令官たちから疑惑の目を向けられ、蒋介石の養子蒋緯国（チアンウエイクオ）からスパイであるとして糾弾されている。それでも、蒋介石は手遅れになるまで事態を放置し、その後郭汝瑰を四川（スーチョワン）省へ移した——これも、もう一人の大物スパイ劉斐にそそのかされての決定——だけだった。四川省に移ったあとも、郭汝瑰は麾下（きか）の部隊を丸ごと敵に引き渡している。

一九四九年一月中旬には、三大戦役における毛沢東の勝利が決定的になっていた。蒋介石が戦力の八〇パーセントを展開していた長江以北が、毛沢東のものになった。

毛沢東は続いて、まだ制圧できていない長江以南の地域にスパイを送り込み、共産党軍の到着を待って都合の良いタイミングで降伏させる、というシナリオを描いた。国民党軍の大物が次々と共産党側に寝返った。一月七日、毛沢東はスターリンに対して、国防部長白崇禧（パイチョンシー）を含む蒋介石側の「多くの著名な」人物が続々と取引を持ちかけてきており、「白崇禧はこちらの人間に、中国共産党からの命令は何であれ即刻実行します、と言ってきた」と伝えている（実際には、白は毛沢東側にはつかなかった）。すり寄ってくる者たちに対して、毛沢東は、蒋介石陣営にとどまるように、場合によっては多少の抵抗も見せながら時機の到来を待つように、と指示した。長江は侮りがたい障碍（しょうがい）であり、蒋介石はいまだ相当規模の海軍を有していたが、新旧の裏切り者たちの手引きによって首都南京への道が開け、経済の中心地上海への道が開け、ひいては中国全土への道が開けようとしていた。一月九日から一〇日にかけて、毛沢東はスターリンに、「この夏」あるいは「もっと早くにも」政府を「作ることができる」と、自信たっぷりに伝えている。

共産党スパイを摘発し根絶するのはたしかに容易ではないとしても、蔣介石の人を見る目の無さは、国共内戦における毛沢東の勝利をおおいに後押しした。一方の毛沢東は、どんな小さな抜け穴も絶対に許さなかった。延安（イエンアン）をはじめとする革命根拠地でおこなわれた整風（チョンフオン）運動によって、個々の共産党員と国民党員との関係はひとつ残さず暴露され、断ち切られた。プライバシーを完全に破壊する共産党支配の下で、人々は、たとえ望んだとしても、国民党側の人間と連絡を取ることなど到底不可能だった。

しかも、毛沢東はけっして手を緩めなかった。領地と党員が増えるたびに、毛沢東は新しく組織に加わった人間ひとりひとりに親族関係と社交関係を書き出させ、容赦なく支配を強めていった。しかも、これはほんの手始めで、毛沢東は考えうるありとあらゆる抜け穴を執拗に調べ上げ、ひとつ残らず穴を封じていった。国民党のスパイであろうと、外国のスパイであろうと、毛沢東の監視をすり抜けた者はほとんどおらず、重要な地位にまで到達したスパイはまちがいなく一人もいなかった。

蔣介石の場合、妻に対する深情けが中国を失う大きな原因を作った。抗日戦争後、蔣介石が最初に行政院長（首相）に任命したのは、妻宋美齢の兄宋子文だった。宋一族と、宋美齢の長姉宋靄齢の嫁ぎ先である孔一族は、宋子文の政策によって私腹を肥やした。日本の降伏後、宋子文は、汪精衛傀儡政権の通貨２００＝法幣１というとんでもない為替レートを設定した。これによって宋一族と孔一族の財産は膨大に増加したが、中国本土で日本軍の占領下に置かれていた人々の資産は大きく目減りした。すなわち、上海や南京を中心とする地域に住んでいた多数の中流階級が財産を失ったのである。宋子文のもとで新しくポストに就いた国民党官吏が富裕階級を「漢奸」呼ばわりして財物を強請り取る行為も横行した。蔣介石自身、国民政府の役人が「途方もない濫費をし、憑かれたように娼婦を買いあさり、金を湯水のごとく賭け事に注ぎ込み……自慢する者あり、肩で風切る者あり、強請を働く者あり、何でもやりかねない……」という事実を認めていた。有力紙『大公報』は、このありさまを「勝利的災難」と書いた。

日本が降伏した時点では、蔣介石が輝かしい勝者になるものと思われた。しかし、わずかなあいだに蔣介石は人心を失った。超インフレーション、食糧危機、売り惜しみと買い漁り——都市は病んでいた。宋子文(ソンツーウェン)のもとで、国民政府は国庫の蓄えを浪費し、汪精衛(ワンチンウェイ)の傀儡政権から引き継いだ相当額の金や外貨も使ってしまった。宋(ソン)家や孔(コン)家の人々は国の外貨準備金を有利なレートで入手できる立場を利用し、中国国内でアメリカ製品を売って巨額の利益を上げた。おかげで、中国の一九四六年の貿易収支は史上最大の赤字を計上することになった。アメリカ製品のダンピングによって中国の工場や商店は次々と倒産に追い込まれ、宋子文は議会やマスコミから猛烈に攻撃されたあげく、一九四七年三月一日に行政院長辞任に追い込まれた。蔣介石が命じた調査の結果、宋一族と孔一族の関連企業が三億八〇〇〇万米ドル以上の外貨を違法に交換していたことが明らかになった。

しかし、蔣介石は宋子文を降格させただけだった。これを見て、国家の再建に心血を注いできた清廉な支持者たちが蔣介石に見切りをつけた。人心の離反は広く民衆に及び、多くの人々が蔣介石政権を「強盗団」「吸血鬼」と非難した。蔣介石が汚職を一掃できず、妻の親族の不正行為を毅然と正すことができないのを見て、アメリカも蔣介石への支持をやめた。

蔣介石の親族による不正行為の調査報告書は秘密扱いとされていたが、国民党系の新聞『中央日報』が報告書のコピーを入手して七月二九日に公表したため、大騒ぎになった。二日後、激昂した宋美齢(ソンメイリン)が夫蔣介石を電話で責めたてた結果、『中央日報』は報告書を掲載した際に小数点をつけまちがえた、という社告を掲載させられることになった。新聞の訂正記事によると、一族が横領した金額は「三億米ドル以上」ではなく「三〇〇万米ドル」であった。

蔣介石は最初から最後まで私情に従って政治や軍事を動かした。そして、そのような弱点とはまったく無縁の毛沢東という男に負けて中国を失った。

第三〇章 中国征服

一九四六～四九年★毛沢東五二～五五歳

毛沢東の最大の武器は、冷酷非情さだった。一九四八年、東北の長春（チャンチュン）を強行突撃で攻略しようとして果たせなかったとき、毛沢東は城内を兵糧（ひょうろう）攻めにして降伏させよ、と命令した。五月三〇日に林彪（リンピアオ）が実際に使った言葉を引用するならば、「長春を死城にせよ」という作戦である。

長春を守っていた抗日戦争の英雄鄭洞国（チョントンクオ）将軍は、開城を拒んだ。長春城内には民間人五〇万人の生命を七月末まで維持するだけの食糧しかなかったので、鄭将軍は民間人を城外へ疎開させようとした。

これに対して林彪は「民間人を絶対に城外へ出すな」という戦法で臨み、毛沢東もこれを支持した。国民党兵士の離脱を促すため、武器や弾薬を持っている人間には城外脱出を許した。しかし、民間人の城門通過は許さなかった。鄭洞国は「老実な人物」（毛沢東が林彪に語った言葉）と見受けるから民間人が大量死するとなれば降伏するだろう、というのが毛沢東の計算だった。毛沢東自身は惻隠(そくいん)の情など一片も持ち合わせぬ人間だが、他人の中に存在するこの感情を操る術には長(た)けていた。鄭将軍は非常に悩んだものの、最終的には抵抗を貫く決心をした。

長春を包囲して三ヵ月後、林彪は毛沢東に次のように報告している。

> 封鎖……は著しい効果を発揮し、城内に大飢饉(ききん)を生じさせている……民間人はおもに木の葉や草で命をつないでおり、餓死者が多数出ている……

「わが方の主要な対策は、城外への脱出を禁ずることである」と、林彪は書いている。

> 前線には五〇メートルごとに歩哨(ほしょう)を立たせ、さらに鉄条網と塹壕(ざんごう)を併用して、あらゆる抜け道を封じた……それでも脱出してきた者については、中へ戻るよう説得［原文ママ］した……飢餓状態が悪化するにつれて、飢えた人々が……

群れになって出ようとした。われわれが押し戻すと、人々は緩衝地帯に押しやられ……そこで多くが餓死した。[ある一ヵ所だけでも]、約二〇〇〇人が死んだ……あまりにも残酷なやり方に、共産党軍の兵士たちは力ずくで人々を城内へ押し戻すのを嫌がった。林彪(リンピアオ)は毛沢東に次のように報告している。

餓死寸前の住民が群れをなして兵隊の前にひざまずき、外へ出してくれと懇願した。なかには、兵隊の前に赤ん坊だけ置いて自分たちは城内へ戻っていく者もいた。哨所(しょうしょ)で首を吊った者もいた。歩哨はこの惨状を見るに堪えず、飢えた人々とともにひざまずいて涙を流す兵士もいた……こっそり通してやる兵士もいた。こうした行為を取り締まったところ、別の傾向が発現した。兵隊は難民を[城内へ押し戻すために]殴りつけ、罵倒し、縛りあげ、なかには難民に向かって発砲して死者が出たケースもあった。

多少の情には流されぬ林彪でさえ、住民を解放してはどうかと提言した。が、毛沢東からは何の返事もなかった。沈黙という手段で拒絶を通す毛沢東のやり方を熟知していた林彪は、自分の裁量で住民を解放することに決め、九月一一日に「長春（チャンチュン）の難民を……ただちに解放せよ」という命令を出した。しかし、この命令は実行されなかった。毛沢東がつぶしたとしか考えられない。城外へ出ることを許されたのは、共産党軍にとって何か役に立つものを持っている人間に限られた。つまり、比較的裕福な人々である。この包囲戦を生き延びたある人物は、共産党軍の兵士が「通りを行ったり来たりしながら『銃、弾薬、カメラを持っている人はいませんか？　提出すれば、城外への通行証を用意します』と声をかけていた」と述懐する。国民党軍の脱走兵やその家族も優遇された。この証言をした人は夫が医師だったため、共産党軍にとって有用と認められて、家族で九月一六日に城外へ脱出できたという。

九月なかば過ぎから餓死者が急増しはじめた、と、長春市長が記録を残している。最後の食料だった木の葉が散りはじめたからだ。五ヵ月にわたる攻囲戦が終わるころには、五〇万あった長春市の人口は一七万に減ってしまった。一九三七年の南京大虐殺の死者数を最も多く推定したとして、それよりさらに多くの死者を出したことになる。★

★数字をかなり割り引いて発表する中国共産党の公式発表でさえ、長春の民間人餓死者を一二万人としている。

攻囲戦に加わっていた人民解放軍の老兵は、当時の自分自身や仲間の気持ちをつぎのように述懐している。

城外にいたとき、中でたくさんの餓死者が出ていると聞いても、われわれはさほど驚かなかった。山のような死体ならこれまで何度も見ていたので、多少のことには動揺しなくなっていた。心が鈍麻していたのだ。けれども、城内にはいって現実を目のあたりにしたとき、われわれは打ちのめされた。多くの者が涙を流した。みんな、こう言っていた――おれたちは貧しい者のために戦っていたはずじゃないか。それなのに、ここに転がっている死人のいったい何人が金持ちだと言うのだ？　この中のだれが国民党員だと言うのだ？　みんな貧しい人たちばかりじゃないのか？

この残虐非道な作戦について、関係者は口外を禁じられた。城外へ出ることを許されたごく少数の住民に対して発行された通行証には四箇条の「難民紀律」が押印してあり、その中の一項目は「流言蜚語（りゅうげんひご）を禁ず」——つまり、喋るな、ということだった。人民解放軍の粟裕（スーユイ）司令官によれば、長春（チャンチュン）式の兵糧攻めは「かなりの都市」でおこなわれたという。当然ながら、粟司令官は具体的な地名は出さなかった。

共産党支配地域の民衆も、徹底的に搾取された。働き盛りの男性はほとんどが軍の勢力拡大のために徴兵されるか、さもなければ危険な前線支援に徴用された。前線支援にはとくに多くの人数が動員された。東北では、一六〇万の労働者が徴用された。おおまかに見て、兵士一人に対して労働者二人の割合である。平津（へいしん）戦役で徴用された労働者は一五〇万人、淮海（わいかい）戦役では五四三万人だった。この莫大な数の労働者は前線に駆り出され、堡塁（ほうるい）の解体、弾薬や負傷兵の運搬など、さまざまな作業に従事させられた。国民党軍では、正規兵がこうした作業にあたっていた。

農作業の大半は、女性および子供や前線で働けない男性に押しつけられる形になった。女性たちは、農作業に加えて、傷病兵の世話をし、軍服の修繕をし、数え切れないほど多くの軍靴を作り、さらに莫大な数の兵士と労働者の食事を用意しなければならなかった。すべての世帯は決められた量の食糧を供出させられた。淮海戦役の際にこうして集められた食糧は、穀物だけで二二万五〇〇〇トンという途方もない量に達した。食糧は人民解放軍の兵士を養う目的のほかに、国民党軍の兵士の離脱を誘う心理戦の道具としても使われた。

国民党軍は物資の運搬を鉄道輸送とあてにならない空輸に頼っていたため、つねに食糧不足の状態にあった。何十万もの部隊が一ヵ月間孤立させられ、飢えと零下一〇度の寒さに苦しんだときのことを、かつて国民党軍の兵士だった人物が回想している。空中投下された食糧を兵隊どうしが奪い合い、ときには殺し合いにまで発展した。そのうちに、木の皮が口にはいれば「上等な食事」で、革ベルトや靴底まで食べるようになった。この人物も、死んだネズミを掘り出して食べたという。「おいしかったですよ！　肉ですからね」。最後には、共産党軍は爆弾を落とす必要もなくなった。「人の尻くらいの狭い地域に三〇万もの兵隊が押し込められて餓死寸前になっているんです。石を投げるだけで一丁上がりですよ」。拡声器から流れてくる「おーい、蔣介石、こっちには烙餅（ラオピン）があるぞー、食べに来いよー」という声に抵抗しきれず共産党側に寝返った兵士たちもいた。「どんな政治より食べ物ですよ」と、元国民党軍兵士は言った。「だれだって、靴底より紅焼肉（ホンシヤオロウ）のほうがおいしいことは知っていますからね」

農民は食糧を供出させられ、働き手を徴用されただけでなく、調理用の燃料や架橋用の資材にするために家を解体されて住むところを失った者も多かった。共産党は占領地域であらゆる人間の生活全般を巻き込んで、巨大な戦争遂行機関に作りかえていった。人民は戦乱の真っただ中に置かれ、戦争のために昼も夜も休む暇なく働かされた。これを、毛沢東は「人民の戦争」と呼んだ。

しかし、「人民」は何もかも犠牲にするような形の支援を自ら望んで提供したわけではなく、まして共産党神話が謳(うた)い上げているような熱意をもって戦争を支えたわけでもない。人民が「長期にわたって倦(う)むことなく」(毛沢東の言葉)戦争を支える働きをしたのは、強烈な恐怖の力で強制されたからにほかならない。このプロセスにつけられたとんでもない呼称が「土地改革」である。

抗日戦争のあいだ、共産党は土地を没収・再配分する方針を棚上げし、かわりに土地の賃貸料を引き下げる政策を標榜していた。しかし、内戦の本格化と同時に、共産党は本来の過激な政策に逆戻りした。とはいっても、土地の再分配そのものは土地改革の主眼ではなく、本当に重要な部分は「闘地主(トウティーチュー)」(地主に対する闘争)と名付けられた活動だった。「闘地主」は、実際には比較的暮らし向きの良い者に暴力を向けることを意味した(中国では、共産化以前のロシアとちがって、大地主はほとんどいなかった)。「土地改革」という言葉を聞いて人々の頭にまず浮かぶのは、この「闘地主」活動である。

暴力は例によって群衆集会の場でおこなわれ、住民は全員この集会に参加しなければならなかった。標的にされた人間が群衆の前に引き出されると、組織化され煽られた群衆が標的に向かって罵声を投げつけた。群衆はいっせいにスローガンを叫び、こぶしや農具を振り回した。それを受けて、地元の活動家や暴徒が標的に虐待を加える。割れた瓦の上にむきだしの膝でひざまずかされる者もいれば、手首や足首を縛って吊るされる者、死ぬまで農具で殴られる者もいた。もっとおぞましい拷問もしばしばおこなわれた。

党から幹部に対しては、暴力を止めてはならない、という命令が出ていた。虐げられた者たちの報復行為は合法である、という理屈だった。幹部は、抑圧や搾取を働いた者どもに対して「人民が望むようにさせ」なければならない、と指示されていた。実際、党は暴力の助長を狙っており、暴力行為が十分におこなわれない地域では地元幹部が土地改革運動を妨害したと非難され、即刻交代させられた。

土地改革の模範例は、恐怖による支配を知りつくしている康生が一九四七年三月から六月にかけて作り上げた。ほかの共産党支配地域の指導者は、みな康生のやり方を見習うよう指導された。土地改革を託されたのが農業改革の専門家でなく恐怖支配の専門家（土地問題についてはまったくの素人）であったという事実を見れば、土地改革の本質がはっきりわかる。康生は山西省西北の郝家坡という村へ行き、最初の群衆集会のあと、地元の幹部や活動家を「あまりに上品すぎる」と、厳しく叱責した。「虐待行為がなくてはならない。農民を教育しなさい……情けは無用である、と……死人も出るだろう。だが、死を恐れずにやろう」

康生は、子供も含めて一家全員を標的にするように、と、幹部や活動家を指導した。そして、村の子供たちが「小地主」（問題のある家庭出身の子供はこう呼ばれた）を殴り倒す場面を笑顔で見守った。暴力の標的にされる可能性は誰にでもあった。裕福な地主がいない地域でも犠牲者を作り出せるように、康生が非難の基準を当初の「地主」や「クラーク」（富農）よりはるかに拡大したからである（長年にわたって共産党の支配下に置かれていた地域では、比較的裕福だった人々がすでに富を奪われていたので、こうしたケースがとくに多かった）。康生は新しい――そして、きわめて曖昧な――尺度を打ち出した。「大衆からどのくらい好かれているか」という尺度である。この尺度に従えば誰でも標的にできるので、たとえば「不義密通」のように村人たちの怒りや嫉妬を買う行為をおこなった人間が恰好の標的にされた。

共産党支配下の各地で、身の毛もよだつ虐待がおこなわれた。ある女性の党職員が集会のようすを著者に語ってくれたところによると、「四人が手首を縛られて横一列に四本のロープで吊るされ」、村の「老若男女、子供までもが」この光景を見学させられた。ロープに吊るされていた一人は「女地主」だった。「考えるだけでもつらい記憶です」と、証人の女性は語った。

本当のところ、彼女はたいして土地など持っていませんでした。ただ働き手が足りなかったので、耕作してくれる人を雇っただけです……彼らはこの女地主に、どこに穀物を隠しているのか、と訊きました……わたしは彼女が穀物など持っていないことを知っていました。でも、彼らは、持っているにちがいないと言って彼女を殴りました……彼女はブラウスを脱がされました。赤ちゃんを産んだばかりで、彼女の胸からは母乳がぽたぽた落ちていました。赤ちゃんは泣きながら地面を這い回り、母乳をなめようとしました。みんな見ていられなくて、下を向いていました……多くの人がこんなことは嫌だと思っていましたが、見ることを強制されたのです。逆らえば、自分がひどい目に遭うだけです。村の党幹部の中には、正真正銘のやくざ者もいました。ふつうの農民が太刀打ちできるような連中ではないのです。

こうした見せしめは、人々の記憶に何十年たっても思い出すたびに身震いするほどの強烈な恐怖を焼きつけた。地域によっては、さらに身の毛もよだつような光景がくりひろげられた。ある場所では郷紳(きょうしん)の一家が標的にされ、姓が「牛(ニウ)」だったのでこの家の老人が鼻に針金を通され、息子が牛を引くように父親の鼻に通した針金を引いて村じゅうを歩かされた。老父は顔から血をしたたらせながら引かれていった。別の場所では、「最年少者から最年長者まで、一家全員が皆殺しにされた。乳飲み子は手足をつかんで引きちぎられたり井戸に投げ捨てられたりして殺された」という。毛沢東が一九四七年八月一六日から一一月二一日まで滞在し観光を楽しんだ延安(イエンアン)地区の佳県(チアシエン)でも、おぞましい残虐行為がおこなわれていた。この県の活動に関して毛沢東に提出された報告書には、塩水を張った大桶で溺死させられた例、煮えたぎった油を頭から注がれて殺された例などが書かれている。ある場所では、実際に、「地主を非難する活動に積極的でない者は石打ちによる死刑に処する」という規則まで制定された。

毛沢東は自分の目で暴力の現場を見ている。護衛の話によると、毛沢東は一九四七年末に滞在していた楊家溝（ヤンチアコウ）で変装して群衆集会に出かけていき、会場でおこなわれた恐ろしい行為を目にした。後日、毛沢東はそのときのさまざまな拷問について護衛に話して聞かせ、子供たちがひどく殴られていたという話もしたという。

結果として、毛沢東に提出された報告書にはっきりと書かれているように、「だれもが恐怖に震えあがった」★。毛沢東は目的を達したわけである。

★恐怖と殺人の異例な多さは、河北省（ホーペイ）で現場を目撃したアメリカ人記者ジャック・ベルデンも書き残している。ベルデンはきわめて共産党寄りの記者であるが、アメリカの外交官ジョン・メルビーにあてて、「あらゆる形の抵抗に対して恐怖という手段がますます多く使われるようになっており、人口の大きな部分［原文ママ］が皆殺しにされている」、中国共産党は「農民のあいだに強烈な恐怖と人目を窺（うかが）う態度を植えつけた。このような状態は他の共産地域では見たことがない……」と書き送っている。

一九四八年初頭には、共産党勢力は一億六〇〇〇万人を支配下に置くまでになった。その大半は農民で、全員が生涯消し去ることのできない恐怖を体験させられた。共産党は、人口の一〇パーセントは「地主」や「クラーク」にあたるはずだと決めつけた。この二種類だけでも（康生が新しく打ち出した基準によって、これ以外にも標的の種類が作られた）、少なくとも一六〇〇万人が何らかの虐待や辱めを受けたことになる。何十万、ことによれば一〇〇万近い人々が殺され、あるいは自殺に追い込まれた。

延安では、一九四二年から四三年にかけての整風運動によって、毛沢東は権力基盤である共産党員を恐怖の力で押さえつけ、有能な手先に作りかえた。そしてこんどは経済・軍事基盤である農民を恐怖の力で押さえつけ、絶対服従させることに成功した。その結果、毛沢東が兵役、強制労働、食糧をはじめとして目標達成に必要なものをどれだけ徴発しようと、農民はほとんど抵抗しなくなった。

毛沢東は、戦争に勝つためにはこの恐怖のプロセスが必要不可欠だと考えていた。そこで、一九四七年末、最後の決戦となる淮海戦役に備えて康生を山東省に派遣し、兵站の大部分を負担することになるこの地域で二回目の土地改革をおこなわせた。一回目の土地改革では恐怖がじゅうぶん行き渡らなかったと考えたからである。康生は胸が悪くなるような拷問や処刑を公開で大量におこなうよう命じたため、山東省の党組織が反抗した。この党組織はまとめて粛清された。暴力の嵐がどれほど激しかったかは、それまで住民全員が仲良く暮らしていた小さな町で、人によっては地主に「同情的」というだけの言いがかりを理由に、一二〇人が殴り殺されたという事実を見るだけでも想像できる。犠牲者の中には七歳の男児二人も含まれていた。児童団の子供たちに殺されたのである。淮海(わいかい)戦役の勝利は、山東省(シャントン)を上から下まで震えあがらせた恐怖の上に得られたものだった。

土地改革において毛沢東の方針を実行に移したのは党幹部だったが、彼らもまた恐怖や残虐行為の対象となった。これも毛沢東の狙いのひとつだった。新しく入党した人間は大多数が農村に送られ、土地改革を通じて「教育」された。一九四七年から四八年にかけて、毛沢東は二五歳になる息子の岸英(アンイン)にも非情な心を持たせる必要があると考え、康生(カンション)の妻の甥ということにして岸英を康生に預けた。康生の司令部に移って一〇日もたたないうちに、岸英は苦悩しはじめた。岸英はやることなすこと批判され、思想が「右翼の臭気を放っている」と批判を浴びせられた。夜、ベッドに横になっても、「小ブルジョワ的感情」を捨てられない自分を責めつづけて眠れなかった。岸英は日記（今日なお秘密扱い）にも、「ぼくはプロレタリア化できていない」「ぼくの性格は腐りきっている」「とてもつらくて、あまりにつらくて、ぼくは泣いた」と書いている。

岸英は公開の場で大衆によっておこなわれる残虐行為にショックを受けた。スターリンのソ連では経験したことのない光景だった。こうした残虐行為に慣れること、そして残虐行為を煽動できるようになること——それこそ、毛沢東が息子を康生に預けた目的だった。康生のもとで二ヵ月を過ごしたころ、毛岸英は共産党特有の言い回しを使った表現で、「わたしのプロレタリア的立場は以前より確固たるものになりました」と、父親に手紙を書いている。しかし、岸英は残虐行為に対する嫌悪を捨て切れなかったらしく、他人から聞いた群衆集会のようすを書き記した文章には、そうした気持ちが強く出ている。一万人の農民が一週間近く続いた群衆集会に駆り出されたケースについて、岸英は次のように書いている。「その日は非常に寒かった。みな口々に『なんという寒さだ！　きょうはかなりの凍死者が出るぞ。なんで、おれたちがこんな目に遭わなくちゃならんのだ！』と言っていたそうだ」。岸英の筆致は、群衆集会そのものに対しても明白な嫌悪を示している。「念入りなリハーサルを重ねたあと、五日目に闘争が始まった……人々は合図に合わせて武器を振り上げて『殺(シャー)、殺(シャー)、殺(シャー)！』と連呼するよう指示されていた……集会は収拾不能な大混乱になり、結局八人が殴り殺されたそうだ」。岸英は土地改革において党がしばしば最低最悪の人間を利用していることも指摘し、「活動家に昇格した者の中には、冷血な人殺し、社会のくず、日本傀儡軍の［元］兵士や取り巻きなどもいた」、と書き記している。農村部の新規入党者には、この種の人間がかなり多かった。

岸英と同じく、抗日戦争のあいだに共産党に入党した党員はどちらかというと理想主義者が多く、残虐行為に嫌悪感を抱き、なかには党に対してそうした考えを陳情する者もいた。最高指導部の中にも、これほどの暴力を容認しては党の権力奪取に悪い影響を及ぼすのではないかと懸念する向きもあった。が、毛沢東はそんなことなど気にかけなかった。自分の権力が人気に左右されるものでないことを知っていたからだ。延安の整風運動のときと同じように、毛沢東は恐怖が人々の心に深く浸透するのを見届けてから、一九四八年にはいってようやく暴力の中止を命じた。中止を命ずるにあたって、毛沢東は党の残虐行為を初めて知ったように装い、残虐行為を批判する報告書を配布した。

延安の整風運動の際には、党幹部を慰撫するために、毛沢東は謝罪とは呼べないような謝罪を口にした。今回、毛沢東はスケープゴートを指名し、その人物に暴力と残虐行為の責任を押しつけた。三月六日、毛沢東は党のナンバー2劉少奇に書簡を送り、罪をかぶるよう申し渡した。「わたしの感じるところでは、すべての地域でおこなわれた誤りは、主として……指導部の結果……何が許されて何が許されないかを明白に画定しなかったことが……諸君に対し、自らに検討を加えることをお願いしたいと思う」。劉少奇ははじめ抵抗したが、やがて折れた。「大半［の誤り］はわたしの落ち度でした」、「毛主席が系統的批判を提出してくださったおかげで……これらの誤りがようやく糾正されました」と、劉少奇は党最高幹部の集まりで発言した。これ以降、土地改革における暴力行為に対する党職員の非難は、毛沢東ではなく劉少奇に向けられることになった。毛沢東の下で出世するには、ボスに代わって泥をかぶる覚悟が必要なのだ。

「誤り」を認めたといっても、それは厳重に党内にとどまり、一般大衆はそのことについて何も知らされなかった。党は依然として秘密組織だった。一般大衆に対しては、謝罪はおこなわれなかった。一般大衆を慰撫する必要はない、彼らはものの数にはいらない、というのが毛沢東の考えだった。これは、共産党支配地域に対しても国民党支配地域に対しても同じだった。

白色（国民党支配）地域の人々は、土地改革の残虐行為についてかなり聞いていたし、赤色地域から脱走してきた何十万という人々の証言もあったが、それまで抑圧されてきた側が一時的に過激に走っているのだろう、という見方をする人が多かった。

いずれにしても、白色地域の人々は毛沢東の侵攻を食い止めることはできず、蔣介石政権に対して格段の愛着を抱いていたわけでもないので、毛沢東に対しては「疑わしきは追及せず」式で目をつぶろうとした。

国民党軍の連長（指揮官）徐枕（シュイチエン）は恐怖支配の実態を垣間見て、強く反共を主張するようになった。一九四八年初め、上海に近い港町寧波（ニンポー）に里帰りした徐枕は共産党による恐怖支配の実態を伝えようとしたが、人々は耳を貸さず、徐枕を厄介者扱いした。

親類や友人がたくさん会いに来た……わたしは舌が乾いて唇がひび割れるまで、来る人ごとに話をした……共匪（きょうひ）どもの冷酷で凶暴な行為について話した……だが、彼らは目を覚まそうとせず、むしろわたしに反感を抱く始末だった……どうやら、彼らはおおかた次のように考えているらしい。

「こんな話は国民党の宣伝だ。そんなものを頭から信じられるものか」

「こういう激戦だから、一時的にそういうこともあろう……」

「われわれは日本軍の占領に耐え抜いてきた。共産党が日本軍より悪いはずがない」

これが、社会の中流・下流あたりの典型的な考え方であると思われる……人は実際に経験してみないとわからないものなのだ……

人々は毛沢東が残酷な犠牲を強いるという話を信じようとしなかったし、いずれにしても無力だった。こうした諦念の裏側には、国民党に対する失望があった。国民党も残虐行為をおこなっていたのだ。しかも、共産党と比べて都市部の住民から見えやすいグループを残虐行為の対象とし、共産党よりはるかに開放的な環境――世論が存在し、比較的自由な報道が許され、人々が意見や風聞や不満を交換できる環境――のもとで残虐行為をおこなった。国民党は多数の学生や知識人を公然と逮捕し、多くを拷問し、死者も出した。ある国民党寄りの学生は、一九四八年四月、有名な蔣介石支持派のインテリ指導者胡適（フーシー）に、「政府は愚行を改めるべきです。学生を片っ端から共産主義者扱いすべきではありません」と書き送った。四ヵ月後、この学生はふたたび胡適に手紙を書き、「いまや学生たちが大量に虐殺されています」と訴えている。国民党による殺人は毛沢東に比べればほんの少数にすぎなかったが、人々の強い反感を呼び、同じ邪悪にしても共産党のほうがまだましだと考える人さえいた。

とはいえ、国民党に対する反感がどれほど強くても、実際に共産党組織に飛び込んだのはごく少数の過激派だけだった。共産党が中国全土で勝利をおさめることが誰の目にも明らかになった一九四九年一月の時点においても、毛沢東はスターリンの使者アナスタス・ミコヤンに対して、共産党の中核支持層であるはずの上海労働者のあいだでさえ国民党のほうが共産党よりはるかに強い、と語っている。内戦終結時においても、一九二〇年代に過激派の温床だった広州（コワンチョウ）には「共産党地下組織が実質的に存在せず……したがって［共産党軍の］広州入城を歓迎する人々の姿はなかった」と、ソ連領事が記録を残している。

華中にいた林彪（リンピアオ）は、一九五〇年一月に、「民衆は政権交代に歓喜しているようには見えない」と、ソ連に伝えている。中国共産党支持を掲げた蜂起は、革命期のロシア、ベトナム、キューバなどとちがって、都市・農村を問わず中国全体で一件も起こらなかった。国民党軍の戦線離脱（戦場での降伏ではなく）はあったが、これは下士官たちの反乱ではなく、指揮官（大半は共産党スパイ）が事前に示し合わせて部隊ごと寝返ったものだった。

一九四九年四月二〇日、一二〇万の共産党軍が長江を渡って南進を開始した。四月二三日、共産党軍は蔣介石政権の首都南京を攻略し、二二年にわたる国民党の本土支配に実質的に終止符を打った。その日、蔣介石は故郷の浙江(チョーチアン)省渓口(シーコウ)に飛んだ。これが最後の帰郷と覚悟していた蔣介石は、故郷でのほとんどの時間を母親の墓前にひざまずいて涙ながらに亡き母親に祈りをささげて過ごした(このあとまもなく、勝者となった毛沢東は蔣一族の墓、生家、宗廟(そうびょう)を保全するよう命令を出した)。蔣介石は故郷を辞して船で上海に向かい、海峡を越えて台湾へ逃亡した。

数ヵ月後、毛沢東はスターリンに対して、台湾を一九五〇年か「それ以前に」奪取したいのでソ連兵の乗員付きで航空機と潜水艦を援助してもらえないだろうか、中国共産党は要所に潜入させた多数のスパイを蔣介石とともに台湾へ「逃亡」させてある、と要請した。しかし、スターリンは、台湾のように世界の注目が集まり緊張が高まっている地域でアメリカとの直接対決を招きかねないような危険を冒す気はなかった。毛沢東は計画の棚上げを余儀なくされ、台湾は蔣介石の拠点となった。★

★ただし、スターリンは、中国西北辺境の広大な砂漠を制圧し勇猛な反共イスラム勢力を殲滅(せんめつ)する作戦に手を貸してほしい、という毛沢東の要請に対しては、何の問題もない、馬に乗ったイスラム人など「飛び道具で簡単に片づけられる。お望みとあらば、戦闘機四〇機を差し向けよう……騎馬隊などあっという間に蹴散らしてやる」と、二つ返事で応じた。あるソ連人の大物外交官は、著者の前で「ダダダダ……」という機関銃の音と草をなぎ倒すようなジェスチャーをして見せ、国際社会の目が届かないゴビ砂漠でスターリンの空軍がやったことを説明した。

どれほど共産党を憎んでいたにせよ、蔣介石は撤退の際に焦土作戦は取らなかった。中国の民間航空機の大多数と数々の美術品は持ち去ったものの、工場に関してはエレクトロニクス関連を中心に一部を持ち出そうとしただけだった。しかも、この計画も国民党軍のある高級将校に阻まれたため、事実上すべての重要な生産施設は保全され、そのまま共産党に引き継がれた。その中には六八ヵ所の軍需工場も含まれていた。生産設備に関して言うならば、蔣介石が中国本土全体に残していった損害よりもソ連軍が東北に及ぼした損害のほうがはるかに大きかった。毛沢東が一九四九年に蔣介石から引き継いだのは、荒廃しきった中国ではなかった。むしろ、小規模とはいえ、一〇〇〇にのぼる工場や鉱山などの産業施設を比較的無傷なまま——機能している国家とあわせて——引き継いだのである。蔣介石は冷酷非情さにおいて毛沢東に遠く及ばなかった。両方の政権を見てきた評論家は、「蔣老先生は毛老先生のような人間ではなかった。おそらく、蔣介石が毛沢東に負けた理由はそこにあるだろう」とコメントしている。

その年の春、毛沢東はそれまで一年間滞在した西柏坡（シーパイポー）を離れ、梨の花が満開の北京へ意気揚々とやってきた。北京には、一二世紀以降さまざまな王朝が首都を置いてきた歴史がある。毛沢東も、ここに首都を置くことにした。北京市の中心部に、かつての皇帝たちのために人工の滝や別邸や楼閣をしつらえた中南海（チョンナンハイ）と呼ばれる巨大な御苑があった。毛沢東をはじめとする党の要人たちは、ここを居住区兼仕事場として使うことになった。中国版クレムリンであり、実際、ソ連人はしばしば中南海をそう呼んだ。

中南海の準備が整うまでの数ヵ月、毛沢東は北京西郊の香山（シアンシャン）と呼ばれる風光明媚な場所に滞在した。この地域にもとから住んでいた人々は追い出され、香山全体が立ち入り禁止区域とされて、ここに中国共産党中央の指導部、中央警衛団、および約六〇〇〇人の幹部が移り住んだ。人目を引かないように、敷地の入り口には「労働大学」と書いた門標が掲げられた。ところが、これを見て入学志願の若者が殺到したため、「労働大学は開校準備中につき、入学時期については新聞をご覧ください」という立て札があわせて掲げられた。

毛沢東は九月に中南海へ移った。毛沢東が中南海へ移るときも、ほかのどこへ行くときも、ソ連製の地雷探知機であたり一帯を調べたうえに、中国人兵士が横一列に隙間なく並んで歩き、人間地雷除去装置として安全を確認した。中南海(チョンナンハイ)には「外鬆内緊(ワイソンネイチン)」(外向きにはゆったりと、内向きにはきっちりと)という標語のもとに、特別な、しかし目立たない警備体制が敷かれた。★これは非常に巧妙に工夫された警備だったので、要人警護をさんざん経験しているはずのスターリンの前通訳さえ、この警備体制には気づかなかった。

★外国人の多くがこれにだまされて、警備が緩いということは政権に人気があって厳重に警備する必要がないからだ、と誤解した。典型的な例として、一九五四年一〇月、インドのネール首相を車に乗せて天安門広場を通過する周恩来の姿を見かけたフランス人ジャーナリストが、「周恩来を暗殺する気になれば……児戯に等しいだろう」と書いた。

水も漏らさぬ警備を敷いているにもかかわらず、中国の最高指導者への就任を翌日に控えた夜、毛沢東の心には根深い恐怖が巣くっていた。昔からの友人である洛甫(ルオフー)の夫人が、この時期に毛沢東夫妻を訪ねたときのことを述懐している。毛沢東は「上機嫌だった……ご主人はお元気ですかと尋ねると、江青(チアンチン)は、元気だけれど知らない人を見ると震えだすの、と言った。最初、わたしには意味がわからなかった……それで、わたしは、だってきょうはどこも悪くなさそうに見えますよ！　と言った。すると、毛主席が笑顔で口をはさんだ。きみは昔からの友人だ、知らない人ではない、と」。毛沢東は、恐怖の弾圧が大衆の服従を達成しただけでなく、少なからぬ数の暗殺志望者を生んだことにも気づいていたものと思われる。

一九四九年一〇月一日、毛沢東は中南海のすぐそば、紫禁城を背にした天安門の楼上に立ち、中華人民共和国の成立を宣言した。何十万もの大群衆の前に毛沢東が姿を現したのは、このときが初めてだった。群衆は非常によく統率され、高い天安門の上からはかなりの距離があった。これ以降、毛沢東は特別の機会ごとに天安門に上るようになる。ソ連首脳が赤の広場にあるレーニン廟の上に立つのを真似た演出だ。ただし、レーニン廟は天安門よりはるかに低くて地味である。中華人民共和国の門出に際して、毛沢東は天安門の上から演説をした。二七年にわたる毛沢東の統治のあいだで、ただ一度のできごとである（これ以降は、毛沢東は天安門上に姿を見せても、せいぜいスローガンを一つ二つ発声するだけだった）。毛沢東はひとつの文章を喋るごとに咳払いをして、民心を鼓舞する雄弁家というよりも神経質な弁士といった体だった。しかも、演説はきわめて平板な内容で、ほとんど叙任リストを読み上げているようなものだった。演説の最大の特徴は、毛沢東が言及しなかったことにある。人民の名を冠した政権を打ち立てながら、毛沢東は「人民」のための施策を何ひとつ打ち出さなかったのである。

一〇万を超す群衆が「毛主席万歳！」を叫んだ。毛沢東は興奮した面持ちで壮大な天安門の楼上を端から端まで手を振りながら歩き、ときおりマイクに向かって「人民万歳！」と叫んだ。この日、毛沢東は五億五〇〇〇万の中国人民の絶対支配者という地位に就いたのである。

第三一章　共産中国ただひとりの百万長者

一九四九～五三年★毛沢東五五～五九歳

国民党支配から共産党支配への移行は、大きな混乱もなくおこなわれた。人民解放軍は進攻と同時にすべての民間施設を接収し、教育を受けた都市部の青年男女を職員に採用し、ベテランの共産党幹部を目付け役に置いた。まもなく、新生中国はこのシステムの下で動きはじめた。

旧政権の役人は多くがそのまま残り、その上に新しく共産党の上司が着任する形で、経済はしばらくのあいだ以前と変わりなく機能した。民間経営者に対しては、この先しばらく私有資産には手をつけないので工場や商店をこれまでどおり経営するように、という指示があった。製造業も商業も国有化はまだ先のことであり、農業の集団化も一九五〇年代なかば以降まで始まらなかった。

この数年間、経済は大部分がまだ民間の手にあり、中国は一〇年以上にわたる戦禍から急速に立ち直った。新政府が貸付をおこない、水道設備にも投資したため、農業生産はかなりの増収が見られた。都市部では飢餓状態を緩和するために補助金が支給され、死亡率が低下した。

政権交代と同時に激烈な変化に見舞われた分野もあった。ひとつは法律で、裁判所の機能は党委員会に移された。もうひとつはメディアで、ただちに厳重な検閲がおこなわれ、世論は鎮圧された。社会のその他の部分については、毛沢東は徐々に共産主義化していこうという考えだった。

毛沢東の下には、ナンバー2の劉少奇（リウシャオチー）とナンバー3で国務院総理の周恩来が率いる有能なチームがあった。一九四九年六月、毛沢東は劉少奇をソ連に派遣し、ソ連モデルを詳細に学ばせた。劉少奇はソ連に二ヵ月近く滞在し、スターリンと前例のない六回もの会見を許された。劉少奇はソ連の閣僚や実務者との面談を次々にこなし、さまざまな機関を見学した。ソ連は何百人もの顧問を中国に派遣し、何人かは帰国する劉少奇と一緒の汽車に乗ってきた。毛沢東が正式に権力の座に就く前から、すでにスターリン主義国家の建設は始まっていたのである。

農村部では武力抵抗もあったが、新政権はこれを情け容赦なく鎮圧した。そして、国家が安定したところで、毛沢東は人民を組織的に恐怖で弾圧し、将来にわたって服従を叩きこむ政策に着手した。それは、毛沢東独特のやり方だった。

毛沢東は本能的に法律を敵視しており、支配下の人民は法の保護を完全に剝奪されることになった。毛沢東は一九七〇年にエドガー・スノーに対して、自分のことを「無法無天（ウーファーウーティエン）、すなわち法律も限度もない人間だ」（「無法（ウーファー）」が「無髪（ウーファー）」と同音のため、誤訳されて「孤独の修行僧」と伝わってしまった）と話している。法律のかわりに、共産党政権は中央文件、決議、社論を出した。さらに、党組織が指揮する「運動」も付随しておこなわれた。一応、形だけの法律もあり、「上訴の権利」も正式に認められていた。しかし、上訴などすれば態度劣悪とみなされるだけだった。かつて囚人だったある人物の言葉を借りれば、そういうことをした人間は「さらなる処罰を必要とする」と判断され、「人民」の英知を疑った罰として刑期が二倍に延長される可能性があったという。

一九五〇年一〇月、毛沢東は全国規模で「反革命鎮圧運動」を開始した。これは毛沢東が政権を取ったあと初めておこなわれた弾圧で、毛沢東はこの運動にかなりの精力を傾注し、公安責任者に「わたしに直接報告を上げるように」と命じた。標的にされたのは、旧国民党政権の残党である。彼らはまとめて「階級敵人」と呼ばれた。

「階級敵人」の中には「土匪（どひ）」という分類があり、これには武力抵抗を試みた者全員が含まれた。これだけでも何百万という数にのぼった。もうひとつ「特務（スパイ）」という分類もあり、これは実際にスパイ行為をした人間ではなく、国民党の情報機関で働いたことのあるすべての人間を意味した。農村部の国民党幹部も、まとめて犠牲になった。ただし、国民党幹部でも、大物は保護された。外国に逃げた国民党員を中国に呼び戻すおとりとして使うためである。「大きな蔣介石は一人たりとも殺さない。われわれが殺すのは小さな蔣介石どもだ」と、毛自身が発言している。

毛沢東は次々に命令を発して軟弱すぎる地方幹部を非難し、もっと「大規模な逮捕、大規模な殺人」を要求した。たとえば、一九五一年一月二三日、毛沢東はある省を「手ぬるい、殺人が［十分で］ない」と批判した。その結果、この省で処刑率が上がると、毛沢東はこの「改善」を見て「たいへん喜ばしい」気分である、と発言した。

新しく共産党支配下に組み込まれた地域（人口にして中国全体の三分の二に相当）では、全国規模の反革命鎮圧運動と並行して土地改革も実施された。処刑、群衆による暴行、自殺によって、約三〇〇万人の命が失われた。★毛沢東は社会に最大の衝撃を及ぼすような殺人のやり方を望んだ。すなわち、公開処刑である。一九五一年三月三

○日、毛沢東は、「多くの地方で……反革命分子の殺害をおおいに宣伝して大規模に実施するということをしていない。この状況は変えなければならない」と指導した。北京だけでも約三万回の判決・処刑集会がおこなわれ、三四〇万近い人々が参加させられた。半分中国人の血を引くある若いイギリス人女性は、北京の中心部でおこなわれた群衆集会を目撃した。約二〇〇人が街路を引き回されたあと頭を打ち抜かれて処刑され、脳みそが見物人のところまで飛び散った。なんとか集会に行かずにすんだ人々も、恐ろしい光景を見なくてすむとは限らなかった。死体を積んだトラックが血をしたたらせながら街路を往来していたからだ。

★毛沢東は、処刑者は全体で七〇万人である、としたが、これには一九四九年以降の土地改革で殴り殺されたり拷問で殺されたりした人々（最少に見積もっても、処刑者と同等の人数）が含まれていない。さらに、これ以外に自殺者があり、数ヵ所で調査した結果にもとづいて推計すると、おそらく、殺害された人々とほぼ同じ人数にのぼると思われる。

毛沢東は人民の大多数——子供も大人も——が暴力行為や殺人行為を見ることを望んだ。全国民の脳裏に恐ろしく残忍な光景を刻みつけるためだ。そのやり方は、最も汚い犯罪を人目に触れないところで処理したスターリンやヒトラーをはるかに凌ぐ残忍さだった。

強制労働に使えそうな人間は、処刑を免れた。「死をもって処すべき罪を犯した」者もいるが、彼らを殺してはならない、ひとつには「大きな労働力を失うことになる」からだ、という毛沢東の命令に趣旨がよく表れている。こうして、何百万という人々が処刑されるかわりに強制労働に送られた。毛沢東は囚人の移送や施設運営に関してソ連人専門家から助言を受けて、各地に強制労働収容所を設けた。強制労働収容所は、正式には「労改（ラオカイ）」と呼ばれた。「労働を通じて改造する」という意味だ。労改送りになるということは、最も条件の厳しい荒れ地や最も汚染のひどい鉱山でたえず迫害されながら苛酷な労働に従事させられる、ということを意味した。社会の目が届かぬ強制労働収容所で、身体の虚弱な人間や性格の強情な人間が重労働の果てに死んでいった。処刑された者も多かった。一方で、麦わら裁断機に飛び込むなどあらゆる方法で自殺する人間も多かった。二七年にわたった毛沢東の支配下において、処刑されたり刑務所や労改で非業の死をとげた人々の数は総計で二七〇〇万人に達すると思われる。★

★毛沢東時代、中国の刑務所や労改の収容人数はどの年でもおよそ一〇〇〇万人だったと計算されている。そのうちで毎年平均して一〇パーセントが処刑されたりその他の原因で死亡していたと推定するのは妥当であろう。

処刑や刑務所・労改送りに加えて、毛沢東支配の本質を典型的に表す第三の懲罰方式があり、何千万という人々が対象となった。これは犠牲者を社会の中で「監視」下に置く懲罰で、事実上「刑務所外での服役」と同じだった。犠牲者はつねに仮釈放のような条件下で厳しく監視され、新しい弾圧運動がおこなわれるたびに引き出されて痛めつけられた。しかも、一家全員が社会から白眼視されて暮らさなければならなかった。汚名を着せられ辱められて生きる犠牲者の姿を見て、人々は政権に刃向かうことの恐ろしさを肝に銘じた。★

★国民党時代と共産党時代をまたいで一〇年にわたって在中国大使の地位にあり、毛沢東の弾圧を間近に見たソ連のある外交官は、のちに機密文書の中で、国民党がいかに残酷なことをしたといっても共産党支配の残酷さには遠く及ばない、と述べている。この外交官は、毛沢東による初期の弾圧だけでも、殺害された国民の数は国共内戦の犠牲者を上回るだろう、としている。

恐怖は効果を発揮した。「反革命鎮圧運動」の開始からわずか数ヵ月しかたっていない一九五一年二月九日に毛沢東に提出された報告書には、一連の処刑のあと「謡言（うわさ）が止み、社会秩序が安定した」と書かれている。「謡言」は、多くの場合、人々が本音を表現できる唯一の手段だった。あるとき、一見奇怪な話が村から村へ伝わり、さらに省から省へと広がったことがあった。「毛主席が村々へ人を派遣して［男の］タマを切り取り、原子爆弾の材料としてソ連に送るらしい」という話である（中国語では、男性の生殖器を意味する「蛋」と爆弾の「弾」は同音）。村によっては、収税吏らしき人物がやってくるのを見て「タマ切りが来た！」と大騒ぎになり、村人全員が逃げてしまったところもあった。これはつまり、この時期すでに毛沢東が農民から苛酷な食糧徴収をおこなっており、農民の中には供出した食糧がソ連に送られていることに気づいていた者がいた、という事実を反映している。

弾圧運動によって、不満の声はぴしゃりと封じられた。が、この時期にはまだ体制にわずかな隙も残っており、犠牲者が逃げて隠れることも可能だった。安徽省では、ある女性の小地主が息子を連れて六三六日も逃亡生活を続けた。母子をつかまえるために派遣された者たちを含めて、誰も二人の居所を通報しなかった。母子がついに村へ戻ってきた日、「圧倒的多数の村人たち、とくに女の人たちが……同情の涙を流してくれた」と、息子が回想している。そのころには運動が終わっていたので、二人は生き延びることができた。

とはいえ、締めつけは社会にますます浸透し、表現、移動、職業、情報などあらゆる局面で自由が失われていった。全国津々浦々の工場に見張り役を配置する「治安保衛委員会」という制度が導入され、委員会のメンバーには民衆の中からとくに詮索好きで活動的な出しゃばりが選ばれて、政権による弾圧のお先棒を担ぐことになった。委員会は政治的要注意人物や小悪人だけでなく、すべての国民に監視の目を注いだ。なかでも、戸口（フーコウ）（戸籍）制度は中国の国民ひとりひとりを決まった職業と住所に縛りつけた。戸口制度は一九五一年七月に導入され、またたく間に国民に対する強固な管理を確立した。

政府は「反革命鎮圧運動」を、強盗、暴行、殺人、窃盗、博打（ばくち）、薬物取引、売春などあらゆる非政治的犯罪の取り締まりにも利用した（たとえば、「解放」された娼婦たちは組織化され、肉体労働をさせられた）。驚異的な組織力と徹底した取り締まりにより、こうした活動は大きな成果をおさめた。一九五二年末には、麻薬の不正取引も売春も中国社会から事実上一掃された。

毛沢東は、人民の殺害は「きわめて必要なことである」、「これが適切に実行されてはじめて、われわれの政権が安定する」と、くりかえし発言した。

おびただしい数の中国人が処刑された一方で、外国人で処刑されたことがわかっているのはわずかに二人――イタリア人アントニオ・リーヴァと、日本人山口隆一（やまぐちりゅういち）――だけである。ただし、軽い罪ではない。一九五〇年一〇月一日の国慶節に天安門に立つ毛沢東を迫撃砲で暗殺しようと企てた、という嫌疑である。二人は他の外国人数人とともに、国慶節の何日か前に逮捕された。それから一〇ヵ月後の一九五一年八月一七日、アントニオ・リーヴァと山口隆一はジープに立たされて北京市中心部を引き回され、天橋（テイエンチアオ）の近くで公開銃殺された。翌日の『人民日報』は「アメリカのスパイ、武装反乱を計画」と派手な見出しを打ち、暗殺計画は前アメリカ大使館付武官デイヴィッド・バレット大佐の命令だった、と報じた。

誰あろう外国人が、選（よ）りに選（よ）って国慶節のような最高レベルの警備が敷かれる日に、何十万という組織され熱狂した中国人大群衆の直中（ただなか）で、しかも一万人の警官と一万人の兵隊の警備をかいくぐって毛沢東暗殺を企てるとは、いささか考えにくい話である。事実、首謀者とされたバレット大佐は何ヵ月も前に中国を離れている。二〇年後、周恩来はバレットに疑いをかぶせたことを曖昧な言葉で謝罪し、改めて中国に招待した。告発が捏造だったことを間接的に認めたのである。

暗殺計画をバレット大佐と結びつけることによって、それまで政権が期待するほど強くなかった反米感情に勢いがついた。捏造された告発は、毛沢東のもうひとつの主要ターゲットであるローマカトリック教会のイメージダウンにも利用された。「武装反乱」に関連して逮捕された人々の中にローマカトリック教会を代表するイタリア人の高位聖職者も含まれていたのである。当時、中国には約三三〇万人のカトリック教徒がいた。毛沢東はバチカンに関心を寄せ、とくに国家の枠を越えて信者の忠誠を引きつける権威に非常に興味を抱いていた。イタリア人訪問者にも、ローマ法王の権威についてしばしば質問を浴びせたという。不屈で有能なカトリック教徒の存在は、毛沢東政権に不安を与えた。政権はでっちあげの毛沢東暗殺計画を利用して学校、病院、孤児院を含むカトリック施設の接収を加速させた。また、カトリックの神父や尼僧は殺人、食人習慣、赤ん坊を使った医療実験など極悪非道の行為に関係している、と、さかんに中傷した。何百人という中国人カトリック教徒が処刑され、多数の外国人神父が虐待を受けた。

一般的に、宗教組織やそれに近い組織は反動のレッテルを貼られて抑圧されるか、さもなければ厳重な監視下に置かれた。外国人聖職者はほぼ例外なく国外追放され、外国人ビジネスマンも大多数が追放されて、一九五三年には非共産党員の外国人は中国から事実上いなくなった。非共産党系の活字メディアとラジオ放送が中国から締め出されたことは言うまでもない。

「反革命鎮圧運動」は一年余りで終了したが、通常の抑圧政策はその後も変わりなく継続された。その中で毛沢東が次に力を入れたのは、国庫に水も漏らさぬ管理をおよぼすことだった。国家が人民から搾り上げた資金が個人の懐に流れ込むのを防ぐ方策である。一九五一年末、毛沢東は反横領、反浪費、反「官僚主義」（官僚主義そのものではなく官僚の怠慢をさす）を掲げた「三反」運動を開始した。最大の目的は、政府の資金に手を付けることのできる立場にあるすべての人間を脅して横領を防ぐことだった。横領の疑いをかけられた者は「老虎」と呼ばれた。一万元以上を横領した「大老虎」は死刑が相当とされた。

国民党時代は汚職が横行していたので、三反運動は純粋に民衆から支持された。多くの人々が、共産党は腐敗を根絶しようとしているのだと思った。たしかに三反運動のあと国庫から金を盗もうとする不心得者はいなくなったものの、こうして国庫に蓄積された資金が人民の利益のために使われる予定はないということを、人々は知らなかった。

毛沢東はいまや実質的に自分のものとなった国家資産に関して積極的に陣頭指揮を執り、政府閣僚および省や軍の責任者に次々と電報を送って、「われわれの問題を解決するには、全国でおそらく一万人から数万人の横領犯をつかまえる必要があるだろう」と、「大老虎」の捕獲ノルマを示した。そして全国の省を競い合わせ、「誰であろうと、これに従わない者は、その者自身が官僚主義者か横領犯である」と威嚇して、さらに高い逮捕目標へと駆り立てた。

犯罪者を見つけ出す方法は「自白と通報」によるように、と、毛沢東は命令した。こうした手法によって、三八三万人の文民職員（そしてもっと多くの軍人）が厳しい尋問と審査にかけられた。三反運動においては公衆への見せしめとして拷問が奨励されることはなかったが、地方によっては拷問がおこなわれたところもあり、毛沢東はそれについて報告を受けていた。東北の鉄道で働いていたソ連人が、近くの事務所から（「日本軍の地下牢から聞こえたみたいな」）絶叫が聞こえた、と報告している。絶叫はどうやら、中国人の同僚が「調べ」を受けている最中に竹製のプライヤーで睾丸をつぶされた際に発したものだったようだ。

結局、「大老虎（大トラ）」の基準にあてはまるほど多額の横領をしていた役人は比較的少数しか見つからなかったが、恐怖を植えつけるという目標は達成され、これ以降は国庫から金をくすねる不心得者はほとんどいなくなった。

二番目の目標である浪費の追放に関しては、三反運動はむしろ逆効果だった。有能な経営者や技術者を不毛な集会に何ヵ月も動員した結果、経済活動に必要な人的財産を浪費することになってしまったからだ。一九五二年二月一四日、天津市は、卸売業の取引が半減し、銀行は融資をストップし、私企業は仕入れを控えている、と報告している。工業生産は減少し、税収が激減し、景気は後退に向かいはじめた。東北でも生産が半減した。実際、三反運動そのものが浪費の最たる実例となっていた。あるベルギー人神父の計算によれば、神父自身が三年以上にわたって合計三〇〇〇時間以上の尋問——何の成果もなし——を受けたが、そのために少なくとも三人ないし四人の人間がフルタイムで関わり（少なくとも延べ一万人時）、ただでさえ不足している紙が大量に使用されたという。

一九五二年一月、三反運動が開始されてまもなく、毛沢東は並行してもうひとつの運動を命じた。これは「五反運動」と呼ばれ、目標は、賄賂、脱税、国有資財の横領、詐欺、国家経済情報の不正入手、の五悪追放だった。標的は民間の実業家で、まだ資産を没収されていない実業家に金を吐き出させ、同時に彼らを脅し上げて贈賄や脱税をやめさせることが狙いだった。この運動に関係したある高官は、三反・五反運動による自殺者の合計は少なくとも二〇万ないし三〇万にのぼったはずだ、としている。上海では摩天楼から飛び下りる人が続出し、こうした投身自殺者に「パラシュート」というあだ名がついたほどだった。ある人は、大通り側に飛び下りる自殺者が圧倒的に多くて川に面したほうへ飛び下りる自殺者がほとんどいないのを見て不思議に思ったが、やがて理由がわかった。残された家族を守るためなのだ。「黄浦江（ホワンプー）に飛び込んで流されて、共産党が死体を見つけてくれなかったら、香港に逃げたと言われて家族がつらい目に遭わされるでしょう。だから、通りの側に身投げするのがいちばんいいんですよ」

三反・五反運動を終息させた一九五三年五月には、毛沢東は当初の目標、すなわち人民を脅して国庫に手を付けないようにさせるという目標を達成していた。その結果、たしかに共産党の官僚社会ではそれまで問題にされてきた収賄のような腐敗は少なくなった。ただし、共産党の役人は特権的な生活水準を保証されており、その内容は等級に従って細かく規定されていた。

毛沢東自身は、スイスの銀行に私財を蓄えるといった二流独裁者なみの横領には手を染めなかった。しかし、それは単に、失脚に備える必要がなかったからだ。毛沢東はそのような事態が絶対に起こらないよう周到に手を打っていた。毛沢東の場合、横領というよりむしろ国庫を自分の財布として扱い、人民のニーズなど無視して自分の使いたいように金を使った。自分が決めた金の使い方に逆らう歳出計画を主張する人間は、誰彼かまわず迫害した。個人的なライフスタイルに関しては、毛沢東は王侯貴族のような奢侈（しゃし）を好み、国家に多大な経済的負担をかけてもそれを追求した。毛沢東のそういう腐った行状は、中国を征服した直後から見られた。

毛沢東は外からは絶対に見えない秘密の壁に囲まれた生活をしていたので、どこに住んでいるか、どこに滞在しているか（毛沢東はほとんど公（おおやけ）に姿を見せなかった）を含めて、生活実態を知る人間はほんの一握りしかいなかった。近くで見ても、毛沢東は一見して贅沢な暮らしをしているようには見えなかった。毛沢東は身を飾りたてることに興味がなく、高価な貴金属、骨董、絵画、衣装、家具などははっきりと嫌った。が、こうしたものを持たないからといって、毛沢東が欲望を慎んでいたわけではない。実際、毛沢東は日常生活においてあらゆる気まぐれをほしいままにしていた。

毛沢東は別荘が好きだった。権力の座にあった二七年のあいだに、五〇を優に超える数の別荘が毛沢東のために作られた。北京だけでも五ヵ所の別荘が作られた。毛沢東のために建てられたものの毛沢東が一度も訪れなかった別荘も多い。これらの別荘は、大半が景勝地の中でもとくに一等地を選んで作られた。多くの景勝地が毛沢東の専用とされ、たとえば北京郊外の玉泉山（ユイチュワンシャン）のように山ひとつが丸ごと立ち入り禁止になったり、あるいは杭州（ハンチョウ）の西湖のように湖岸のかなりの部分が立ち入り禁止とされたところもあった。こうした場所にはたいてい昔からの屋敷が建っていて、その中には由緒ある名建築も少なくなかったが、すべて取り壊され、跡地には、警備責任者の監督のもと、毛沢東の安全と快適を最優先に設計された新しい建物が作られた。特注仕様の建物は銃弾にも爆弾にも耐えられる強度を持ち、地中深くに核シェルターを備えた別荘もあった。ほとんどは判で押したように同じ設計だった。左右両翼にまったく同じ形の棟が、片方は毛沢東の居住部分、もう一方は江青（チアンチン）の居住部分として作られ、中央に巨大な居間が設けられた。建物はすべて平屋建てだった。毛沢東が二階に追いつめられて逃げ場を失うことを恐れたからだ。

スケールの大きいことが好きな毛沢東に合わせて天井は非常に高く作られ、床から天井までが普通の家の二階建てないし三階建てに相当する高さだった。一九六〇年代半ばに南昌（ナンチャン）郊外に建てられた別荘は平屋で高さが約一五メートルもあり、灰色の巨大な格納庫のような建物だった。毛沢東の死後、こうした建物の多くが迎賓館に改装されたが、とんでもなく幅の広い廊下は、片側を仕切って相当な大きさの部屋を作っても、まだふつうの幅の廊下が残るほどだった。

毛沢東専用の別荘建設は、一九四九年の北京入城とほぼ同時に始められた。三反運動のさなかにも、次々に別荘が新築された。一九五四年には北京東岸の北戴河（ベイタイホー）に別荘が完成した。北戴河は二〇世紀初頭からの有名な海岸保養地で、六〇〇棟ほどの別荘が建っており、その多くは広々とした優雅な建築物だった。しかし、毛沢東が求める安全基準に適（かな）う建物はひとつもなかったので、おなじみのパーツを寄せ集めたような毛沢東仕様の巨大な建物が、海辺を見おろす眺めのすばらしい一等地に出現した。別荘は周囲を緑濃い丘陵に囲まれ、丘のふもとには掩蔽壕（えんぺいごう）や抜け穴が作られていた。別荘から見渡せるかぎりの海域は、許可を受けたごく少数の関係者を除いて立ち入り禁止区域とされた。

一九五二年、毛沢東の警衛責任者は湖南（フーナン）省に連絡し、毛沢東が帰郷する可能性を考えて省都長沙（チャンシャー）に別荘を建てる必要がある、と知らせた。湖南省の党指導部は、これが本当に毛沢東の希望なのかどうか疑わしい、と考えた。当時は三反運動の真っ最中で、毛沢東がここまで贅沢な要求をするとは信じられなかったのである。そこで、湖南省指導部は自分たちの住んでいた家を空けて、毛沢東のために改修した。しかし、毛沢東は来なかった。それを見て、主席はどうやら本気で新築した別荘を望んでいるらしい、ということになり、建設工事が始まった。新しい建物が完成すると、毛沢東はようやく故郷に足を運んだ。その後、一棟目のすぐ近くに二棟目の別荘が新築された。毛沢東の生まれた韶山(シャオシャン)にもたくさんの別荘が建てられた。他の省も毛沢東の光臨を願ったが、「おたくの省には主席が滞在なされるような場所がないではありませんか」と言われ、しかたなく大きな別荘を新築した。

毛沢東の別荘は、安全性と快適性を向上させるために増改築がくりかえされた。毛沢東が年老いてくると、建物の周囲をすっぽりと覆う形の外廊下がつけられた。毛沢東が風邪をひかずに散歩できるように、という配慮である。暗殺の危険を最小限にするために、こうした外廊下のガラス窓と内側の部屋のガラス窓は位置をずらして作られ、外から一直線に部屋の中が狙えないようになっていた。のちに作られた別荘には、玄関の車寄せの両端に鉄のゲートをつけて建物の一部のようにしてしまう、という安全対策も導入された。これによって、毛沢東の車は居間にそのまま乗りつけられる形になった。

毛沢東の乗った列車がそのまま別荘まで乗り入れられるようになっている建物もあ

った。厳密に言えば、毛沢東専用に敷かれた引き込み線で家の前庭まで列車が乗り入れる、という形だ。多くの別荘では、専用の地下トンネルが別荘から近くの軍用飛行場まで通じていた。毛沢東は軍用飛行場に停めた列車の中で眠ることもよくあった。万が一の場合に列車か飛行機ですぐ脱出できるように、という用心である。中国に君臨した二七年間を通じて、毛沢東は自分の国でありながら危険な戦場にいるような暮らし方をしていた。

毛沢東が旅行するときには、たいてい列車、飛行機、船（使える場合）という三つの移動手段を準備させた。たとえその中の一種類しか使わないときでも、万が一に備えて可能なかぎり残りの二つの移動手段を近くに準備させていた。毛沢東が飛行機で移動するときは、中国領空の飛行機は全機着陸させられた。毛沢東の専用列車が動くとき（連絡はいつも出発直前だった）は、それ以外の列車はすべて待避しなければならないので、国の鉄道網は大混乱に陥った。こうした混乱は頻繁に生じた。毛沢東はつねに列車であちこち移動していたからだ。列車の乗務員はつねに待機していなければならず、数週間から数ヵ月も家に帰れないこともあった。

毛沢東ならではの贅沢は、水泳用プールの建設だった。毛沢東は水泳が好きだった。当時、非常に貧しかった中国では、プールはめったに見ることのない施設だった

(四川省の省都成都では、毛沢東専用のプールが完成したものの、管理員はどのくらいの塩素を水に溶かせばいいのか知らなかった。その結果、プールで泳ぐ特権を持っていた少数の人々は、目が真っ赤になってしまった。毛沢東は毒殺を疑った)。毛沢東専用の最初のプールは、三反運動の真っ最中に玉泉山に作られた。毛沢東自身の説明では、プールの建設費は五万元だという。「大老虎」として処刑される横領額の五倍である。北京の公邸がある中南海では、「為人民服務」の大看板に隠れて外からは見えない場所に、毛沢東専用の屋内プールが作られた。三反運動からまもない時期のことだ。毛沢東が政権を握るまで一般市民に公開されていた屋外プールを自分専用としたのに加えて、毛沢東はこの屋内プールを作らせたのである。

毛沢東が思いたったときに泳げるようプールの水をいつも温めておくには、莫大な費用がかかった。プールの水はパイプに熱い蒸気を通して温める方式で、ただでさえ不足している燃料を大量に消費した。

毛沢東は人生の楽しみを金に飽かせて追求した。美食家の毛沢東は、全国から好物を運ばせた(毛沢東をはじめとする最高指導者たちがレストランへ出かけて食事をすることは、めったになかった。共産党支配下で、レストランの数は減っていった)。

毛沢東の好きな魚は武漢（ウーハン）で獲れる特別な種類で、水を入れたビニール袋に酸素を供給しながら、生きたまま北京まで飛行機で一〇〇〇キロの距離を運ばせた。米は玄米の風味を残して精米しなければならず、非常に慎重な手作業が必要だった。あるとき、毛沢東は精米しすぎで玄米の風味がない、そのせいで脚気になった、と、家の管理人に文句を言った。管理人は大急ぎで玉泉山（ユイチユワンシャン）の特別農場へ走り、毛沢東の好みどおりに精米をやり直させた。

玉泉山の農場は毛沢東専用の米を栽培するため特別に作られた。玉泉山の水質が最高とされていたからだ。かつて、玉泉山の湧き水は皇帝の飲料水として献上された。それがいまは、毛沢東の水田を潤すために使われていた。毛沢東が好んだ野菜や鳥肉や牛乳も、巨山（チユイシャン）と呼ばれる別の農場で特別に生産された。毛沢東が飲むお茶は中国最高の茶葉として有名な龍井（ロンチン）茶で、旬に最高級品種の葉を摘んで作られた。毛沢東が口にする食物はすべて綿密な医学的チェックを経たうえ、調理を担当する管理人が毒味役を兼ねていた。炒め物は調理してすぐに食卓に出さなければならないが、調理中のにおいが毛沢東の居室へ流れていかないよう厨房が遠くに設けられていたので、使用人たちは料理が一皿できるたびに毛沢東の食堂まで走って運んだ。

毛沢東は入浴やシャワーが嫌いで、四半世紀も風呂をつかわなかった。かわりに、使用人が毎日熱いタオルで全身を拭き上げた。マッサージも毎日させた。毛沢東が病院へ行くことはなく、病院の設備と中国最高の専門医が毛沢東のところへ足を運んだ。気が向かないと、毛沢東は何週間も医師団を待たせた。

毛沢東はしゃれた服装には興味がなく、とにかく快適な服装を好んだ。靴も、履きなれたものが楽だといって、同じ靴を何年も履いた。新しい靴を下ろすときは、あらかじめ護衛に履かせて柔らかくしてから履いた。バスローブも、タオルも、ふとんも、あちこちに継ぎの当たったものを使いつづけた。が、これはふつうの継ぎ当てではなく、特別に上海まで運んで最高の職人に修繕させたもので、新品を買うよりはるかに金がかかっていた。質素倹約からはほど遠い、享楽主義的な超権力者の奇癖にすぎなかった。

指導者が別荘などの贅沢を楽しむことは、さほど理不尽ではないかもしれない。しかし、毛沢東は国の資産を横領した人間を処刑する一方で、自分はその何倍もの金を使って快楽を追求していた。人民に節制禁欲を強要する一方で自分は快楽を追求し、しかも表向きは「為人民服務」の手本を演じていた。毛沢東ほど自分の欲望を際限なく追求する一方で人民の欲望を徹底的に否定した矛盾だらけの支配者は、ほかに例を見ない。

こうしたダブル・スタンダードは、性的な側面で人民の生活をとりわけ惨めなものにした。毛沢東は人民に対して超禁欲的な生活を強いた。夫婦が別々の場所に赴任させられた場合、一緒に暮らすことが許されるのは一年に一二日間だけだった。そのせいで、何千万という人々がほぼ一年じゅう禁欲生活を強いられた。こっそりと性的欲求を解消しようとしても、公衆の前で辱めを受けるおそれがあった。愛国の情に駆られて「祖国」へ戻ったある華僑は、宿舎のベッドの枕元に自慰行為を自己批判する標語を掲げさせられた。

その一方で、毛沢東は厳重に秘密が守られた環境で性の気まぐれを存分に追求していた。一九五三年七月九日、軍に対して、文工団の中から若い女性を選んで中央警衛団の特別隊を作るように、という命令が出された。関係者は全員、特別隊の役割は毛沢東の同衾（どうきん）相手を提供することだと承知していた。軍の責任者彭徳懐（ポントーホワイ）は、これを「選妃」と呼んだ——この苦言のせいで、彭徳懐はのちに重い代償を払わされることになる。しかし、反対の声など毛沢東に対しては何の抑止効果もなく、軍の文工団から若い女性たちが次々に選び出された。歌い手や踊り手のほかに、別荘に待機する看護師や使用人も精選され、毛沢東はその中からセックスの相手に好きな女性を選ぶことができた。

こうした女性たちの何人かは、毛沢東からお手当をもらっていた。毛沢東の側近や親類の中にも、金をもらっている者がいた。金は微々たる額だったが、毛沢東はすべての支出を自分で決裁していた。毛沢東は金の価値をよく知っており、長年にわたって少額の出費までちまちまとチェックしていた。

毛沢東がこうした目的で使う金は、「特会」（中央特別会計室）の秘密の個人口座から出ていた。これは、毛沢東が著作から得た印税を貯めこんでいた口座だ。数々の特権に加えて、毛沢東は国民全員に自分の著作を買うよう強制し、一方で大多数の作家の著作を発行禁止にして、書籍の市場まで独占していたのである。この口座には、最も多いときで二〇〇〇万元を超す金がはいっていた。天文学的な数字である。これがどれほど多額かというと、毛沢東の側近の年収が平均で約四〇〇〇元だった。農民の現金収入は、多い年で数元だった。恵まれた立場の中国人でも、数百元以上の預金を持っている者はほとんどいなかった。

毛沢東は、毛沢東の中国が生んだただひとりの百万長者であった。

（下巻につづく）

＊本文中の引用部分に、現代では不適切とされる表現が含まれているものがありますが、原文通りとしました。

本書は、二〇〇五年十一月に小社より刊行された『マオ　誰も知らなかった毛沢東㊤』を改題し、文庫化したものです。

ユン・チアン―1952年、中華人民共和国四川省生まれ。文化大革命が吹き荒れた1960年代、14歳で紅衛兵を経験後、農村に下放されて農民として働く。以後は「はだしの医者」、鋳造工、電気工を経て四川大学英文科の学生となり、苦学ののちに講師となる。1982年、ヨーク大学で博士号を取得。一族の人生を克明に描くことで激動期の中国を活写した『ワイルド・スワン』など、彼女の著書は世界40ヵ国で翻訳され、累計1500万部の大ベストセラーになっている。なお、同作と本書は中国国内で出版が禁止されている。近著に『西太后秘録』(講談社)。

ジョン・ハリデイ―ロンドン大学キングス・カレッジの前上級客員特別研究員。『パゾリーニとの対話』(晶文社)、『朝鮮戦争―内戦と干渉』(岩波書店)をはじめ、著書多数。

土屋京子―翻訳家。東京大学教養学部卒。おもな訳書に『ワイルド・スワン』『EQ～こころの知能指数』『部屋』『トム・ソーヤーの冒険』『ハックルベリー・フィンの冒険』『仔鹿物語』『あしながおじさん』『ブルックフィールドの小さな家』など。

講談社+α文庫 真説(しんせつ) 毛沢東(もうたくとう) 上
――誰も知らなかった実像

ユン・チアン　ジョン・ハリデイ
土屋京子(つちやきょうこ)=訳

2016年6月20日第1刷発行

発行者――鈴木 哲
発行所――株式会社 講談社
東京都文京区音羽2-12-21 〒112-8001
電話 編集(03)5395-3522
販売(03)5395-4415
業務(03)5395-3615
デザイン――鈴木成一デザイン室
カバー印刷――凸版印刷株式会社
印刷――慶昌堂印刷株式会社
製本――株式会社国宝社

落丁本・乱丁本は購入書店名を明記のうえ、小社業務あてにお送りください。
送料は小社負担にてお取り替えします。
なお、この本の内容についてのお問い合わせは
第一事業局企画部「+α文庫」あてにお願いいたします。
Printed in Japan ISBN978-4-06-281658-8
定価はカバーに表示してあります。

講談社+α文庫 Ⓖビジネス・ノンフィクション

口べた・あがり症のダメ営業が全国トップセールスマンになれた「話し方」　菊原智明　できる人、好かれる人の話し方を徹底研究し、そこから導き出した66のルールを伝授！　700円 G 249-1

小惑星探査機 はやぶさの大冒険　山根一眞　日本人の技術力と努力がもたらした奇跡。「はやぶさ」の宇宙の旅を描いたベストセラー　920円 G 250-1

「売れない時代」に売りまくる！ 超実践的「戦略思考」　筏井哲治　PDCAはもう古い！ どんな仕事でも、どんな職場でも、本当に使える、論理的思考術　700円 G 251-1

〝お金〟から見る現代アート　小山登美夫　「なぜこの絵がこんなに高額なの？」一流ギャラリストが語る、現代アートとお金の関係　720円 G 252-1

仕事は名刺と書類にさせなさい 「目立つが勝ち」のバカ売れ営業術　中山マコト　一瞬で「頼りになるやつ」と思わせる！ 売り込まなくても仕事の依頼がどんどんくる！　690円 G 253-1

女性社員に支持されるできる上司の働き方　藤井佐和子　日本一「働く女性の本音」を知るキャリアカウンセラーが教える、女性社員との仕事の仕方　690円 G 254-1

武士の娘 日米の架け橋となった鉞子(えつこ)とフローレンス　内田義雄　世界的ベストセラー『武士の娘』の著者・杉本鉞子と協力者フローレンスの友情物語　840円 G 255-1

誰も戦争を教えられない　古市憲寿　社会学者が丹念なフィールドワークとともに考察した「戦争」と「記憶」の現場をたどる旅　850円 G 256-1

絶望の国の幸福な若者たち　古市憲寿　「なんとなく幸せ」な若者たちの実像とは？ メディアを席巻し続ける若き論客の代表作！　780円 G 256-2

今起きていることの本当の意味がわかる 戦後日本史　福井紳一　歴史を見ることは現在を見ることだ！ 伝説の駿台予備学校講義「戦後日本史」を再現！　920円 G 257-1